地理信息系统理论与应用丛书

智能式GIS与空间优化

黎　夏　刘小平　李少英　著

国家自然科学基金重点项目（40830532）
国家杰出青年基金项目（40525002）
资助出版

科学出版社

北　京

内 容 简 介

本书提出较完整的智能式GIS的概念，并系统地介绍智能式GIS的实现方法。首先对人工智能的发展历史进行回顾，探讨人工智能与GIS的内在联系，介绍人工智能的基本原理、方法以及应用领域，对人工智能的一般算法进行描述。本书的特色是详细地介绍空间知识发现、地理模拟、空间优化与决策三大方向的研究内容，建立较完整的基于点、线和面的空间优化模型，提出模拟与优化耦合的实现方法，并初步设计基于耦合的地理模拟优化系统。书中以城市演变、土地利用变化以及地理空间分异等复杂地理现象的模拟为例，探讨基于多种人工智能算法（包括遗传算法、神经网络算法、蚁群智能算法、人工免疫系统）的智能元胞自动机和多智能体在城市演变规律等方面的应用，并详细介绍遗传算法、粒子群算法、蚁群智能算法和地理元胞自动机等人工智能算法与GIS的集成研究，及其在基础设施选址与空间优化等复杂问题中的应用。

本书适合于从事GIS的高校教师和科研所研究人员；GIS专业以及城市规划等相关专业的研究生；计算机应用科学专业的研究生；参加GIS研究生入学考试的学生。

图书在版编目（CIP）数据

智能式GIS与空间优化/黎夏，刘小平，李少英著. —北京：科学出版社，2010.2

ISBN 978-7-03-026767-2

Ⅰ.①智… Ⅱ.①黎…②刘…③李… Ⅲ.①地理信息系统-研究 Ⅳ.①P208

中国版本图书馆CIP数据核字（2010）第021393号

责任编辑：韩 鹏 刘希胜/责任校对：李亦萱

责任印制：徐晓晨/封面设计：王 浩

科学出版社 出版

北京东黄城根北街16号

邮政编码：100717

http://www.sciencep.com

北京凌奇印刷有限责任公司 印刷

科学出版社发行 各地新华书店经销

*

2010年2月第 一 版 开本：787×1092 1/16

2017年7月第二次印刷 印张：17 3/4 插页：3

字数：408 000

POD定价： 98.00元

（如有印装质量问题，我社负责调换）

前　言

自从地理信息系统（Geographical Information System，GIS）于20世纪60年代在加拿大诞生以来，GIS技术经历了40多年的快速发展。GIS从原来局限于土地测绘等政府部门的小范围应用，到现在被各学科、各行业部门和企业的广泛使用。其发展趋势也经历了从强调“系统”本身的功能，到强调推动技术发展的“科学”，到现在的为大众普及“服务”的侧重点的转移。

但是，随着GIS在地理学及其他领域应用的深入，对GIS的空间分析功能提出了更高的要求。由于空间信息的日益丰富和空间决策问题的日益复杂，在GIS的应用中，我们遇到了许多新的困难和障碍。首先，GIS储存了大量的空间数据，隐藏了许多有用的信息，需要高级的空间分析工具才能提取出这些有用信息；另外，GIS不仅应该提供简单的查询和显示的功能，也应该提供对许多地理过程进行深入分析的工具，包括解决复杂的资源配置和优化等问题。许多地学现象属于动态的复杂系统，地理系统的复杂性导致地理问题具有非线性、不确定性和模糊性等特征。地理系统的动态性决定了地理实体和地理现象都不是一成不变的，而是随着时间、空间的变化而不断变化。而且导致这些变化的影响因子具有很大的不确定性，很难用严格的数学公式和有规律的规则来表示。传统的GIS通过对地理数据的处理、分析和模拟，能够解决复杂地理问题中确定性的问题。但是无法解决地学中的非线性、不确定性和模糊性的问题。因此，仅靠传统的GIS方法处理复杂地理空间问题，具有很大的局限性，无法解决动态复杂系统多因素、多层次以及非线性的问题。

近年来，人工智能获得了迅速的发展，在许多科学领域取得了丰硕的成果，已发展成为一门极具挑战性、得到广泛重视和普遍认可并具有广阔发展前景和应用潜能的学科。我们认为，人工智能与GIS结合起来，必定会大大提高目前GIS空间分析的能力，为对许多复杂的非线性自然系统的分析提供了重要的分析工具。因此，我们尝试在智能式GIS方面进行了系统的研究，提出了较完整的智能式GIS的概念及实现方法。在书中，我们提到了GIS应用的三大前沿方向，包括空间知识发现、地理模拟以及空间优化与决策，这三个方向的应用研究能够涵盖地理学中许多复杂的空间问题。首先，空间知识发现就是从海量数据中自动挖掘出有用信息，并对这些信息进行空间分析，从而找出相关的地理知识和地理规律。在当今空间数据呈爆炸式增长的时代，空间知识发现在GIS应用中具有非常重要的地位，它是获取新的地理知识和地理规律的重要途径，也是解决复杂空间决策问题的前提和重要依据。另外，地理模拟系统是探索和分析地理现象的格局形成和演变过程的有效工具，能够帮助揭示复杂地理动态现象的形成规律并对其发展方向及演化过程进行有效的预测，在城市扩张、土地利用变化、环境管理和资源的可持续利用等研究中得到广泛的应用。而空间优化与决策也是当今GIS应用一个非常重要的方向，它是资源环境管理、规划和利用需要解决的问题。

尽管国际上不断出现一些零散的将人工智能方法和GIS结合起来的研究，但智能式GIS中的intelligent只是指合适的统计或数学模型，而没有真正涉及人工智能的智能方法，缺乏完整的工具和方法，因而不是真正的智能式方法。本书所提出的智能式GIS（intelligent GIS）是指在GIS的数据结构框架上，融入最新发展起来的人工智能，建立自动和智能化的空间分析模型，解决空间知识提取、空间辅助决策、空间模拟与优化等一系列复杂的高维空间分析问题。本书的内容体现了我们团队最新的研究成果，建立了较完整的基于点、线和面的空间优化模型，提出了模拟与优化耦合的实现方法，并初步提出了基于耦合的地理模拟优化系统（GeoSOS 1.1）（该软件目前供学术研究免费使用，下载地址为：http://www.geosimulation.cn）。希望通过有关研究，使得智能式GIS与空间优化模型可以作为GIS的重要补充，逐步发展成一个较成熟的体系。

本书分为7章，第1章简单介绍了GIS的发展和智能式GIS提出的由来；第2章介绍人工智能诞生的历史背景、发展现状和展望，以及人工智能的基本原理和方法；第3章对人工神经网络、遗传进化算法、免疫算法以及群体智能算法等算法进行深入的介绍；第4章探讨GIS与人工智能的结合，包括专家系统与GIS、进化计算与GIS、神经计算与GIS的结合；第5章重点介绍基于数据挖掘技术的元胞自动机转换规则提取方法、基于粒子群算法的遥感分类方法和基于蚁群算法的遥感分类方法，及其在空间知识获取和遥感影像分类中的应用研究；第6章展示了基于多种人工智能算法（包括遗传算法、神经网络算法、蚁群智能算法、人工免疫系统）的智能元胞自动机和多智能体系统在城市演变规律的探索等方面的应用；第7章详细介绍GA（遗传算法）、ACA（蚁群智能算法）、PSO（粒子群算法）等人工智能算法与GIS的集成研究，及其在空间点状地物优化、空间线状地物优化和空间面状地物优化三种复杂空间决策问题中的应用，在此基础上尝试提出地理模拟优化系统GeoSOS的概念与实现方法。

本书部分内容包含了我的博士生和硕士生的一些最新研究成果，包括何晋强进行蚁群算法及其点和线优化的分析，陈逸敏提供了基于面状地物选址的优化试验结果，陶海燕负责多智能体与居住环境模拟的内容，王芳提供了不同尺度生物能源供应区域划分及初级供应点确定的优化模型，黎海波承担了多目标粒子群算法与区域搜索的工作，伍少坤负责了动态模拟优化的试验等。

黎夏

2009年5月

写于中山大学

目　　录

第1章 智能式GIS的提出

1.1 GIS 概述

1.1.1 GIS的定义

1854年秋，英国伦敦宽街爆发了霍乱病，当时医学界未能找出发病的原因。后来医生约翰·斯诺（John Snow）将霍乱病患者的居住地点标记在绘有道路、房屋、饮用水井等基本地理要素的地图上，发现患者主要集中分布在布洛多斯托水井的周围。根据该分析，当地政府立即禁止使用这口水井，此后宽街再也没有出现新的霍乱患者。斯诺医生利用患者与固定地理要素之间的空间关系找出了霍乱病的发病根源——一口被污染的水井，这为当时欧洲的公共卫生事业做出了巨大的贡献（郭仁忠，2001）。“霍乱事件”告诉我们：“地理位置”和“空间分布信息”是相当重要的。世界上任何物体都具有空间特性，我们日常生活中的大部分信息都与地理空间位置有关，可以说空间问题是解决很多实际问题的关键。而GIS就是在地理空间信息的基础上利用空间分析解决空间问题的一种有效的方法、技术和手段。GIS可以为零售商选择销售的最佳地点，可以协助规划部门进行土地利用规划，可以为灾害监测提供救援决策等。

GIS有许多的定义，其中较为普遍的定义是：GIS是一种能够存储、获取、显示和分析空间数据的计算机系统（Deursen，1995）。另外，ESRI公司从软件开发者的角度给GIS下了如下定义：GIS是一种基于计算机的工具，它能够对地球上存在的东西和发生的事情进行成图和分析。GIS技术就是将普通的数据库操作（如查询与统计分析等）与地图独特的可视化效果集成在一起，使其与其他信息系统相区别，在广泛的公共和个人事业中解释现状、预测未来和规划战略时具有实用价值（Li，2005）。美国国家航空航天局（NASA）给的定义是：GIS是计算机硬件、软件和操作人员集成的系统，用于处理具有空间特征的地质地形、人口分布统计和图形图像等数据资源（黎夏等，2006）。

从字面意义上讲，GIS包括“地理”、“信息”和“系统”三个部分（Birkin et al.，1996）。“地理”主要指物体的地理空间位置，GIS一般通过经纬度或者坐标来表示地理实体的位置。“信息”是指地物的基本空间数据和属性数据，以及在这些数据基础上进行空间分析得到的能够辅助决策制定和战略规划的知识。空间数据是指以地球表面空间位置为参照，描述自然、社会和人文经济的数据，包括数字、文字和图像等形式（吴信才和刘少雄，2002）。空间数据是现实世界中空间特征和过程的抽象表达，它记录地理空间对象的位置和拓扑特征等。根据地物空间特征的不同，可分别用点要素、线要素和面要素来描述各种不同的空间数据。点要素可以代表一些特征站点，如医院、邮局、学校、商店等；线要素一般用于描述河流、道路等线状物体；而面要素可以是土地利用斑块等。随着技术的发展，空间数据对社会经济发展的重要意义逐渐得到人们的广泛重视和普遍认可，目前已被广泛应用于社会各个行业中，包括城市规划、环境管理、交通等领域。根据空间数据内容和性质的不同，可将其归纳为不同的专题，在GIS中，以图层的方式存储和管理不同专题的空间数据，如在一个综合研究中，我们一般用几个不同的图层分别存储道路数据、地形数据、人口数据和土地利用数据等空间地理要素。另外，GIS可以将描述地理要素内涵和性质的属性数据存储于数据库中，并通过一定的方式将属性数据与对应的空间数据链接起来，共同管理、分析和使用。以河流为例，空间数据记录了河流的位置和空间形状，而属性数据记录了它的名称、长度和宽度等信息。将属性数据与空间数据链接起来，则能将河流空间位置及其本身固有的属性信息准确地输出给用户，以供查询和分析。对空间数据和属性数据进行空间分析有助于人们认识和理解现实世界的知识和规则，为人们解决复杂问题提供重要的依据，如前面提到的宽街霍乱病患者的空间分布规律就是医生快速找出病因的重要依据。GIS的特点是能够通过图形、图像甚至是人机交互的形式将这些有用信息形象地表达出来，供用户分析使用。“系统”意味着GIS是一个具有一定的结构和功能的、相互密切联系的整体。“信息系统”一般是能够为决策支持提供有用信息的一系列有组织的程序（Lucas et al.，1978）。但是GIS有别于其他一般的信息系统。GIS不同于管理信息系统（Management Information System，MIS）。GIS是对图形数据和属性数据的集成管理，进而进行分析、查询和应用；而MIS只对属性数据进行管理，MIS里的图形只能以文件形式存在，不具备拓扑关系，也不能供用户查询使用。GIS不同于地图数据库系统。地图数据库系统只是将地图数据系统地存储于数据库中，而没有分析和查询功能；而GIS是在数据库的基础上进行深层次的空间分析，为许多空间问题的解决提供有效的手段（杨斌等，2002）。简而言之，GIS区别于其他信息系统的重要标志是它能够获取、存储、分析和显示空间数据。GIS能够提取空间信息，并将经过空间分析得到的隐含信息形象地表达出来，即将地图显示与空间分析有机地结合起来，从而有效地解决复杂的空间问题，为相关部门提供重要的决策支持。

1.1.2 GIS的组成

从GIS的组成上看，一个完整的GIS是由计算机硬件系统、计算机软件系统、地理空间数据、GIS应用模型和GIS用户5部分构成的（黎夏和刘凯，2006）。GIS的组成如图1.1所示。

图1.1 GIS的组成

（1）计算机硬件系统是GIS所需的基本设备，是GIS功能实现的物质基础，包括数字化仪、扫描仪、绘图仪、测绘仪、遥感设备、多媒体设备等通用设备，硬盘、显示器、显卡等单机设备以及交换机等局域网网络设备等。这些设备决定着GIS的规模、速度、精度、功能和运行效率等。

（2）计算机软件系统是指GIS运行所需的各种程序，通常包括系统软件、基础软件和GIS软件。GIS软件是计算机软件系统的核心，能够帮助实现GIS空间分析以及二次开发功能。国内外著名的GIS专业软件有MapInfo、MapGIS、ArcGIS、SuperMap等。另外，系统软件和基础软件也是使用GIS必不可少的，系统软件指操作系统，是GIS运行的基础；GIS所需的基础软件包括图像处理软件、数据库软件、编程软件等。

（3）地理空间数据是GIS分析和操作的对象，是现实世界在计算机中的抽象，包括地理空间实体的空间位置、土地利用类型、变化趋势等。GIS空间数据有矢量数据和栅格数据两种主要的数据类型，通常是通过计算机硬件设备将空间数据输入地理空间数据库中。

（4）模型是人类对事物的一种抽象，是对现实世界的简化表达，是对客观世界中解决各种实际问题所依据的规律或过程的抽象或模拟，模型通常表达了某个系统的发展过程或结果（黎夏和刘凯，2006）。GIS应用模型是在GIS空间数据的基础上建立起来的模型，一般是通过抽象化的数学公式将地理事物的过程和结果表达出来，进一步在计算机中利用GIS技术进行求解，从而达到解决实际生活中的各种空间问题的效果。常见的GIS应用模型有人口增长模型、资源优化配置模型、水土流失模型、区位-配置模型、投入产出模型等，这些模型基本能够满足解决简单地理问题的要求。

在GIS的具体应用中，采用某一模型帮助用户解决地理空间问题之前，需要明确几个关键问题（Burrough，1992）：①该模型的基本假设是什么？②该模型需要什么输入数据？在合理的空间尺度下，能否获取模型所需的输入数据？③如何确定该模型的控制参数？④该模型的误差传递是如何形成的？⑤能否获取用于校准和验证模型的数据？⑥模型的运行结果能否准确描述时间和空间格局？⑦用户评价模型输出结果好坏的指标是什么？

这些问题直接影响到模型的分析结果及其有效性。当所要解决的问题较简单时，以上问题很容易得到答案；而当所要解决的地理问题较为复杂时，在处理这些关键问题时会出现许多新的问题。

随着GIS应用深度和广度的不断扩展，GIS需要解决的城市或区域系统中的地理问题日益复杂，为这些复杂地理问题建立较好的数学模型显得非常困难（Openshaw S and Openshaw C，1997）。首先，关于城市或区域系统如何工作的理论过于含糊，无法为模型的建立提供明确的规范，而对于这些系统行为的观测往往是带有噪声的、非线性和非常复杂的。因此，很难有较好的数学模型可以解决这些复杂的地理空间问题。对于这些复杂地理问题，传统的模型是将繁多的数据简化为几个简单的变量，或者采用简单的线性关系代替复杂的非线性关系，导致模型无法准确地反映实际问题。空间数据的日益丰富和地理问题的日益复杂，对GIS应用模型的数据挖掘能力以及地理分析、评价、预测和决策支持等功能提出了很大的挑战，同时也对GIS的计算速度以及计算的智能化和自动化提出了更高的要求。因此，GIS应用模型的发展面临着较大的困难，需要寻求新的技术和方法，以提高其解决复杂地理空间问题的能力。

（5）GIS用户是GIS的重要组成部分，既包括系统开发、管理和维护人员，也包括GIS的应用用户。GIS是为满足用户的各种需求而进行空间分析与系统开发的。因此可以说，用户是GIS存在的基础，用户提出的需求和问题不断地促进GIS的进步和发展（黎夏和刘凯，2006）。

1.1.3 GIS 的基本功能

从功能上看，GIS 是一种计算机技术，它不仅具有采集、存储和显示空间数据等功能，而且能够完成查询以及空间叠置（Overlay）分析、网络（Network）分析和缓冲区（Buffer）分析等重要空间分析功能，在资源配置、环境评价、优化选址、土地利用和城市模拟等应用中发挥着重要的作用（Birkin et al.，1996；黎夏和刘凯，2006；黎夏等，2007）。下面具体地介绍 GIS 的基本功能。

1. 采集、存储和显示功能

在地质调查、土壤信息系统、土地利用变化动态监测等应用中，GIS 在空间数据的采集、存储与显示方面都发挥了重要的作用（Burrough，1991）。GIS 分析和操作的对象是空间数据，空间数据是 GIS 分析的基础，因此采集空间数据应该是 GIS 最基本的功能，也是 GIS 进行空间分析的前提步骤。根据数据结构的不同，可将空间数据分为矢量数据和栅格数据两种类型，矢量数据主要通过地图数字化、野外测量等方法获取，而栅格数据的获取主要是通过遥感方法实现的。获取的空间数据通常需要录入地理空间数据库中，将数据存储起来，为下一步进行空间查询、分析做准备。随着 GIS 应用领域的不断拓宽，空间数据的采集量剧增，如何提高空间数据的采集效率，以及有效地存储、整合和共享不同研究领域的空间数据，已成为制约 GIS 发展的一个重要问题。

GIS 的最终目的是将分析结果提交给用户，帮助用户理解和掌握地理空间问题。输出结果往往是衡量一个 GIS 好坏的标志。因此，GIS 的数据显示功能是不容忽视的，我们通常是利用图形、图像、表格或人机交互等方式，将 GIS 的分析过程和分析结果显示在用户界面上，辅助人们进行各种决策（黎夏和刘凯，2006）。地图显示对规划具有相当重要的意义，能帮助人们观察、探索、检验和比较结果，便于不同专业人员之间的交流（Batty，1992，1994）。在比较复杂的区位配置模型中，地图显示以及数据可视化的重要性更加突出，它能增强决策过程的人机交互性（Armstrong et al.，1992；Densham，1994；叶嘉安等，2006）。可见，地图制图和地图显示是 GIS 在城市规划中应用最广泛的功能（叶嘉安等，2006）。

2. 查询和检索功能

空间查询和检索是 GIS 的基本功能之一，也是进行其他空间分析的基础操作，主要用来查询、检索和空间定位。空间查询一般包括数据的空间特征查询、属性特征查询、空间关系查询、时间特征查询以及拓扑特征查询等，可以是通过已知属性查图形，也可以通过已知图形查属性。例如，我们可以查询某一铁路所经过的所有省份或查询经过某一省份的所有铁路。

3. 空间分析功能

空间分析是 GIS 的核心功能之一，也是 GIS 区别于计算机地图制图系统和数据库管理系统的显著特征（Li，2005；黎夏和刘凯，2006）。GIS空间分析往往涉及对某一地理坐标系统的空间信息进行查询和分析的工作，通过分析可以发现隐藏在空间数据之后的重要信息，揭示出事物的内在规律。一般的空间分析功能包括叠置分析、网络分析、缓冲区分析等，利用这些简单的空间分析功能就可以回答一系列与地理信息有关的空间问题，如“在某个范围内建立一所高校的最佳地址在哪里?”“有多少居民可能被某工厂污染所影响?” “从 A 地到 B 地的旅行费用最少的路径是什么?”等（黎夏和刘凯，2006）。当需要解决的实际问题变得较复杂时，需要将几种不同的分析方法交叉使用，以达到解决问题的目的。下面将详细介绍几种主要的空间分析方法。

1） 叠置分析

叠置分析是GIS重要的分析方法之一，是提取空间隐含信息的有效手段（邬伦等，2001）。其原理是将两个或两个以上的地理要素图层进行叠加从而产生新要素图层，新图层综合了原来多层实体要素所具有的属性特征。多层数据的叠置，会产生新的空间关系或新的属性特征关系，能够发现多层数据的相互差异、联系和变化特征。

根据数据基本结构的不同，将GIS叠置分析分为矢量叠置分析和栅格叠置分析两种类型。矢量叠置分析又包括点与多边形的叠置分析、线与多边形的叠置分析以及多边形与多边形之间的叠置分析三种类型，它们对于选址和空间优化配置等分析具有相当重要的意义（Birkin et al.，1996）。图1.2是利用多边形间的叠置分析来寻找适宜位置的应用例子。首先将人口与人均收入两个多边形图层进行叠置分析（Intersect），得到人

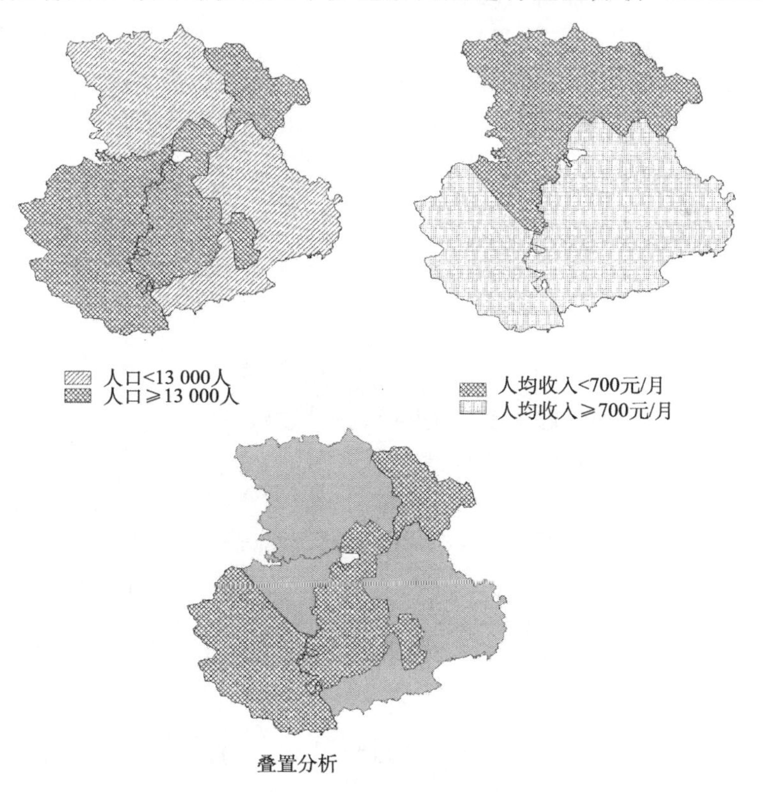

图1.2 叠置分析应用例子

口≥13 000且人均收入≥700元/月的区域，则可将该区域（人口较多且经济发展较好）初步划定为适宜建立大型超市的范围。栅格的叠置分析是多层栅格图像的地图代数运算过程，包括加、减、乘、除等代数运算，均值、最大最小值以及各种逻辑运算。对两景具有一定重叠度的遥感图像进行拼接操作是栅格数据叠置分析应用的一个典型例子。另外，利用GIS叠置分析功能进行土地适宜性评价，从而进行简单的选址也是GIS的传统应用领域（叶嘉安等，2006）。

2）网络分析

在一个道路网络、水系网络或管道系统中，我们通常需要回答诸如“从A到B的最短路径是什么？”和“如何对网络上的资源进行合理的分配？”等问题。这都属于GIS网络分析所要解决的问题（Birkin et al.，1996）。网络分析是GIS空间分析的一个重要功能，它是根据结点与结点、线与点、线与线之间的拓扑关系来研究网络模型中实体的空间和属性特征，从而进一步对网络模型进行分析的空间分析方法。它的数学基础是计算机图论和运筹学，通过研究网络的状态以及模拟和分析资源在网络上的流动与分配情况，对网络结构及资源等优化问题进行研究（龚健雅，2001）。网络分析的基本思想是优化理论，即认为人类活动总是根据网络关系模型中某种预期的目标来判断、选择能实现这个目标的最佳方式和最好途径（黎夏和刘凯，2006）。

常见的网络分析方法包括三种：①连通性分析，主要对一个交通网络的结点之间是否连通进行分析，它是最佳路径选择分析的前提。连通性分析一般包括连通分量求解和连通方案求解，后者通常是在耗费最小的目标约束下，使所有的点连通。②最佳路径分析，一般是通过最短路径算法实现的。“最佳路径”的判断标准可以是距离最短、时间最少、交通费用最低或利用率最高等优化标准。在交通网络模型中选择最佳的交通路线，可以是铁路、公路或水路等几种不同交通类型的组合。③资源分配分析，主要分析网络结点之间资源的流动，如中心结点从周围结点收集资源或者周围结点向中心结点发送资源的最优分配方案（黎夏和刘凯，2006）。

3）缓冲区分析

缓冲区就是针对点、线、面实体，在感兴趣实体周围建立的具有一定距离的缓冲区多边形。我们通常将缓冲区作为地物的近邻影响范围，范围的大小由用户定义的领域半径R所决定。缓冲区分析就是确定地物近邻影响的一种空间分析方法，具有广泛的应用性，如利用点缓冲区分析工厂污染水对周围居民的影响范围；又如通过建立道路缓冲区来分析道路对土地利用变化的影响，如图1.3所示。在这个例子中，分别建立2 km、4 km和6 km的道路缓冲区，通过分析不同的邻域距离内新增加城市用地的数量及其分布情况，可以发现随着离道路距离变化的城市扩张规律，进一步分析得到道路对土地利用变化的影响。

1.1.4 GIS的发展

GIS的研究始于20世纪60年代的美国和加拿大（Coppck and Rhind，1991）。GIS

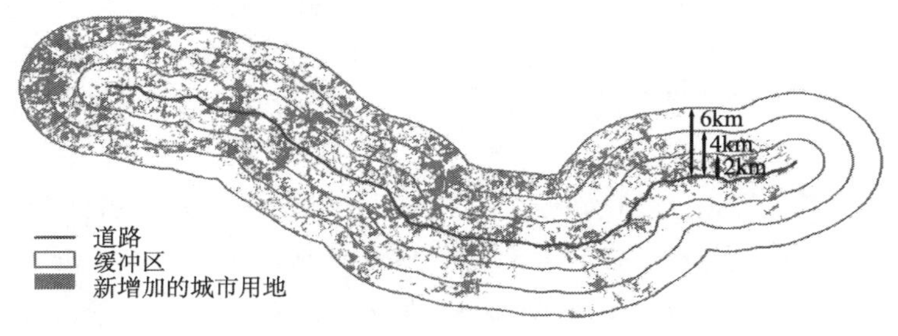

图 1.3　缓冲分析应用例子

的提出和发展是现代地理学的一次重要革命，使地理学由定性的描述转向定量的观测和分析。这为地理学的研究提供了崭新的手段，提高了地理学解决实际问题的能力（张健挺和邱友良，1998）。GIS 发展初期主要侧重于技术与方法的研究。世界上公认的第一个 GIS 是加拿大地理信息系统（CGIS）。该系统是 1962 年加拿大著名测量学家 R. F Tomlinson 等建立的，1964 年正式投入使用，主要用于自然资源的管理和规划（Openshaw，1994）。不久，美国哈佛大学提出了较完整的系统软件 SYMAP。美国和加拿大学者首先带动了 GIS 的起步发展。

20 世纪 70 年代开始，随着计算机技术的迅速发展以及环境问题的日益突出，GIS 技术逐渐被应用到资源环境的各个领域中，相继出现了许多 GIS 应用系统。20 世纪 80 年代中期，GIS 在空间信息的收集、存储和管理方面有了很大的创新，成为 GIS 的一次重要革命（Openshaw S and Openshaw C，1997）。20 世纪 80 年代以后，GIS 的地理信息处理能力、空间分析技术日趋成熟，为存储、管理和分析地学空间信息和空间知识提供了一种通用的工具，这在一定程度上促进了地理学的发展。与此同时，开始出现了一些商业化的实用系统，国外的 GIS 进入了产业化阶段，GIS 的巨大潜力逐渐为人们所认识，在近 20 年来得到了飞速的发展（Coppck and Rhind，1991；丁黄望和马生全，2005）。

促进 GIS 技术迅速发展的原因主要有以下几个方面：①计算机设备性能的不断增强为 GIS 的发展提供了坚实的硬件基础；②数据库技术、编程语言、图像处理等计算机技术的完善，为 GIS 的发展提供了软件条件；③空间技术的迅猛发展，特别是遥感技术的发展，为 GIS 提供了地球空间环境不同时相的数据，促进了 GIS 的存储、处理空间数据的能力的提高；④GIS 日益拓宽的应用领域不断地对其提出要求和建议，促进了 GIS 理论和技术的进步。

随着 GIS 术的不断发展，GIS 逐渐从数据管理和分析走向模型分析。GIS 的强大生命力在于与各种实际应用的结合。然而 GIS 的数据管理和分析功能对于大多数的空间问题是远远不够的。根据具体的地理空间问题，建立相应的 GIS 应用模型，是 GIS 解决实际问题的能力、效率和产生社会经济效益的关键所在。因此，GIS 工作的核心就是应用模型来解决地理空间决策问题。

随着空间数据收集和存储等技术的发展，空间信息愈来愈丰富，需要解决的地理空间问题也日益复杂，大大超出传统 GIS 的能力范围。这对 GIS 的空间知识获取、空间分析能力以及空间建模能力提出了更大的挑战。单靠 GIS 技术，我们无法从海量的空间数据中发现新的问题，或者从大量的空间信息中发现地理事物的模式和关系

(Openshaw S and Openshaw C，1997)。如果没有引进新的技术，将较难推动 GIS 的发展，人类认识地理现象也会受到一定的阻碍。因此，GIS 迫切需要与其他学科的新技术、新方法相结合，通过多学科的交叉合作，利用其他学科先进的技术和方法，才能使 GIS 更好地发展下去。

我国 GIS 的研究工作起步较晚，但发展较快。开始于 20 世纪 80 年代初，以 1980 年中国科学院遥感应用研究所成立的全国第一个 GIS 研究室为标志（邬伦等，2001）。此后许多学者致力于 GIS 理论技术与应用的研究，推动了中国 GIS 事业的快速发展。本书作者自 20 世纪 80 年代中期开始投入 GIS 的工作，开展了一系列关于珠江三角洲的研究，包括元胞自动机（Celluar Automata，CA）和多智能体在城市模拟、土地利用变化及城市规划方面的应用和研究，取得了一系列的成果，推动了 GIS 和地理模拟的发展。

1.2 智能式 GIS 的提出

GIS 作为地球空间知识分析和空间决策的重要手段，已得到地学领域广泛的认可和重视。GIS 的应用，推动了地理科学逐渐走向信息科学发展的时代。在 GIS 的应用中，人们遇到了许多的困难和障碍。首先，随着数据采集技术的进步，空间数据呈爆炸式增长，人们将被淹没在海量的空间数据中。其次，随着空间数据的日益丰富，空间决策问题也日趋复杂，GIS 的局限性逐渐暴露出来。传统的 GIS 侧重于空间数据的采集、存储、分析和显示问题，而空间知识发现、空间决策以及地理模拟能力相当薄弱，不能满足社会和区域可持续发展在空间分析和决策支持等方面的需求。GIS 分析功能的不足以及传统 GIS 模型的局限性一直成为制约 GIS 广泛应用的瓶颈。因此需要寻求一种新的理论和技术，以弥补传统 GIS 方法的不足。我们希望引进新的理论和技术能够提高 GIS 解决复杂地学问题的能力，具体包括以下几个方面：

(1) 提供自动化、智能化的空间分析方法；

(2) 智能化地处理日益增长的多维度、多尺度的海量空间数据；

(3) 为地理信息系统提供更好、更新、更智能的模型；

(4) 帮助解决先前无法解决的、日益复杂的地理问题。

随着计算机技术的发展，人工智能获得了迅速的发展，成为当今世界的三大尖端技术之一，并在许多领域得到了广泛的应用。人工智能是利用计算机代替人完成一些智能活动的一系列方法。在本质上，人工智能的主要任务是基于计算机，建立自动化、智能化的分析工具或模型；人工智能的主要目标之一是从数据中发现新的知识和创建新的模型（Openshaw S and Openshaw C，1997）。事实上，人工智能不仅仅是一门计算机技术，也可以把人工智能看成是一种工具，或是计算机和 IT 时代的一种解决复杂问题的思想或框架。可见，人工智能正是地理学和 GIS 所需要的新理论和新技术，它能够在很大程度上弥补 GIS 空间分析功能和空间模型的不足，帮助 GIS 将原始的海量空间数据转化为有用的知识，并从中发现问题，从而达到解决日常生活中出现的复杂地理空间问题的目的。

相关研究也表明，人工智能与 GIS 的结合具有非常重要的必要性。Smith（1984）认为，人工智能的引进，将使地理学的研究进入一个飞速发展的时代。人工智能不仅能够为旧的地理问题提供新的解决方法，还能够为原先被认为无法解决的复杂地理问题提供新的解决方案。随着社会的发展和技术的进步，人类需要解决的地理问题将越来越复杂。地理信息技术对其智能化计算能力的需求将越来越大。人工智能与 GIS 的结合，将为解决这些新的复杂地理问题提供一些新的自动化、智能化手段（Openshaw S and Openshaw C，1997）。

将人工智能引入 GIS 中，不仅具有非常重要的意义，而且具有较大的可行性。人工智能方法不涉及复杂的统计学和数学，也不涉及难以理解的计算机科学。事实上，人工智能是用简单的数学原理来高效率地实现问题求解的方法，具有强大的计算能力、推理能力和搜索能力。因此，人工智能是一种较为简单、易学和易操作的技术，它的普遍和固有的简单性成为其吸引包括地理学等各个领域学者的主要原因之一。

基于前面的分析和讨论，将人工智能引进 GIS 中，具有非常重要的理论意义和现实意义。在这里，我们提出了智能式 GIS（Intelligent GIS），以解决当前 GIS 方法对多因素、多层次和非线性的复杂地学问题处理能力较弱的问题。在 GIS 空间分析功能的基础上，引入人工智能方法，建立自动化、智能化的 GIS 空间分析模型，提高 GIS 的信息处理能力、空间决策水平以及地理模拟能力，帮助解决 GIS 先前无法解决的、日益复杂的地理空间问题，进一步拓宽 GIS 的应用范围，推动 GIS 学科的发展。

1.3 智能式 GIS 的定义

从广义上讲，智能式 GIS 概念的提出始于 20 世纪 90 年代。Birkin 等（1996）在 *Intelligent GIS：Location Decisions and Strategic Planning* 一书中提出了初步的智能式 GIS 概念，并将其定义为：将传统的 GIS 软件与智能式的统计或数学模型整合起来以实现更有效的区位决策和战略规划。但是，该定义主要是强调人工智能在区位选址和决策方面的应用。事实上，人工智能在 GIS 中的应用不只是局限于区位决策，在空间知识分析和地理模拟等其他重要的地理问题中也有广泛的应用潜能。另外，Birkin 等所提的智能式 GIS 中的 Intelligent 只是指合适的统计或数学模型，而没有真正涉及人工智能的智能方法，缺乏完整的工具和方法，因而不是真正的智能式方法。Openshaw S 和 Openshaw C（1997）在 *Artificial Intelligence in Geography* 一书中讲述了启发式搜索、神经计算、进化算法和人工生命等人工智能方法对地理学的重要性，并认为人工智能方法在地理学中具有非常大的应用潜能。但是 Openshaw 并没有把人工智能方法与 GIS 基本理论和技术结合起来，在解决地理问题时也存在一定的不足。

此后，国际上出现了一些零散的将人工智能方法和 GIS 结合起来的研究。例如，Cbulmin（2000）提出了将人工智能方法与 GIS 相结合用于多准则选址分析。传统的决策支持技术或 GIS 方法都无法同时考虑多种空间因素和空间条件，为弥补决策支持技术和 GIS 方法的不足，Cbulmin 将专家系统和层次分析法引入 GIS，以帮助解决在选址分析中综合考虑决策者对多因素的偏好问题，并将其应用于工业选址分析中。Xiao 等（2002）提出了利用进化算法（Evolutionary Algorithm，EA）解决复杂的多目标选址问题。Wie 和 Chai（2004）提出了将 GIS 与多目标混合准启发式算法结合起来，用于解决空间分区问题（Spatial Zoning Problem，SZP）。空间分区属于空间决策和优化问题。在该应用中，GIS 为空间数据的获取、存储和管理提供了方便的工具，而混合准启发式方法为空间分区决策中的多目标优化提供了智能化的手段（Wie and Chai，2004）。

这些探索性的研究成果表明，人工智能方法对于 GIS 的发展具有非常重要的作用，能够帮助解决 GIS 对复杂地理问题处理能力较弱的问题，并提高 GIS 处理空间问题的智能化和自动化水平。相关研究成果已在一定程度上推动了人工智能方法与 GIS 整合研究的发展，但这些研究仅仅是人工智能方法在空间决策和优化中某个方面的应用，而较少出现其在地理学其他领域中的应用研究，因此，其当前的应用领域相对较为狭窄。另外，目前在人工智能方法与 GIS 的整合研究中，缺乏一个较为系统的理论和方法体系，致使人工智能方法尚未在地理学中得到广泛应用。基于前面的分析和讨论，我们提出智能式 GIS 的概念，为人工智能和 GIS 的整合研究提供一个系统的理论框架，促进人工智能方法在地理学各个领域中的应用。

智能式 GIS 是指在 GIS 的数据结构框架上，融入最新发展起来的人工智能，建立自动和智能化的空间分析模型，解决空间知识提取、空间模拟与优化、空间辅助决策等一系列复杂的高维空间分析问题，目的是弥补 GIS 在知识表达、空间推理、启发式搜索、自学习等方面的不足，完成传统的基于数学建模无法完成的任务。智能式 GIS 将在很大程度上提高 GIS 的整体功能，帮助 GIS 解决非线性、多因素以及多层次的复杂问题，促进 GIS 更广泛、更深层次的应用。智能式 GIS 能够为地理问题的解决提供强大的技术支持，是地理科学实现信息化、自动化和智能化的重要途径，是未来地理学家（包括自然地理、人文地理和城市区域地理等各个领域学者）解决复杂空间问题的可靠工具。

在智能式 GIS 的概念中，我们提到了 GIS 应用的三大前沿方向，包括空间知识分析、地理模拟以及空间优化与决策，这三个方向的应用研究能够涵盖地理学中大部分的复杂空间问题。首先，空间知识分析就是从海量数据中，自动挖掘出有用信息，并对这些信息进行空间分析，从而找出相关的地理知识和地理规律。在当今空间数据暴炸式增长的时代，空间知识分析在 GIS 应用中具有非常重要的地位，它是获取新的地理知识和地理规律的重要途径，也是解决复杂空间决策问题的前提和重要依据；地理模拟是探索和分析地理现象的格局形成和演变过程的有效工具，能够帮助揭示复杂地理动态现象的形成规律并对其发展方向及演化过程进行有效地预测，在城市扩张、土地利用变化、环境管理和资源的可持续利用等研究中得到广泛的应用；此外，空间优化与决策也是当今 GIS 应用一个非常重要的方向，资源与环境的管理和利用往往涉及空间的优化与决策，包括如何在空间上配置资源以产生最大的效益，以及如何在大区域中对基础设施进行有效的选址等问题。在一般的空间决策与优化问题中，空间信息的处理与空间搜索能力是关键；随着社会经济的发展，空间决策问题变得越来越复杂，我们往往需要处理高维和海量的空间数据。智能式 GIS 将大大提高空间搜索能力，从而能够满足复杂空间优化和决策问题的求解的需求。

随着信息技术的发展，GIS 在地理科学中的应用领域不断地扩大。目前，地理科学正处在向地理信息科学发展的时代，信息化、自动化和智能化是关键（雷海燕等，2006）。而人工智能是用简单的数学原理来高效率地实现问题求解的方法，它具有强大的计算能力、推理能力和搜索能力，是实现地理科学信息化、自动化和智能化的重要途径（Smith，1984；Openshaw，1994；Openshaw S and Openshaw C，1997）。我们提出将人工智能与GIS进行整合研究，为智能式GIS的研究提供系统的理论框架和研究实例。智能式GIS的核心就是建立智能化、自动化的空间分析方法和模型，其最终目的是实现空间知识智能化、地理模拟智能化以及空间决策与优化智能化。智能式GIS的发展将成为大力推动地理信息科学发展的技术和手段。

1.4 智能式GIS的发展前景

人工智能的发展对世界各领域的人来说都是至关重要的，各个应用领域的人对智能化的计算机系统的需求将越来越大（Openshaw S and Openshaw C，1997），原因主要有以下两个方面：

（1）社会的进步和发展使得数据呈现爆炸式增长，人们被淹没在数据的海洋中。政府和企业等部门获取数据的速度快速增长，面对日益增长的数据，各个领域的人都迫切需要智能化的计算机系统对这些海量的数据进行自动化处理，从而达到发现知识和规律的目的。许多商业部门甚至认为他们将来的发展很大程度上依赖于IT或者人工智能所创造的新机会。因此，智能化的计算机系统对他们来说是非常重要的。

（2）传统的技术和方法无法满足解决复杂问题的需求，人们需要寻找新的智能化工具，改善传统落后的方法，提高传统方法的运算速度，实现复杂问题解决的智能化和自动化，进而更有效地解决日益复杂的问题。

人工智能智能化的计算能力决定了它成为吸引各个领域学者的先进技术之一。人工智能的应用潜力是无限的（Openshaw S and Openshaw C，1997）。随着计算机技术的发展和人们对智能化计算机需求的增长，人工智能将在各个领域得到更为广泛的应用，地理学领域也不例外。

随着空间数据的爆炸式增长和空间决策问题的复杂化，人们陷入了“空间知识贫乏、空间决策无力”的困境，GIS的发展遇到了瓶颈。如果使用得当，人工智能的引入将能够帮助GIS有效地解决其所面临的问题，从而推动GIS学科的发展。人工智能与GIS的结合，应是地理学领域未来解决复杂地理空间问题的主要技术和方法。智能式GIS的发展对于地理学各个领域都是至关重要的，它将成为GIS未来发展的主要方向。智能式GIS在自然地理、人文地理和城市区域地理等地理学的各个领域都有广阔的应用前景，它的发展将为其提供先进的、智能化的手段和方法。在不久的将来，智能式GIS将成为地理学中解决复杂问题的最普遍的、最有效的工具。

虽然人工智能技术在地理学中具有巨大的应用潜能和发展前景，能够为解决复杂地理问题提供强大的技术支持（Smith，1984；Openshaw，1994；Openshaw S and Openshaw C，1997），但是将智能式GIS方法应用于地理学中，会面临许多的问题，表现如下（Openshaw S and Openshaw C，1997）：

（1）地理学工作者普遍缺乏对人工智能知识的理解和认识；

（2）目前能够证明人工智能在地理学或者社会科学领域的潜能的应用实例不多，导致部分人对智能式GIS发展的信心不足；

（3）现有的关于人工智能研究的文献大部分是与地理学没有联系的，目前人工智能在地理学中应用的研究成果较为缺少；

（4）将人工智能与GIS进行集合研究，对地理学家的哲学知识提出了一定的要求。这也是地理学家所面临的一大难题。

以上问题是智能式GIS发展过程中需要解决的问题，也是决定智能式GIS能否取得突破性的创新成果的关键所在。本书将结合作者近年来的研究成果，介绍智能式GIS在地理学问题中的应用实例，包括智能式空间知识分析、智能式地理模拟以及智能式空间决策与优化等方面的研究及应用。希望通过本书内容的介绍，能够加深地理学工作者对人工智能知识的理解和认识，并增强社会对智能式GIS发展的信心。与此同时，希望本书能够起抛砖引玉的作用，引起更多学者对智能式GIS的关注和研究，从而共同推进GIS学科的发展。

参考文献

丁黄望，马生全．2005. GIS及其相关问题综述．西北民族大学学报（自然科学版），26（4）：64～69

龚健雅．2001. 地理信息系统基础．北京：科学出版社

郭仁忠．2001. 空间分析．北京：高等教育出版社

雷海燕，曹延军，曹建军．2006. 人工智能和专家系统在地理学中的应用研究．计算机与现代化，10：7～10

黎夏，刘凯．2006. GIS与空间分析——原理与方法．北京：科学出版社

黎夏，叶嘉安，刘小平等．2007. 地理模拟系统：元胞自动机与多智能体．北京：科学出版社

田朋轩，杨斌，朱仲英．2003. 智能化地理信息系统的若干研究．微型电脑应用，19（10）：5～7

邬伦，刘瑜，张晶等．2001. 地理信息系统——原理、方法和应用．北京：科学出版社

吴信才，刘少雄．2002. 基于邻接关系的空间数据挖掘．计算机工程，28（7）：89～91

杨斌，田永青，朱仲英．2002. 微型电脑应用，18（1）：9～12

叶嘉安，宋小冬，钮心毅等．2006. 地理信息与规划支持系统．北京：科学出版社

张健挺，邱友良．1998. 人工智能和专家系统在地学中的应用综述．地理科学进展，17（1）：44～50

Armstrong M，Densham P，Lolonis P et al. 1992. Cartographic displays to support locational decision making. Cartography and Geographic Information Systems，19（3）：154～164

Batty M. 1992. Urban modeling in computer-graphic and geographic information system environments. Environment and Planning B，19：663～668

Batty M. 1994. Using GIS for visual simulation modeling. GIS World，10：46～48

Birkin M，Clarke G，Martin P et al. 1996. Intelligent GIS：Location Decisions and Strategic Planning. Cambridge：Geoinformation International

Burrough P A. 1991. Soil information systems. *In*：Maguire D J，Goodchild M F，Rhind D W. Geographical Information Systems：Principles and Applications. New York：John Wiley & Sons. 153～169

Burrough P A. 1992. Development of intelligent geographical information systems. International Journal of Geographical Information Science，6（1）：1～11

Cbulmin J. 2000. Design of an intelligent geographic information system for multi-criteria site analysis. URISA Journal，12（3）：5～17

Coppck J T，Rhind D W. 1991. Geographical Information Systems. London：Longman Inc

Densham P. 1994. Integrating GIS and spatial modeling：visual interactive modeling and location selection. Geographical Systems，1：202～219

Deursen W P A. 1995. Geographical Information Systems and Dynamic Models Development and Application of a Prototype Spatial Modeling Language. Utrecht：Koninklijk Nederlands Aardrijkskundig Genntschap

Li X. 2005. Advanced GIS Modelling Techniques and Applications. China Education & Culture Publishing Company

Lucas H C. 1978. Information Systems Concepts for Management. New York：McGraw-Hill

Openshaw S. 1994. Computational human geography: exploring the geocyberspace. Leeds Review, 37: 201～220

Openshaw S, Openshaw C. 1997. Artificial Intelligence in Geography. New York: John Wiley & Sons

Smith T R. 1984. Artificial intelligence and it applicability to geographical problem solving. Professional Geographer, 12: 147～158

Wie B C, Chai W Y. 2004. An Intelligent GIS-Based Spatial Zoning System with Multiobjective Hybrid Metaheuristic Method. Lecture Notes in Computer Science, 3029: 769～778

Xiao N C, David A B, Marc P A. 2002. Using evolutionary algorithms to generate alternatives for multiobjective site-search problems. Environment and Planning A, 34: 639～656

第 2 章　计算机人工智能

2.1　人工智能的概述

人工智能（Artificial Intelligent，AI）是一门综合了计算机科学、控制论、信息论、神经心理学、哲学、语言学等多种学科的交叉性很强的学科，其研究的主要目标是用智能化的工具来人工地实现人类的各种脑力活动和智能行为，如机器推理、机器翻译、机器识别等（王万良，2005；吴文俊和何华灿，2006）。人工智能的起源可追溯到1956年的Dartmouth（达特茅斯）学会，来自各个不同领域的学者在会上交流各自学科的知识，提出了“人工智能”这一学科的名称。此后又发展了众多的理论和原理，出现了许多新思想、新观念和新技术，其研究和应用领域不断地得到延伸和扩展。自问世至今的50多年，人工智能获得了迅速的发展，在许多科学领域取得了丰硕的成果，已发展成为一门极具挑战性、得到广泛重视和普遍认可并具有广阔发展前景和应用潜能的学科。

2.1.1　人工智能的定义

人工智能是当今世界的三大尖端技术之一。关于人工智能，目前并没有一个明确的定义，不同的学者给出了不同的表述。有些学者关注的是人工智能所能获得的结果（Openshaw S and Openshaw C，1997），体现在他们对人工智能的定义上。例如：

（1）Minsky认为人工智能是利用机器来完成涉及人类智能任务的一门科学（Minsky，1968）；

（2）Jockson将人工智能定义为机器实现人类智能的能力（Jockson，1985）。

而有些学者关注的是实现人工智能的过程。例如：

（1）Winston将人工智能定义为一种能够实现感知、推理和识别的计算方法（Winston，1992）；

（2）Forsyth和Naylor（1985）认为掌握人工智能的定义最关键的是对实现智能式问题求解方法的理解；

（3）Shirai和Tsujii（1982）认为人工智能的研究目的是使计算机能够代替人类执行一些显著的智能活动；

（4）Sloman（1991）将人工智能定义为对人类智能性质的研究以及理解并复制人类智能所需要的原理及其机制。

另外，斯坦福大学人工智能研究中心的Nilsson教授认为人工智能是关于知识的科学，即怎样表示知识以及怎样获得知识并使用知识的科学。麻省理工学院的Winston教授则将人工智能定义为研究如何使计算机去做过去只有人才能做的智能工作的科学

(David et al. , 1993)。

从广义上讲，一般认为人工智能是关于人造物的智能行为；从狭义上讲，人工智能是计算机学科的一个重要分支，是研究、开发、模拟、延展和扩展人类智能的理论、方法、技术及应用系统的一门学科，其主要任务是建立智能信息计算理论和技术，进而设计可以展现某些近似于人类智能行为的计算机系统（王振友和谢青松，2001)。能够用来研究人工智能的主要物质手段和实现人工智能技术的机器就是计算机，人工智能的发展历史也是和计算机科学与技术的发展史联系在一起的。虽然人工智能被划分为计算机科学的一个分支，但是它的研究范畴较为广泛，除了计算机科学外，还涉及信息论、控制论、自动化、仿生学、生物学、心理学、数理逻辑和哲学等多门学科，因此，人工智能是一门极富挑战性的科学，从事这项研究的人必须具有多门学科的基础。人工智能是在现代电子计算机出现之后才发展起来的，其诞生对计算机的发展具有重大的意义。人工智能成为人类智能的延伸，同时也为探讨人类智能提供了新的理论和方法（黄毅，2003)。

人工智能的定义包括“人工”和“智能”两部分，“人工”即人为地实现，容易理解，不具争议性；而“智能”问题比较复杂，关于“智能”的定义不同学者提出了不同的观点，思维理论、知识阈值理论和进化论理论是影响较大的主要观点。思维理论认为智能的核心是思维，人的一切智能都来自大脑的思维活动，通过对思维规律与方法的研究可揭示智能的本质；知识阈值理论认为智能就是在巨大的搜索空间中迅速找到一个满意解的能力，它强调知识对于智能的重要意义和作用，认为智能行为取决于知识的数量以及一般化的程度；而进化论理论是美国麻省理工学院的 R. A. Brook 教授提出来的，该理论认为智能是某种复杂系统所浮现的性质，是由许多部件交互作用产生的（王万良，2005)。总之，“智能”可以理解为个体有目的的行为、合理的思维以及有效的适应环境的综合能力，即思维过程和脑力劳动所体现的能力，包括：感知与认识客观事物、客观世界的能力；通过学习获取经验、积累知识的能力；联想、推理、判断、决策等思维能力；发明、发现、创造和创新等行为能力。智能的核心在于知识，智能表现为知识获取能力、知识处理能力和知识运用能力。人工智能就是研究如何构造智能机器或智能系统，使其具有感知能力、思维能力、学习和行为能力。因此，人工智能也称为“机器智能”。

1950 年英国数学家阿兰·图灵（Alan Mathison Juring）提出了判断机器是否具备人类智能的测试，即图灵测试（吴鹤龄和崔林，2000)，其测试标准是：如果机器能够和人类个体一样，对事物能够做出各种有意识的表现和反应，那么它就被认为是具有智能的。图灵测试是通过“模仿游戏”的测试来实现的，其方法是：将人和机器置于两个房间中，使得它们彼此看不到对方，但是它们可以通话，当它们对话时，如果作为人的一方不能分辨对方是人还是机器，那么根据图灵的理论则可认为那台机器是智能的。虽然要使机器达到这种水平是相当困难的，但图灵测试给出了一个客观的智能概念，已被许多人当作评价智能行为的一个重要标准。为使机器具有类似于人的智能，必须使其具有感知、思维和行为的能力，在计算机中，则表现为知识获取、知识表示和知识利用的能力。因此，在人工智能的研究中，主要解决的是知识获取、知识表示和知识利用三方面的问题（刘毅，2004)。知识获取是研究机器如何直接或间接获取知识，即机器对输入的自然信息（文字、图像、声音、语言、景物等）的感知的方法；知识表示是研究在机器中如何表示知识、积累与存储知识、组织与管理知识，如何进行知识推理和问题求解；知识利用是研究如何通过信息处理技术对所获取的知识做出反应以及如何有效地利用它（刘毅，2004）。通常来讲，在人工智能的研究中，往往采用以下三条途径来解决以上三方面的问题（刘枚莲和刘海波，2002）：

（1）采用生物学的方法来弄清人类智能的本质；

（2）采用计算机科学的方法来模拟人类的形象思维，用以解决知识表示的问题；

（3）采用生理学的观点。

关于人工智能的概念存在着许多的争论，其中有强人工智能（Strong AI）和弱人工智能（Weak AI）两种不同的观点。强人工智能认为机器能够思维，人类可以制造出能够进行真正推理（Reasoning）和解决问题（Problem Solving）的智能机器，这样的机器被认为是有知觉的、有意识的；电脑可以模拟甚至代替人脑的思维活动，人工智能完全等同于人类智能。与此相反，弱人工智能观点认为机器不能思维，人类不可能制造出能够进行真正推理和解决问题的智能机器。人类制造出来的机器只是表面上看起来像智能机器，但不会有真正的自我意识，它仅实现了与人类智能相似的某种结果（杜文静，2007；王哲，2007）。关于人工智能的最早定义是1956年在达特茅斯会议上由John McCarthy提出的，他认为人工智能就是要让机器的行为看起来像人所表现出的智能行为一样。这个定义属于弱人工智能学派的观点。弱人工智能所要求达到的目标较容易实现，事实上主流科研也主要集中在弱人工智能上，而且该研究领域已经取得较为可观的成果；而强人工智能的研究目标较难实现，其发展相对缓慢。

2.1.2 人工智能的研究目标

人工智能研究的是如何构造智能机器和智能系统，使其具有一定的智能行为。人工智能研究的近期目标是通过计算机来模拟人类某些智能行为，使其能代替人类从事脑力劳动。人工智能早期的研究是从问题求解开始的，利用符号表示方法和逻辑推理方法，根据心理学和人类认知的过程建立一些人类求解问题的过程模型，通过计算机的启发式编程，进行问题求解（王振友和谢青松，2001）。主要应用于智能游戏难题、简单数学定理证明等领域。人工智能的远期研究目标是探究人类智能和机器智能的基本原理，研究用自动机（Automata）来模拟人类的思维过程和智能行为（蔡自兴，1995b；邢传鼎等，2005）。随着人工智能技术的发展，人工智能研究不断引起许多学科的学者的关注，其研究领域也不断地扩展。目前人工智能的研究和应用领域极为广泛，主要包括问题求解及搜索、自动定理证明、自然语言理解、自动程序设计、博弈、模式识别、机器学习、专家系统、机器感知、智能决策支持系统等。

21世纪计算机网络的迅猛发展为人工智能开辟了新的研究领域，如通过自动免疫系统清除病毒就是人工智能技术应用于计算机网络的一个成功例子，其主要原理是利用人工神经网络（Artificial Neural Networks），通过自学习，自动识别新的病毒，利用基因分离器鉴别不同的病毒类型，最后达到清除病毒的目的（邢传鼎等，2005）。网络规模及其复杂性的不断提给人工智能技术提出了更高的要求，给人工智能学者带来了新的挑战，同时也为人工智能技术的发展带来了新的机遇和动力。另外，生物计算技术、数据挖掘和知识发现等计算机技术的兴起，进一步拓宽了人工智能的研究和应用领域。我们相信在未来的发展中，人工智能将会得到更为广泛的应用和发展。

2.1.3 人工智能的主要成就

根据图灵测试标准，要使机器达到人类智能的水平是比较困难的。但是自 20 世纪 50 年代人工智能问世以来，人工智能的研究正朝着图灵的梦想不断地前进，许多科研人员为之不懈地努力，并取得了许多令人瞩目的成就，为计算机和信息科学做出了巨大的贡献，推动着科技的进步和社会的发展。下面介绍获得图灵奖的部分科学家的科学成果及其对人工智能做出的创造性的贡献（贲可荣和熊伟，2000）。

首先介绍图灵和图灵奖的由来。英国著名的数学家图灵生于伦敦。早期，他主要在数学上表现较为突出，在数理逻辑方面做出了较大的贡献；1936 年图灵提出了图灵机——一种理想计算机模型，创立了自动机理论，大力地推动了智力机器的研究。图灵机可以运行所有可计算的函数，在理论上奠定了计算机产生的基础，为人工智能的诞生做出了大量开拓性的贡献。而图灵奖是 1966 年美国计算机协会（Association For Computing Machinery，ACM）为了记住图灵的先驱工作而设立的年度奖，用于奖励那些在计算机科学研究中做出创造性贡献、推动计算机发展的杰出科学家，它是计算机界最著名、最崇高的荣誉，有“计算机界的诺贝尔”之称（贲可荣和熊伟，2000）。对于从事计算机研究的人而言，获得图灵奖就等同于科学界获得诺贝尔奖，而获得图灵奖的科学家中有许多是在人工智能领域做出了杰出的贡献。其中，1969 年图灵奖的获得者 Marvin M. Minsky 是人工智能的开创者，主要从事计算机和机器人的数学理论以及人工智能领域的研究。John McCarthy 发明了 LISP 编程语言，发展了分时概念，在人工智能方面做了许多研究，成为 1971 年图灵奖的获得者。Allen Newell 主要从事问题求解和学习的体系结构开发、识别统一理论的研究，获得了 1975 年的图灵奖。同样于 1975 年获奖的 Herbert A. Simon 发明了如何使用启发式搜索来求解问题。Edward Albert Feigenbaum 通过实验和研究，证明了实现智能行为的主要手段在于知识，他在知识工程和专家系统方面的研究取得了历史性突破，开创性地设计和构造了大规模人工智能系统，证明了其重要性和潜在的商业影响，成为 1994 年图灵奖的获得者。以上所列举的科学家取得的重要成果是 50 年来人工智能研究所取得的主要成就，它们为人工智能学科的发展奠定了坚实的理论基础。20 世纪末举行的两次“人机大战”显示了人工智能研究所达到的水平（王万良，2005）。1996 年 2 月，美国 IBM 邀请国际象棋棋王 Kasparov（卡斯帕洛夫）与 IBM 公司的 Deep Blue（深蓝）计算机系统进行了 6 局比赛，这场比赛是人脑与电脑的世界最高水平的决战，最后国际象棋棋王以 4∶2 战胜运算速度为每秒 1 亿次的超级计算机 Deep Blue。这表明，经过 50 年的发展，尽管计算机的程序设计大大推动了人工智能的发展，但是它仍然面临着一些局限性，要实现对人类思维方式进行真正的模拟还需要更深入的研究（王万良，2005）。1997 年 5 月，计算机 Deep Blue 再次挑战世界棋王 Kasparov，但是这次参赛的 Deep Blue 运算速度是上一次的 2 倍，即每秒 2 亿次，它拥有 32 个处理器和强大的并行计算能力，同时存储了百余年来世界顶尖棋手的经验。在6局比赛中，Deep Blue最后以2胜1负3平的结果赢得了这场“人机大战”。Deep Blue的优势是综合了许多著名棋手的智慧和经验，且它的运算速度是人脑远不能企及的。它的胜利给世人以很大的震动，它完成了人类思维的大量任务，这向人类表明了人工智能所达到的成就。通过战败的国际象棋棋王Kasparov在比赛结束后做出的总结，我们可以看出，计算机有时也可以走出人性化的棋步，这是人工智能取得的重大进步。2003年世界棋王Kasparov再次参加国际象棋“人机大战”，参赛的另一方是比Deep Blue更为强大的Deep Junior（小深），比赛以1胜1负4平的结果结束。结果表明：虽然人工智能技术不断地进步，且已经在许多领域取得了可观的成果，但是目前计算机仍然无法真正地模拟人类思维和人类智能，计算机棋王暂时无法完全地战胜人类棋王（王万良，2005）。

2.1.4 人工智能对社会各领域的影响

计算机技术的快速发展推动了人工智能技术的进步和发展，使得人工智能的应用领域日益扩大，人工智能技术已渗透到全社会各个领域中，包括工业领域、经济和金融领域、人们的日常生活以及人们的文化和娱乐生活，人工智能已对人类产生深远的影响（蔡自兴，1995a；蔡自兴和徐光裕，2004；李德毅和杜鹢，2005）。人工智能的发展对人类的经济生活、社会生活和文化生活都产生了深刻的影响。表现如下。

(1) 人工智能能够为人类创造极为可观的经济利益，如成功的专家系统能够为其创建者或用户带来巨大的经济利益。用比较经济的方法执行任务而不需要有经验的专家，可以极大地减少劳务开支和培养费用。由于软件容易复制，所以专家系统能够广泛地传播专家的知识和经验，推广有限的、昂贵的专家知识（蔡自兴和徐光裕，2004）。PROSPECTOR系统为美国创造了上亿美元的经济效益，成为历史上第一个取得显著经济利益的专家系统。

(2) 人工智能在给人类带来经济利益的同时，也会对人类社会产生一些负面影响，带来许多社会问题，如劳务就业问题、社会结构的变化、思维方式与观念的变化等（蔡自兴和徐兴裕，2004）。首先，人工智能技术对劳动就业问题产生一定的影响，表现为人工智能技术将在许多领域取代人类进行工作，如机器代替工人完成生产过程，又如专家系统代替管理人员进行决策，甚至代替医生对病人进行诊断和治疗等。这将导致原来在这些岗位上工作的人失业或者被迫改行，从而引起社会结构发生变化（蔡自兴和徐光裕，2004）。其次，随着人工智能技术的发展，人工智能在日常生活中得到广泛的应用，这将在很大程度上改变人类的思维方式和传统观念。例如，智能机器的用户过分地依赖计算机会导致其不愿意多动脑筋，并失去对许多问题及其求解任务的敏感性，最终使得用户的主动思维能力和计算能力大大下降，思维方式和传统观念也随之发生变化。专家系统出现后，有些领域的管理者已经不是通过自己丰富的经验、广博的专业知识进行决策，他们往往是直接向专家系统寻求决策支持，这将导致管理者自身的决策能力不断下降。

(3) 人工智能对人类文化生活产生一定的积极影响，如改善人类知识，改善人类语言，改善文化生活，在一定程度上促进社会文化水平的提高（蔡自兴和徐光裕，2004）。

综上分析可见，一方面，人工智能的发展推动社会经济的发展、文化生活的改善以及人们生活质量的提高；另一方面，人工智能的广泛应用给社会生活带来很多问题，引起一些社会问题的产生。随着人工智能技术的进步和发展，人工智能技术将逐渐走向成熟并得到更广泛的应用，其必将对人类的物质文明和精神文明产生越来越大的影响。

2.2 人工智能的发展历史

认识和把握人工智能的发展历史对于人工智能未来的发展具有重要的意义。作为人工智能的研究者，我们有必要对人工智能诞生的背景及其发展历史进行全面的了解，避免重复前人走过的弯路。这也是我们正确把握人工智能的发展方向、挖掘人工智能在各个领域的发展潜能的前提条件。本节将对人工智能的发展历史做简要的介绍。

2.2.1 人工智能诞生的历史背景

人工智能就是使机器具有类似于人的智能，或者说用机器来代替人进行思维，从而达到脑力劳动和智能行为机械化的目的。

19 世纪的工业革命解放了人的体力劳动，人们可以使用机器完成繁重的体力劳动，科学技术得到了迅猛发展。随着社会的进步和经济的发展，人们不断地探索，试图寻求解放脑力劳动的工具，于是提出了如何用机器来解放人的脑力劳动的想法。直到 20 世纪计算机出现后，逐渐被用以减轻或代替人的脑力劳动，促进了人工智能诞生并迅速崛起（李德毅和杜鹢，2005）。因此，人工智能的出现并不是偶然的，而是必然的、客观的，是人类社会进化的要求，也是科学技术现代化的必然趋势。人工智能的出现是人类对思维规律和智力机器长期研究的结果。人类在对思维规律的研究过程中产生了许多数理逻辑思想和理论，为探讨脑力劳动机械化奠定了逻辑理论基础。智力机器的研究促使了计算机的诞生，20 世纪 40 年代，计算机的出现为解放脑力劳动提供了一种切实可行的工具和手段，使得数理逻辑的理论探讨得到具体的实现。计算机可以代替人类完成复杂的人工计算，使得脑力劳动的机械化具有某种程度上的现实可行性（吴文俊和何华灿，2006）。同其他自然科学一样，人工智能科学的诞生既需要一定的思想基础，又必须借助一定的物质手段。在数理逻辑理论已经走向成熟，计算机出现并得到了广泛的应用而社会发展向计算机提出更高的要求的时代背景下，人工智能学科诞生了。

1. 思想基础——数理逻辑理论

智能存在于人的思维活动中，因此，研究思维的规律是实现机器智能的前提。思维机械化的前提条件是逻辑的数学化，许多学者为此不懈地探索着，为逻辑学的建立和数学化做出了巨大的贡献，从而为人工智能诞生所依赖的物质手段——计算机的问世提供了理论上的指导（吴文俊和何华灿，2006）。以下是对数理逻辑理论的形成和发展做出巨大贡献的主要学者及其研究成果。

（1）德国著名的数学家和哲学家 G. W. Leibniz（也是数理逻辑的第一奠基人）提

出了“万能符号”和“推理计算”，建立一套普遍适用的符号语言，将一切逻辑推理划归为计算，这标志着数理逻辑和智力机器思想的萌芽。

（2）19世纪，英国数学家、逻辑学家 George Boole（布尔）创立了布尔代数，即一个用基础的逻辑符号（0和1）来描述物体和概念的代数系统，后来被称为布尔系统。它的出现真正地实现了逻辑代数化。简洁的布尔系统为二进制算术提供了理论基础，奠定了现代形式逻辑研究的基础。另外，生物学研究证明：人脑中的神经细胞对信息接受或不接受是通过兴奋和抑制两种状态进行，并且人脑的神经脉冲传递也是按有和无的规律进行的，因此，布尔的二值逻辑思想成为模拟人类的思维活动的重要思想基础（杜文静，2007）。Boole 在《思维法则》一书中，首次用符号语言描述了思维活动的基本推理法则。

（3）对经典数理逻辑贡献最大的是德国数学家 Gottlob Frege（弗雷格），他不仅完善了命题逻辑，而且创建了一种可精确描述算术的基本概念的数学语言，后被称为一阶谓词演算。一阶谓词演算提供了一种描述命题等推理因素的工具，根据它所建立的谓词演算形式系统在创建人工智能的表示理论和推理理论中起到了相当重要的作用。

（4）A. N. Whitehead（怀特黑德）和 B. A. W. Russel（罗素）合著的《数学原理》对奠定人工智能的基础起到了非常重要的作用，标志着经典数理逻辑走向成熟。他们创立的逻辑句法和形式推理规则是自动定理证明系统以及人工智能的重要理论基础。

（5）数学家 Alfred Tarski（塔斯基）创立了指涉理论，以精确的方式指涉物理世界，成为大多数形式语义理论的基础。在论文《真理的语义概念和语义基础》中，Tarski 对形式系统语义进行了深入的研究，丰富了逻辑语义学，为人工智能的发展奠定了重要的理论基础。

万能符号、推理计算、布尔代数、一阶谓词演算、形式推理规则、指涉理论等的创立和发展，有力地推动了数理逻辑理论的发展并逐渐走向成熟，为智能机器的研究以及人工智能的诞生奠定了坚实的理论基础。

2. 物质手段——计算机的问世

1946年世界上第一台电子计算机 ENIAC（埃尼阿克）在美国宾夕法尼亚大学诞生了，ENIAC 是由美国著名的数学家 J. W. Mauchly 和他的研究生 J. P. Eckert 一起研制的，它的成功是计算机发展史上的一大里程碑，揭开了计算机时代的序幕，使得存储和处理信息技术发生了革命性的变化。此后出现了计算机软件、计算机语言和计算机理论，计算机得到迅速发展和广泛应用，开始了以通用电子数字计算机为主的新时代。计算机的出现和发展使得对脑力劳动机械化的探讨从理论研究得到具体的实现，为实现机器智能提供了必要的技术基础和物质手段，促进了人工智能的诞生并迅速崛起。

数理逻辑理论为人工智能的诞生提供了成熟的思想基础，而计算机的问世及其快速发展，为人工智能的诞生提供了有力的技术手段，在理论与技术条件都成熟的历史背景下，人工智能应运而生。

2.2.2 人工智能的诞生

人工智能的诞生起源于著名的达特茅斯会议，1956 年夏天，许多领域（包括数学、神经生理学、精神病学、心理学、信息论和计算机科学等）的十多名学者在美国的新罕布什尔州达特茅斯参加了用机器模拟人类智能的暑假专题研讨会，后称达特茅斯会议。会议上，学者们交流各自学科领域的科研成果，包括 Marvin M. Minsky 的神经网络模拟器、John McCarthy（1971 年图灵奖获得者）的搜索法、Herbert Simon 和 Allen Newell（1975 年图灵奖获得者）的"逻辑理论家"等（吴鹤龄和崔林，2000）。研讨会上他们分别讨论了如何穿过迷宫、如何搜索推理及如何证明数学定理，最后将这些数理逻辑和计算机的成果汇聚到对模拟人工智能行为的方法和技术的探讨上，并由 John McCarthy 首次提出了人工智能这一交叉学科的名称。这些学者后来大多成为著名的人工智能专家，为人工智能的发展做出了重要的贡献。达特茅斯会议是人类历史上第一次关于人工智能的研讨会，标志着人工智能学科的诞生，成为人工智能发展史的开端。此后，出现了许多以人工智能为研究目标的组织，人工智能学科得到了迅速的发展，并取得了许多重大突破，引起世人的瞩目，它与原子能和空间技术一起被誉为 20 世纪的三大科学技术成就。人工智能逐渐渗透到各个学科。

2.2.3 人工智能的发展

自 20 世纪 50 年代诞生以来，人工智能在许多领域都取得了丰硕的成果。就通过计算机来模拟人类智能，代替人类从事脑力劳动的近期目标来讲，人工智能的研究已经取得了可喜的成绩，且在许多领域的研究都有了很大的进展。人工智能研究、开发与应用，经历了 50 多年的风雨历程，归纳起来，人工智能的发展历史可分为以下三个阶段（黄乾贵和张艳，2002；黄毅，2003；蔡自兴和徐光裕，2004；王万良，2005；邢传鼎等，2005；史忠植，2006；胡国华和袁树杰，2006；田金萍，2007）。

1. 第一阶段（1956～1969 年）

该阶段是人工智能的萌芽期。自 1956 年达特茅斯会议首次提出人工智能概念后，许多科学工作者为之做出了大量的努力，在机器学习、定理证明、问题求解、专家系统及人工智能语言等方面取得了显著的成果。人工智能的迅速发展归功于在各个领域中努力钻研的科学家们，他们分别在各自的领域中取得了令人信服的成就：

（1）1957 年，Rosenblat 成功地研制了感知机，它是一种将神经元用于识别的系统，推动了连接主义的发展，是该阶段机器学习领域最显著的成就。但是感知机不能解决变化的知识问题的局限很快就显现出来，使得连接主义的发展陷入低潮。

（2）1960 年，Simon 等编制了通用问题解决程序，即 General Problem Solver (GPS)，GPS 扩展了 Wiener 的反馈原理，用来解决各种不同的问题，在求解简单问题方面取得了很大的成功。但是后来，GPS 的局限性在求解大量知识的问题时显现出来。

（3）1960 年，John McCarthy 研制了符号表达处理语言 LISP，为计算机走向处理知识提供了基本的手段。LISP是建造智能系统的重要工具，对人工智能语言的发展产生了深刻的影响。

(4) 1965年，E. A. Feigenbaum等完成了Dendral专家系统的研究，使人工智能的研究从着重算法转向知识表示，并逐渐投入到实际应用中。此后各种专家系统的研究和发展，逐渐地将人工智能引向实用化，使人工智能的发展第一次达到了高潮。

在人工智能发展的第一个阶段，研究者展开了许多开创性的工作，实现了问题求解，在机器定理证明和专家系统等领域取得了重大的成就，机器开始代替人完成部分逻辑推理工作。1969年国际人工智能联合会议（International Joint Conferences on Artificial Intelligence，IJCAI）的召开标志着人工智能开始得到世界的认可。随后，1970年由IJCAI主办的国际性人工智能杂志的创立大大促进了不同国家人工智能研究者之间的交流，进一步推动了人工智能学科的发展。

2. 第二阶段（1970～1989年）

这个阶段是人工智能早期发展阶段。自1969年IJCAI召开、1970年AI杂志创立后，许多国家开始展开了人工智能的研究，涌现了许多重要科研成果。该阶段人工智能的主要成就如下：

(1) 1972年，法国马赛大学的A. Comeraue实现了逻辑程序设计语言PROLOG。

(2) 美国斯坦福大学E. H. Shortliffe等从1972年开始研制专家系统MYCIN，用以诊断和治疗感染性疾病。

(3) 1976年，美国伊利诺伊大学的两位数学家W. Haken和K. Apple使用机器证明的方法成功地证明了"四色定理"。"四色定理"是困扰数学界长达100余年的难题，其问题是：任何地图用最多四种颜色着色能否区分出任何两个相邻国家或区域。W. Haken和K. Apple编制出一种很复杂的程序，让3台IBM电脑自动高速寻找各种可能的情况，经过10天的运行，做出了200亿个逻辑判断，最终成功地证明了该定理，这是人工智能定理证明研究最有说服力的例子。

(4) 1977年，Feigenbaum在第五届国际人工智能联合会议上提出了"知识工程"的概念，他认为知识工程是人工智能的原理和方法，知识工程能够为许多需要专家知识才能解决的应用难题提供求解的手段，标志着人工智能的研究从传统的以推理为中心的时代进入以知识为中心的时代。

(5) 为了实现使逻辑推理达到数值运算那么快，1982年日本开始了"第五代计算机研制计划"，即知识信息处理计算机系统KIPS。虽然此计划最终没有获得成功，但它的开展掀起了人工智能的研究热潮。

(6) 1986年，Rumelhart和McClelland提出了并行分布处理（Parallel Distributed Processing，PDP）理论以及反传算法（Back-Propagation，BP），或者说是一种多层网络的误差传播学习法，推动了神经网络的发展。

(7) 1987年，美国召开了第一届神经网络国际会议，创立了国际神经网络学会（INNS），同时出现了相应的专门学术刊物，如*Connection Science*，*IEEE Transactions on Neural Networks*，*Neural Networks*，*Neural Computation*等，此后，神经网络的研究得到了飞速的发展。

（8）20世纪80年代，Newell等在总结专家系统的成功经验的基础上，吸收了认识科学研究的最新成果，提出了作为通用智能基础的SOAR系统，它以Chunking（知识块）理论为基础，通过基于规则的记忆来获取搜索控制知识，从而实现通用问题求解。SOAR显示出强大的问题求解能力，在系统中能够实现几十种搜索方法，能够完成若干知识密集型任务。

（9）20世纪80年代，Hopfiled（霍普菲尔特）提出了离散神经网络模型和连续神经网络模型，大力推动了神经计算的研究，促进了连接主义的发展。

人工智能发展的早期阶段，涌现了许多自动定理证明、逻辑推理、专家系统、神经网络和知识工程等理论研究成果，可以说，该阶段也是人工智能的理论发展阶段。

3. 第三阶段（20世纪90年代至今）

这是人工智能研究的高潮阶段。该阶段的显著特征是网络技术尤其是Internet迅猛发展，这给人工智能的发展带来了新的机遇和挑战，人工智能的研究和应用领域得到了延伸和扩展。21世纪以来，人工智能的研究涌现了许多新的领域，包括分布式人工智能（Distributed Artificial Intelligent，DAI）、数据挖掘（Data Mining，DM）和知识发现（Knowledge Discovery in Databases，KDD）、人工生命以及进化计算（Evolutionary Computation，EC）与计算智能（Computing Intelligent，CI）等。

分布式人工智能：随着网络技术的发展，计算机不再是一个独立运行的系统，计算机之间以及计算机与用户之间是密切联系的，这对计算机和信息处理系统提出了大型分布式信息处理的要求。相应地，人工智能逐渐由传统的单个智能体的研究转向基于网络环境的分布式人工智能的研究。随着神经网络和并行计算技术发展的深入，分布式人工智能逐渐转向多智能体的研究，将多个智能体集成到网络上，使其通过互相协作共同求解问题（黄乾贵和张艳，2002；黎夏等，2007）。

数据挖掘和知识发现：随着数据库技术和相关Internet技术的广泛使用，我们面临着数据丰富但知识贫乏的困境，我们能够获得大量数据，但是没有成熟的技术方法对其进行分析。如何从大量的数据中提炼出抽象的知识从而揭示客观世界的内在规律成为信息时代亟待解决的问题，数据挖掘和知识发现应运而生并逐渐成为人工智能研究的一大热点（蔡自兴和徐光祐，2004；焦李成等，2006a；王建平，2007）。数据挖掘就是从海量数据中提取新颖的、有效的且易于人们理解的知识的过程，其所挖掘的知识一般是前人所未发现并具有一定潜在应用价值的信息。知识发现是从大量的数据中抽象出有用的知识，从而揭示数据的规律性的过程。数据挖掘和知识发现是紧密联系的。通过数据挖掘和知识发现，数据库里的知识得到充分发掘和利用，避免信息和资源的浪费。目前，数据挖掘和知识发现主要应用于商业领域，随着技术的发展和相关方法的突破，数据挖掘和知识发现在地理学、生物学、化学等方面的潜在应用价值将得到重视。在未来的发展中，数据挖掘和知识发现会出现更为广阔的应用前景。

人工生命：人工生命是一门研究具有自然生命特征和生命现象的人造生命系统的学科，其主要研究目标是利用人工生命模型和相关科技手段来模拟、延伸和扩展自然生命。自然生命系统是巨大的、复杂的系统，因此，人工生命的研究极具挑战性。人工生命是在生物科学、系统科学和信息科学等理论基础上形成的，人工生命的制造和生成必须充分地利用工程技术、生物技术以及生物工程技术等多种科学技术。人工生命的研究和应用价值对人类具有深远的意义，包括医治疾病、延长人类寿命、开发机器人等工程技术新产品以及克隆产生动植物新品种、新种群（涂序彦和君怡欣，2004；喻海飞和汪定伟，2007）。

进化计算和计算智能：进化计算是以达尔文进化论为理论基础，通过模拟生物进化过程及其原理机制进行问题求解的自适应人工智能技术，包括遗传算法（Genetic Algorithm）、进化策略（Evolutionary Strategy）和进化规划（Evolutionary Programming）（蔡自兴和徐光裕，2004；焦李成等，2006b）。计算智能是将神经计算、进化计算与模糊计算结合起来的技术方法。

任何新生事物的发展都是前进性和曲折性的统一，人工智能的发展也不例外（Openshaw S and Openshaw C，1997）。经过 50 年发展，人工智能取得了许多令人信服的成绩，但是人工智能和其他新兴学科一样，它的发展过程并不是一帆风顺的。自 20 世纪 50 年代问世以来，人工智能是在艰难的环境中成长的。在其发展道路上遇到了许多障碍，包括社会上对人工智能科学性的怀疑和恐惧以及科学界内部部分学者对人工智能发展前景的怀疑和否定。但是真正的科学是永远无法压制的，经过许多学者的努力，人工智能的研究已排除许多困难，取得了巨大的成就。不管在中国还是其他国家，人工智能科学的发展都开始迎来了它的春天。

2.3 人工智能的发展现状和展望

如前所述（2.1.2 小节），人工智能研究的近期目标是如何通过计算机来模拟人类某些智能行为，使其能代替人类从事各种脑力劳动。而其远期研究目标是探究人类智能和机器智能的基本原理，研究用自动机来模拟人类的思维过程和智能行为（蔡自兴，1995b；邢传鼎等，2005）。无论近期目标还是远期目标，人工智能研究的任务都相当艰巨。人工智能的研究仍然存在许多的问题，要从根本上了解人脑的结构和功能，解决面临的难题，实现人工智能的研究目标，需要建立新的人工智能框架和理论体系，集成多种人工智能技术，并寻找更为成熟的应用方法（蔡自兴和徐光裕，2004）。目前，人工智能正以较快的速度发展，不断地出现许多新技术和新方法，表现如下。

（1）传统的人工智能缺乏比较严格的数据计算和完整的数学体系。近年来，计算智能的出现弥补了人工智能这方面的不足，更新并丰富了人工智能的理论框架，使人工智能进入一个新的发展时期。计算智能主要指模仿人脑思维、自然特征和生物行为的一些计算方法，包括神经计算、进化计算、自然计算和群计算等。

（2）人工智能技术的发展方向是其他信息处理技术（包括数字技术、计算机网络、远程通信、机器人学、并行计算等）及其相关学科技术（认知科学、心理学、社会学、系统学和哲学等）的紧密结合和集成研究。人工智能将逐渐转向组合式、集成式的研究。

（3）传统的人工智能研究往往将研究重点集中于对人类单个智能品质如计算能力、推理能力、记忆能力、搜索能力等的研究与模拟。然而，由于人类智能行为是各种单个智能品质的综合体现，因此，传统研究方法往往无法充分刻画或恰当模拟人类的智能行为。把人看成多种智能品质构成的有机整体——智能体（Agent），综合考察智能体的各种智能行为与特征，是当前人工智能研究的共同愿望。近来，从整体上把握人工智能的Agent的研究课题已成为人工智能的研究热点。有关Agent的理论与技术已被成功地应用于机器人、Internet及各类其他生产实际问题中（黄毅，2003）。

目前，人工智能的发展仍处于高潮阶段，人工智能已得到各个领域学者的关注，在各个领域的研究中得到广泛的应用，已深入渗透到物理学、化学、生物学、医学以及地理学等各个学科领域中。随着人工智能应用领域的不断扩大，人工智能应用的复杂性越来越显著，需要不断地寻找更为成熟的应用方法。

2.4 人工智能的基本原理和方法

人工智能在50多年的发展过程中形成了几个学派，包括符号主义、连接主义和行为主义（Barr and Feigenbaum，1997；熊立文，2003；蔡自兴和徐光裕，2004；李德毅和杜鹃，2005；史忠植，2006）。不同的学派对人工智能的基本原理、理论和方法持不同的观点，目前人工智能尚未形成统一的理论体系。

符号主义，又称逻辑主义、心理学派或计算机学派（Barr and Feigenbaum，1997；蔡自兴和徐光裕，2004）。符号主义认为认知是一种符号处理过程，人类思维就是计算的过程，这种思想奠定了人工智能理论的基础。符号主义方法是以物理符号系统假设和有限合理性原理为基础，其主要代表人物是西蒙和纽厄尔。物理符号系统假设认为物理系统表现智能行为的必要和充分条件是它是一个物理符号系统。物理符号系统由一组符号实体组成，可在符号结构的实体中作为组分出现。人的神经系统、计算机的构造系统等信息加工系统都是物理符号系统。符号就是模式，任何一个模式，只要它能与其他模式相区别，它就是一个符号。物理符号系统的主要任务是辨认相同的符号和区别不同的符号，利用基于规则的记忆，获取搜索控制知识和操作符，从而进行问题的求解。一个完整的物理系统必须具备以下六个基本功能（蔡自兴，2004；史忠植，2006）：

（1）输入（Input）符号；

（2）输出（Output）符号；

（3）存储（Store）符号；

（4）复制（Copy）符号；

（5）建立符号结构；

（6）条件性迁移（Conditional Transfer）。

计算机作为一个完整的物理符号系统，可以模拟智能的宏观和微观活动，从而实现人工智能（史忠植，2006）。符号主义就是通过分析人类认知系统所具备的功能，采取功能模拟的方法实现人工智能的。在符号主义思想的基础上发展起来的研究有早期的逻辑与数学定理的机器证明、问题求解、机器翻译以及后来发展起来的知识工程和专家系统。符号主义为人工智能的早期发展做出了重大的贡献，尤其是专家系统的成功研制，促进人工智能向工程应用领域的发展。

连接主义，又称为仿生学派或生理学派，它以人工神经网络和进化计算为主要研究内容，它认为人类的认知活动主要基于大脑神经元的活动（Barr and Feigenbaum，

1997；蔡自兴和徐光裕，2004)。人工神经网络的概念起源于20世纪40年代美国生理学家沃伦·麦卡洛克和沃尔特·皮茨提出的形式神经元的数学模型，它从神经元开始进而研究神经网络模型和脑模型，开辟了人工智能新的研究方向，即神经网络。20世纪50年代末，感知机的出现是人工神经细胞模型与计算机结合的产物。感知机的物理结构包括感受神经网络的输入层、中枢神经网络的联系层和效应神经网络的输出层，主要是利用人工神经网络来模拟人的感知和学习能力，具有文字识别、图像识别以及声音识别等模式识别的功能。但是感知机不能解决变化的识别问题的局限性很快就显现出来，使得连接主义的发展陷入了低潮。直到20世纪80年代，连接主义开始有了突破性的进展，主要有霍普菲尔特提出的离散神经网络模型和连接神经网络模型，大力地推动了连接主义的发展。连接主义认为人类思维的基本单元是神经元，神经元之间的竞争与协作形成了智能。连接主义强调结构对功能和行为的形成的重要性，认为人脑结构即人的生理神经网络结构的模拟对于人工智能的实现是相当重要的（Barr and Feigenbaum，1997；蔡自兴和徐光裕，2004)。

行为主义，又称进化主义或控制论学派，它认为智能取决于感知和行动，智能行为可通过现实世界与周围环境的相互作用而表现出来，而未必通过知识表示或知识推理来实现，主要代表人物是布鲁克斯（李德毅和杜鹢，2005)。他认为智能行为可以在没有明显的推理系统的情况下产生。智能系统应该处于具体的环境之中，与环境交互作用。智能是系统的各个部件交互作用、系统与环境交互作用所涌现出来的总的行为（熊立文，2003)。在行为主义理论的基础上发展起来的有智能控制和智能机器人系统。

符号主义、连接主义和行为主义是人工智能的三个主要学派，它们分别从不同的侧面对人的自然智能进行研究，它们在人工智能基本理论和方法等方面都存在较大的差别。表2.1对符号主义、连接主义和行为主义做了比较。

表2.1 符号主义、连接主义和行为主义的比较

比较项目	符号主义	连接主义	行为主义
理论基础	数理逻辑	仿生学	控制论
基本原理	物理符号系统假设和有限合理性原理	神经网络及神经网络间的连接机制与学习算法	控制论及感知-动作型操作系统
核心思想	人的认知基元是符号	人的思维基元是神经元	人的智能取决于感知和行动
思维形式	抽象思维	形象思维	感知思维
主要研究内容	谓词演算和归结原理、程序设计语言、专家系统等	神经网络模型	机器人控制和智能控制

2.5 人工智能主要应用领域

人工智能就是利用计算机技术来模拟人类的智力活动，从而使计算机能够代替人从事各种脑力活动，因此人类智能活动的领域都可能发展成为人工智能的应用领域。50多年来，人工智能的研究获得了迅速的发展，在众多的领域得到了广泛的研究和应用，在自动定理证明、模式识别、专家系统、机器学习和智能决策支持系统等领域都取得了巨大的成绩。下文将对人工智能的几个主要研究和应用领域展开讨论。

2.5.1 自动定理证明

自动定理证明是人工智能研究最早的领域之一，也是人工智能研究成果最显著的分支之一，它的发展有力地推动了人工智能学科的发展（Luger，2004；蔡自兴，2005；王万良，2005）。自动定理证明就是通过一系列符号体系在计算机上自动地实现定理证明的符号演算过程，即机械化地实现推理演绎过程。自动定理证明起源于 Newell 等的 Logic Theorist 程序和 GPS 程序。达特茅斯会议结束后不久，Newell，Shaw 和 Simon 编制了一个计算机程序——Logic Theorist，自动证明了《数学原理》一书中第二章的 38 条定理，开创了人工智能中"自动定理证明"这一分支（蔡自兴和徐光裕，2004）。自动定理证明的核心是自动推理。推理是指从一个或几个已知的前提推出一个新的结论的思维形式，它是事物的客观联系在人的意识中的反映，在人的智能行为中起着极为重要的作用。而问题求解就是利用以往知识进行推理得出结论的过程，于是在自动定理证明的基础上进一步研究通用问题求解成为研究热点。1960 年，Newell 等成功地编制了通用问题求解程序，促进了自动定理证明的进一步发展。1965 年，A. Robinson（罗滨逊）提出了归结原理（Resolution Principle），即运用唯一的归结规则实现自动定理证明。归结原理的提出促进了基于演绎推理的自动定理证明的发展。1976 年，美国的 A. Appel（阿佩尔）等成功证明了百年之难题——四色定理，成为定理证明的又一标志性成果。

2.5.2 模式识别

模式识别是指识别周围事物的能力，包括文字、图形、语言和指纹等，是人类的一项最基本的智能。随着计算机技术的进步以及人工智能的兴起，人们开始研究如何使计算机具有感知能力从而代替人进行模式识别，于是计算机模式识别（简称模式识别）逐渐成为人工智能研究中一个重要的应用领域。

计算机模式识别是利用计算机来模拟人类的各种识别能力。具体地讲，它是通过提取事物或现象（既包括文字、声音、图像等具体对象，也包括状态、程度等抽象对象）的模式信息，与存储于计算机中的已有信息进行对比分析，从而进行描述、辨析和解释的过程（邢传鼎等，2005）。其研究包括两个方面，一是建立数学模型来描述事物或现象的特征；二是利用计算机技术进行信息处理从而实现鉴别和分类等识别过程。目前模式识别的方法主要有决策理论方法和句法方法。决策理论方法又叫统计方法，首先对被识别对象进行数字化和预处理，然后从处理后的输入模式抽取特征向量，将特征空间映射到决策空间，最后通过建立鉴别函数进行比较和分类。句法方法又叫结构方法，它的基本思想是不断地将一个模式描述成为较为简单的子模式的组合，得到一个树形的结构描述，然后利用模式描述语句进行句法分析从而进行分类。将以上两种方法结合起来进行模式识别往往能够取到较好的效果。

早期计算机模式识别的研究重点在于模型的建立（李德毅，2005）。感知机就是 20 世纪 50 年代末产生的一种模拟人脑进行识别的数学模型，经过训练和学习，感知机能够对未知数据进行正确的分类（张效祥，1998）。20 世纪六七十年代，统计决策理论的发展推动了模式识别的迅速发展。模式识别是人工智能的基础技术，在众多的领域中得到广泛的应用。80 年代后，人工神经网络（ARTIFICIAL NEURAL NETWOR，ANN）的发展进一步开拓了人工智能研究在模式识别领域的发展和应用，取得了许多新成果，如神经元网络模式分类器、使用快速神经元进行字符识别等（邢传鼎等，2005）。随着计算机技术的发展，模式识别学科体系的理论方法逐步得到完善，并逐渐朝着应用实践的方向发展，它在文字识别、语音识别、指纹识别、医学诊断、农作物估产、资源勘察、工业领域、军事等领域取得了很好的应用效果。尤其是 20 世纪 80 年代人工神经网络的发展，进一步促进了模式识别理论的发展及其应用。文字识别是模式识别实际应用的最早成果之一，包括手写体识别以及印刷体识别。手写体识别主要应用于邮政编码识别、银行业务等方面，而印刷体识别主要用于伪钞鉴别机、票据自动阅读机等。由于每个人手写字体差别较大，因此，手写体识别对识别率要求高，识别难度较大(陕粉丽，2007)。手写体识别主要是通过搜集大量的手写体作为样本集，利用神经网络技术具有学习能力和快速并行实现的特点来进行识别。语音识别是当前模式识别研究最为活跃的领域之一，是实现人与计算机进行自然语言通信的技术，其最终目标是使机器能听懂人类的自然语音。各国语言的口语自动翻译系统就是语音识别应用的一个成功例子。指纹识别是最早的通过计算机进行生物特征识别或身份识别的技术。19 世纪中期，有关指纹的科学研究表明：任何两个手指指纹的纹线形态都存在一定的差别，且每个人的指纹的纹线形态是终生不变的。此后，指纹识别的研究价值得到了肯定，并在刑侦系统等领域得到了应用，且逐渐走向更为广泛的民用市场，用于日常生活中个人身份的鉴定。指纹识别首先是通过指纹设备读取人体指纹的图像，然后对原始图像进行预处理从而提取指纹特征，通过一系列复杂的指纹识别算法，在较短的时间内实现身份识别认证。随着人工智能技术的发展，模式识别逐渐被应用于医学图像的自动识别，了解人体各个生理器官的活动状态，从而对人体的健康状况进行诊断。目前医学图像的自动识别技术是医学领域的一个重要分支，模式识别技术对生物医学工程的发展具有重大的意义。

2.5.3 专家系统

专家系统是目前人工智能研究中最有成效的一个领域，同时也是人工智能应用较为广泛且发展较为成熟的一个分支（邢传鼎等，2005；王万良，2005）。专家系统是 20 世纪 60 年代初产生并发展起来的一门新兴的应用学科，且随着计算机技术的不断发展而日臻完善和成熟。世界上第一个专家系统是 1965 年 Feigenbaum 成功研制的 DENDRAL 系统，它的出现标志着专家系统研究的开始。此后，专家系统获得了快速发展，被广泛地应用于各类学科领域，如医学、地理、气象、物理、化学、政治、经济和军事等。Feigenbaum 给专家系统的定义是：专家系统是一种智能的计算机程序，它集中了许多人类专家的权威知识，运用领域专家多年积累的经验和专业知识自动进行推理进而模拟人类专家求解问题的思维过程。它能够解决以往只有专家才能解决的一些复杂问题，其水平可以达到甚至超过人类专家的水平。1997 年，在计算机 Deep Blue 与世界棋王 Kasparov 之间进行的“人机大战”中，Deep Blue 获得了比赛的胜利，这正好证明了专家系统已达到了甚至超过人类专家思维的水平。

曾经有人对专家系统的实用性提出了质疑，即为什么要让计算机去做人类已经做得很好的事情呢？S. Openshaw 和 C. Openshaw（1997）在 *Artificial Intelligence in Geography* 一书中给出了答案。

（1）人类专家是相当稀缺的，且专家知识会因为生命的终止而消失，而培养一个新的专家又需要漫长的过程，因此人类专家知识的传播是相当缓慢的。而专家系统超越了所有人类专家的寿命限制，它可以很容易地得到复制，因此专家知识能够得到迅速而广泛的传播。

（2）专家系统通过智能化的手段提高了人类专家处理问题的速度和效率。

（3）专家系统能够保证规则的客观性，不受人类专家情绪和偏好的影响，为处理复杂问题提供公正可靠的选择。

专家系统一般是由知识库、综合数据库、推理机、人机接口、知识获取以及解释程序几部分共同构成的（邢传鼎等，2005）（图 2.1）。知识库主要用来存储求解问题过程中所需要的专门知识、专家经验，其中既包括一些大家所公认的常识性知识，也包括启发性知识，如专家在实践中积累下来的经验性总结等。综合数据库是一种动态数据库，主要用于存储专家系统在执行和推理过程中产生的各种信息。人机接口是用户与专家系统进行信息交流的窗口，它包括用户与专家系统信息交换的接口以及专家系统与领域专家和知识工程师的接口两部分。推理机主要是依据知识库进行各种搜索和推理，从而控制系统的运行。知识获取主要是将专家系统中的经验性知识转化为计算机可利用的形式并存储于知识库中。解释程序主要负责为用户解答各种问题。简单地说，专家系统是通过提取知识库中的知识，由推理机进行搜索和推理，最后由解释程序为用户解答各种问题。专家系统通常具有以下几个特点：

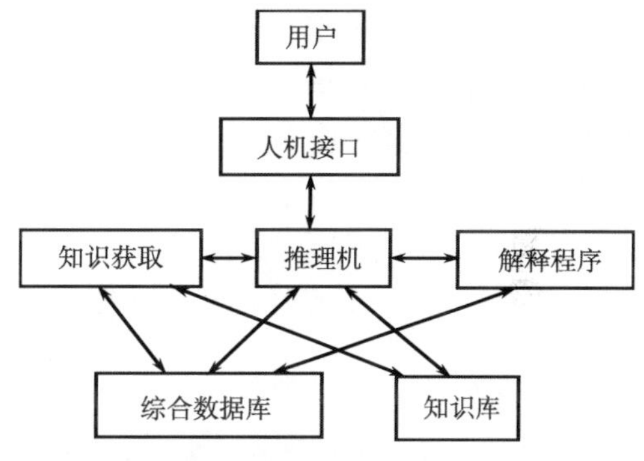

图 2.1　专家系统的一般构成
（邢传鼎等，2005）

（1）专家系统是一个具有大量专业领域知识和经验的程序系统，它能够运用专家的知识和经验进行推理和判断，可以说专家系统是具有启发性的。

（2）专家系统解决的问题是难以用数学语言表达且没有确定算法，而又依赖于专家经验知识的问题。

（3）不同于一般的数据处理系统，专家系统采用的是人工智能的原理和技术，包括符号表示、符号推理、启发式搜索等。

（4）专家系统不受人类专家身体和生命年限的限制，大大缩短了专家知识传播的时间，且能够不断地增加和更新原有的知识，专家知识的价值得到进一步的提高，可以说专家系统具有灵活性。

（5）专家系统具有解释机构，能够向用户解释本身的推理过程，回答用户提出的问题，可以说专家系统是具有透明性的。

根据不同的分类原则可将专家系统分成不同的类别（王万良，2005；邢传鼎等，2005）。按照专家系统的特性及功能的不同，可以将其分为解释型专家系统、诊断型专家系统、预测型专家系统、规划型专家系统、设计型专家系统、控制型专家系统、调试型专家系统等类型。解释型专家系统主要是对感知数据进行分析和推理从而做出解释，如信号解释系统、地质解释系统等；诊断型专家系统是根据观察数据检查出被诊断系统是否有故障，并根据故障类型提出解决的方案，如机器故障诊断系统等；预测型专家系统是根据过去和现在的信息推断出未来可能出现的情况，如天气预报系统、灾难预测系统等；规划型专家系统主要是根据给定的目标来拟定总体规划，如城市规划系统、机器人规划系统等；设计型专家系统可以根据给定的要求做出相应的设计，如服装设计专家系统、室内布局设计系统等；控制型专家系统能够根据控制对象的信息进行处理从而控制整个系统的行为，常用于控制大型设备和系统；调试型专家系统主要是根据相应的标准对系统进行调试。另外，按照推理的类型可将专家系统分为演绎推理、产生式推理、非单调推理、模型推理、模糊规则推理等；而按体系结构可以将其分为集中式专家系统、分布式专家系统和协同式专家系统。对专家系统进行分类能够明确各种类型专家系统的特点及其所需的技术方法，从而为具体类型专家系统的研究提供方向性的指导（邢传鼎等，2005）。

下面将介绍历史上五个典型的专家系统，它们分别在化学、医学、数学、地质和物理领域取得了令人信服的成果（邢传鼎等，2005；王万良，2005；杨兴等，2007）。

1. DENDRAL 系统

1965 年，美国斯坦福大学成功研制了历史上首个专家系统——DENDRAL 系统，它的完成标志着专家系统的诞生。该系统集中了化学家的知识和质谱仪的知识，根据给定的有机化合物分子式和质谱图来分析化学分子的结构。该系统的能力已经达到化学家的水平，得到广泛地认可并应用于世界各地的大学及工业界的化学实验室。

2. MYCIN 系统

该系统是 1972 年美国斯坦福大学研制的用于诊断血液细菌感染以及脑膜炎的专家系统，它能够对细菌性疾病做出专家水平的诊断和治疗，是最早在医学方面具有咨询功能的专家系统。如图 2.2 所示，MYCIN 系统包括咨询子系统、解释子系统和知识获取子系统以及数据库和知识库两个库（邢传鼎等，2005）。系统首先通过人机对话，在咨

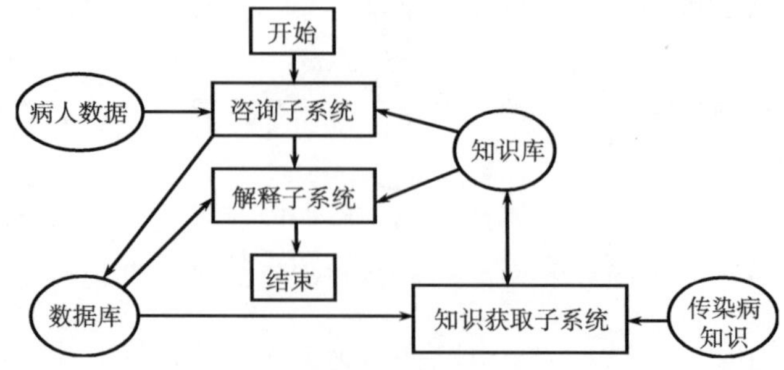

图 2.2　MYCIN 专家系统结构图（邢传鼎等，2005）

询子系统获得患者的症状、病史等初步数据，然后根据已存储的专家知识进行推理，最后通过解释子系统回答用户的问题和解释推理过程。MYCIN 是专家系统的经典之作，不但具有较高的性能，而且具有解释功能和知识获取功能，是第一个结构较完整、功能较齐全的专家系统，它对形成专家系统的基本概念、基本结构起了极其重要的作用。

3. AM 系统

该系统是 1976 年由 D. B. Dougles Lenat 成功研制成的，它是最著名的数论专家系统，具有研究和改进初等数论中的概念从而发现质数算术基本定理的能力，有力地推动了人工智能技术的发展。

4. PROSPECTOR 系统

该系统是 1979 年在斯坦福国际人工智能研究中心（SRI）研制成的一个地质勘探专家系统，它汇集了许多经济地质学家的关于硫化物矿、银锌矿、铜矿等多种矿产的知识，其勘探能力达到了地质学家的水平。该系统成功地预报了哥伦比亚地区铜矿床的位置和华盛顿州 Torman 山区铜矿的位置，为美国创造了上亿美元的经济效益，成为历史上第一个取得显著经济效益的专家系统。它运用规则与语义网相结合来组织知识，其推理过程运用了一种似然推理技术。

5. GAMMA 系统

该系统是典型的物理专家系统，它通过分析中子撞击物质时所产生的射线光谱来确定未知物质的成分。

除此之外，在农业、林业、天气预报、军事、教育等方面也出现一些较为著名的专家系统，如大豆疾病诊断系统 AQLL、林业预测支持系统、预报台风位置 TYT 系统、军事威慑评价 TECA 系统、智能计算机辅助教育系统等（邢传鼎等，2005；刘和翔和吴斌，2006）。随着人工智能技术方法不断走向成熟，并成功地应用于专家系统之中，专家系统的应用范围日益扩大，逐渐成为人们日常解决问题的手段。

虽然专家系统具有强大的解决问题能力，但是仍然存在如下一些不足：

（1）知识获取较为困难；

（2）处理复杂问题需要较长的时间，运算效率不高；

（3）系统表现出较大的脆弱性。

目前许多学者将专家系统与其他人工智能技术结合起来，利用其他技术的优点来弥补专家系统自身的局限性，掀起了一些新的研究热潮，如基于人工神经网络专家系统的研究、基于遗传算法的专家系统的研究（杨兴等，2007）。

2.5.4 机器学习

机器学习（Machine Learning）是一门研究如何使用计算机来模拟或实现人类学习行为的科学，它主要是研究计算机识别现有知识、获取新知识、不断完善性能和实现自身完善的方法（陈凯和朱钰，2007）。自 20 世纪 80 年代以来，机器学习获得了迅速的发展，在人工智能领域引起了广泛的关注。目前，机器学习已成为人工智能的前沿研究领域之一（邢传鼎等，2005；王万良，2005）。

学习是人类具有的一种智能行为，它是有特定目的的知识获取的过程，是人类获得智慧的基本手段。通过学习，人类能够获取技能、积累经验从而发现规律。但是人类学习的速度较为缓慢，受到身体发育、生理规律和生命年限的限制，人只有发育到一定的程度才能掌握社会中的基本技能，而人一生积累的知识会随着生命的结束而消失（邢传鼎等，2005；王万良，2005）。机器学习的出现大大弥补了人类学习的缺点，它是利用计算机来模拟人类的学习行为，因此学习速度快、不受生命年限的影响，学习成果可以通过计算机快速传播。机器学习的发展大幅度地缩短了人类学习的时间，避免大量的重复学习，学习成果和知识积累能够得到快速传播。机器学习逐渐成为人工智能发展中一个十分活跃的领域，它的发展给人类社会的发展带来十分深远的影响。

机器学习是人工智能领域中较为年轻的分支，它的研究开始于20世纪50年代，其发展过程经历了以下三个阶段（王万良，2005；苏淑玲，2006；陈凯和朱钰，2007）。

1. 第一阶段（20世纪50年代中期至70年代中期）

该阶段主要是决策理论技术和神经元模型的研究，主要方法是构造一个神经网络和自组织系统，学习表现为阈值逻辑单元传送信号的反复调整（邢传鼎等，2005）。F. Rosenblatt提出的用来模拟动物和人脑感知和学习能力的感知器模型和Samuel研制的具有自学习、自组织、自适应能力的跳棋程序是影响最大的研究成果。

2. 第二阶段（20世纪70年代中期至80年代中期）

这一阶段主要是符号学习的研究。符号学习是用逻辑演绎和归纳推理来代替数值的或统计的方法，在高层知识符号表示的基础上建立人类的学习模型。具有代表性的研究成果包括D. J. Mostow的指导性学习、J. G. Carbonell的类比学习和T. M. Michell等研制的解释学习。符号学习算法包括变型空间搜索、ID3决策树归纳算法、归纳和偏置学习能力、知识和学习、无监督学习和强化学习。

3. 第三阶段（20世纪80年代至今）

这一阶段机器学习逐渐走向成熟，符号学习的研究取得了很大的进展；与此同时，神经网络的复苏带动了连接学习的发展。连接学习是一种非符号学习，是以非线性大规模并行处理为主流的神经网络研究。连接网络、感知学习、反传学习、竞争学习、吸引子网络或记忆以及Hebbian一致性学习都属于连接主义的机器学习方法。它与符号学习具有互补性，两者逐渐被结合起来进行各方面的研究。1980年在卡基-梅隆大学召开的第一届机器学习国际研讨会，标志着机器学习的研究已受到全世界的关注。此后，每两年召开一次会议，为来自各国的学者提供一个共同探讨机器学习研究的交流平台。目前，机器学习的主要研究方向有面向任务、认识模拟和理论分析研究，每个研究方向都有各自的研究目标，它们互相促进，共同推动了机器学习的发展（邢传鼎等，2005；陈凯和朱钰，2007）。面向任务的研究主要是通过分析和开发学习系统改进预定任务的执行性能，从而提高完成任务的水平；认识模拟主要是在心理学的角度来研究人类的学习过程并进行计算机的行为模拟；理论分析研究主要是在理论水平上探讨各种可能的学习方法以及独立于应用领域的各种算法。

一个机器学习系统应该具备相应的学习环境和学习能力，且能运用学习得到的知识来解决问题，从而提高系统的性能（张震和王文发，2006）。如图2.3所示，一般的机器学习系统包括外部环境、学习、知识库、执行与评价。系统首先通过外部环境获得与学习相关的有用信息，通过执行环节对所获知识进行组织、归纳并将其存储于知识库，在执行环节中将学习得到的知识用于知识问题求解，最后通过评价环节对执行效果进行验证和评价。

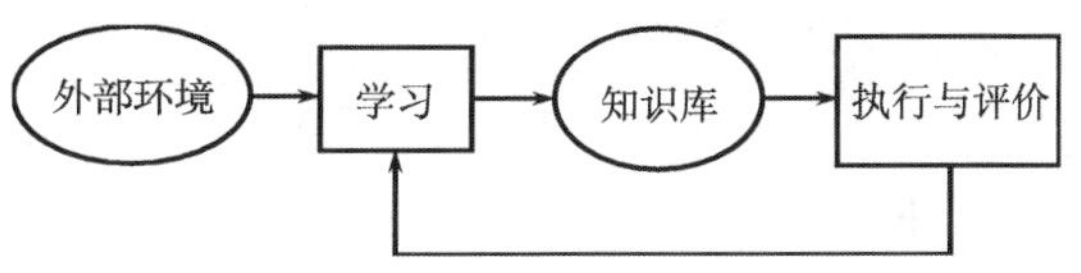

图2.3 机器学习系统的基本结构

根据不同的分类方法可将机器学习分为不同的类别（王万良，2005；邢传鼎等，2005）。学习通常是指从数据中学习，包括有指导学习、无指导学习和半指导学习（陈凯和朱钰，2007）。有指导学习是根据已知数据集的特征和结果度量建立预测模型从而预测未知数据的特征和结果。决策树、Boosting与Bagging算法、人工神经网络和支持向量机都属于有指导学习。无指导学习是利用样本信息对总体做出某些推断以及描述数据的组织方式，如聚类分析和关联规则分析（陈凯和朱钰，2007）。半指导学习是利用已标识数据和未标识数据及相关的知识对未标识的观察量进行推断，其方法主要是利用已标识数据进行归纳得到一般性的规律，再根据这些规律来推断出其他未标识数据的标识。

按照学习方法的不同可将机器学习分为机械式学习、指导式学习、解释学习、类比学习、实例学习和观察与发现学习，它们的推理能力是逐渐增强的（王万良，2005；邢传鼎等，2005）。机械式学习也叫记忆学习，它是通过直接记忆或存储外部环境提供的信息来求解问题。Samuel的跳棋程序就是应用机械式学习的一个典型例子。指导式学习又叫教授式学习，它是将指导者提供的指示或建议具体化，并存入知识库中，然后在学习的过程中不断地对形成的知识进行检验，从而不断地完善系统。指导式学习主要用于专家系统的知识获取，是一种比较实用的学习方法。解释学习是运用相关知识对单个问题求解实例进行分析，并构造解释，从而演绎产生相应的知识。类比学习是通过对相似事物进行比较从而进行学习的过程。实例学习是从许多的实例中归纳得出一般性的概念的一种学习方法。而观察与发现学习是通过对事例进行概念聚类，形成概念描述，或者从系统的知识、观察事例或经验数据中发现知识或规律的一个过程。示例学习和观察与发现学习要求从大量的实例中归纳出新的概念，其推理能力高于其他方法。

按照学习的综合属性的不同可分为归纳学习、分析学习、连接学习和遗传算法与分类器系统等。另外，根据学习时所用推理方式的不同可将其分为基于演绎的学习和基于归纳的学习。根据所学知识的表示方式的不同，可将机器学习分为逻辑表示法学习、框架表示法学习和产生式表示法学习等。

2.5.5 智能决策支持系统

智能决策支持系统（Intelligent Decision Support System，IDSS），是20世纪80年

代迅速发展起来的新兴学科，近年来逐渐发展成为人工智能的一个新的研究和应用领域。智能决策支持系统是一个利用计算机技术、仿真技术和信息技术，针对半结构化和非结构化的决策问题，为管理者提供决策支持的智能型人机交互信息系统。它能够有效地提高决策支持系统的智能性，根据问题的变化自主地做出反应，从而满足用户求解问题的要求，是决策支持系统（DSS）与人工智能技术相结合的产物（向阳和沈洪，2006；张奇，2007；吕晶和张研，2007）。

决策支持系统是19世纪70年代发展起来的一种人机交互的计算机系统，它主要以模型库系统为主体，通过定量分析为决策过程提供数据支持。传统的决策支持系统在问题求解过程中是由模型驱动的，即当问题变化时模型也会随着变化，但在重新构建模型时需要专家的辅助，因此系统对决策者的专业知识和构模知识都有较大的依赖，这样的系统智能性较低，不能满足普通用户的应用需求。针对这种问题，将人工智能技术引入决策支持系统中，在80年代末90年代初出现了决策支持系统与人工智能相结合的产物——智能决策支持系统。智能决策支持系统充分地利用专家系统以知识推理形式进行定性分析及决策支持系统以模型计算为核心进行定量分析的特点，大大提高了决策支持系统的智能水平（孙松平等，2005；向阳和沈洪，2006；吕晶和张研，2007）。

人工智能技术的发展大大提高了决策支持系统的智能水平，尤其是机器学习、模糊技术、人工神经网络、专家系统等技术的发展为智能决策支持系统提供了强大的技术手段，推动了智能决策支持系统的快速发展。智能决策支持系统逐渐朝综合化、集成化的方向发展，将人工智能领域中的多种技术融合到决策支持系统研究中已成为现代智能决策支持系统的发展趋势（毛海军和唐焕文，2003；兰壮丽等，2004；孙松平等，2005；丁继红和高秋华，2007）。近年来Agent技术的发展成为人工智能的一个研究热点，向阳和沈洪（2006）提出了基于Agent的智能决策支持系统，使决策支持系统由模型驱动转变为问题驱动，大大地提高了决策支持系统的智能水平；丁继红和高秋华（2007）提出了基于移动Agent技术农业智能决策支持系统，用以解决农业数据或农业资源分布问题，使大量的数据处理可以在数据源进行；樊蓉等（2006）将基于多Agent技术的智能决策支持系统，应用于火力发电的机组效能分析中，大大提高了电厂的工作效率；兰壮丽等提出了基于神经网络的智能决策支持系统的研究，实现自动化地开采数据和自适应地联想推理；黄牧涛和田勇（2007）对人工神经网络、小波分析、遗传算法的建模方法进行组合，并将其应用到智能决策支持系统的研究中，形成组合式的智能决策支持系统，应用于灌溉区的径流预报决策支持系统中，取得了很好的效果。

智能决策支持系统在农业、工业、医学诊断、森林火灾扑救等领域得到了广泛的应用，如农田水分检测的智能决策支持系统、机组效能分析智能决策支持系统、急性心肌梗塞诊断智能决策支持系统、森林火灾扑救智能决策支持系统等（郑重等，2007；樊蓉等，2006；孙佰清等，2006；田勇臣等，2007）。

参考文献

贲可荣，熊伟．2000. 图灵奖得主主要成就综述．计算机科学，27（9）：18～20

蔡自兴．1995a. 人工智能对人类的深远影响．高技术通讯，5（6）：55～57

蔡自兴．1995b. 人工智能研究发展展望．高技术通讯，5（7）：59～61

蔡自兴，徐光裕．2004. 人工智能及其应用．第3版．北京：清华大学出版社
陈凯，朱钰．2007. 机器学习及其相关算法综述．统计与信息论坛，22（5）：104～112
丁继红，高秋华．2007. 移动Agent技术在农业智能决策支持系统中的应用研究．微电子学与计算机，24（5）：130～132
杜文静．2007. 人工智能的发展及其极限．重庆工学院学报，21（1）：37～43
樊蓉，康慕宁，邓正宏．2006. 基于多Agent的智能决策支持系统在工控领域的应用．微电子学与计算机，23（12）：85～88
胡国华，袁树杰．2006. 人工智能研究现状和展望．淮南示范学院学报，8（37）：22～25
黄牧涛，田勇．2007. 组合智能决策支持系统研究及其应用．系统工程理论与实践，（4）：115～119
黄乾贵，张艳．2002. 人工智能的发展现状与展望．煤矿机械，（4）：10～13
黄毅．2003. 人工智能发展趋势研究．湖南工业职业技术学院学报，3（4）：8～11
焦李成，刘芳，缑水平等．2006a. 智能数据挖掘与知识发现．西安：西安电子科技大学出版社
焦李成，刘静，钟伟才．2006b. 协同进化计算与多智能体系统．北京：科学出版社
兰壮丽，赵勇，张文宇．2004. 基于神经网络的智能DSS研究．西安科技学院学报，24（2）：207～210
黎夏，叶嘉安，刘小平等．2007. 地理模拟系统：元胞自动机与多智能体．北京：科学出版社
李德毅，杜鹢．2005. 不确定性人工智能．北京：国防工业出版社
刘和翔，吴斌．2006. 人工智能技术在精准林业中的运用和发展．西北林学院学报，21（1）：183～188
刘枚莲，刘海波．2002. 论人工智能对人类认识的影响．桂林电子工业学院学报，22（2）：1～3
刘毅．2004. 人工智能的历史和未来．科技管理研究，6（4）：120～124
吕晶，张妍．2007. IDSS智能决策支持系统．科技信息（科学教研），（26）：76，77
毛海军，唐焕文．2003. 智能决策支持系统（IDSS）研究进展．小型微型计算机系统，24（5）：874～879
陕粉丽．2007. 人工智能在模式识别方面的应用．长治学院学报，24（2）：29～32
史忠植．2006. 高级人工智能．北京：科学出版社
苏淑玲．2006. 机器学习的研究现状及其发展前景．江门职业技术学院学报，3（3）：49～52
孙佰清，冯英浚，潘启树等．2006. 急性心肌梗塞诊断的智能决策支持系统．系统工程理论与实践，（10）：141～144
孙松平，郑加强，周宏平．2005. 智能决策支持系统及其在林业中的应用研究．世界林业研究，18（2）：7～11
田金萍．2007. 人工智能发展综述．科技广场，（1）：230～232
田勇臣，刘少刚，赵刚等．2007. 森林火灾扑救智能决策模型研究．北京林业大学学报，29（4）：46～48
涂序彦，尹怡欣．2004. 人工生命及应用．北京：北京邮电大学出版社
王建平．2007. 数据挖掘技术的发展与研究．情报杂志，（6）：79～81
王万良．2005. 人工智能及其应用．北京：高等教育出版社
王哲．2007. 人工智能的复杂性与信息科学纲领．系统科学学报，15（2）：551～556
王振友，谢青松．2001. 人工智能学科的发展．山东工程学院学报，15（4）：1～6
吴鹤龄，崔林．2000. ACM图灵奖（1996～1999）——计算机发展史的缩影．北京：高等教育出版社
吴文俊，何华灿．2006. 人工智能：回顾与展望．北京：科学出版社
向阳，沈洪．2006. 基于Agent的智能决策支持系统．计算机工程，32（16）：167～169
邢传鼎，杨家明，任庆生．2005. 人工智能原理及应用．上海：东华大学出版社
熊立文．2003. 人工智能、哲学与逻辑．中山大学学报（社会科学版）（增刊）：226～230
杨兴，朱大奇，桑庆兵．2007. 专家系统研究现状与展望．计算机应用研究，24（5）：4～9
喻海飞，汪定伟．2007. 人工生命与人工生命计算．计算机工程与应用，43（1）：12～15
张奇．2007. 一种基于自学习的智能决策支持系统．科技信息（科教视野），（14）：41，42
张效祥．1998. 计算机科学技术百科全书．北京：清华大学出版社
张震，王文发．2006. 人工智能原理在人类学习中的应用．吉首大学学报（自然科学版），27（1）：39～42
郑重，马富裕，张凤荣等．2007. 农田水分与决策支持系统的实现，7（23）：155～161
Barr A，Feigenbaum E A. 1997. The art of AI：themes and case studies of knowledge engineering. *In*：Proceedings of the 5th International Joint Conference on Artificial Intelligence. Cambridge（MA），1014～1029

David J M，Krivine J P，Simmons R. 1993. Second Generation Expert System. New York：Secaucus Inc

Forsyth R，Naylor C. 1985. The Hitch-Hiker's Guide to Artificial Intelligence，London：Chapman and Hall

George F L. 2004. 人工智能：复杂问题求解的结构和策略．史忠植等译．北京：机械工业出版社

Hayes-Roth R F. 1984. Knowledge-based expert system. Computer，18 (10)：263～273

Jackson P C. 1985. Introduction to Artificial Intelligence. New York：Dover Publications

Minsky M. 1968. Semantic Information Processing. Cambridge：MIT Press

Openshaw S，Openshaw C. 1997. Artificial Intelligence in Geography. New York：John Wiley&Sons

Shirai Y，Tsujii J. 1982. Artificial Intelligence：Concepts，Techniques and Applications. New York：Wiley

Sloman A. 1991. A Personal View of Artificial Intelligence. Cambridge：Mass

Winston P H. 1992. Artificial Intelligence. Mass：Addison-Wesley

第3章 人工智能一般算法

第2章对人工智能发展历史、现状和展望，以及人工智能的主要应用领域进行了详细的介绍。在读者对人工智能有了基本的认识后，本章将对人工神经网络、遗传进化算法、免疫算法以及群体智能算法等人工智能的一般算法进行深入的介绍。

3.1 人工神经网络

人工神经网络是受生物神经网络启发而发展起来的一种智能计算模型，其目的是通过对大脑神经系统的模拟，使设计出来的设备或算法具有学习能力、自适应性、并行性等优点。

神经网络由大量的神经元相互连接组成，每个神经元的结构和功能相对简单，但神经网络的整体行为却可以表现得非常复杂。生物神经元主要分为细胞体（soma）、轴突（axon）和树突（dendrite）。其中，细胞体又可分为细胞核、细胞质和细胞膜等，负责新陈代谢和呼吸等许多生化过程。轴突和树突是神经元的突出部分。轴突负责信号的输出，树突负责信号的输入，不同神经元之间的交流便是通过一个神经元的轴突与另一个神经元的树突相连来实现的。当神经元的所有输入强度总和达到其阈值时，神经元便被触发，触发主要发生在轴突末端的突触上（王万良，2005；李德毅和杜鹢，2005）。

对生物神经网络的模仿可以追溯到20世纪40年代。1943年，麦克洛奇（McCulloch）和皮兹（Pitts）提出了一个简单的神经元模型，人工神经网络从此步入了一个较快的发展阶段，出现了众多相关的研究成果，如1951年第一台神经元计算机（neurocomputer）诞生，1957～1958年出现了第一台较为成功的神经元计算机Perception，Kolmogorov定理证明了一个三层的神经网络可以逼近任何连续函数等。七八十年代初人工神经网络的发展陷入一个低潮阶段，不过在这个阶段的许多基础工作使人工神经网络从80年代初开始复兴，并产生了更多重要的成果，如Hopfield提出了全连接的神经网络，并由Hinton在1984年提出的一种实用方法来实现。现在，人工神经网络的发展进入一个新的阶段，包括地理学在内的众多学科研究都引入了人工神经网络，甚至也大量出现基于人工神经网络的商品（Openshaw et al.，1997）。

人工神经元是对生物神经元的简化，人工神经元对输入信号的处理和输出可用下式表达（徐宗本等，2005）：

$$V_k = f(\sum_{j=1}^{n} w_{kj} V_j - \theta_k) \tag{3.1}$$

其中，V_k 为神经元 k 的输出信号；f 为激活函数，负责对输入信号进行加工；V_j 为来自 j 神经元的输出信号即 k 神经元的输入信号；w_{kj} 为权重，其大小决定对输入信号是增强还是抑制；θ_k 为神经元 k 的阈值。激活函数大致有三种，分别为阶跃函数（阈值函数)、分段线性函数和S型函数（如 Sigmoid 函数)。令 $v_k=\sum_{j=1}^{n}w_{kj}V_j-\theta_k$ 为神经元内部激活水平。

（1）阶跃函数

$$f(v_k)=\begin{cases}1, & v_k>0\\0, & v_k\leqslant 0\end{cases}\tag{3.2}$$

该函数表明当神经元内部激活水平正值时输出信号为1，否则为0。

（2）分段线性函数

$$f(v_k)=\begin{cases}1, & v_k>\dfrac{1}{2}\\[2mm] v_k, & -\dfrac{1}{2}\leqslant v_k\leqslant\dfrac{1}{2}\\[2mm] 0, & v_k<\dfrac{1}{2}\end{cases}\tag{3.3}$$

（3）S型函数（以 Sigmoid 函数为例）

$$f(v_k)=\frac{1}{1+\mathrm{e}^{-\alpha v_k}}\tag{3.4}$$

该函数是较为常用的非线性函数，其中 α 为斜率参数。

3.1.1 BP 神经网络

BP 神经网络（Back-propagation Neural Network）是一种前馈型神经网络（图3.1)，最早由 Rumelhart 提出。除了首层和末层之外，神经网络的其他层均称为隐层；

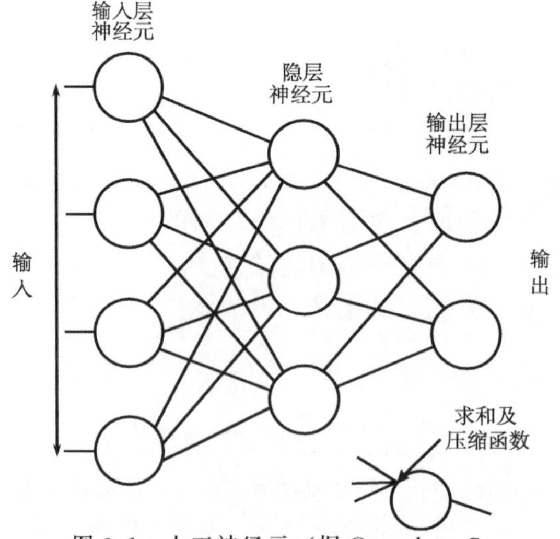

图 3.1 人工神经元（据 Openshaw S. 和 Openshaw C.，1997）

首层是输入层，末层是输出层。这种算法通过始于输出层的误差信号的反向传播，来不断调整各神经元的权值，直到误差信号最小（王万良，2005）。

设有 m 层神经网络，在输入层加上输入模式 P，第 k 层 i 单元输入的总和为 u_i^k，输出为 V_i^k，由 $k-1$ 层的第 j 个神经元到 k 层的第 i 个神经元的连接权值为 ω_{ij}。各个神经元的输入与输出关系函数是 f，则各变量之间的关系为（将阈值也作为一个输入信号，取其权重为-1）

$$V_i^k = f(u_i^k)$$

$$u_i^k = \sum_j w_{ij} V_j^{k-1} \tag{3.5}$$

BP 学习算法是通过反向学习使误差最小，可以定义误差函数 r 为实际输出与期望输出之差的平方和的一半，即

$$r = \frac{1}{2}\sum_j (V_j^m - y_j)^2 \tag{3.6}$$

其中，y_j 为输出单元的期望输出，V_j^m 为实际输出。为求得误差函数的极小值，利用非线性规划的最快下降法，使权值朝着误差函数的负梯度方向改变。权值 w_{ij} 的更新量 Δw_{ij} 可利用下式表示：

$$\Delta w_{ij} = -\varepsilon \frac{\partial r}{\partial w_{ij}} \tag{3.7}$$

其中，ε 为学习步长，且 $\varepsilon > 0$。

$\frac{\partial r}{\partial w_{ij}}$可通过下列推导求得：

由于

$$\frac{\partial u_i^k}{\partial w_{ij}} = \frac{\partial}{\partial w_{ij}}\left(\sum_j w_{ij} V_j^{k-1}\right) = V_j^{k-1} \tag{3.8}$$

则

$$\frac{\partial r}{\partial w_{ij}} = \frac{\partial r}{\partial u_j^k}\frac{\partial u_j^k}{\partial w_{ij}} = \frac{\partial r}{\partial u_j^k} V_j^{k-1} \tag{3.9}$$

得

$$\Delta w_{ij} = -\varepsilon \frac{\partial r}{\partial u_j^k} V_j^{k-1} \tag{3.10}$$

设

$$d_j^k = \frac{\partial r}{\partial u_j^k} \tag{3.11}$$

则此时的更新量为 $\Delta w_{ij} = -\varepsilon d_j^h V_j^{h-1}$

d_j^k 的计算推导如下：

$$d_j^k = \frac{\partial r}{\partial u_j^k} = \frac{\partial r}{\partial V_j^k}\frac{\partial V_j^k}{\partial u_j^k} \tag{3.12}$$

由式（3.5）可得，上式右边第二项为

$$\frac{\partial V_j^k}{\partial u_j^k} = f'(u_j^k) \tag{3.13}$$

以 $f\ (u_j^k)$ 为 S 型函数为例进行求导

$$f(u_j^k)=\frac{1}{1+\exp(-u_j^k)} \tag{3.14}$$

则

$$f'(u_j^k)=V_j^k(1-V_j^k) \tag{3.15}$$

对于$\frac{\partial r}{\partial V_j^k}$，必须分两种情况：

（1）若 j 为输出层 m 的神经元，$k=m$，则 y_j 是整个网络的期望输出，为定值，则

$$\frac{\partial r}{\partial V_j^k}=(V_j^m-y_j) \tag{3.16}$$

所以

$$d_j^m=V_j^m(1-V_j^m)(V_j^m-y_j) \tag{3.17}$$

（2）若 j 层不是输出层，而是隐层 k 的神经元，则

$$\frac{\partial r}{\partial V_j^k}=\sum_i\frac{\partial r}{\partial u_i^{k+1}}\times\frac{\partial u_i^{k+1}}{\partial V_j^k}=\sum_i w_{ji}\times d_i^{k+1} \tag{3.18}$$

所以

$$d_j^k=V_j^k(1-V_j^k)\times\sum_i w_{ji}\times d_i^{k+1} \tag{3.19}$$

因此，k 层的误差信号 d_j^k 正比于下一层的误差信号 d_j^{k+1}。

综上所述，当输出信号与期望值不符，就产生误差信号，进而影响权值改变，可以归纳为

$$\Delta w_{ij}=-\varepsilon\times d_j^k\times V_j^{k-1}$$

$$d_j^k=\begin{cases}V_j^m(1-V_j^m)(V_j^m-y_j), & 若\ k=m\\ V_j^k(1-V_j^k)\sum\limits_l w_{jl}\times d_k^{k+1}, & 若\ k\neq m\end{cases} \tag{3.20}$$

可以看出，d_j^k 必须用到下一层的 d_j^{k+1}，因此误差函数的求取是一个始于输出层的反向传播过程，因此称为反向传播学习算法。通过多个样本的学习，调整权值，不断减少偏差，最后达到满意的结果。

3.1.2 Hopfield 神经网络

生物学家 Hopfield 提出了一种新的神经网络（图 3.2），它由 N 个神经元全互联而成。神经元的输出 $V_i\ (t+1)$ 取离散的 1 或 0；连接权值 w_{ij} 表示神经元 i 与神经元 j 的连接强度，并且 $w_{ij}=w_{ji}$，$w_{ii}=0$；神经元状态改变的规则如下：

$$V_i(t+1)=\begin{cases}1, & 若\sum\limits_{i\neq j}w_{ij}V_j(t)-\theta_i>0\\ 0, & 若\sum\limits_{i\neq j}w_{ij}V_j(t)-\theta_i\leqslant 0\end{cases} \tag{3.21}$$

或

$$V_i(t+1)=\begin{cases}1, & 若 \sum_{i\neq j} w_{ij}V_j(t)-\theta_i>0 \\ -1, & 若 \sum_{i\neq j} w_{ij}V_j(t)-\theta_i\leqslant 0\end{cases} \tag{3.22}$$

前者称为二值硬限器，后者称为双极硬限器。

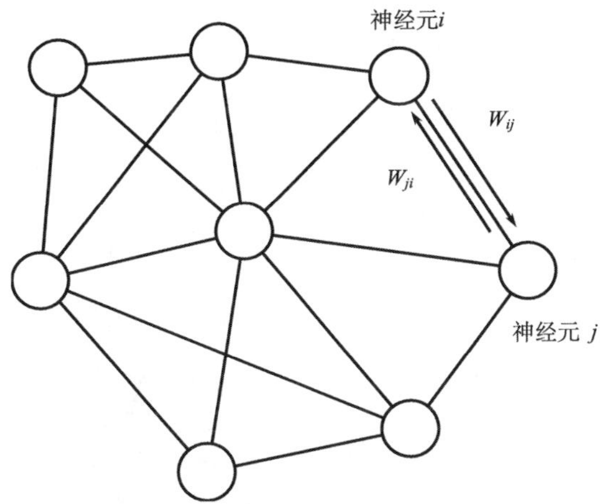

图 3.2 Hopfield 神经网络（据陈森发，2005）

Hopfield 神经网络可以工作在串行或并行两种工作模式下：串行模式即在 t 时刻，只有一个神经元 i 的状态发生变化而其他神经元的状态不变；并行模式即在 t 时刻，部分或全部神经元同时改变状态（陈森发，2005）。

网络会在状态不再发生变化时达到稳定状态，此时

$$V(t+\Delta t)=V(t),\quad \Delta t>0 \tag{3.23}$$

稳定性是 Hopfield 神经网络最重要的特征。由于 Hopfield 神经网络是一种多输入多输出带阈值的二态非线性动力学系统，因此可以构造一种 Lyapunov 能量函数，在满足一定的参数条件下，该函数值在网络运行过程中不断降低，最后达到平衡状态。离散型 Hopfield 神经网络的能量函数定义为

$$E=-\frac{1}{2}\sum_i\sum_{j\neq i} w_{ij}V_iV_j+\sum_i \theta_i V_i \tag{3.24}$$

其中，V_i、V_j 为各个神经元的输出。

下面讨论神经元状态变化前后能量函数 E 的变化（状态转变规则以二值硬限器为例）。设变化前（$V_m=0$）的能量函数值为 E_1，变化后（$V_m=1$）的能量函数值为 E_2。

$$\begin{aligned}E_1&=-\frac{1}{2}\sum_i\sum_{j\neq i} w_{ij}V_iV_j+\sum_i \theta_i V_i\\&=-\frac{1}{2}\sum_{i\neq m}\sum_{j\neq i,m} w_{ij}V_iV_j+\sum_{i\neq m}\theta_i V_i-\sum_{j\neq m} w_{mj}V_mV_j+\theta_m V_m\\&=-\frac{1}{2}\sum_{i\neq m}\sum_{j\neq i,m} w_{ij}V_iV_j+\sum_{i\neq m}\theta_i V_i\end{aligned} \tag{3.25}$$

$$
\begin{aligned}
E_2 &= -\frac{1}{2}\sum_{i}\sum_{j\neq i} w_{ij}V_iV_j + \sum_{i}\theta_iV_i \\
&= -\frac{1}{2}\sum_{i\neq m}\sum_{j\neq i,m} w_{ij}V_iV_j + \sum_{i\neq m}\theta_iV_i - \sum_{j\neq m} w_{mj}V_mV_j + \theta_mV_m \\
&= -\frac{1}{2}\sum_{i\neq m}\sum_{j\neq i,m} w_{ij}V_iV_j + \sum_{i\neq m}\theta_iV_i - \sum_{j\neq m} w_{mj}V_j + \theta_m
\end{aligned}
\tag{3.26}
$$

因此可以求得能量函数 E 值的变化量 ΔE 为

$$
\Delta E = E_2 - E_1 = -(\sum_{j\neq m} w_{mj}V_j - \theta_m) \tag{3.27}
$$

因为此时 V_m 从 0 变为 1，根据规则可以得到 $\sum\limits_{j\neq m} w_{mj}V_j - \theta_m > 0$，所以 $\Delta E < 0$。

类似地，当 V_m 的状态由 1 变为 0 时，可以求得 ΔE 为：

$$
\Delta E = E_1 - E_2 = \sum_{j\neq m} w_{mj}V_j - \theta_m \tag{3.28}
$$

根据规则，此时 $\sum\limits_{j\neq m} w_{mj}V_j - \theta_m \leqslant 0$，所以也可以得到 $\Delta E \leqslant 0$。

因此，从上面可以看出，当任意一个神经元的输出发生变化时，能量函数值都将减小；或者说在神经网络的状态变化过程中，能量函数 E 是单调下降的，而 E 有界，则网络最后会趋于稳定的平衡状态。

3.2 遗传算法

3.2.1 概　　述

遗传算法（Genetic Algorithms，GA）是近年来十分热门的一种随机搜索算法，它借鉴了自然界中的生物进化，以自然选择和遗传理论为基础，并在算法中体现了“适者生存”的规律。GA 最早是密歇根大学的 Holland 教授及其学生提出的（Holland，1975），此后逐渐发展并成功解决了不同领域的一系列优化、调度、数据挖掘等问题。

GA 将问题的求解表示成染色体（Chromosome）的适者生存过程，把搜索空间（欲求解的问题空间）映射为遗传空间，即把每一个可能的解编码为一个向量，向量的每个元素称为基因（Genes）。所有染色体组成群体（Population），并按某一个适应度函数计算其适应度。经过对染色体的选择、交叉、变异等遗传操作，剔除适应度低的个体，保留适应度高的个体，从而得到新的群体。新群体具有比上一代群体更优的性态。如此反复迭代，直到满足预定的优化目标（陈森发，2005）。GA 的执行过程如下（郑立平和郝忠孝，2003）：

（1）随机选择 N 个初始个体作为一个群体，X_0^1，X_0^2，…，X_0^N，$k=0$，k 为代数；

（2）计算每个个体的适应度 $f(X_k^i)$，$i=1$，2，…，N；

（3）选择操作：从 X_k^1，X_k^2，…，X_k^N 中选择 X'^1_k，X'^2_k，…，X'^N_k，且每个个体被选中的概率为 $P(X'^i_k = X_k^j \mid X_k^1, \cdots, X_k^N) = \dfrac{f(X_k^j)}{\sum\limits_{l=1}^{N} f(X_k^l)}$；

(4) 重组（交叉）操作：从 X'^1_k，X'^2_k，…，X'^N_k 中以相同的概率选出两个个体，以事先给定的概率 P_c 进行重组（交叉）操作，产生两个新个体，重复这一操作直至生成新群体 X''^1_k，X''^2_k，…，X''^N_k；

(5) 变异操作：根据一定的概率 P_m 随机改变染色体上某一位置的值，形成新一代的群体 X^1_{k+1}，X^2_{k+1}，…，X^N_{k+1}；

(6) 检验是否满足停止准则，如果满足则停止，否则转（2）。

因此，在进行 GA 算法设计时，其主要的内容在于编码方案、适应度函数、遗传算子［包括选择（Selection）、交叉（Crossover）、变异（Mutation）］和终止规则的确定。

作为一种随机搜索算法，即使搜索空间非常大、非常复杂，GA 也能够找到全局最优解（Parker，1997）。与传统的搜索和优化算法相比，GA 的主要特点在于（王小平等，2002）：①自组织、自适应和自学习性（智能性）；②GA 的本质并行性；③GA 不需要求导或其他辅助知识，而只需要影响搜索方向的目标函数和相应的适应度函数；④GA强调概率转换规则，而不是确定性转换规则；⑤GA 可以更直接应用；⑥GA 可以给出许多潜在解，最终选择可以由用户确定。

GA 被广泛应用于各个领域，如 Defersha 和 Chen（2008）利用 GA 进行生产规划；在土地利用方面，Holzkamper 和 Seppelt（2007）开发了一个基于 GA 的规划工具，可用于各类型的土地利用格局和景观的优化；Stewart 等（2004）开展了基于 GA 的多目标土地利用规划并应用于荷兰。GA 也被用于遥感影像的分类，如 Tseng 等（2007）利用 GA 提取土地覆盖分类规则。此外，GA 也被用于选址（Jia et al.，2007）、路径选择（Soltani et al.，2002）方面的研究。

3.2.2 遗传算法的基本组成

1. 编码

GA 对问题的可行解进行编码以表示遗传空间的染色体或者个体，从而可以进行各种遗传操作，最后达到优化的目的。编码是 GA 算法设计的一个关键步骤，一个好的编码方法，有可能使交叉运算、变异运算等遗传操作可以简单地实现和执行；而一个差的编码方法，却有可能会使得这些遗传操作难以实现，甚至可能出现很多在可行解集合内无对应可行解的个体，这些个体经解码后所表示的解称为无效解（周明和孙树栋，1999）。De Jong（1975）提出了比较实用的编码原则：

原则一，应使用能易于产生与所求问题相关的，且具有低阶、短定义长度模式的编码方案（有意义积木块编码原则）；

原则二，应使用能使问题得到自然表示或描述的具有最小编码字符集的编码方案（最小字符集编码原则）。

常见的 GA 编码有二进制编码、实数编码、Grey 编码等，它们都有各自的优缺点，如二进制编码具有编码、解码简单、遗传操作易行等，但对于一些高精度的连续函数优化问题却很难应用，此时使用实数编码比较可行。

1）二进制编码

二进制编码是最常见的编码形式，它将某个变量值代表的个体表示为一个｛0，1｝二进制串，串长取决于求解的精度。例如，变量所在的取值区间为[－1，2]，精度为6位小数，则整个区间分为（2－（－1））×10^6 等份，整个二进制串长至少需要 22 位，因为 $2^{21} < 3\times 10^6 \leqslant 2^{22}$。此时可用二进制串<0000000000000000000000>和<1111111111111111111111>分别表示区间的两个端点值－1 和 2。因此一个二进制串（$b_0b_1\cdots b_{21}$）可以通过解码式转换为区间内对应的实数 x：$x=-1+\left(\sum_{i=0}^{21} b_i\times 2^i\right)\times\frac{2-(-1)}{2^{22}-1}$（王小平和曹立明，2002）。

二进制编码的优点在于它类似于生物染色体的组成，算法易于用生物遗传理论来解释，并使得遗传操作很容易实现。另外，采用二进制编码时，算法处理的模式数较多。但同时它也有比较明显的缺点：相邻整数的二进制编码可能具有较大的 Hamming 距离；由于求解精度是事先给定的，在算法执行过程中缺乏微调（fine-tuning）的功能；在精度很高或求解高维优化问题的情况下，编码串很长，势必会影响到算法的效率（王万良，2005）。

2）Grey 编码

二进制编码在处理一些连续优化问题时局部搜索能力较差，因此又提出了 Grey 编码，又称为格雷码、灰码（周明和孙树栋，1999）。对于两个连续的整数，其对应的 Grey 编码值之间除了一个码位是不同的以外，其他码位均相同，如表 3.1 所示。

表 3.1　Grey 编码

十进制数	二进制编码	Grey 编码
0	0000	0000
1	0001	0001
2	0010	0011
3	0011	0010
4	0100	0110
5	0101	0111
6	0110	0101
7	0111	0100
8	1000	1100
9	1001	1101
10	1010	1111

因此，二进制编码与 Grey 编码之间有一个转换关系。若一个二进制编码表示为 $B=b_mb_{m-1}\cdots b_2b_1$，转换成 Grey 编码后为 $G=g_mg_{m-1}\cdots g_2g_1$，它们的转换关系为

①
$$\begin{cases} g_m = b_m \\ g_i = b_{i+1} \oplus b_i, \quad i = m-1, m-2, \cdots, 1 \end{cases} \tag{3.29}$$

②
$$\begin{cases} b_m = g_m \\ b_i = b_{i+1} \oplus g_i, \quad i = m-1, m-2, \cdots, 1 \end{cases} \tag{3.30}$$

其中，式（3.29）为由二进制编码转换为Grey编码；式（3.30）为由Grey编码转换为二进制编码。⊕表示异或运算。与二进制编码相比，使用Grey编码的局部搜索能力较强，原因在于编码串之间的一位差异所对应的参数值的差异较小。

3）实数编码

二进制编码、Grey编码在应用中存在着一些缺陷，尤其是变量为实值向量的情形。因此，可以采用实数编码的形式，即每个基因都用实值表示，省去了数制转换的过程。Michalewicz等总结了实数编码的优点（Michalewicz，1990；Jomikow and Michalewicz，1991）：①可以表示范围更大的数；②可以获得更高的精度；③适合更大空间的搜索；④提高了算法的效率；⑤便于遗传算法与其他传统优化方法的混合运用；⑥便于设计针对问题的专门知识的知识型遗传算子；⑦便于处理复杂的决策变量约束条件。

2. 适应度函数

生物学家用适应度来衡量一个物种对一个生存环境的适应程度，适应度越高则繁衍的机会就越多，反之则越少。遗传算法中也引入了类似的思想。遗传算法用适应度来评价群体中各个个体（问题的解）的优良程度，适应度越高的个体遗传到下一代的概率越高，反之则越低。度量这些个体的适应度的函数就称为适应度函数（Fitness Function）。遗传算法的目标函数不受连续可微的约束且定义域可以为任何集合，对目标函数的唯一要求是，针对输入可计算出能加以比较的非负结果。这一特点使得遗传算法应用范围很广（陈国良等，1996）。

遗传算法在搜索过程中基本不利用外部信息，仅以适应度函数为依据，利用种群中每个个体的适应度值来进行搜索，因此，适应度函数直接影响到算法的收敛速度以及能否找到最优解。适应度函数设计不当有可能造成算法的欺骗问题。欺骗问题表现为：在遗传进化初期，通常会产生一些超常的个体，若按照比例选择法，这些异常个体因竞争力太突出而控制了选择过程，影响算法的全局优化性能；在遗传进化的后期，即算法接近收敛时，由于种群中适应度差异较小，继续优化的潜能降低，可能获得某个局部最优解（王小平和曹立明，2002）。

适应度函数通常是由目标函数变换而成的。若目标函数 $f(x)$ 为求最小值问题，则适应度函数Fit（$f(x)$）可以设为

$$\mathrm{Fit}(f(x)) = \begin{cases} c_{\max} - f(x), & f(x) < c_{\max} \\ 0, & \text{其他条件} \end{cases} \tag{3.31}$$

若目标函数为求最大值问题，则

$$\mathrm{Fit}(f(x)) = \begin{cases} f(x) - c_{\min}, & f(x) > c_{\min} \\ 0, & \text{其他条件} \end{cases} \tag{3.32}$$

其中，c_{max}、c_{min}分别为目标函数的最大估计和最小估计，不过有时也存在估计的难度大、精确度低的情况。

仅仅依靠上述的变换来确定个体的适应度还是不够的，有时需要进一步对个体的适应度进行一定的放大和缩小。这种调整称为适应度变换（Fitness Scaling）。适应度变换有下列几种常见的类型。

1）线性变换

$$F' = a \times F + b \tag{3.33}$$

其中，F为变换前适应度；F'为变换后适应度；a、b分别为变换参数。对于参数a、b的选择需要满足两个条件（Goldberg，1989）：

$$F'_{avg} = F_{avg} \tag{3.34}$$

$$F'_{max} = c \times F_{max} \tag{3.35}$$

即变换前后的均值不变，变换后最大值为变换前最大值的若干倍。前者是为了保证群体中适应度接近于平均值的个体能够有期待的数量被遗传到下一代；后者是保证群体中最好的个体能够期望复制c倍到下一代中。

2）幂函数变换

$$F' = F^k \tag{3.36}$$

其中，k为幂指数，即新的适应度为原来的适应度的指定乘幂。该方法是Gillies提出的（陈国良等，1996）。k可根据具体的求解问题来确定，并在算法运行中不断修正（周明和孙树栋，1999）。

3）指数变换

$$F' = \exp(-\beta \times F) \tag{3.37}$$

即变换后的适应度为原来适应度的某个指数。系数β越小，原来适应度高的个体变换后的适应度与其他个体变换后的适应度差别越大，反之则越小。

适应度函数的选择和设计通常是根据具体的求解问题来确定的，一般需要满足几个条件：①单值、连续、非负、最大化；②合理、一致性；③计算量小；④通用性强（王小平和曹立明，2002）。在确定好适应度函数之后，就可以对群体中每个个体进行适应度评价，其过程为（周明和孙树栋，1999）：

（1）对个体编码串进行解码处理，得到个体的表现型；

（2）由个体的表现型计算出对应个体的目标函数值；

（3）根据最优化问题的类型，由目标函数值按一定的转换规则求出个体的适应度。

3. 遗传算子

遗传算子又称为遗传操作，包括选择、交叉和变异。遗传算子类似于生物基因的遗传的操作，通过编码组成初始群体后，遗传操作的任务就是对群体中的个体按照它们对环境适应的程度（适应度评估）施加一定的操作，从而实现优胜劣汰的进化过程。从优化搜索的角度而言，遗传操作可使问题的解一代代的优化，并逼近最优解（陈国良等，1996）。

1）选择

在群体中，把适应度较高的个体挑选出来，淘汰适应度较低的个体的操作称为选择，它可以使较优的个体直接进入下一代或通过交配产生新的个体。进行选择操作，首先必须根据适应度函数对各个个体进行适应度评价，进而由种群中个体的适应度及其分布决定个体被选中的概率。个体概率的分配方法大体分为两种，即基于比例的方法和基于排序的方法（王小平和曹立明，2002）。

（1）基于比例的方法——个体被选择的概率按照下式进行计算：

$$p_i = \frac{f_i}{\sum_{i=1}^{n} f_i} \tag{3.38}$$

其中，p_i 为个体 i 被选中的概率；f_i 为个体 i 的适应度。

（2）基于排序的方法——种群按目标值进行排序，进而根据个体的序位来决定其适应度。选择概率的计算公式有 Baker 的线性排序计算公式

$$p_i = \frac{1}{N}\left[\eta^{+} - (\eta^{+} - \eta^{-})\frac{i-1}{N-1}\right] \tag{3.39}$$

其中，i 为个体排序序号；N 为种群大小；$1 \leqslant \eta^{+} \leqslant 2$，$\eta^{-} = 2 - \eta^{+}$。Michalewicz 也提出了线性排序的选择概率计算公式：

$$p_i = c(1-c)^{i-1} \tag{3.40}$$

其中，i 为排序序号；c 为排序第一的个体的选择概率。

分配好每个个体的选择概率之后就可以进行选择。选择的方法有很多，常见的有下列 4 种。

（1）轮盘赌法。这是一种最简单和常见的选择方法。在每一轮选择中，随机产生一个［0，1］的数，这个数作为一个指针来决定哪个个体被选中。具体步骤为（陈国良等，1996）：

```
Procedure Selection
Begin
        i = 0
        sum = 0
    wheel-pos = random * FSUM
        While sum< = wheel-pos or i< = PSIZE do
          i = i + 1
          sum = sum + Fi
        end While
        str-no = i
end
```

其中，FSUM 为种群中所有个体适应度之和；Fi 为第 i 个个体的适应度；random

是［0，1］的随机数；wheel-pos 是轮盘上的指针位置；str-no 为所选中的个体号。

（2）最佳个体保存法。由于遗传操作具有随机性，一些适应度较高的个体有可能会被破坏。为了保证适应度较高的个体尽可能进入到下一代而不受交叉、变异操作的破坏，可以采取最佳个体保存的策略。具体方法为：若上一代种群中的最佳个体没有出现在下一代种群中，则直接将该个体加入到新的种群中。该方法有可能会导致局部最优的个体迅速增加而降低算法的搜索能力，一般都不会单独使用该方法，而是与其他方法配合使用。

（3）锦标赛法。先从种群中随机抽取 n 个个体，然后直接将适应度最高的个体遗传到下一代。不断重复该过程，直到足够多的个体被选中进入下一代。

（4）期望值法。当种群较小时，产生的随机数有可能会不正确地反映个体适应度的选择，即适应度高的个体可能被淘汰，而适应度低的个体可能被选择（陈国良等，1996），因此，可采取期望值法。具体步骤为（Goldberg，1989）：

① 计算群体中每个个体在下一代的生存期望值

$$N_i = M \times F_i / \sum_{i=1}^{M} F_i, \quad i = 1,2,3,\cdots,M \tag{3.41}$$

② 若某一个体被选中，则在下一代中的生存期望值减去 0.5，若某一个个体未被选中，则它在下一代中的生存期望值减去 1.0。

③ 不断进行该过程，直到某一个体生存期望值小于 0 时，该个体就不再有机会被选中。

遗传算法存在的欺骗性问题，除了可以通过合理设计适应度函数来避免外，也可以通过选择方法的调整来避免，如采取稳态繁殖，或没有重串的稳态繁殖的选择方法（王小平和曹立明，2002）。稳态繁殖是指在迭代过程中用部分优质新子个体更新种群中父个体来作为下一代种群。没有重串的稳态繁殖指在将某个个体加入到新种群之前，若新种群中已有该个体，则将该个体舍弃。这种方法增加了计算时间，但扩大了个体在种群中的分布范围。

2）交叉

在自然界中，生物通过对两个同源染色体进行交叉来产生新的染色体，进而产生新的个体。与此类似，在遗传算法中也有交叉算子（或称为重组）。它是指利用某种方法互换两个染色体的基因片段，据此产生一个新的个体。交叉算子是算法中产生新个体（新解）、使群体进化的最主要方法。交叉算子的实现有多种方法，常用的有单点交叉、双点交叉或多点交叉等比较适合二进制编码染色体的交叉方法，以及中间重组、线性重组等适合实数编码染色体的交叉方法。

（1）单点交叉。选中两个染色体，随机产生一个交叉点，互换该点前后的两个个体的部分结构，由此产生两个新的个体，如下例所示（｜表示交叉点，下同）。单点交叉比较适合二进制编码的染色体。

染色体 A　1100｜1001　→　新个体 C　11001000

染色体 B　1010｜1000　→　新个体 D　10101001

（2）双点交叉。与单点交叉不同，双点交叉会产生两个交叉点，然后交换两个染色体的部分基因，如下例所示。双点交叉同样适合二进制编码的染色体。

染色体 *A*　11 | 001 | 001　→　新个体 C　11101001

染色体 B　10 | 101 | 000　→　新个体 D　10001000

(3) 多点交叉。在双点交叉的基础上进一步推广，可以得到多点交叉的方法，即通过产生多个交叉点来互换两个染色体的基因，如下例所示（共 3 个交叉点）。

染色体 *A*　11 | 00 | 10 | 01　→　新个体 C　11001000

染色体 B　10 | 10 | 10 | 00　→　新个体 D　10101001

(4) 中间重组。当染色体的基因是用实数表示时，可选择中间重组作为交叉方法。与按照上述方法产生交叉点不同，中间重组是通过产生一个参数 a 来控制染色体的交叉，a 的值必须落在指定的范围内。具体的交叉方法为 $g=g_1+a\times(g_1-g_2)$，其中 g_1、g_2 为选中的两个染色体中位置相同的基因，g 为与父个体位置相对的新生个体的基因，如下例所示：

染色体 A　(20, 10.5, 40)　染色体 B　(23.1, 18, 15)

a 取值　0.1, 0.5, −0.3　新个体　(19.69, 6.75, 47.5)

(5) 线性重组。线性重组与中间重组非常相似，唯一的区别是对于所有的基因，a 值的取值都是一样的，而不是像中间重组中那样每个基因都有一个 a 值。

3) 变异

生物进化的过程中，会因为某些因素而产生变异，尽管这种概率很小，但有时却很重要，甚至能够产生某些新的物种。在遗传算法中引入变异算子具有两方面的作用：加强局部随机搜索能力和维持种群多样性（陈国良等，1996）。变异概率的选择比较重要，如果取得太小，则变异算子难以起作用；取得太大，则使搜索退化成随机搜索。对于实数编码和二进制编码的染色体，变异操作可以分别采用比较常用的步长法和翻转法（王小平和曹立明，2002）。

步长法即对于用实数表示的基因，用增加或减去一定数值的方法来实现变异。具体可用下式表示：

$$X' = X \pm d \tag{3.42}$$

其中，X' 为变异后变量值；X 为原有的变量值；d 为步长。步长大小的选择可根据具体情况而定，或通过多次试验来获得。

对于二进制编码，每个位置上可取的值仅仅是 0 或者 1，因此最简单的变异方法可通过翻转来实现，即在某一个基因位上把 1 变成 0 或 0 变成 1。如：

变异前的染色体：1001010

变异后的染色体：1101010

除上述两种比较常用的变异方法外，还有均匀变异、边界变异、高斯变异等方法（周明和孙树栋，1999），需视具体情况加以采用。

3.3 免疫算法

人体免疫系统是一个非常复杂的自然防御体系，能够有效识别各种入侵人体的抗原，并产生抗体（antigen）来阻止抗原的攻击，以避免感染（Timmis et al.，2000）。受此启发，人们开始模仿自然免疫系统的机制来建立具有自学习、自适应和记忆能力的人工免疫系统（Artificial Immune System，AIS），以解决各个学科中的问题（Kim and Bentley，1999）。人工免疫系统的研究始于 20 世纪 80 年代后期，它通过模拟生物免疫系统的免疫识别、克隆选择、免疫学习、免疫记忆等功能来进行模式识别和寻优搜索，并将生物免疫系统的多样性调节机制运用到算法设计中，使算法在搜索过程中避免陷入局部最优。

3.3.1 自然免疫系统简介

人类自身的免疫系统为其免受外来病毒、细菌等的感染提供了保障。免疫系统分为先天（innate）免疫和自适应（adaptive）免疫两种。先天免疫是针对所有外来入侵者，而非特定的病菌或病原体，并且也不具备记忆能力；而自适应免疫针对特定的病菌或病原体，并具有自我调整和免疫记忆的能力。人工免疫系统的思路和灵感更多借鉴于自适应免疫而非先天免疫。

人体内的吞噬细胞会如同卫士一样不断地巡逻，一旦发现有抗原就会将它们“吞噬”，将其分解为缩氨酸（Peptide），并在细胞表面显示，使其他细胞（如 T 细胞）能够识别。T 细胞在完成识别过程之后被激活，并分泌出化学信号来带动整个免疫系统。系统中的 B 细胞在获得这种信号之后，会分泌出抗体蛋白质（Antibody Proteins），这些抗体蛋白质会匹配相应的抗原并将其消灭。此后部分 T 细胞和 B 细胞会拥有针对特定抗原的记忆力，在该类型抗原下次入侵人体时会很快响应并将它们清除（Castro and von Zuden，1999）。

3.3.2 免疫算法

目前根据自然免疫系统的免疫机制发展而来的免疫算法比较常见，根据具体问题的不同会有不同的形式。

一般免疫算法可分为 6 个步骤（Hong et al.，2000）：①系统识别抗原；②初始化抗体；③计算抗原和抗体之间的亲和力；④记忆细胞分化；⑤对抗体的促进和抑制；⑥对抗体群体进行更新。在利用免疫算法解决具体问题时，抗原通常表示欲求解的问题，抗体表示问题的解。抗体和抗原之间的匹配程度可以用亲和力来表示（步骤③）。亲和力的计算公式如下（莫宏伟，2003）：

$$A_{gk} = \frac{1}{1+t_k} \tag{3.43}$$

其中，A_{gk} 为抗原 g 和抗体 k 的亲和力；t_k 为抗原 g 和抗体 k 的结合强度。t_k 可以用数

值空间距离来衡量，如使用欧式距离

$$D=\sqrt{\sum_{i=1}^{l}(x_i-y_i)^2} \tag{3.44}$$

免疫算法具有记忆能力。在得到抗原与抗体之间的亲和力之后，亲和力最大的抗体将会加给记忆细胞（步骤④），亲和力低的抗体则逐渐被亲和力更高的抗体所取代。在算法中亲和力高的抗体显然会得到促进，但如果对此不加以控制，往往会破坏群体的多样性，导致抗体群体早熟（莫宏伟，2003）。因此，当亲和力高的抗体的浓度提高到某个级别时就必须对其加以限制（步骤⑤）。对于抗体群体的多样性的维持，还可以通过执行变异算子来实现，这与遗传算法中的变异操作是十分类似的，变异概率的选取也要比较谨慎（步骤⑥）。

Timmis 等（2000）根据人体免疫系统的机制，提出了具体的用以进行数据分析的人工免疫系统算法。他们的算法对免疫机制进行了简化，如只考虑 B 细胞而忽略了 T 细胞，也不考虑产生抗原的病原体。在自然免疫系统中，B 细胞与 B 细胞之间通过免疫网络联结起来，B 细胞的激活程度不仅取决于其自身与抗原的亲和力，也取决于其自身与免疫网络中的邻居的亲和力（Farmer et al.，1986）。在 Timmis 等提出的算法中也纳入了这个特点。B 细胞与抗原的亲和力用下式表示（抗原表示训练数据）：

$$\mathrm{ps}=1-\mathrm{pd} \tag{3.45}$$

其中，pd 为 B 细胞和抗原在数值空间上的距离；ps 为 B 细胞和抗原的亲和力。B 细胞与免疫网络中的邻居的亲和力用下式表示：

$$\mathrm{ns}=\sum_{x=0}^{n}(1-\mathrm{dis}_x) \tag{3.46}$$

其中，dis_x 是 B 细胞与免疫网络中的邻居 x 的距离；ns 为 B 细胞与免疫网络中的邻居的亲和力。此外，B 细胞不仅会被激活，也会受到抑制，受抑制的程度用下式表示：

$$\mathrm{nn}=-\sum_{x=0}^{n}\mathrm{dis}_x \tag{3.47}$$

其中，nn 为 B 细胞受抑制的程度。sl 为 B 细胞最终的激活程度，是这三者综合作用的结果：

$$\mathrm{sl}=\mathrm{ps}+\mathrm{ns}+\mathrm{nn}=1+\mathrm{n}-\mathrm{pd}-2\sum_{x=0}^{n}\mathrm{dis}_x \tag{3.48}$$

若一个 B 细胞的激活程度超过预先设定的阈值，则该 B 细胞会被用以克隆出一定数量的新的 B 细胞。克隆的比例与 B 细胞的激活程度 sl 有关，如下式所示：

$$e_x=k(\mathrm{sl}(x)) \tag{3.49}$$

其中，k 是比例常数。这些新产生的 B 细胞会按照一定的变异概率产生变异，使得它们与父细胞略微有所不同，这也使得系统能够识别出某些抗原的变体。变异的概率自始至终是固定的，通常会取 10%。最后将这些 B 细胞加入到免疫网络中。

B 细胞与 B 细胞之间是依靠免疫网络组织起来的，因此，某对 B 细胞之间是否应该有边将这两者联结起来，是由这对 B 细胞之间的亲和力来决定的。B 细胞 a 与 B 细胞 b 之间的亲和力仍然用两者在数值空间上的距离来表示（ND 为数据的维度）

$$\text{affinity}(a,b)=\sqrt{\sum_{n=1}^{\text{ND}}(a(n)-b(n))^2} \tag{3.50}$$

当两个 B 细胞的亲和力低于阈值 NAT 时，将产生一条新的边将这两个 B 细胞联结起来。阈值 NAT 用下式表示：

$$\text{NAT}=A\frac{\sum_{i=0}^{N}\text{affinity}(l_i)}{N} \tag{3.51}$$

其中，affinity（l_i）为边 l_i 联结的两个 B 细胞的亲和力；N 为整个免疫网络的边数；A 为一个比例常数，取值范围［0，1］。最后，在每一次训练迭代过程中，亲和力最差的占整个群体 5%的 B 细胞会被从系统中移除。

在实际应用中，上述算法最突出的问题是容易导致 B 细胞呈“爆炸性”的幂数增长，随之而来的是整个免疫网络规模的膨胀，这导致完成一个训练迭代会变得越来越困难。因此，Timmis 和 Neal 提出了有限资源的人工免疫系统（Resource Limited Artificial Immune System，RLAIS），在保留网络识别能力的前提下通过竞争的机制来限制免疫网络的规模（Timmis and Neal，2001）。

解决 B 细胞群体规模过大问题的启发仍然来自自然免疫系统。自然免疫系统中 B 细胞的增长速度同样很快，但整个系统通过有效的抑制机制来杜绝 B 细胞数量过多的现象，这种机制主要是依靠 B 细胞之间对有限资源的竞争来实现的。此外，根据 Perelson 的理论（Perelson，1989），自然免疫系统产生的抗体能够识别几乎无限多的抗原。这种依靠有限的 B 细胞来识别无限多抗原是通过一种称为识别球（Recognition Ball，RB）来实现的。识别球定义为围绕在抗体周围的一个球状小区域，该抗体能够识别处在这个区域内的所有抗原。根据这些，Timmis 等提出了有限资源的人工免疫系统算法，在这个算法中，B 细胞将不在网络中显性地表示出来，取而代之的是可以根据激活程度包含一定数量 B 细胞的人工识别球（Artificial Recognition Ball，ARB）。

在算法中，每个 ARB 包含一个 n 维数据项，并代表一定数量的相同 B 细胞。一个 ARB 的激活程度用下式表示：

$$\text{sl}=\sum_{x=0}^{a}(1-\text{pd})+\sum_{x=0}^{n}(1-\text{dis}_x)-\sum_{x=0}^{n}\text{dis}_x \tag{3.52}$$

其中，a 为系统中抗原的数量；pd 为 ARB 与抗原在数值空间上的距离；dis_x 为与邻居 B 细胞 x 的距离。在每个迭代过程中，ARB 会被克隆和变异。克隆的比例 e_x 用下式确定：

$$e_x=k\times\text{sl}_x \tag{3.53}$$

其中，k 为一个用以限制 ARB 克隆数量的常数。克隆步骤之后是变异步骤。变异概率为事先设定的常数。只有被选中进行变异，并且与网络中的 ARB 的亲和力低于阈值 NAT 时，才会被纳入到网络中，未产生变异或亲和力高于阈值 NAT 的 ARB 则会被移除。激活程度高的 ARB 能够拥有更多的 B 细胞，如下式所示：

$$R_i=k\times\text{sl}_i^2 \tag{3.54}$$

其中，sl_i 为 ARB 的激活程度；k 为一个常数。

尽管激活程度越高的 ARB 可以获得更多的 B 细胞，但总的 B 细胞数目是有上限规定的。当所有B细胞的总数超过这个上限时，系统将移除与总数和上限的差值数量一致的B细胞。在进行B细胞移除时，首先要识别出激活程度最低的一批ARB，移除它们中的B细胞；若ARB中的B细胞个数为0，则该ARB会从免疫网络中移除。这种移除步骤会一直持续，直到所有ARB中的B细胞总数与上限无异。事实上这是一种竞争的机制，它使得B细胞的分配更加集中于更好的ARB，而激活程度较低的ARB则会逐渐从系统中移除。

Timmis将上述改进引入到算法中后，仍然使用文献（Timmis et al.，2000）中的数据进行试验，结果证明该网络除了能够很好地识别待学习数据的形态之外，也避免了上一个算法中出现的网络规模过大问题。

除了上述Timmis等由自然免疫系统发展出来的算法之外，还有一种更为直观、简洁的免疫算法——克隆选择算法（Clone Selection Algorithm，CSA）（Castro and Von Zuden，1999），它与免疫系统中的克隆选择定律十分类似，即只有那些能够识别抗原的细胞才会被选中进行分裂增长。在该算法中，抗体变异的概率非常高。

CSA的迭代过程为（莫宏伟，2003）：① 确立抗体群体 P，由记忆子集 M 和剩余群体 P_r 组成；② 根据亲和力确定 P 中的 n 个最佳个体 P_n；③ 克隆这 n 个个体，产生一个克隆群体 C，克隆的规模与亲和力有关，是一个递增函数；④ 对克隆群体 C 进行变异操作（高频变异），高频变异与抗体亲和力成比例，由此产生一个成熟的抗体群体 C^*；⑤ 从 C^* 中选出改进的个体组成记忆组合（子集 M），P 中的一些较差的成员替换成 C^* 的成员，完成一个迭代过程。根据所要解决的问题的不同，可选择不同的抗体编码方式和亲和力计算方法。

3.4 群体智能算法

通过模拟生物群体行为来解决计算问题已经成为当前的热点，形成以群体智能（Swarm Intelligence，SI）为核心的理论体系，并在一些实际应用领域取得突破性进展（陈森发，2005）。比较有代表性的群体智能算法包括粒子群优化算法（Particle Swarm Optimization，PSO）和蚁群算法（Ant Colony Optimization，ACO），下面将对这两个算法进行介绍。

3.4.1 粒子群优化算法

粒子群优化算法是美国学者Kennedy和Eberhart（1995）提出来的。在此之前，很多学者都对动物的群体行为进行了研究，如鸟群的觅食、鱼群的集体游动等，并逐步发展到利用计算机进行模拟。Kennedy和Eberhart从模拟鸟群行为，尤其是从鸟群如何找到食物这一问题出发，将这种模拟发展为一种主要用于连续优化问题的算法。

在整个粒子群中，每个个体通过用评价函数评价当前所在的位置，并且每个个体都能够获知当前整个群体的最优位置以及其自身从开始到目前为止经历过的最佳位置。个体的位移由个体的速度来决定。个体速度和位置的更新可用下式来表示：

$$\boldsymbol{v}_i = \boldsymbol{v}_i + 2 \times \text{rand}() \times (\boldsymbol{p}_i - \boldsymbol{x}_i) + 2 \times \text{rand}() \times (\boldsymbol{g} - \boldsymbol{x}_i)$$
$$\boldsymbol{x}_i = \boldsymbol{x}_i + \boldsymbol{v}_i \tag{3.55}$$

其中，$\boldsymbol{v}_i$ 为速度矢量；$\boldsymbol{x}_i$ 为粒子的位置矢量；$\boldsymbol{p}_i$ 为粒子从开始到目前为止的最佳位置；$\boldsymbol{g}$ 为整个群体当中的最佳位置，矢量的维数根据问题的具体情况而定。rand () 为随机函数，取值范围为 [0, 1]。整个群体根据上述两式不断迭代，直到达到设定的迭代次数或满足其他终止规则。此外，还可以设定速度矢量每一维上的数值上限 v_{max}，当 v_{max} 较大时，算法的全局搜索能力较强；v_{max} 较小时，算法的局部搜索能力较强。

上述是基本的 PSO 算法，但往往会出现陷入局部最优或称之为早熟现象的问题。许多学者针对这一情况做了很多改进，如 Krink 等（2002）在算法中加入了一个“碰撞-弹开”机制来保证整个群体的多样性。粒子陷入局部最优时必定会产生聚类，因此，他们首先为每一个粒子加入一个半径属性，以确定两个粒子是否会发生碰撞：当两个粒子距离过近而发生碰撞时会以某种方式互相弹开，以此来杜绝粒子过于聚集在某个位置上，从而避免陷入局部最优的情况出现。粒子弹开的方式有三种，分别为随机方式、真实物理方式和速度调整方式。随机方式指两个粒子会选择随机方向以原有的速率弹开。真实物理方式是利用物理定理来决定粒子的反弹方向和速率。速度调整方式与其说是一种弹开的机制，不如说是一种避免碰撞的机制，它利用速度缩放因子对两个粒子的速度在数值上进行改变，尽管方向没有改变，但因为粒子的速度变快或变慢而避免了两个粒子发生碰撞。作者选择了几组连续函数对上述改进 PSO 算法进行测试，并与基本 PSO 算法和遗传算法进行对比，结果表明改进 PSO 算法表现较好。

其他对 PSO 算法的研究有对其收敛性的分析和参数的讨论（Trelea，2003）、将 PSO 与遗传算法进行比较（Eberhart and Shi，1998）等。此外，在解决实际问题的应用中越来越多地引入 PSO 算法，如多目标优化（Ho et al.，2005）、数据分析（Chen and Ye，2004）、任务分配问题（Salman et al.，2002）等。

3.4.2 蚁群算法

蚁群算法是一种基于群体智能的仿生学优化算法，由 Colorni 等于 1991 年提出（Colorni et al.，1991），其本质是一个复杂的多智能体系统，由大量的简单智能体——蚂蚁所组成的团体，通过相互合作能够有效地完成复杂任务，如寻找食物的最优路径。每个蚂蚁智能体根据路径上的信息作随机选择，系统无中心控制，但最终整个蚁群能够得到优化。这样的系统更具有鲁棒性，不会由于一个或者某几个智能个体的故障而影响整个问题的求解，该算法是群集智能的典型实现。

蚁群算法是受到对真实的蚁群行为的研究启发而提出的。昆虫学家发现，虽然单个蚂蚁的行为极其简单，但它们所组成的蚁群群体却表现出极其复杂的行为。蚂蚁在寻找食物源时，能在其走过的路径上释放一种蚂蚁特有的分泌物——信息素，并以此指导自己的运动方向，朝着信息素浓度高的方向移动。因此，由大量蚂蚁形成的集体行为便表现出一种信息正反馈现象：某一路径上走过的蚂蚁越多，则后来者选择该路径的概率就越大。蚂蚁这种选择路径的过程被称之为蚂蚁的自催化行为。由于其原理是一种正反馈机制，因此也可将蚂蚁王国理解成增强型学习系统。

下面以旅行商问题（TSP）为例来阐述其数学模型。C 为所有城市集合，n 为 TSP 规模也就是城市数量，m 为蚂蚁数目，$\tau_{ij}(k)$ 表示第 k 次迭代时路径 (i, j) 上的信息量，初始时刻各路径上的信息量相等，设 $\tau_{ij}(1)=\text{const}$，蚂蚁 r $(r=1, 2, 3, \cdots, m)$ 在运动过程中，根据各条路径上的信息量决定其转移方向。这里用禁忌表 tabu_r 来记录蚂蚁 r 当前所走过的城市，集合随着 tabu_r 的进化过程动态调整。在搜索过程中，蚂蚁根据各条路径上的信息量及路径上的启发信息来计算状态转移概率。$p_{ij}^r(k)$表示在第 k 次迭代过程中，蚂蚁 r 由城市 i 转移到城市 j 的状态转移概率

$$p_{ij}^r(k)=\begin{cases}\dfrac{[\tau_{ij}(k)]^\alpha\cdot[\eta_{ij}(k)]^\beta}{\sum\limits_{s\in \text{allowed}_r}[\tau_{is}(k)]^\alpha\cdot[\eta_{is}(k)]^\beta}, & \text{若 } j\in \text{allowed}_r \\ 0, & \text{其他}\end{cases} \tag{3.56}$$

其中，$\text{allowed}_r=\{C\text{-tabu}_r\}$表示蚂蚁 r 下一次允许选择的城市；α 为信息素启发式因子，反映蚂蚁在运动过程中所积累的信息在蚂蚁运动时所起的作用，其值越大，则蚂蚁越倾向于选择其他蚂蚁经过的路径；β 为期望启发式因子，反映蚂蚁在运动过程中启发信息在蚂蚁选择路径中的受重视程度；$\eta_{ij}(k)$ 为启发函数，其表达式如下：

$$\eta_{ij}(k)=\frac{1}{d_{ij}} \tag{3.57}$$

其中，d_{ij} 为相邻两个城市之间的欧氏距离，对蚂蚁 r 而言，d_{ij} 越小，$\eta_{ij}(k)$ 则越大，$p_{ij}^r(k)$ 就越大，蚂蚁倾向于选择与之距离较短的城市。

为了避免残留信息过多淹没启发信息，在每次迭代完成后，要对残留信息进行更新处理，这与蚂蚁信息素的挥发方式及蚂蚁觅食过程的机理相吻合，跟人的记忆特征相似：随着新信息不断存入大脑，之前的旧信息随着时间的推移慢慢退化直到消失。由此第 $k+1$ 次迭代时在路径 $\tau_{ij}(k)$ 的信息量按如下规则进行调整：

$$\tau_{ij}(k+1)=(1-\rho)\times\tau_{ij}(k)+\Delta\tau_{ij}(k) \tag{3.58}$$

$$\Delta\tau_{ij}(k)=\sum_{r=1}^{m}\Delta\tau_{ij}^r(k) \tag{3.59}$$

其中，ρ 为信息挥发系数，其取值范围为 $[0, 1]$；$\Delta\tau_{ij}(k)$ 为本次迭代中路径 (i, j) 上的信息素增量；$\Delta\tau_{ij}^r(k)$ 为第 r 只蚂蚁第 k 次迭代在路径 (i, j) 上留下的信息量。其中 $\Delta\tau_{ij}^r(k)$ 按下式进行计算：

$$\Delta\tau_{ij}^r(k)=\begin{cases}\dfrac{Q}{L_r}, & \text{若第 } r \text{ 只蚂蚁在本次循环中经过}(i,j) \\ 0, & \text{其他}\end{cases} \tag{3.60}$$

其中，Q 表示信息素强度，它的大小影响每次蚂蚁走过路径的信息素增加的多少，在一定程度上影响算法的收敛速度。L_r 表示第 r 只蚂蚁在本次循环中所走路径的总长度，在 TSP 中即旅行商走过所有城市的路径长度，L_r 越小，第 r 只蚂蚁所走过的路径越好，$\Delta\tau_{ij}^r(k)$ 就会越大，则蚂蚁会在刚才走过的这条路径上留下越多的信息素，在下一次迭代过程中，这条路径被其他的蚂蚁选中的概率就会越大，通过这样的正反馈作用，慢慢

向最优解演化。在算法的设计过程中，可通过指定迭代次数或者迭代所得到的解不再发生变化作为算法停止条件。

虽然蚁群算法有上述提到的诸多优点，但其存在搜索时间过长、陷入局部最优等不足。在蚁群算法提出之后，国内外学者都针对上述不足，在算法的改进方面做了大量的研究工作。Dorigo 和 Gambardella（1996）等在基本蚁群算法基础上提出了 Ant-Q System 的蚁群算法，其主要是在信息素更新方面做出改进，该算法不是让所有蚂蚁走过的路径上的信息素都增加，而仅仅让一次迭代过程中，路径长度之和比较小的蚂蚁所经过的路径上的信息素增加，从而强化较优解对后续求解的正反馈作用；德国学者 Stutzle 等（1996）提出一种最大最小蚂蚁系统，其做法是将路径上的信息量限定在一个设定的最小信息量与最大信息量之间，这样可以避免各条路径上信息量差别过大，防止算法过快地陷入早熟，这一策略被以后的大多研究所采用。国内也有很多学者对算法的改进做出了很多有意义的研究工作，吴庆洪等（1999）提出一种具有变异特征的蚁群算法。另外与其他的一些智能算法如遗传算法、人工神经网络、粒子群算法等融合也是算法改进研究的热点。Abbsttista 等（1995）最早提出将遗传算法和蚁群算法相结合的策略来对算法进行改进；Lee 等（2002）提出一种将蚁群算法与人工免疫算法相结合的免疫-蚁群算法。

蚁群算法最早应用于解决 TSP 问题，之后国内外许多学者将其推广，应用于许多优化领域，并取得了十分丰富的研究成果。其应用领域包括数据挖掘、指派问题、车间作业调度问题、网络路由、机器人路径规划、图像处理、控制参数优化，总之，蚁群算法已由当初单一的 TSP 问题渗透到多个优化应用领域，显示出强劲的发展势头。

参考文献

陈国良，王煦法，庄镇．1996．遗传算法及其应用．北京：人民邮电出版社

陈森发，2005．复杂系统建模理论与方法．南京：东南大学出版社

李德毅，杜鹢．2005．不确定性人工智能．北京：国防工业出版社

莫宏伟．2003．人工免疫系统原理与应用．哈尔滨：哈尔滨工业大学出版社

王万良．2005．人工智能及其应用．北京：高等教育出版社

王小平，曹立明．2002．遗传算法——理论、应用与软件实现．西安：西安交通大学出版社

吴庆洪，张纪会，徐心和．1999．具有变异特征的蚁群算法．计算机研究与发展，36（10）：1240～1245

徐宗本，张讲社，郑亚林．2005．计算智能中的仿生学：理论与算法．北京：科学出版社

郑立平，郝忠孝．2003．遗传算法理论综述．计算机工程与应用，（21）：50～53

周明，孙树栋．1999．遗传算法原理及应用．北京：国防工业出版社

Abbattista F，Abbattista N，Caponetti L. 1995. An evolutionary and cooperative agents model for optimization. Proceedings of the IEEE International Conference on Evolutionary Computation，2：668～671

Castro L N，von Zuden F J. 1999. Artificial immune systems. Part Ⅰ：Basic theory and applications. Technical Report-RT DCA

Chen C Y，Ye F. 2004. Particle swarm optimization algorithm and its application to clustering analysis. Proceedings of the 2004 IEEE International Conference on Networking. Sensing & Control，2：789～794

Colorni A，Dorigo M，Maniezzo V. 1991. Distributed optimization by ant colonies. Proceedings of the 1st European Conference on Artificial Life，3：134～142

Defersha F M，Chen M. 2008. A linear programming embedded genetic algorithms for an integrated cell formation and lot sizing considering product quality. European Journal of Operational Research, 187: 46～69

De Jong K A. 1975. An analysis of behavior of a class of genetic adaptive systems (Ph. D. dissertation). University of Michigan

Dorigo M, Gambardella L M. 1996. A study of some properties of Ant-Q. Proceedings of the 4th International Conference on Parallel Problem Solving from Nature, 3: 656～665

Eberhart R C, Shi Y. 1998. Comparison between genetic algorithms and particle swarm, optimization. Lecture Notes in Computer Science, 1447: 611～616

Farmer J D, Packard N H, Perelson A S. 1986. The immune system, adaptation and machine learning. Physica, 3 (22): 187～204

Goldberg D E. 1989. Genetic Algorithms in Search, Optimization and Machine Learning. Boston: Addison-Wesley Longman

Ho S L, Yang S, Ni G et al. 2005. A particle swarm optimization-based method for multiobjective design optimizations. IEEE Transactions on Magnetics, 41 (5): 1756～1759

Holland J H. 1975. Adaptation in Natural and Artificial Systems. Ann Arbor: University of Michigan Press

Holzkamper A, Seppelt R. 2007. A genetic tool for optimizing land use patterns and landscape structures. Environmental Modelling & Software, 22: 1801～1804

Hong J, Lee W, Lee S et al. 2000. An efficient production algorithm for multihead surface mounting machines using the biological immune algorithm. International Journal of Fuzzy Systems, 2 (1): 45～53

Jia H, Ordonez F, Dessouky M M. 2007. Solution approaches for facility location of medical supplies of large scale emergencies. Computers & Industrial Engineering, 52: 257～276

Jomikow C Z, Michalewicz Z. 1991. An experimental comparison of binary and floating point representations in Genetic Algorithms. Proc of 4th Int Conf on Genetic Algorithms, Morgan Kaufmann, 2: 31～36

Kennedy J, Eberhart R. 1995. Particle swarm optimization. IEEE International Conference on Neural Networks (Perth, Australia), IEEE Service Center, Piscataway, NJ, 4: 1942～1948

Kim J, Bentley P. 1999. The artificial immune model for network intrusion detection. Proc 7th European Conference on Intelligent Techniques and Soft Computing, Aachen Germany

Krink T, Vesterstrom S, Riget J. 2002. Particle swarm optimization with spatial particle extension. Proceedings of the 2002 Congress on Evolutionary Computation, 2: 1474～1479

Lee Z J, Lee C Y, Su S F. 2002. An immunity-based ant system for computation algorithm for solving weapon-target assignment problem. Applied Soft Computing, 2 (1): 39～47

Michalewicz Z. 1990. Genetic algorithms and optimal control problem. Proc of 29th IEEE Conf on Decision and Control, 3: 1664～1666

Openshaw S, Openshaw C. 1997. Artificial Intelligence in Geography. New York: John Wiley & Sons. 146～149

Parker J R. 1997. Algorithms for Image Processing and Computer Vision. New York: John Wiley & Sons

Perelson A. 1989. Immune network theory. Immunological Review, 110: 5～36

Salman A, Ahmad I, Al-Madani S. 2002. Particle swarm optimization for task assignment problem. Microprocessors and Microsystems, 26: 363～371

Soltani A R, Tawfik H, Goulermas J Y et al. 2002. Path planning in construction sites: performance evaluation of the Dijkstra, A* and GA search algorithms. Advanced Engineering Informatics, 16 (4): 291～303

Stewart T J, Janssen R, van Herwijen M. 2004. A genetic algorithm approach to multiobjective land use planning. Computers & Operations Research, 31: 2293～2313

Stutzle T, Hoos H H. 1996. Improving the ant system: a detailed report on the Max-Min ant system. Technical Report AIDA-96-11. FG Intellektik, TH Darmstadt

Timmis J, Neal M. 2001. A resource limited artificial immune system for data analysis. Knowledge-Based Systems, 14: 121～130

Timmis J, Neal M, Hunt J. 2000. An artificial immune system for data analysis. BioSystem, 55: 143～150

Trelea I C. 2003. The particle swarm optimization algorithm: convergence analysis and parameter selection. Information Processing Letters, 85: 317～325

Tseng M, Chen S, Hwang G et al. 2007. A genetic algorithm rule-based approach for land-cover classification. ISPRS Journal of Photogrammetry & Remote Sensing, 10: 10～16

第 4 章　GIS 与人工智能的结合

4.1　GIS 有关应用领域

GIS 是在计算机硬件设备和软件系统的支持下，对地球空间数据以及描述地球空间实体的属性数据进行采集、存储、分析、查询、管理和显示的系统，它可以对世界上存在的东西和发生的事情进行成图和分析。如前所述（第 1 章），GIS 最大的特点是能够利用强大的空间分析功能来有效地处理与人们息息相关的地理信息。我们生活在地球上，接触到的信息绝大部分都与地理位置有关，包括人口、经济、社会、自然资源、环境等，这一切都离不开空间信息。因此，GIS 的应用可深入到人类生活的各个领域。目前 GIS 已被广泛地应用于政府部门、商业组织以及个人日常活动中，在城市与区域规划、资源管理与利用、环境监测与保护以及商业规划与分析等领域发挥着重要的作用，受到各行各业人员的广泛关注。

4.1.1　城市与区域规划

城市与区域规划是根据城市或区域的社会和经济发展目标，对城市与区域建设的全过程实施控制的过程。这一过程要求规划者在把握城市与区域过去发展历史的基础上，对现状信息进行有效的管理、分析、处理和利用，进而做出适合城市与区域发展的规划和设计。以计算机为基础的 GIS 技术的发展为这一过程提供了有效的空间数据管理和分析功能，为城市与区域规划提供了广阔的应用前景（袁国斌等，1998；李光辉，2007；龙瀛，2007）。随着城市经济的快速发展，城市建设的规模空前扩大，城市规划部门的工作负荷急剧增加，规划和管理过程对现代信息技术的应用产生了强烈的要求。因此，利用 GIS 与其他先进的信息化技术相结合来为城市与区域规划提供决策支持已成为一种必然的趋势。

城市与区域规划包括日常性的管理工作和战略性的规划工作（叶嘉安等，2006；黎夏和刘凯，2006；龙瀛，2007）。日常性的管理工作主要是对与城市规划密切相关的资源、环境、交通、人口、金融等方面的地理空间数据的收集和管理，主要用到 GIS 的数据管理、地图显示和简单的空间分析功能。利用 GIS 技术进行规划管理，能够以有效的数据组织方式进行数据库的管理、更新和维护。另外，GIS 能够为规划管理者提供快速的查询和检索功能，并利用各种方式输出规划部门所需的空间信息及属性数据。与传统的规划管理方法相比，GIS 技术的应用在很大程度上减少了基础数据调查工作所需的人力、物力和财力，明显提高了管理规划的效率。战略性的规划工作主要包括城市土地资源、生态环境的动态监测、土地适宜性评价、公共服务设施选址规划、市政服务设施的优化配置、道路交通规划以及城市与区域的整体规划等内容（叶嘉安等，2006）。

在战略性的规划工作中，GIS 技术和方法的应用能够为规划部门提供强有力的决策支持。通常是根据研究的实际问题建立一些空间模型和算法，模拟规划远景方案，并对模拟结果进行评价和分析，为决策者提供科学依据。人口与经济增长的预测是一个典型例子（Longley et al.，1994）。它主要是通过建立空间模型来估算人口及经济增长的趋势，或者假设当前的发展趋势保持不变，预测未来的环境将受到什么影响，确定环境敏感区域，从而引导规划部门制定政策。

从城市规划的步骤看，GIS 可应用到城市与区域规划的各个环节中，包括基础资料调查、现状分析、建模与预测、方案制订、规划评价与反馈（叶嘉安等，2006），这有力地推动着管理的严密性、决策的科学性和规划的合理性。尤其是在基础资料调查、现状分析和简单的建模与预测方面，GIS 发挥了明显的作用，大大提高了规划管理的效率以及规划设计的质量。但是由于目前 GIS 技术仍然不够成熟，单靠 GIS 技术进行规划决策仍然存在一些不足，其决策的科学化水平有待进一步提高。因此，GIS 与人工智能等新兴学科的融合，将是 GIS 应用于城市与区域规划领域的一个发展趋势。

4.1.2 资源管理与利用

中国地大物博，资源较丰富，在对各种资源进行调查的基础上对其进行有效的管理和利用显得非常重要，这对于实现中国自然资源的可持续利用具有十分重要的意义。由于各类资源分布情况不同，调查尺度不同，调查方式各异，甚至有些资源分布在人类无法直接到达的区域，所以资源的调查工作相当复杂而困难。GIS 技术与遥感技术相结合，可以快速、准确地调查到各类自然资源的分布状况，并为资源的动态变化提供有效的监测手段（黎夏和刘凯，2006）。另外，GIS 在数据管理和空间分析方面具有很大的优势，一方面，能够将调查得到的各种自然资源的相关数据和信息有机汇集在一起，以供用户查询、显示、统计和制图使用；另一方面，利用 GIS 的空间分析功能，可以对各类资源的变化及其周围环境进行研究，揭示出自然资源动态变化规律及其对环境产生的影响，能够为各种自然资源的动态变化监测、合理开发和有效利用提供重要的决策依据。

资源管理与利用是 GIS 应用最为广泛的领域之一，也是趋于完善和成熟的领域之一。目前，GIS 被广泛应用于森林资源、矿产资源、农业资源、水资源等自然资源的管理和利用中，为相关部门科学、有效地管理各种自然资源以及制定合理的规划和开发计划提供可靠的决策依据。黄晓全等系统分析了传统森林监测与管理方法的不足以及 GIS 应用于森林资源管理中的优势，并预言“3S”一体化的森林资源管理与监测体系是未来发展的必然趋势（黄晓全和欧阳勋志，2004）。刘福呈（2004）将 GIS 方法应用于森林资源档案管理、资源动态变化监测、森林火险预警、林业规划设计、林业生产辅助决策、林政资源管理中，取得了很好的效果。徐旭辉等（2000）建立了以 GIS 为核心的无锡市矿产资源管理信息系统，大大提高了矿区的管理工作水平。潘元庆等（2007）介绍了 GIS 在农业资源调查与管理、农业区划、农业土地适宜性分析、农作物估产及精确农业等方面的广泛应用，并阐述了 GIS 在农业领域的重要性。

4.1.3 环境监测与保护

环境问题是关系到人类生存和发展的全球性问题。随着全球环境的日益恶化，环境保护已引起人类社会的广泛关注和重视。同时，随着环境问题所涉及的数据量的剧增，人们陷入了数据采集、数据处理难的困境。以计算机为基础的 GIS 技术便成为解决该问题的有效手段。环境信息的空间性、多源性、时效性、分析性、直观性特点以及 GIS 强大的空间数据采集、管理、分析能力共同决定了环境保护是最适合也是最需要应用 GIS 的领域之一。运用 GIS 技术，可对环境资源变化发展的时空特征进行定量的研究，帮助人们认识环境资源的变化规律，为环境监测与保护提供直观、科学的信息处理和分析管理手段（王桥等，2004；曹静和魏家红，2005；帅方敏，2007）。

环境信息一般是指通过一定的手段和方法采集的能反映环境系统里环境质量状况、污染物排放、自然生态和环境保护等各种数据的集合。环境信息的获取、分析和管理是实现环境监测和保护的基础。而 GIS 在空间信息采集和管理方面具有突出的优越性（王桥等，2004）。利用 GIS 的采集功能，可以提高获取环境信息的效率；利用 GIS 的查询和检索功能，可以迅速地提供给用户各种环境信息；利用 GIS 的数据库管理功能，可实现海量环境数据管理的自动化和系统化；利用 GIS 空间分析功能，能够挖掘出隐含在环境信息中的新知识和新规律，帮助寻找环境污染的根源；采用 GIS 的专业模型，可对环境进行预测、评价和模拟，为环境保护提供一定的决策支持；GIS 的图形显示和可视化功能，可以将环境监测结果直观地输出给用户。总之，GIS 是实现环境信息管理自动化和环境监测科学化的有效手段，在环境监测和环境保护领域具有广阔的应用前景。我们可以在获取环境信息的基础上，利用 GIS 建立环境监测、分析和预报系统。通过对环境的快速监测，可以及时发现环境污染区域，根据 GIS 的分析决策模型制定应对政策并采取合适的处理方法，将环境污染程度降到最低（黎夏和刘凯，2006）。

4.1.4 商业规划与分析

随着市场经济的发展，市场竞争越来越激烈，商业规划和分析的重要性日益突出。商业规划和分析的主要内容是市场需求分析和选址分析。通过需求分析和选址分析，可以为准备投资的企业确定能够获得最大收益的店址；同时，也能够为已投资的企业不断地调整经营策略或改善投资和商业环境提供一定的决策支持。

传统的商业规划和分析主要是靠问卷调查和统计分析方法，完成一个分析需要耗费大量的人力、物力和财力。当所要分析的商业范围较大时，传统方法根本无法进行分析。同时，商业网点具有地理位置和几何形态等空间特征，这些特征是商业网点管理部门所关心的核心问题，它们会对市场需求分析和选址分析结果产生很大的影响。另外，商业规划和分析往往会涉及空间关系的表达，如两个商店之间的空间距离、商业积聚区的范围大小等。传统的统计方法根本无法描述和分析类似的空间关系。GIS 在这方面具有突出的优势，它是专门处理空间数据以及涉及复杂空间关系的空间问题的有效手段。GIS 在网点数据的采集、存储、查询和显示方面发挥了重要作用。更为重要的是 GIS 的空间分析和空间建模功能，可以为商圈分析、区位分析和网点规划布局规划提供有力的工具，能够提高商业分析与经济决策水平。

GIS提供了定量化的方法和可视化的手段，为商业活动提供动态的、可视化的空间分析，为制定科学的商业发展规划提供了必要的决策支持，在商业领域得到广泛的应用。杨丽君等（2003）在GIS的基础上构建了市场饱和度分析、商圈分析和需求估计3个商业应用分析模型，实现了对商圈的定量及可视化分析（杨丽君等，2003）。王远飞等（2006）利用GIS技术，建立了商业网点规划与管理的信息平台，实现商业网点规划与管理分析的定量化、科学化和可视化。

4.2 GIS与人工智能结合的必要性和可行性

随着信息技术的发展，GIS在地理科学中的应用领域不断地扩大。目前，地理科学正处在向地理信息科学发展的时代，信息化、自动化和智能化是关键（雷海燕等，2006）。随着空间信息的日益丰富和空间决策问题的日益复杂，在GIS的应用中，我们遇到了许多困难和障碍。地学现象是自然、经济、社会各因素在地球表面相互作用而形成的综合结果，是一个复杂的巨系统（钱学森等，1994）。地理系统的复杂性导致地理问题具有非线性、不确定性和模糊性等特征。可以这么说，构成地理复杂系统的大量地理实体和地理现象都不是一成不变的，而是随着时间、空间的变化而不断地发生变化的。而且导致这些变化的影响因子具有很大的不确定性，很难用严格的数学公式和有规律的规则来表示。传统的GIS通过对地理数据的处理、分析和模拟，能够解决复杂地理问题中确定性的问题，但是无法解决地学中的非线性、不确定性和模糊性的问题。因此仅仅依靠传统的GIS方法来处理复杂地理空间问题存在很大的局限性，无法解决多因素、多层次以及非线性的复杂地学问题（王静和刘湘南，2003；丁黄望和马生全，2005；黎夏和刘凯，2006）。

如前所述（第2章），人工智能是研究、开发、模拟和扩展人类智能、智能行为及其规律的一门综合性学科。它的主要任务是建立智能信息处理理论和技术，进而设计可以展现人类某些智能行为的计算机系统。人工智能具有较强的计算能力、推理能力、记忆能力和搜索能力，能够完成比如自动定理证明、模式识别、专家系统、机器学习和智能决策支持系统等应用活动。人工智能技术具有强大的功能，这并不代表它是非常复杂的。相反，人工智能方法具有容易学习和易于实现的特点。它不要求使用者掌握很深的数学知识或统计知识。人工智能方法通常是利用简单的数学原理来解释复杂的问题。事实上，很多情况下人工智能只是为使用者提供一种能够替代现有统计方法或者数学建模技术的新方法。我们可以把它看成是一种通用的问题求解工具。与其他方法不同的是，人工智能方法完成问题求解的效率非常高。此外，人工智能可以兼容各种格式的信息，而不需要将信息限定于数字格式。定性和定量的各种信息和知识都能够在人工智能系统中得到处理和应用（Openshaw，1996）。

人工智能技术已引起社会各个领域学者的广泛关注，并得到普遍的认可，逐渐被应用到涉及人类智能活动的许多领域中。随着社会的发展和技术的进步，人工智能将对人类生活产生更为深远的影响。目前，人工智能已开始被引进地理学的研究中。它能够完成传统数学建模和地学统计方法无法完成的任务，被认为是未来地理学家解决包括自然地理和人文地理等复杂问题的可靠工具（Openshaw S and Openshaw C，1997）。Smith等认为人工智能技术在地理学中具有巨大的应用潜能，人工智能能够为复杂地理问题的解决提供强大的技术支持，是地理科学实现信息化、自动化和智能化的重要途径，表现如下（Smith，1984；Openshaw，1994；Openshaw S and Openshaw C，1997）：

（1）人工智能技术能够帮助地理学家克服以往所面临的涉及复杂数学方法的定量化问题；

（2）引进人工智能的相关技术，发展基于知识的GIS方法，能够在很大程度上提高获取地理空间数据的效率；

（3）将人工智能技术引进地理学中，能够大大改进GIS在地理数据处理、空间分析等方面的功能；

（4）人工智能技术能够为空间决策的制定提供较为翔实的模型；

（5）各种逻辑语言的应用能在复杂地理模型的构建中起到非常重要的作用；

（6）专家系统不仅能够辅助模拟地理现象，而且能够为解决与地理现象相关的复杂问题提供有效的决策支持；

（7）如果人工智能技术被恰当地利用，研究者将不需要花太多时间在技术问题上，可以将更多的精力放在模型的构建等创新性思考上；

（8）人工智能技术能够将软计算技术应用于人文地理中，为规划工作者有效地管理城市以及做出合理的规划提供科学的决策支持。

总而言之，GIS和人工智能具有一定的互补性，将人工智能方法应用到GIS中，能够弥补GIS在知识表达、空间推理、启发式搜索、自学习等方面的不足。人工智能与GIS的有效结合，能够在很大程度上提高GIS的整体功能，帮助GIS解决非线性、多因素以及多层次的复杂地学问题，促进GIS更广泛、更深层次的应用。因此，人工智能与GIS的结合，具有广阔的发展和应用前景，是GIS发展的主要趋势之一，也是GIS最吸引人的一个应用方向（夏立民和王华，2006）。下面将从空间知识分析、地理模拟、空间优化与决策三个方面阐述GIS与人工智能结合的必要性和可行性。

4.2.1 空间知识分析智能化

随着地球空间数据采集手段的迅速发展，空间数据资源日益丰富，空间数据的深度和广度得到前所未有的发展。从这些多维度、多尺度的海量空间数据中提取有用信息显得异常复杂。而专门处理空间信息的GIS技术在空间分析方面主要以图形操作（如缓冲区分析、叠置分析等）为主，故空间信息提取和知识发现的功能相当薄弱。数据量的日益增长以及空间数据种类的日益繁多，使得空间信息提取相当困难，远远超出了GIS的分析能力（Openshaw S and Openshaw C，1997）。空间数据蕴涵的隐含知识没有得到充分地挖掘和利用，使我们陷入了“空间数据爆炸但空间知识贫乏”的困境（裴韬等，2001；李德仁等，2001）。因此，如何从现有的空间数据中自动、快速、有效地挖掘出隐含的、有价值的地理知识已成为一个迫切的问题。空间知识分析为该问题的解决提供了一种有效的方法。空间知识分析就是从海量的空间数据中自动地掘出有用信息，并对这些信息进行分析，从而获得与地理相关的新知识或新规律（如土地利用变化的时空分布规律）的过程。空间知识分析主要包括空间信息自动获取和空间知识发现两部分内容，它是评价空间信息智能化的重要标志（田朋轩等，2003），同时也是解决复杂空间决策问题的前提和重要依据。

空间知识分析不仅是从简单的空间数据库里通过查询和检索提取空间信息，还需要利用各种空间分析模型和空间操作对空间数据进行分析，从而发现新知识和新规律（夏立民和王华，2006）。这个过程往往涉及大量空间数据的计算、知识表示、规则处理和启发式推理等问题。目前，GIS 的主要优势在于对复杂空间数据的处理和显示方面，而数据分析能力和空间分析模型能力相对较弱，在处理知识表达、规则推理等问题时存在很大的局限性。单独依靠 GIS 技术，很难从海量空间数据中发现隐藏于其中的空间格局和空间关系。这在很大程度上限制了对许多复杂地理现象的认识和理解。因此，如果没有结合其他新的技术，GIS 在进行空间知识分析时会遇到很多的困难。而人工智能的出现，为克服这些困难提供很大的技术支持（Openshaw S and Openshaw C，1997）。将人工智能的知识工程、问题求解和自动推理等技术应用于 GIS 中，能够弥补 GIS 数据分析能力和空间模型能力的不足，提高 GIS 的空间推理分析能力，实现空间知识分析的智能化，为全球变化和区域的可持续发展提供有力的分析工具。

空间知识分析是为解决空间数据泛滥但空间知识不足的问题而产生的。首先介绍空间数据。

1. 空间数据

空间知识分析的对象是空间数据，空间数据的采集和获取是进行空间知识分析的基础。空间数据一般是指以地球表面空间位置为参照，描述地理客观世界各种实体特性的数据，包括自然、人文和经济等方面的数据（吴信才和刘少雄，2002）。空间数据记录了地理空间实体的空间位置、拓扑关系、几何特征和时间特征，是对现实世界空间特征和过程的抽象表达，是人们认识自然和改造自然的重要基础。空间数据区别于其他一般数据的重要标志是它的空间特征、海量特征、时间特征、空间关系特征和属性特征（黎夏和刘凯，2006）。这些特征决定了空间数据的采集和获取是一项具有挑战性的复杂性工作。空间数据的采集和获取方法主要包括以下几种（周卫等，2006）。

（1）采用全站仪、实时动态 GPS 等全野外采集方法，获得野外调查测量数据。利用该方法采集得到的空间数据准确性高，但是需要耗费大量的人力和物力，能够获取的数据量非常有限。

（2）利用手扶跟踪数字化或扫描数字化方法，获得地形图、专题图数据。数字化方法是获取矢量空间数据的重要途径。

（3）通过遥感手段获得数字图像。遥感图像是栅格空间数据的主要载体，它是利用遥感传感器在特定时间对某个特定区域地面物体的辐射和反射能量进行扫描采样，并按不同的光谱段分别记录并量化后，以数字形式记录下来的能够描述每个栅格单元空间特征的像素值序列。它能够为 GIS 提供不同时相、不同分辨率、大范围的地球空间数据，是地理信息的主要来源，是空间知识分析的基础和前提。

随着科学技术的发展，空间数据获取的手段和方法日益多样化，其来源也越来越多。这一方面给地学研究提供了大量空间数据，另一方面也给空间知识分析带来了极大的挑战。如何将日益剧增的海量空间数据转变为对地学研究有用的空间知识，将是 GIS 研究中亟待解决的一个问题。

2. 变空间数据为空间知识

随着现代科技和雷达、红外、卫星等传感器的发展和应用，包括资源、环境、灾害的各种空间数据呈指数级数增长，空间数据的种类和复杂性都在飞快地增长，远远超出了人们的解译能力（裴韬等，2001；李德仁等，2002）。空间知识贫乏是 GIS 应用面临的突出问题。为解决这一问题，迫切需要采用新的技术和方法，从海量的空间数据中挖掘出隐含的、未被人所知的、潜在的、有用的空间知识，变有限的空间数据为无限的空间知识。

1994 年在加拿大渥太华举行的 GIS 国际会议上，李德仁院士首次提出了从 GIS 数据库中发现知识（Knowledge Discovery from GIS，KDG）的概念（Li and Cheng，1994）。他认为空间知识发现能够从 GIS 数据库中发现几何特征、空间关系和面向对象等多种空间知识，能够变 GIS 的有限数据为无限的知识，用于指导 GIS 空间分析。1995 年在加拿大召开的第一届知识发现和数据挖掘国际学术会议上，数据库中的数据被形象地喻为矿床，形成了新的学科——数据挖掘（Data Mining，DM）。随着空间数据的与日俱增，为了解决“空间数据爆炸而空间知识贫乏”的问题，李德仁院士提出了空间数据挖掘和知识发现（Spatial Data Mining and Knowledge Discovery，SDMKD）的概念。SDMKD 是 DMKD（Data Mining and Knowledge Discovery，数据挖掘和知识发现）的一个分支学科，它与普通的 DMKD 不同的地方在于其处理的对象不是常规的事务型数据库，而是空间数据库，既存储了空间实体的位置和属性信息，又拥有空间实体之间的空间关系，在存储结构、查询方式和数据库操作等方面都与常规事务型数据库有所不同。

空间数据挖掘和知识发现是一个从大型空间数据库中发现知识，从而揭示出隐含在数据背后的客观世界的本质规律、内在联系或发展趋势的过程。利用空间数据挖掘和知识发现，能够从空间数据库中挖掘出事先未知的、潜在的空间关系或其他模式，变有限的空间数据为无限的空间知识，实现空间信息的自动提取。空间数据挖掘和知识发现的提出，大大提高了 GIS 空间信息提取的能力和效率，促进 GIS 的自动化和智能化（李德仁等，2001）。目前，空间数据挖掘与知识发现已引起地学研究者的广泛关注。

3. 遥感影像分类

随着遥感技术的逐渐成熟，遥感方法已发展成为高效获取空间信息的主要手段。它的优势在于具有全天候、信息获取周期短、蕴含信息量丰富等特点，能够实时、便捷地为城市规划、土地管理等地学研究提供大量的空间信息。但是由于人们对遥感信息认识的不足以及遥感信息提取水平的有限，遥感数据里隐藏的丰富信息未能得到有效的挖掘和利用，造成了遥感信息资源的巨大浪费和应用价值的降低（何国金等，1999）。因此，如何提高空间信息提取的能力和效率以及有效地处理和利用已获得的遥感数据，是遥感应用和 GIS 研究中一个非常重要的问题。

遥感影像分类是获取遥感空间数据的一种重要手段，是将遥感影像数据转换为可用的地理空间数据的有效方法（Wilkinsom，2005）。遥感影像分类是遥感应用领域里一项重要的内容，是遥感应用的基石。无论是遥感信息提取、动态变化监测，还是遥感数据库建库，都离不开遥感影像分类，它能够为土地资源规划、环境保护等研究提供准确、动态的土地利用/土地覆盖信息（Turner，1994；张若琳等，2006）。

遥感影像分类就是把图像中的每一个像元或区域划归为若干类别中的一种，即通过对各类地物的光谱特征分析来选择特征参数，将特征空间划分为互不重叠的子空间，然后将影像内各个像元划分到各个子空间中去，从而实现分类（张若琳等，2006）。目前，在遥感分类应用中，使用最多的是传统的基于统计分析的遥感分类方法，包括最小距离法、平行六面体法、最大似然法、等混合距离法、循环集群等监督分类法和非监督分类方法（李石华等，2005）。这些分类方法算法较为简单，目前已有很多成熟的应用软件，方便用户使用。但是由于遥感图像本身的空间分辨率不一以及“同物异谱”和“异物同谱”现象的存在，采用传统的分类方法经常出现错分、漏分的情况，导致分类精度不高。尤其是当研究区域地表状况较为复杂时，传统的分类方法很难将线性不可分的地物区分开，根本无法满足实际应用中对分类精度的要求，信息提取效果相当差。因此，有必要采用新的手段和方法来提高遥感分类精度。

4. 人工智能方法在遥感影像分类中的应用

随着遥感技术和计算机技术的不断发展，人工神经网络、专家系统、决策树和模糊分类等方法逐渐被应用到遥感分类的研究中。这些应用弥补了传统的基于统计分析的分类方法的不足，在不同程度上提高了遥感分类的精度，在空间信息的提取方面取得了有意义的研究成果，但是其智能化水平仍然有待进一步提高。随着这些研究的进一步深入，遥感影像分类需要向自动化和智能化发展。因此，有必要将人工智能的知识工程、自动推理等技术引入遥感影像分类的研究中，提高遥感分类过程中的空间推理和分析能力，进一步实现空间信息提取和空间知识分析的自动化和智能化。人工智能方法与遥感分类的结合，已引起国内外学者的广泛关注，成为遥感研究的主要热点之一。智能式分类也必将成为空间信息提取的主要趋势。

4.2.2 地理模拟智能化

地理空间系统是一个时空动态复杂系统，地理现象既包括了在空间上的性质，又包括了时间上的特征。只有把时间和空间这两大范畴纳入某种统一的基础之中，才能真正认识地理学的本质规律（周成虎等，1999）。传统的地理学方法在对复杂地理空间系统进行研究时，往往忽视了时空不可分割的原则，出现了只研究过程而不考虑地域性，或者只关注空间均衡问题而忽视事物发展过程的状况。无法同时兼顾时间和空间两方面的内涵成为传统地理学研究方法的一大缺陷，导致其在非平衡的、多尺度的复杂地理现象面前显得束手无策（黎夏等，2007）。因此，需要采用新的技术和方法来支撑和开展时空地理系统的研究。

20 世纪 60 年代 GIS 的出现，成为现代地理学的一次重要变革，使地理学实现了由定性描述向定量观测和分析的转变。在起初发展阶段，GIS 被作为一种简单的获取、存储地球空间数据并对其进行编码的方法。随着计算机技术的飞速发展，GIS 理论和技术日趋成熟，在空间分析和空间建模功能方面有了很大的发展，引起了众多学者的广泛关注和高度重视。当前，GIS 已发展成为一种解决空间分析问题的工具，能够较好地解决部分空间关系及分析问题。但是，GIS 对地理实体和地理现象的描述大多停留在静态的层面，不能系统地表示地理实体的时态信息和时空关系。另外，GIS 只是简单地提供了支持建模的计算环境，而本身不具备对复杂时空动态变化的地理现象进行建模的能力(Batty et al.，1996)。因此，它在空间过程分析和空间建模方面仍然具有很大的局限性，迫切需要新的理论和方法，弥补 GIS 在动态变化分析和建模能力方面的不足(Goodchild，1992；Batty，1993)。

地理模拟系统的提出，为解决地理复杂系统时空关系的问题提供了有效的手段和工具（黎夏等，2007）。地理模拟系统（Geographical Simulation Systems，GSS）是指在计算机软、硬件支持下，通过自下而上的虚拟模拟实验，对各种复杂地理现象进行模拟、预测、优化和显示的技术。它是集地理学理论、复杂系统理论、地理信息科学理论、元胞自动机、多智能体系统、地理信息系统、遥感、计算科学和计算机技术为一体的复杂空间模拟系统（图 4.1）。它是探索和分析地理现象的格局形成和演变过程的有效工具，被广泛用于土地利用变化、城市扩展、疾病扩散、火灾蔓延、人口移动、沙漠化、洪水淹没、交通控制、紧急地理疏散、环境资源管理和规划、生态安全、公共设施动态选址、城市规划和可持续发展等应用中（黎夏等，2007），对于解决复杂地理空间中资源、环境的决策问题具有重要的意义。

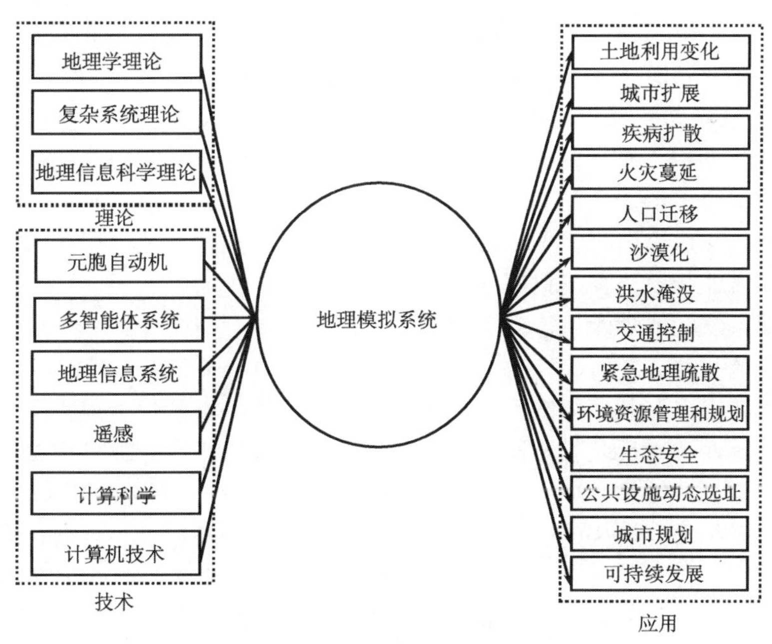

图 4.1 地理模拟系统架构图

许多地理现象的时空动态发展过程往往比其最终形成的空间格局更为重要。因此，时空数据模型对研究地理系统的复杂性具有非常重要的意义。而地理模拟方法具有很好的时空动态性，能够为地理研究提供十分有效的时空数据模型，帮助揭示复杂地理动态现象的形成规律并对其发展方向及演化过程进行有效预测，在城市扩张、土地利用变化、环境管理、资源的可持续利用等研究中得到广泛的应用。地理模拟的研究已引起众多地理学者的关注，其研究内容有：

(1) 模拟地理现象的形成过程和演变格局。对地球空间发生的事件和过程进行研究，并对事件产生的原因进行解释。其目的是要尽量使模拟结果更接近真实情况，并能揭示出被模拟对象的内在规律。例如，对土地利用动态演变过程进行模拟，并找出形成土地利用格局的原因。

(2) 预测地理事物或现象的发展方向和趋势。可以根据现状，模拟按照当前趋势发展，未来几十年将形成的城市发展的空间格局以及未来生态环境将受到什么样的影响，为制定相应的土地利用管理与规划、环境保护政策提供先见的、科学的依据。

(3) 模拟不同规划目标下的城市发展模式。通过嵌入规划目标，模拟在不同规划目标约束下形成的发展情景，对不同发展情景的合理性进行定量的评价，从而确定较为合理的城市发展模式，为决策者提供优化的城市规划方案。

地理模拟系统的核心是应用复杂系统理论和方法，来建立地理空间系统的科学模型。在复杂系统理论中，元胞自动机和多智能体是最适合研究复杂地理现象的工具（黎夏等，2007）。元胞自动机是一个天然的时空动力学系统，不仅能模拟和预测系统的长期趋势，也能模拟系统的动态行为过程。另外，元胞空间可以看作是对现实地理空间的离散划分，能够与 GIS 的栅格数据很好地耦合在一起，表达地理空间。多智能体通过微观个体的相互作用来解析宏观格局的形成，这与现实地理世界非常接近，体现了复杂空间系统的突变性（Emergence）。智能体能根据局部环境条件的不同及变化，采取一定的对策和行动，从而影响和改变自然环境条件，体现了复杂空间系统的进化性(Evolution)。这些特性都是复杂系统的重要特性，因此，多智能体系统方法特别适合于地理复杂系统的模拟。元胞自动机和多智能体已成为复杂系统分析和模拟的重要手段，目前已被广泛地应用于地理学各个领域的研究中，包括土地利用变化模拟、城市扩张演变模拟、居住行为选择模拟等（第 6 章将做详细介绍）。

地理模拟系统在地学领域得到了很好的应用和发展，但是作为一个新生产物，它仍然存在着许多的问题需要解决。例如，CA（celluar automata）模拟真实的城市或地理现象时，需要使用许多复杂的空间信息或空间变量，这些空间信息或空间变量往往对应着许多参数。这些参数反映了不同变量对模型的“贡献”程度。而模型参数在很大程度上决定了模型的模拟结果（Wu and Webster，1998）。如何有效和正确地获取模型参数将是地理模拟系统需要解决的一个关键问题。目前已有的获取模型参数的方法不多，且都具有一定的局限性。例如，Wu 和 Webster（1998）提出了利用多准则判断（Multi-Criteria Evaluation）方法来反映不同空间变量对地理模拟的影响，但利用该方法确定模型的参数具有很大的随意性。Clark 等（1997）提出了利用肉眼判断的粗略方法来获得模型参数。该方法是在固定其他参数的前提下，反复地改动某一参数值，直到找到最佳的模型结果。该方法可靠程序有限，且当参数量较多时，基本上无法实现。后来，

Clark 和 Caydos（1998）又提出了对肉眼判断进行改进的方法。该方法是通过利用计算机反复计算不同参数组合所产生的模拟结果与实际情况的吻合度，找到最佳的参数组合。由于参数的组合方案非常多，所以该方法十分耗时。当参数量很多时，其计算量将超出计算机的工作范围。以上方法在建模时间和模拟效果方面都具有很大的局限性，难以全面地对真实城市和地理现象进行有效地模拟。因此，有必要将人工智能方法引进地理模拟系统中，通过一些智能式算法或启发式的方法，从大量的空间信息中快速、自动地获取模型的参数。这些智能式方法包括遗传算法、神经网络算法、蚁群智能算法、人工免疫系统等。人工智能方法与地理模拟系统相结合，能够快速地从复杂地理世界中找出规律，有效地获取模型的参数，一方面能够大大缩短建模所需的时间，另一方面可以在一定程度上改善模型的模拟效果，能够更真实、准确地描述自然界中的复杂关系，实现地理模拟的智能化。

4.2.3 空间优化与决策的智能化

资源环境的管理、规划和利用往往会涉及空间优化配置和决策问题，如如何在空间上配置资源以产生最大经济效益和社会效益的问题（Feng and Lin，1999）。空间决策问题是普遍的地理问题，其中选址问题是最为普遍的空间决策问题。除了空间选址问题外，空间决策还包括旅行商等决策问题，在这里，我们对空间选址问题做详细的介绍。

选址问题已经渗透到国民经济的各个部门中，大到城市规划中各类基础公共服务设施的选址，如学校、医院、公园以及电力、通信、交通、供热系统的相关设备的位置选取；小到商业设施、工厂位置的确定。选址问题是规划项目前期工作中最重要的内容，它的任务是在规划区范围内，确定设备的具体位置。其最终目的是为了达到最大效用，如最大的人口覆盖度、最小的交通费用以及最小的环境污染等（Li，2005）。选址工作是一项复杂的经济、政治和技术相结合的工作，需要考虑各方面的影响因素。选址是否有效或合理，直接影响社会投资、建设速度、施工难易以及建成后长期的经营管理。因此，空间决策问题是关系到城市建设、自然环境和区域经济发展的重大问题，具有显著的研究意义，引起许多学者的研究兴趣。

近年来，随着计算机硬件设备和软件系统的迅速发展，GIS 已发展成为一种空间表达和空间管理的计算机工具，被广泛应用于空间决策与优化的问题中。在某些情况下，GIS 被认为是一种决策支持系统，但是它是否具备足够的决策支持能力的问题已引发许多争论，许多学者认为传统的 GIS 方法不具备足够的空间决策能力（Zhang，1991；Jankowski，1995），表现为以下几个方面：

（1）现实生活中的许多问题是多准则的，涉及多个目标和多个判断标准。在选址和土地适宜性分析等空间决策问题中往往需要综合考虑多重社会经济因素的影响。例如，工业用地的选址可能涉及经济、社会、科技和环境等一系列复杂的因素。随着法律的健全和公民环保意识的提高，公共服务设施的选址变得更加复杂。尤其是当某些设施（如垃圾处理厂）会对周围居民和环境产生负面影响时，选址时需要考虑更为复杂的因素。传统的 GIS 方法无法同时考虑社会、政治、经济和环境等多重因素的影响，且往往不能反映这些因素之间的轻重缓急关系。因此，传统的 GIS 方法在多准则空间决策分析中具有很大的局限性（Cbulmin，2000；叶嘉安等，2006）。

（2）GIS能够为决策和优化问题提供详尽的空间信息，但是目前GIS仍然无法提供决策支持模块，在解决空间决策问题时主要依靠人工技术和个人判断，决策结果很大程度上取决于决策者的专业知识和决策水平。另外，GIS方法无法考虑在多准则问题面前的个人偏好和利益的权衡取舍（Cbulmin，2000）。GIS只能为空间决策问题的解决提供一种有效的空间分析和地图可视化工具，而无法真正为空间问题的处理提供有力的决策支持。因此，单靠简单的GIS空间分析和地图分析，难以做出科学合理的规划和决策。

（3）空间选址问题往往涉及大量的空间数据。GIS应用于空间优化决策中，需要解决高维和海量数据的处理问题。现实生活中的空间选址问题相当复杂，在进行选址时会出现非常多的组合方案。单靠GIS很难对其进行一一对比，无法在有限的时间内找出最佳的位置。因此有必要寻求一种智能的空间搜索优化算法，帮助其快速地从复杂的条件中寻找出问题的最佳答案，提高空间决策智能化水平。

随着计算机技术的发展，GIS理论和技术日益成熟，但是基于以上分析和讨论，我们可以看到GIS在知识表示、自动推理和启发式搜索方面存在一定的缺陷，无法为城市规划、自然资源管理、生态保护等复杂空间问题提供足够的决策支持。而人工智能在知识表示、自动推理和启发式搜索方面具有天然的优势，为空间决策智能化提供了一种可行的方法。因此，将人工智能相关技术引进GIS的研究中，能够弥补GIS的不足，提高复杂空间问题的决策水平，实现空间决策智能化。

1. 选址问题

地球空间中的任何地理实体都具有空间特征，它们不是独立存在的，也不是一成不变的，而是在周围其他多种地理实体的相互作用、相互影响下不断发生变化的。在实际生活中处理地理问题时，都需要充分考虑地理实体的空间位置及其周边影响。可见，“区位”对于任何地理实体都是很重要的。区位选址在人们日常生活中也具有相当重要的意义。无论是政府、工业投资者还是零售商，都离不开它。政府需要为公共服务设施的建立寻找合适的位置，工业投资者建立工厂时需要考虑工厂位置的选择，零售商在进行投资时也需要进行选址分析，寻找能够使其获得最大销售利润的位置。从投资者的角度来讲，区位选择关系到他们能否充分地利用所投入的资金获取最大的经济收益；而从政府的角度出发，区位选择会影响市场空间的整体布局、资源的优化配置以及社会效益的形成（White，1979）。因此，选址分析是一个非常重要的空间决策问题，具有显著的研究意义和极大的应用价值。

区位选址往往涉及土地适宜性分析。传统的GIS进行选址和土地适宜性分析时往往采用简单叠合分析的方法来完成，但是单靠叠合分析具有很大的局限性，表现为以下几个方面（Janssen and Rietveld，1990；Carver，1991；叶嘉安等，2006）：

（1）当叠合的图层较多时，得到的分析结果比较复杂，直观效果比较差，不方便用户理解；

（2）在GIS叠合分析中，不同影响因素被赋予相同的重要性，无法反映不同因素的轻重缓急关系，分析结果与实际问题之间有较大的偏差；

（3）叠合分析只能求出整个大范围内，同时满足所有要求的地块，而没有办法对所有候选地块的评价结果进行排序，从而找出最适宜的地块。

以上局限性在很大程度上限制了 GIS 在空间决策方面的应用。随着 GIS 理论和技术的发展，逐渐出现了许多 GIS 应用模型，用于解决常见的空间问题。区位-配置（Location-allocation）就是一种常见的 GIS 应用模型，该模型的出现，为解决选址问题提供了有效的工具。

区位-配置模型自 1965 年被 Hakimi 提出以来（Hakimi，1965），已经被广泛应用于解决许多设施选址问题，该模型主要用于优化某种设施在空间上的配置。具体来讲，它是用于确定一个或多个设施的“最优”（Optimal）位置，从而使该设施所提供的服务或货物以最有效的形式被需求者所使用的一种 GIS 应用模型①。区位-配置模型的核心问题就是确定资源或服务需求者及其供给者的最佳空间位置，它的基本原则是达到费用最小化、时间最小化、利润最大化或效率最高等目的。区位-配置能够解决以下三类问题：①区位问题，就是已知需求者的分布情况，求供给者的位置，即优化选址问题；②配置问题，即已知供给者的位置，求需求者的分布状况；③区位-配置问题，即需求者和供给者的分布都是未知的，需同时考虑区位和配置问题。无论哪一类问题，其核心都是实现资源的最优配置，包括在一定区域或空间范围内所配置的资源或公共设施的数量最优化，以及这些资源和设施位于最优的区域。

区位-配置模型与 GIS 空间分析方法相结合使用，能够为解决空间资源配置与优化选址的一些简单问题提供有力的工具（黎夏和刘凯，2006）。利用 GIS 的空间数据处理，模型的建立和运算、图形图像交互操作等功能，可以灵活地调整区位-配置模型的实现目标、约束条件和模型参数，并将多种结果方案输出给用户，为用户选择最佳的资源配置和区位位置提供可靠的科学依据。区位-配置模型与 GIS 的结合，成为解决涉及小数据量的空间选址问题的最佳工具之一。但是当选址问题变得复杂或者目标数目较多时，区位-配置模型方法显现出很大的局限性，无法满足复杂空间决策问题的要求（Church，1999；Li，2005）。因此，有必要采用新的技术和方法来解决这类复杂的空间问题。

2. 空间搜索问题

许多复杂地理问题的解决都会涉及搜索问题。在模型参数的矫正以及目标函数的优化等问题中都需要用到空间搜索方法。通过空间搜索，可以为某些统计模型寻找到最小误差或者最大适应度的参数（Openshaw S and Openshaw C，1997）。

区位选址往往涉及空间搜索的问题。区位选址问题所涉及的搜索主要包括两种类型：一种是寻找最佳区位或者从大量地理空间数据中找出空间格局及其分布规律；另一种是研究人们寻找商店或住宅等场所的行为。区位选址问题需要解决的是第一种空间搜索问题。在空间搜索问题中，通常需要解决的问题是确定一个目标函数，对目标函数进行优化以达到某个问题最优，从大量的可行方案中找到最佳的方法（Openshaw S and Openshaw C，1997）。在空间搜索问题中，采用不同的搜索方法，将得到不同的搜索效率。搜索效率是评价搜索方法解决实际问题能力的重要标准，直接反映了搜索过程中算法的启发能力。下面我们将对传统搜索方法与启发式搜索方法的搜索效率进行探讨。

---

① ESRI. 2001. ARC/INFO Help. What is Location-Allocation?

传统的搜索方法，即盲目搜索方法（Blind Search），也叫穷举搜索方法（Brute-force Search），是对一个问题的状态空间进行全部搜索，遍历所有可能的情况，从而得到问题的解。从理论上讲，该方法可以完成一切搜索问题，可以说穷举搜索方法是解决空间搜索问题的万能算法。而且该方法原理简单，易于实现，可以较快地解决一些简单的搜索问题。但是，事实上，盲目搜索方法在实际生活中的应用领域是很小的。因为现实中的空间决策问题比较复杂，且随着社会经济的发展，我们遇到的空间问题将越来越复杂。复杂的空间决策和优化问题需要极大的搜索空间和强大的搜索能力，这给空间搜索带来了极大的挑战。传统的穷举搜索方法在这些复杂空间决策问题面前显得束手无策。当搜索空间变得很大时，穷举搜索方法需要耗费大量的计算时间和计算空间，搜索效率低下，根本无法在有限的时间内搜索到最优的解。例如，在地理空间的优化选址问题中，如果我们要从3000个给定的可供选择的位置中找出100个最佳场所来建设基础公共服务设施，则会产生3000！/100！种可能的方案，这种情况下如果采用盲目搜索方法，遍历所有可能的方案，需要相当长的时间，无法在限定的时间内找到最佳的方案。事实上，当一个搜索问题的状态空间剧增时，其中绝大部分的状态与问题的解是毫无关系的，如何在最有效的时间内避开冗余信息，搜索到对求解问题有用的状态是我们在解决复杂的空间决策问题时需要首先考虑的问题。大量研究表明，解决该问题的途径就是引进智能式的方法（Openshaw S and Openshaw C，1997）。利用启发式搜索方法（Heuristic Search），能够快速地从极大的搜索空间中找到最佳的答案。

3. 智能式搜索方法

搜索是人工智能的一个基本研究问题，而启发式搜索则是人工智能研究领域内的核心研究点之一（敖志刚，2002）。Raggett 和 Bains（1992）用找钥匙的例子来说明采用启发式搜索解决问题的重要意义：假设给你一串钥匙，现在让你找出一把能够开启大门的钥匙。在寻找大门钥匙时，不同的人将会采用不同的方法。有些人会每次都随机抽取一把钥匙尝试开门，直到找到大门钥匙为止。这种方法为盲目搜索方法。采用这种方法寻找大门钥匙，会使问题变得非常复杂，甚至可能出现由于没有意识到一直重复着错误的钥匙而始终没有找到大门钥匙的情况。而另一些人则会采用较为明智的方法来寻找大门钥匙。他们在没有找到大门钥匙之前将试过的钥匙做好标记，避免重复前面错误的搜索步骤，采用这种方法则能够很快地找到大门钥匙。采用第二种方法完成该搜索问题的效率远远高于第一种方法。这种在启发式信息的引导下进行的高效率的搜索方法称为启发式搜索方法。启发式搜索利用问题求解的先验知识，采用评估的方法来指导搜索，通过启发式信息来控制搜索过程和搜索顺序。与盲目搜索方法相比较，启发式搜索方法并不是求取最优解，而是在启发式函数的引导下，得到近似最优解。它与盲目搜索方法最大的不同是它不需要对所有的方案进行搜索，它是基于部分状态空间来完成搜索的。因此，启发式搜索生成的搜索空间小、搜索速度快、搜索效率高，非常适合于解决涉及大数据量的空间决策与空间优化问题。

如果一个问题不能用确定性的方法解决，则可能会有以下两种情况（Openshaw S and Openshaw C，1997）：

（1）问题十分困难或没有已证实的明确的分析解决方法；

（2）问题存在无数种潜在的可能的解决方法。

在资源和环境的空间决策与优化问题中通常会出现第二种情况，即所要解决的问题存在无数种潜在的解决方法。决策与优化问题往往涉及复杂的非线性关系，而且需要处理高维的、海量的空间数据。处理这些复杂地理问题时往往存在大量的可能解决方案，无法用确定性的方法来解决。在这些复杂地理问题面前，采用常用的盲目搜索方法在有限的时间内往往难以求取到最优解。因此，有必要引进人工智能中的启发式搜索方法，从复杂的条件中快速地寻找到问题的最佳答案，实现空间决策与优化的智能化。

4.3　人工智能在GIS中的研究热点

根据前面的分析和讨论，人工智能技术与GIS相结合，能够弥补GIS在问题求解、知识表达、自动推理和决策等方面的缺陷，大大提高GIS的智能信息处理能力和空间决策水平，实现空间知识分析智能化、空间决策智能化以及地理模拟智能化。人工智能与GIS的集成研究具有广阔的发展前景和应用潜能，成为GIS研究的热点和主要发展趋势之一。

目前，人工智能在GIS研究中主要有以下几大热点课题（Openshaw S and Openshaw C，1997）。

（1）专家系统：利用计算机模拟人类专家推理和思维过程，大大提高了GIS解决复杂地学问题的能力。

（2）进化算法：主要应用于精明搜索、空间分析、区位优化以及模型设计。

（3）神经计算：主要用于空间分析以及空间模型的设计。它能够弥补传统统计方法无法处理空间数据的不足。

（4）人工生命：一种从高维、多尺度地理数据中探索其模式和规律的新方法。

（5）机器学习：通过学习，能够挖掘海量、高维空间数据隐藏的规则。

（6）模糊逻辑：一种将知识融入空间分析和地理模型的新方法。

下面将详细介绍专家系统、进化算法与神经计算在地理学以及GIS中的应用。

4.3.1　专家系统与GIS

专家系统是人工智能应用较为成熟的一个领域。专家系统实质上是一组程序，从功能上可定义为一个在某领域具有专家水平理解能力的程序系统（雷海燕等，2006）。它将某一领域专家的知识、人类长期总结的理论和方法输入到系统中，模仿人类专家的思维规律和处理模式，利用计算机进行演绎和推理，从而得到对相关问题求解的答案（Openshaw S and Openshaw C，1997）。它能够解决以往只有专家才能解决的一些复杂问题，其水平可以达到甚至超过人类专家的水平。关于专家系统的详细介绍可见本书2.5.3小节。

自然资源的规划、管理与利用等复杂地学问题往往需要人为经验和专家知识的支持。GIS作为空间数据分析和处理的工具，缺乏知识处理和启发式推理的能力，因此，其决策支持功能相当弱，不能满足解决复杂地学问题的需要。将专家系统与GIS结合起来，发展智能式GIS或专家GIS，是解决复杂地学问题的重要途径。借助专家系统技术，计算机利用专家知识模拟人脑思维进行推理，可以达到借鉴地学专家的经验、知识和智慧来解决复杂地学问题的目的。相关研究表明，将专家系统应用于地理学领域具有非常重要的意义，能够大大提高GIS解决实际问题的能力，表现如下（Openshaw S and Openshaw C，1997；张健挺和邱友良，1998；雷海燕等，2006）：

（1）利用计算机技术，基于规则和专家知识，模拟专家的推理和思维过程，得出高水平的结果，克服传统方法过分依赖人工操作和专家工作的缺陷，在很大程度上提高GIS解决问题的效率和质量。

（2）获取的地学信息种类和数量飞速增长，在GIS中引入地学专家系统技术形成智能空间决策支持系统，对于海量地学数据处理分析、地理规律的发现都具有非常重要的意义。

（3）为可持续发展提供全新的技术支持。信息时代、可持续发展要求地理科学必须实现实时、动态、综合、高效的数据采集、处理，利用专家系统和计算机技术取代复杂的人工处理过程，实现对资源、环境的实时动态监测，为决策提供综合专家意见和客观全面的支持，服务于可持续发展。

目前，专家系统与GIS相结合是地理科学的一个重要研究方向，主要应用于地图制图、空间决策支持、遥感图像解译、智能数据处理等领域。其中地图制图和空间决策支持是专家系统应用的两个最为重要的领域（Openshaw S and Openshaw C，1997；雷海燕等，2006）。

专家系统与GIS结合对地图制图产生巨大的影响，其应用主要包括以下几个方面：①自动地图设计；②地图要素的自动综合；③矢量和栅格制图要素的自动提取和判读；④数据格式的自动转换；地图制图数据库的高层次应用——环境分析、土地利用调查、区域规划等（雷海燕等，2006）。另外，专家系统、GIS与决策支持系统的结合形成了智能空间决策支持系统（Intelligent Spatial Decision Support System，ISDSS）。智能空间决策支持系统将GIS的数据管理、模型分析功能与人工智能和专家系统的人机交互界面、自然语言理解和知识表达等结合起来，能够在人机交互的环境下帮助解决复杂的空间决策问题。

4.3.2 进化计算与GIS

进化计算（Evolutionary Computation EC）是近年来信息科学、人工智能和计算机科学研究的热点。它是模拟自然界生态系统中“优胜劣汰”的一类优化算法的总称，也称演化计算。进化算法主要包括遗传算法（Genetic Algorithm，GA）、进化策略（Evolutionary Strategies，ES）、进化规划（Evolutionary Planning，EP）和遗传编程（Genetic Programming，GP）等（Fogel et al.，1966；Holland，1975；Schwefel，1981；Koza，1992；Openshaw S and Openshaw C，1997）。他们都是以简化的方式，试图模拟基因遗传以及生物系统谋求生存的达尔文进化的自然过程的一类算法。其中遗传算法和遗传编程是两个最引人注目的进化算法。

进化计算是人工智能领域中一种重要的智能计算方法。从非线性优化的角度来看，进化算法提供了一种更强大、更可靠的技术，能够有效地解决一些传统方法无法处理的搜索问题和复杂的非线性优化问题（Openshaw S and Openshaw C，1997）。进化算法在许多不同的领域得到广泛的应用，已逐渐被应用于地理学和 GIS 中，成为人工智能在地理学中的研究热点之一（Openshaw，1988；Diplock and Openshaw，1997）。进化算法在地理学和 GIS 中的应用主要有以下几个方面（Openshaw，1994，1996）：

（1）能够创建机器学习系统的新类型。例如，通过进化规则集解释复杂的行为，可应用于遥感分类系统中。

（2）能够为 GIS 数据库的知识挖掘和空间知识挖掘提供快速的、有效率的搜索方法。

（3）通过繁殖和进化，为空间模型的构建提供新的方法。

随着进化计算方法的逐渐成熟以及地理学家的探索，在不久的将来，进化算法在 GIS 领域会有广阔的发展前景。

4.3.3 神经计算与 GIS

基于神经网络建立计算模型，并应用于解决科学和工程中的问题，就叫做神经计算(Neurocomputing)。它是计算机学界以及地理学家所感兴趣的人工智能领域之一，也是人工智能在 GIS 中的研究热点之一（Openshaw S and Openshaw C，1997）。

神经计算是利用计算机网络来模拟生物神经网络的智能计算方法。网络上的每个结点相当于一个神经元，能够存储、处理一定的信息，并与其他结点并行工作。神经计算通过模拟由大量神经元组成的大脑某些机理和机制，从而实现计算的智能化。它能够反映人脑功能的基本特征，但不是对自然神经网络的逼真描写，而是对它的某种简化抽象和模拟。

神经计算方法一般也是通过计算机程序表现出来的，但是与一般计算机程序不同的是，神经计算方法具有学习和自适应性，而不需要包含任何与实际问题相关的算法。它是通过相关例子的学习，对网络进行训练，学习和适应不确定的系统，从而解决特定的问题（Openshaw S and Openshaw C，1997）。例如，如果你想要找出变量 A 与另外三个变量 B、C、D 之间的关系，传统的方法通常是先定义数学函数，然后估算函数中的参数。这个过程一般是通过计算机语言编写算法来实现。该方法存在的问题是，如果你定义的数学函数有误或者不恰当，则无法获取较好的结果。若采用神经网络，则可以利用经验，对系统记录的历史数据进行训练，从而找出能够描述变量 A 与变量 B、C、D 之间关系的最优函数，而不需要担心所定义的函数公式是否正确。因此，面对一些没有确定算法能够解决的复杂问题，神经计算方法是一种非常有效的方法。

神经计算方法还具有其他一些突出的优点（Kosko，1992；Openshaw S and Openshaw C，1997）：

（1）神经计算方法能够充分地逼近复杂的非线性关系，比其他建模方法更经济。

（2）神经网络具有高度平行的结构，因此它可以采用并行分布处理方法解决问题。且神经网络的基本单元结构简单，并行连接会有很快的处理速度，因此，神经计算能够快速地完成大量的运算任务。

（3）由于定量和定性的信息都等势分布存储于神经网络内的各神经元，因此，系统能够同时对定量和定性的数据进行操作。

（4）神经网络系统具有较强的鲁棒性和容差性。

神经网络具有以上独特的结构和处理信息的方法，使得神经计算在许多领域中得到了广泛的应用。相关研究表明，将神经计算应用于地理学中，具有非常重要的意义。随着计算机技术和GIS的发展，地理学中的许多问题逐渐从定性分析走向定量化和模型化。地理学面临着一场基于计算机的定量化革命。随着社会的发展，地理学中如人文地理、经济地理以及政治地理的各个领域中的问题愈来愈复杂，地理学中的传统统计方法和数学模型已无法满足复杂问题的需要，这对地理学和GIS的方法提出了挑战。神经计算方法的应用，能够为地理学和GIS的定量化和模型化发展提供智能化的技术基础，为地理学中的空间分析以及空间建模提供有效的计算方法，表现如下（Fischer，1993；Wang，1994；Openshaw S and Openshaw C，1997）：

（1）神经计算方法非常适合处理噪声数据且能够无限逼近复杂的非线性关系。对于GIS中一些混乱的、非线性的模型的构建，神经计算方法具有很大的优势，能够为其提供较为有效的计算机模型。

（2）神经计算方法为地理学家提供了一种处理庞大的、丰富的空间数据的前沿技术。

（3）神经计算方法主要是通过对数据进行训练，学习和适应不确定性系统。因此，在辅助GIS完成空间分析和建模时，对空间数据的性质没有特别的要求和限制。另外，网络自动训练的特点决定了神经计算方法不会涉及数学和统计方面的复杂问题，因而易于使用。

（4）神经计算方法提供了一种能够代替现有空间分析和建模方法的技术，通过神经计算方法能够得到至少与传统方法一样好的结果。

与神经计算方法相比，地理学中的传统定量方法在处理噪声数据和海量空间数据方面具有很大的局限性，且很大程度上依赖于数据的性质和模型的假设，无法很好地解决地理学中的复杂问题，尤其是不确定性问题。而神经计算方法在这些方面都有突出的优势，这决定了其在地理学和GIS中具有巨大的应用潜能和发展前景。目前，神经计算方法已成为人工智能在GIS中的研究热点之一。

参考文献

敖志刚．2002. 人工智能与专家系统导论．合肥：中国科学技术大学出版社

曹静，魏家红．2005. GIS技术的特点及其在环境保护中的应用．黄河水利职业技术学院学报，17（2）：47～49

丁黄望，马生全．2005. GIS及其相关问题综述．西北民族大学学报（自然科学版），26（4）：64～69

何国金，胡德永，从柏林等．1999. 卫星遥感数据开采与知识发现的信息论方法——以地质应用为例．遥感技术与应用，14（1）：42～47

黄晓全，欧阳勋志．2004. 地理信息系统在森林资源管理与监测中的应用．森林工程，20（6）：9～11

孔云峰，林珲．1999. 地理信息系统在区域商业和经济中的应用初探．经济地理，19（5）：1～5

雷海燕，曹延军，曹建军．2006. 人工智能和专家系统在地理学中的应用研究．计算机与现代化，（10）：7～10

黎夏，刘凯，2006. GIS与空间分析——原理与方法．北京：科学出版社

黎夏，叶嘉安，刘小平等．2007. 地理模拟系统：元胞自动机与多智能体．北京：科学出版社

李德仁，王树良，李德毅等．2002. 论空间数据挖掘和知识发现的理论和方法．武汉大学学报（信息科学版），27

(3)：221～233

李德仁，王树良，史文中等．2001．论空间数据挖掘和知识发现．武汉大学学报（信息科学版），26（6）：491～499

李光辉．2007．论GIS技术在城市规划领域中的应用．科技资讯，(19)：12～13

李石华，王金亮，毕艳等．2005．遥感分类方法研究综述．国土资源遥感，2（64）：1～6

刘福呈．2004．GIS在森林资源管理中的应用．中国林副特产，4：52～54

龙瀛．2007．规划支持系统原理与应用．北京：化学工业出版社

潘元庆，谷志云，李保贤等．2007．浅谈GIS在农业和土地资源管理中的应用研究．安徽农业科学，35（28）：9086，9087

裴韬，周成虎，骆剑承等．2001．空间数据知识发现研究进展评述．中国图象图形学报，6（9）：854～860

钱学森等．1994．论地理科学．杭州：浙江教育出版社

帅方敏．2007．地理信息系统技术在环境领域中的应用．山西科技，(1)：49～51

田朋轩，杨斌，朱仲英．2003．智能化地理信息系统的若干研究．微型电脑应用，19（10）：5～7

王静，刘湘南．2003．地理专家系统的应用现状及发展趋势综述．地理与地理信息科学，19（6）：11～15

王桥，张宏，李旭文．2004．环境地理信息系统．北京：科学出版社

王远非，吴建国．2006．GIS在商业网点规划与管理中的应用．华东经济管理，20（3）：111～114

吴信才，刘少雄．2002．基于邻接关系的空间数据挖掘．计算机工程，28（7）：89～91

夏立民，王华．2006．知识推理在GIS中的应用．微计算机信息，22（1）：220～223

徐旭辉，杨武亮，江兴歌等．2000．地理信息系统在无锡矿产资源管理信息系统中的应用．江苏地质，24（2）：114～119

杨丽君，朱华岚，吴健平．2003．基本GIS的零售业商圈分析．遥感技术与应用，18（3）：144～148

叶嘉安，宋小冬，钮心毅等．2006．地理信息与规划支持系统．北京：科学出版社

袁国斌，周顺平，李四维．1998．GIS在城市规划行业中的应用研究．地球科学—中国地质大学学报，23（4）：408～411

张健挺，邱友良．1998．人工智能和专家系统在地学中的应用综述．地理科学进展，17（1）：44～50

张若琳，万力，张发旺等．2006．土地利用遥感分类研究进展．南水北调与水利科技，4（22）：39～42

周成虎，孙战利，谢一春．1999．地理元胞自动机研究．北京：科学出版社

周卫，孙毅中，盛业华．2006．基础地理信息系统．北京：科学出版社

Batty M. 1993. Using Geographical Information Systems in Urban Planning and Policy Making. In：Fischer M M，Nijkamp P，1993，Geographical Information Systems：Spatial Modeling and Policy Evaluation. Berlin：Springer-Verlag：51～69

Batty M，Longley P. 1996. Analytical GIS：the feature. *In*：Longley P，Batty M. Spatial Analysis：Modelling in a GIS Enviroment. Cambridge：GeoInformation International. 345～352

Burrough P A. 1992. Development of intelligent geographical information systems. International Journal of Geographical Information Science，6（1）：1～11

Carver S J. 1991. Integrating multi-criteria evaluation with geographical information systems. International Journal of Geographical Information Systems，5（3）：321～339

Cbulmin J. 2000. Design of an intelligent geographic information system for multi-criteria site analysis. URISA Journal，12（3）：5～17

Church R L. 1999. Location Modeling and GIS. New York：John Wiley & Sons

Clark K C，Gaydos L J. 1998. Loose-coupling a cellular automata and GIS：long-term urban growth prediction for San Francisco and Washington/Baltimore. International Journal of Geographical Information Science，12（7）：699～714

Clark K C，Hoppen S，Gaydos L. 1997. A self-modifying cellular automata model of historical urbanization in the San Francisco Bay area. Environment and Planning B：Planning and Design，24：247～261

Diplock G，Openshaw S. 1997. Using simple genetic algorithms to calibrate spatial interaction models. Location Science，5（3）：198，199

Feng C M，Lin J J. 1999. Using a genetic algorithm to generate alternative sketch maps for urban planning.

Computers, Environment and Urban Systems, 23 (2): 91～108

Fischer M F. 1993. Neurocomputing—a new paradigm for geographic information processing. Environment and Planning A, 25: 757～760

Fogel L J, Owens A J, Walsh M J. 1966. Artificial Intelligence through Simulated Evolution. New York: John Wiley & Sons

Goodchild M F. 1992. Integrating GIS and spatial data analysis problems and possibilities. International Journal of Geographical Information Systems, 6 (5): 327～334

Hakimi S L. 1965. Optimum distributions of switching centers in a communication network and some related graph theoretic problems. Operations Research, 13: 462～475

Holland J H. 1975. Adaptation in Natural and Artificial all Systems. Michigan: University of michigan Press

Jankowski P. 1995. Integrating geographical information systems and multiple criteria decision-making methods. International Journal of Geographical Information System, 9: 251～273

Janssen R, Rietveld P. 1990. Multicriteria analysis and GIS: an application to agricultural landuse in the Netherlands. *In*: Scholten H J, Stillwell J C H. Geographical Information Systems for Urban and Regional Planning. Dordrecht: Kulwer

Kosko B. 1992. Neural Networks and Fuzzy Systems: a Dynamical Systems Approach to Machine Intelligence. New Jersey: Prentice-Hall, Englewood Cliffs

Koza J R. 1992. Genetic Programming. Cambridge, Mass: MIT Press

Li D R, Cheng T. 1994. KDG—knowledge discovery from GIS. The Canadian Conference on GIS. Ottawa, Canada, 1001～1012

Li X. 2005. Advanced GIS Modelling Techniques and Applications. Education & Culture Publishing Company

Longley P, Higgs G, Martin D. 1994. The predictive use of GIS to model property valuations. International Journal of Geographical Information Systems, 8 (2): 217～235

Openshaw S. 1994. Computational human geography: exploring the geocyberspace. Leeds Review, 37: 201～220

Openshaw S. 1996. Parallel supercomputing applications in GIS. *In*: Proceedings of Joint European Conference and Exhibition on Geographical Information. IOS Press, Amsterdam

Openshaw S. 1988. Building an automated modelling system to explore a universe of spatial interaction models. Geographical Analysis, 20: 31～46

Openshaw S, Openshaw C. 1997. Artificial Intelligence in Geography. New York: John Wiley & Sons

Raggett J, Bains W. 1992. Artificial Intelligence from A to Z. London: Chapman & Hall

Schwefel H P. 1981. Numerical Optimization of Computer Models. Chichester; Wiley

Smith T R. 1984. Artificial intelligence and it applicability to geographical problem solving. Professional Geographer, 12: 147～158

Turner B, Meyer W B, Skole D L. 1994. Global land use/land-cover change: toward an integrated study. Ambio, 23 (1): 91～95

Wang F. 1994. The use of artificial neural networks in a geographical information system for agricultural land-suitability assessment. Environment and Planning A, 26: 265～284

White A N. 1979. Accessibility and public facility location. Economic Geography, 55 (1): 18～35

Wilkinsom G G. 2005. Results and implications of a study of fifteen years of satellite image classification experiments. IEEE Transaction on Geoscience and Remote Sensing, 43 (3): 433～440

Wu F, Webster C J. 1998. Simulation of land development through the integration of cellular automata and multi-criteria evaluation. Environment and Planning B, 25: 103～126

Zhang K. 1991. Building an expert system based on a geographic information system: an example of landuse management. Inner Mongolia PRC Ph D Dissertation Texas A & M University

第5章 智能式GIS与空间知识发现

空间知识发现是利用各种空间分析模型和空间操作对空间数据进行分析，从而发现新知识和新规律的过程。这个过程往往涉及大量空间数据的计算、知识表示、规则处理和启发式推理等问题。目前，GIS的主要优势在于对复杂空间数据的处理和显示方面，而数据分析能力和空间分析模型能力相对较弱，在处理知识表达、规则推理等问题时存在很大的局限性。单独依靠GIS技术，很难从海量空间数据中发现隐藏的空间格局和空间关系，这在很大程度上限制了人们对许多复杂地理现象的认识和理解。因此，如果没有结合其他新的技术，GIS在进行空间知识分析时会遇到很多的困难。而人工智能的出现，能够为克服这些困难提供很大的技术支持。将人工智能的知识工程、问题求解和自动推理等技术应用于GIS中，能够弥补GIS数据分析能力和空间模型能力较弱的不足，提高GIS的空间推理分析能力和GIS空间信息提取的能力及效率，从而实现空间知识分析的智能化。

本章将智能式方法引进GIS中，研究其在空间知识分析中的应用。重点介绍基于数据挖掘技术的元胞自动机转换规则提取方法、基于粒子群算法的遥感分类方法和基于蚁群算法的遥感分类方法及其在空间知识获取和遥感影像分类中的应用研究。

5.1 基于数据挖掘的元胞自动机与空间知识发现

近年来，CA已经被较多地应用于地理现象的模拟中，特别是城市模拟（Batty and Xie，1994；White and Engelen，1993）。国内学者也较早地开展了有关工作，并在国内和国际刊物上发表了许多有关城市CA的论文（黎夏和叶嘉安，1999；周成虎等，1999；黎夏和叶嘉安，2001；Li and Yeh，2000，2002）。CA的中文译法有多种，包括“元胞自动机”、“细胞自动机”和“单元自动机”等（黎夏和叶嘉安，1999；周成虎等，1999）。CA用于地理现象模拟的例子包括：山火蔓延（Clark et al.，1994）、动物群种数目的动态变化（Couclelis，1988）、城市系统和土地利用的演变（Batty et al.，1994；White and Engelen，1993）、优化城市形态的形成（黎夏和叶嘉安，1999；Li and Yeh，2000）、可持续土地利用规划（Yeh and Li，2001）、农田保护区自动生成（Li and Yeh，2001）等。

许多地理现象都属于复杂系统，无法利用数学公式来对它们进行表达和模拟。研究表明，CA是模拟复杂系统十分有用的工具（Wolfram.，1984）。城市系统是应用CA进行模拟的最成功例子之一（Batty and Xie，1994；White and Engelen，1993；Li and Yeh.，2000）。Couclelis（1988）较早地进行了城市的CA模拟，认为CA的模拟结果可以作为各种真实城市的类比物（analog）。Batty和他的同事也在城市CA方面进行了有影响的研究（Batty and Xie，1994）。他们开始是使用与CA类似的技术，即扩散限制凝聚（Diffusion Limited Aggregation，DLA），来模拟建成区的扩张。后来，他们也采用了起源于计算科学和生物学的 CA 进行城市模拟（Batty and Xie，1994）。

转换规则是 CA 模型的核心，但定义这些规则往往是十分繁琐的。学者们主要是采用启发式的方法来定义转换规则（Wu，2002），如包括矩阵（White and Engelen，1993）、多准则判断（Wu and Webster，1998）和灰度（Li and Yeh，2000）等方法。这些方法受主观因素影响很大，在形式上有明显的差别。而且，这些转换规则大多数都是隐含的，通过数学公式来表达，确定公式中的参数十分困难。为此，我们提出了利用训练神经网络的方法来自动获取 CA 的参数值（Li and Yeh，2002；黎夏和叶嘉安，2002），从而减少 CA 的不确定性。不足的是，神经网络方法属于黑箱结构，用户不能清晰地知道模型运行的机制，对模型参数的具体物理意义很难理解。上述这些方法都是通过数学公式来表达转换规则。但数学公式在反映复杂的关系时有很大的局限性。

本节提出了利用数据挖掘技术来自动获取 CA 转换规则的新方法。数据挖掘技术已经被应用于遥感专家系统的分类中，它能解决专家知识获取的瓶颈难题，提高遥感的分类效率。最近，有些学者也开始利用数据挖掘技术从 GIS 数据库中获取知识，包括进行土壤分类的研究（Moran and Bui，2002）。CA 在地理学领域应用时往往涉及大量的空间数据，使用知识挖掘技术将能大大提高 CA 的模拟能力。所获得的转换规则无需通过数学公式来表达，能更方便、准确地描述自然界中的复杂关系。目前还没有利用数据挖掘技术来建立 CA 模型的研究报道。

5.1.1 数据挖掘及地理元胞自动机

数据挖掘是从数据库中发现知识的技术。它是针对知识获取的困难和不确定性而提出来的，可以自动地从海量数据中挖掘出知识。具体的知识获取过程是借助机器学习的算法来实现的。常用的机器学习算法有：ID3、C4.5、CART、IB1、IB2、MPIL1 和 MPIL2。其中，Quinlan 所提出的 C4.5 算法使用最为广泛（Quinlan，1993）。C4.5 目前最新的版本为 See5/C5.0，分别对应于 Window 和 Unix 这两个不同的操作平台。

C4.5 系列是根据“信息增加的比值”来决定整个决策树的生成的（Quinlan，1993）。首先，假设有一训练数据集 S，它的任意一样品 s 隶属于类别 C_j。数据集 S 的平均信息量（熵）根据下式计算：

$$\text{info}(S) = -\sum_{j=1}^{k} \frac{\text{freq}(C_j, S)}{|S|} \times \log_2 \frac{\text{freq}(C_j, S)}{|S|} \tag{5.1}$$

其中，freq（C_j，S）为 S 中属于类别 C_j 的样品数目；$|S|$ 为样品总数目。

假设把 S 分解（split）为 n 个 S_i 的子集。分解后的平均信息量为

$$\text{info}_x(S) = \sum_{i=1}^{n} \frac{|S_i|}{|S|} \times \text{info}(S_i) \tag{5.2}$$

分解后信息增加值为

$$\text{gain}(X) = \text{info}(S) - \text{info}_x(S) \tag{5.3}$$

为了防止产生过多的分解数目，要用 split _ info（X）对 gain（X）进行标准化。split _ info（X）的计算如下：

$$\text{split\_info}(X) = -\sum_{i=1}^{n} \frac{|S_i|}{|S|} \times \log_2\left(\frac{|S_i|}{|S|}\right) \tag{5.4}$$

最后有

$$\text{gain\_ratio}(X) = \text{gain}(X)/\text{split\_info}(X) \tag{5.5}$$

分类树在每个节点的分解必须满足熵的减少值达到最大的条件。根据上面算法，利用计算机递归的方法，反复寻找最佳的分解，从而生成决策树。利用这个算法，可以从训练数据中自动获得规则。

数据挖掘技术能有效地从 GIS 数据库中挖取出地理知识，包括空间分布规律等。将数据挖掘技术与地理元胞自动机结合，可以自动从观察数据中生成模拟所需要的转换规则，同时完成模型的纠正过程。CA 的转换规则决定每个单元（Cell）状态的转换，如从农业用地变为城市用地。大多数的 CA 是采用数学表达式（如线性方程或 Logistic 公式等）来隐含地代表转换规则，而确定公式中的参数往往很困难。采用数据挖掘的方法则能获取明确的转换规则，例如，

规则 1：

假如　　土地利用类型 ＝ 森林 或 湿地

则　　禁止土地开发（置信度＝0.85）

规则 2：

假如　　土地利用类型 ＝ 粮田

离市中心距离 ＜ 10 km

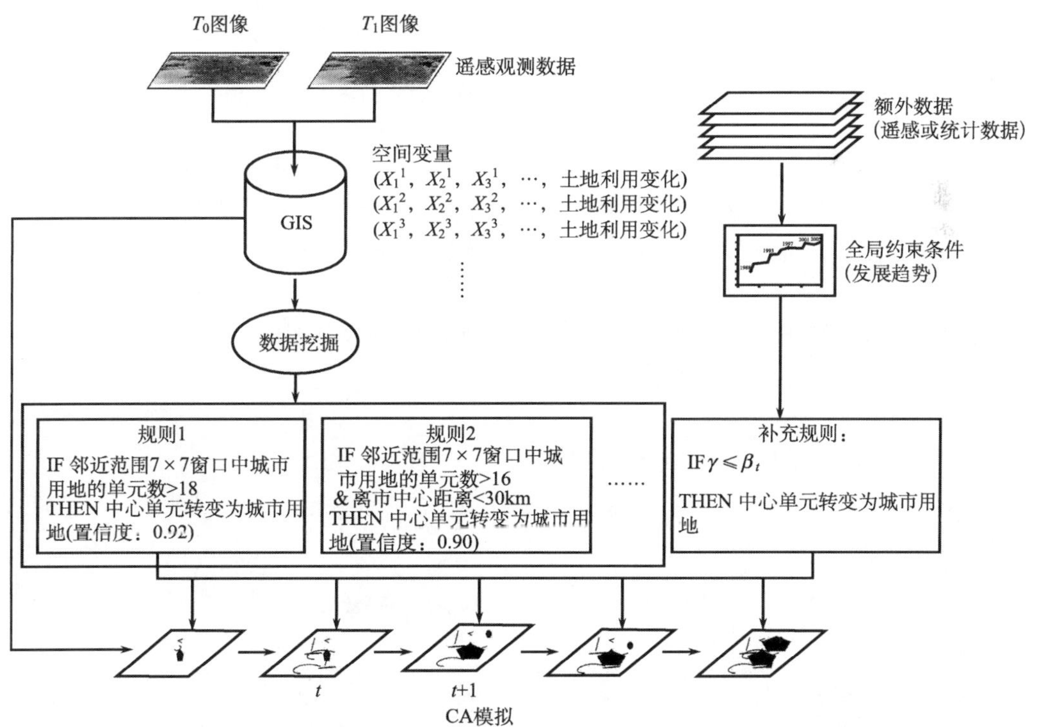

图 5.1　利用数据挖掘技术自动生成地理元胞自动机的转换规则

邻近范围城市用地的单元数目 > 16

则　　该中心单元转变为城市用地（置信度＝0.95）

本章以城市模拟为例，从 GIS 和遥感自动挖掘出 CA 的转换规则（图 5.1）。利用两年的遥感图像来监测城市增长的情况。转换规则主要是从这两年的遥感图像上挖掘出来。遥感图像的观测间隔（ΔT）往往比 CA 模拟的迭代间隔（Δt）大很多。只有观测间隔与迭代间隔完成相同时，所获得的转换规则才能直接使用。但现实中无法获得短至迭代间隔的观测数据，因为遥感的观测间隔往往是以年为单位的。另外，观测间隔太短，就无法掌握长期的动态趋势。

将从 ΔT 间隔内获得的转换规则应用于每次 CA 的迭代运算中，需要做一些调整。首先，CA 模拟在 ΔT 间隔内迭代运行的次数（K）的计算公式为

$$K = \Delta T / \Delta t \tag{5.6}$$

从遥感图像可以确定观测间隔内的土地转换量（ΔQ_0）。由于 $\Delta T > \Delta t$，在 Δt 间隔内只有一部分土地的状态发生了转变。CA 在 Δt 间隔内的土地转换量（Δq_0）的计算公式为

$$\Delta q_0 = \Delta Q_0 / K \tag{5.7}$$

因此，除了利用从观测间隔获得的原始规则外，还需要采用如下的补充规则获得在迭代 t 中 CA 状态的转变：

假如　根据原始规则判断单元 $x(i, j)$ 应该转变为城市用地，

& $x(i, j)$ 在迭代 $t-1$ 中为非城市用地，

& $\gamma \leqslant \beta_0$，

则 $x(i, j)$ 在迭代 t 转变为城市用地。

这里 $x(i, j)$ 为对应位置 (i, j) 的单元；γ 为随机变量。

$$\beta_0 = \frac{\Delta q_0}{\Delta Q_0} = \frac{1}{K} \tag{5.8}$$

只用两个时间的观测数据只能假设城市增长速度是固定的，不能反映城市增长的变化趋势。当有多个时间的观测数据来获得城市增长量的动态变化（ΔQ_t）时，上面的补充规则变为：

假如　根据原始规则判断单元 $x(i, j)$ 应该转变为城市用地，

& $x(i, j)$ 在迭代 $t-1$ 中为非城市用地，

& $\gamma \leqslant \beta_t$，

则 $x(i, j)$ 在迭代 t 转变为城市用地

$$\beta_t = \beta_0 \times \frac{\Delta Q_t}{\Delta Q_0} = \frac{1}{K} \times \frac{\Delta Q_t}{\Delta Q_0} \tag{5.9}$$

5.1.2　实验区及空间数据

选择东莞市作为研究区域。通过数据挖掘方法来获取明确的转换规则，对了解城市复杂系统的动态机制十分重要。目前还没有从观察数据直接获得具体的 CA 转换规则的研究。

第一步是准备用于转换规则挖掘的空间数据。这些空间数据包括从遥感和GIS获得的各种空间变量（表5.1）。遥感数据包括1988年12月10日、1993年12月24日、1997年8月29日和2001年11月20日这四个时相的TM图像。只有1988年和1993年的图像被用来直接获取转换规则，其他时相图像只是用来辅助获取城市增长的动态总量。本方法需要至少两个时相的遥感数据，城市增长的动态总量也可以从统计年鉴上获取，这样可以增加其实用性。

表5.1　自动挖掘转换规则所需要的空间变量

空间变量	获取方法
目标变量	
转变为城市用地（1988～1993年）	遥感分类
距离变量	
离市中心距离（D_{prop}）	
离镇中心距离（D_{town}）	
离公路距离（D_{road}）	Arc/Info GRID Eucdistance 命令
离高速公路距离（D_{expr}）	
离铁路距离（D_{rail}）	
邻近函数	
7×7窗口城市用地单元数目（N_{sum}）	Arc/Info Grid Focalsum 命令
自然属性	TM图像遥感分类
土地利用类型（T_{land}）	土地评价
农业适宜性（S_{ag}）	DEM模型
坡度（P_{slope}）	

5.1.3　CA转换规则的自动挖掘

这些空间变量的数据量很大。尽管See5.0系统的运算速度很快，但为了提高数据挖掘的效率，并不是把上面所有的空间数据都用于分析。采用See5.0系统中所提

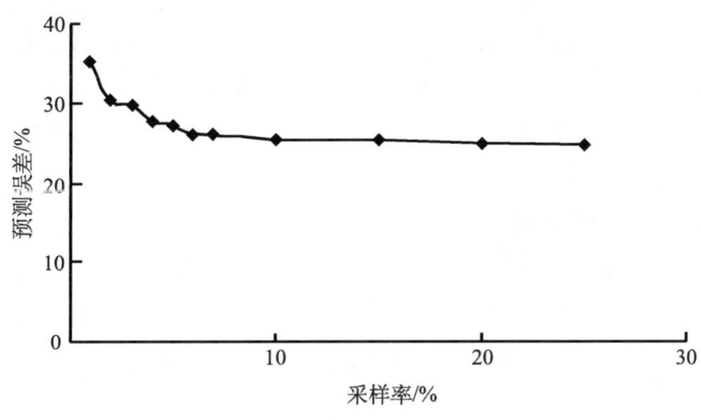

图5.2　采样率和预测误差

供的随机采样功能，选取部分样品进行数据挖掘。采用较少部分的数据进行分析会造成精度的减小。将训练数据分成两组：一组用来挖掘规则，另一组用来检验预测精度。图 5.2 显示采样百分比与预测精度的关系曲线。采样百分比为 1%时，预测精度为 35.2%；采样百分比为 10%时，预测精度降为 25.0%。采样百分比大于 10%后，精度的改善不明显。因此，本节采用 20%的样品来进行数据挖掘，避免使用过多的空间数据。

当决策树太复杂时，会使得预测结果与训练数据过度拟合。当训练数据带有误差时，这种过度拟合是有问题。因此，决策树往往需要修剪，以除掉可能造成较大误差的部分。本小节采用 See5.0 系统提供的缺省值，即 25%修剪率，来简化决策树。

利用 1988 年和 1993 年的遥感图像来获得具体的转换规则，以模拟研究区在1988～2005 年内的城市空间演变情况。图 5.3 是从 1988 年、1993 年、1997 年和 2001 年遥感图像获得的城市用地总量，反映城市增长的趋势。可以看到，初期城市扩张很快，后期慢慢趋于平缓，其变化不是固定不变或呈线性关系的。如果仅用两个时间的观测数据，就无法掌握城市的发展趋势。但目前也只有用两个时间的观测数据进行 CA 模型纠正的研究（Li and Yeh，2002；Wu，2002）。

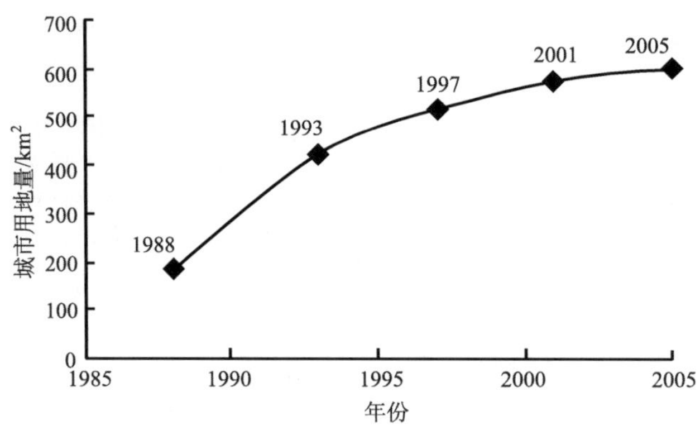

图 5.3 利用 1988 年、1993 年、1997 年和 2001 年 TM 遥感图像获得东莞城市发展趋势

CA 需要循环迭代运算多次才能获得最终的模拟结果。但对循环迭代运算次数的多少，目前并没有统一的意见。在每次循环迭代运算中，局部的相互作用是模拟的关键。循环迭代运算次数太少，就很难产生较真实的空间分布细节。一般来讲，CA 模拟迭代运算 100～200 次是很正常的。

根据数据挖掘自动生成的转换规则，分别模拟了 1988～1993 年、1993～1997 年、1997～2001 年及 2001～2005 年东莞市城市的空间演变情况。每一模拟期间 CA 迭代运算次数为 200。根据从多时相遥感图像获得的每一时期的城市用地总量（ΔQ_t），利用式（5.9）计算出 β_t 来反映转换量的动态变化。表 5.2 为模拟所用的基本参数。

表 5.2 模拟不同时期城市增长所需要的循环迭代次数 k、城市用地总量及 β_t 参数值模拟间隔

项目	模拟间隔			
	1988～1993 年	1993～1997 年	1997～2001 年	2001～2005 年
K	200	200	200	200
ΔT/年	5	4	4	4
Δt/年	1/40	1/50	1/50	1/50
$\Delta Q_t/\mathrm{km}^2$	233.3	90.6	62.9	25.0
$\Delta q_t/\mathrm{km}^2$	1.167	0.453	0.315	0.125
β_t	0.0050	0.0019	0.0013	0.0005

利用 See5.0 系统，对所获得的 GIS 和遥感数据进行数据挖掘以发现知识，自动获得城市演变的转换规则。下面列出了所获得的转换规则的部分例子。

规则 1：

假如 $D_{prop} < 30$

$D_{road} \leqslant 5$

$N_{sum} > 18$

$S_{ag} < 0.8$

$T_{land} = 1$

则 转变为城市用地［置信度：0.92］

规则 2：

假如 $D_{prop} \leqslant 25$

$D_{town} > 7$

$N_{sum} \geqslant 12$

$S_{ag} \leqslant 0.5$

$T_{land} = 4$

$P_{slope} \leqslant 6°$

则 转变为城市用地［置信度：0.86］

规则 3：

假如 $D_{prop} \leqslant 48$

$D_{town} > 13$

$D_{road} > 1$

$D_{road} \leqslant 5$

$N_{sum} \geqslant 9$

$S_{ag} > 0.2$

$S_{ag} \leqslant 0.4$

则 转变为城市用地［置信度：0.90］

这些转换规则比一般 CA 所用的数学公式要清晰且简单，更能反映城市演变的机制。每一条规则对其所预测的转变类型进行“表决”（Vote），其权重就等于置信度。

该置信度也是从训练数据中自动挖掘出来的。将所有规则“表决”的权重相加，以最大值来确定 CA 状态的转变类型。

由于观测间隔与迭代间隔不一样，还需要计算 β_t 并使用如下的补充规则来决定从 t 到 $t+1$ 时状态的转换（式（5.9）：

补充规则：

$$\text{假如}\quad \gamma \leqslant \begin{cases} 0.0050 & (1988\sim1993\text{年}) \\ 0.0019 & (1993\sim1997\text{年}) \\ 0.0013 & (1997\sim2001\text{年}) \\ 0.0005 & (2001\sim2005\text{年}) \end{cases}$$

则　　转变为城市用地

5.1.4　模拟结果及检验

以 1988 年东莞城市用地作为开始点，对 1988～1993 年、1993～1997 年和 1997～2001 年的东莞城市用地变化进行模拟。图 5.4（a）分别是各个时间的模拟结果。作为对比，图 5.4（b）是根据卫星图像分类所获得的实际城市用地。根据城市扩张的趋势，也对 2005 年的城市用地进行了预测（图 5.5）。可以看到，东莞市在 20 世纪 90 年代初经历了城市快速扩张的阶段。但近年来城市扩张的速度已经比 90 年代初的快速扩张大为减慢，反映了城市用地的规模已经得到了较为有效的控制。同时也可以看到，该地区主要沿公路进行土地开发，没有形成紧凑式的城市形态。这种松散式的城市发展形态会大大增加能源的消耗，并造成浪费土地资源的现象。对城市发展的模拟可以分析和预测不同的土地利用政策对土地利用变化的影响。基于 CA 的模拟方法为城市规划工作者提供了一种有效的分析工具。

地理现象是复杂系统，受许多不确定性因素影响，完全准确地模拟其动态变化是不可能的。故将 CA 应用于模拟真实的城市时，还是需要检验其与实际情况吻合的程度。目前在这方面所开展的工作不多，并没有统一的评价 CA 的精度或有效性的方法。一般是采用逐点对比和整体对比的方法。前一种方法较简单，将模拟的结果和实际情况迭合起来，然后逐点对比就能计算其精度；后一种方法能提供更为合理的评价结果。它所关注的是模拟出来的整个空间格局，而不是强调每一个点的位置是否准确。但地理现象的空间格局所涉及的方面较多，包括连通性、分形和紧凑性等。

首先，我们将模拟的 1993 年、1997 年和 2001 年城市用地和遥感图像获得的对应实际城市用地进行点对点的对比。表 5.3 是列出它们的总精度。1993 年城市用地的模拟总精度为 82.0%；1997 年和 2001 年城市用地的模拟总精度分别为 74.8% 和 72.4%。其精度是可以被接受的。但需要说明的是，真正的模拟精度的评价还需要考虑到遥感分类的精度。这里只是给出了一种简便的评价方法。

表 5.3　对比模拟结果和遥感观测结果获得的总精度

年份	1993	1997	2001
精度/%	82.0	74.8	72.4

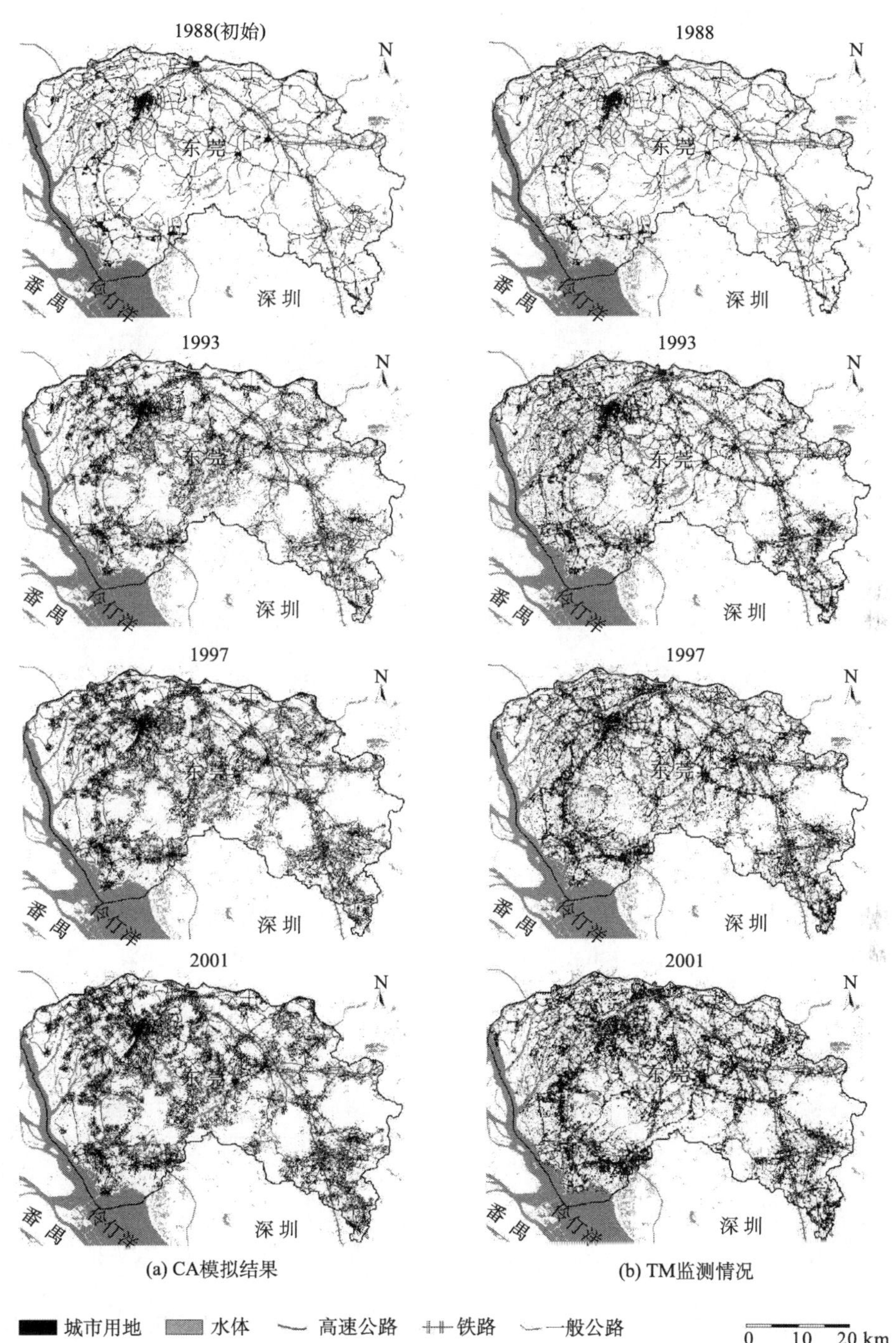

图 5.4 东莞 1993 年、1997 年和 2001 年城市用地模拟和实际情况对比

我们也对模拟的空间格局与实际的情况进行对比。描述空间格局的指标很多，没有统一的方法，不同的指标各有其优劣性。有的学者甚至认为在评价 CA 的模拟结果时，采用肉眼对比的方法更为有效（Clarke et al.，1997）。采用肉眼对比的方法，也不难看到模拟的结果还是很接近实际的（图 5.5）。为了比较客观地评价模拟结果与实际情况在空间格局方面的吻合程度，我们采用 Moron I 指数来获得定量的评价结果。Moron I 一般是用来描述空间的自相关性。由于该指数也可以分析集中和分散的程度，它可以用来定量对比 CA 模拟结果和观测情况在空间格局方面的接近程度（Wu，2002）。

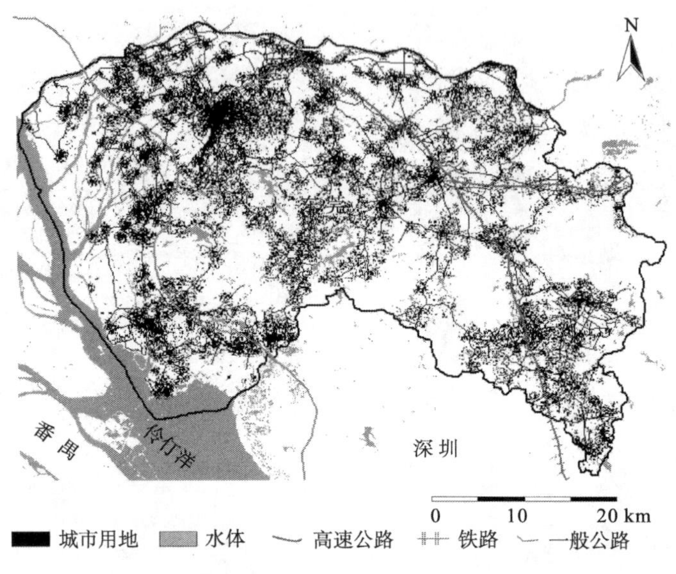

图 5.5　根据发展趋势模拟东莞市 2005 年城市用地

Moron I 的最大值为 1，反映被描述现象呈最集中状态的情形。该值减小，反映该现象分散程度增大。表 5.4 是 1993 年、1997 年和 2001 年 Moron I 指数的对比的结果，可以看到各个时期的模拟结果和实际情况还是十分接近的。城市用地在 1993 年还是比较分散的，可能与当时土地发展较混乱有关。随着城市的发展，分散的城市用地慢慢连接起来。

表 5.4　1993 年、1997 年和 2001 年模拟结果和实际情况的 Moron I 指数对比

Moron I 指数	1993 年	1997 年	2001 年
实际情况	0.44	0.66	0.76
模拟结果	0.41	0.58	0.71

我们也计算了基于神经网络的 CA 模型在模拟 1993 年城市用地时的总精度和 Moron I 指数值。其总精度为 0.79，Moron I 指数值为 0.40。可见，本模型比基于神经网络的 CA 模型在模拟精度方面有所改善。这是由于本方法比采用一般数学表达式更能反映复杂的空间关系。本方法最大的好处是能够从观测数据中自动生成明确的转换关系，无需使用数学公式，有更大的灵活性。

5.1.5 结　　论

数据挖掘已经开始被应用于地理学领域，可以获得与地理有关的空间分布规律等。CA 是模拟地理现象的十分有用的工具，CA 的关键是如何定义转换规则。必须采用和系统一致的方法来定义转换规则，否则就无法获得理想的模拟结果。但目前在定义 CA 的转换规则方面受主观因素影响很大，而且这些转换规则大多数是用数学公式来隐含表达的。数学表达式在表达复杂的自然现象时会有局限性。

本节首次利用数据挖掘的方法由 GIS 和遥感图像自动生成 CA 的转换规则，比以往方法有了很大的改善。本方法的优点是能从大量的空间数据中自动获取明确的转换规则，且无需使用数学表达式来定义转换规则，并能在生成转换规则的同时对模型自动进行纠正。一般 CA 模型在使用数学表达式时会涉及许多变量，通过模型纠正的方法来确定变量对应的参数值是比较困难的。

将该模型应用在珠江三角洲地区，利用不同年份的卫星遥感图像作为主要观察数据。根据所提出的方法来获取转换规则，模拟该地区在 1988～2001 年的城市空间增长情况，并对 2005 年的城市用地进行预测。利用逐点对比和 Moron I 指数来评价模型的精度或有效性，发现本模型能获得较理想的模拟效果，比以往方法有一定的改进。

5.2　基于生物群集智能优化的遥感分类方法

土地是人类生存环境的重要部分，许多研究都涉及土地利用/覆盖信息的获取，包括土地资源规划、环境变化和生物多样性的保护等（Turner et al.，1994）。因此，如何准确、动态地获取土地利用/覆盖信息变得非常重要。实际上，在过去的几十年里，遥感卫星数据是获取地表信息的主要数据源。

遥感影像分类是将遥感数据转化为便于使用的地理数据的核心（Wilkinsom，2005）。传统的分类方法包括最短距离、最大似然、聚类分析、Bayesian 分类等（Strahler，1980；Aksoy et al.，2005），这些分类方法简单实用，但都是基于统计学原理的，以训练数据遵循正态分布为前提，因此训练样本的选择和参数估计直接影响分类结果（Wilkinsom，2005）。最近，学者们提出了许多新的遥感影像分类方法，包括机器学习（Pal and Mather，2003；Friedl and Brodley，1997）、支持向量机（SVM）（Huang et al.，2002；Melgani et al.，2004）以及基于计算智能（CI）的神经网络（Frizzelle and Moody，2001；Heerman and Khazenie，1992）、模糊集（Wang，1990）、遗传算法（Bandyopadhyay and Pal，2001）等。这些方法在一定程度上提高了分类的精度，但是，遥感分类精度还有较大的改善空间（Foody and Mathur，2004）。因此，如何提高土地利用分类精度仍是遥感领域的一个重要研究方向。

目前，随着人工智能技术的发展，遥感分类也趋向于与智能化技术相结合。生物群集智能作为一种自下而上的研究方法，其本质是一个复杂的多智能体系统，它由众多简单个体（如蚂蚁、鸟类）所组成，通过个体间相互协作和竞争而表现出群集智能行为。生物群集智能在没有集中控制并且不提供全局模型的情况下，为解决一些复杂问题提供了新的解决方案，目前已经成为人工智能研究的热点，并在旅行商问题求解、数据聚类、组合优化、网络路由、模式识别等方面取得了一系列较好的成果（Kennedy，2000；Kwang and Weng，2002；Ting et al.，2003；Omran，2005；Machado and Lopes，2005）。可惜，群集智能在遥感分类方面的研究非常有限。生物群集智能主要有两种算法：粒子群算法和蚁群算法。本节尝试将粒子群算法引入到遥感图像分类中，并进行了探索性的研究。粒子群算法是由 Kennedy 和 Eberhart 提出的一种群集智能算法，源于对鸟群觅食行为的研究（Kennedy et al.，1995）。其最初的设想是仿真简单的社会系统，并解释复杂的社会行为，却发现 PSO 是解决复杂优化问题的有效技术（Kennedy et al.，2001）。与进化算法相比较，PSO 保留了基于种群的全局搜索策略，采用简单的速度-位移模型，避免了复杂的遗传操作，同时它的记忆能力使其可以跟踪当前的搜索情况并动态调整搜索策略，具有较强的全局收敛能力和鲁棒性，并且不需要借助问题的特征信息。因此，PSO 作为一种高效的并行搜索算法，非常适于地理复杂问题的求解。

本节以土地利用遥感分类为例，提出了利用粒子群分类器（PSO-Miner）对遥感影像进行分类的新方法。其原理是通过模仿鸟群觅食行为的方式来构造遥感分类的规则。在 PSO-Miner 算法中，粒子在多维空间中，不断地搜索各波段的最优区间，以构造分类规则，各个波段的最优区间与土地利用类别连接，就形成一条规则。通过序列覆盖算法移除规则所覆盖的训练数据，当训练数据中某一类别的数据个数小于一个阈值时，可终止该类别数据的规则挖掘，再利用 PSO 算法进行下一类别规则的挖掘，直至所有类别的规则挖掘完毕。

5.2.1 粒子群算法的基本原理

在 PSO 中，每个优化问题的潜在解相当于搜索空间中的一只鸟，称之为粒子，所有的粒子都有一个被优化函数决定的适应值，每个粒子的速度向量决定它们飞翔的方向和距离。首先初始化为一群随机粒子，在每一次迭代中，然后通过迭代找到最优解。粒子通过跟踪两个极值来更新自己，第一个极值就是粒子本身到当前时刻为止找到的最好解，这个解称之为个体极值（pbest）；另一个极值就是整个种群到当前时刻为止找到的最好解，这个解称为全局极值（gbest）。粒子追随当前的最优粒子在解的空间中进行搜索，直至找到最优解（Kennedy and Ebcrhavt，1995）。每个粒子具有记忆的功能，它可以记录前一次的结果，粒子之间的合作和竞争能够表现出复杂的特性。

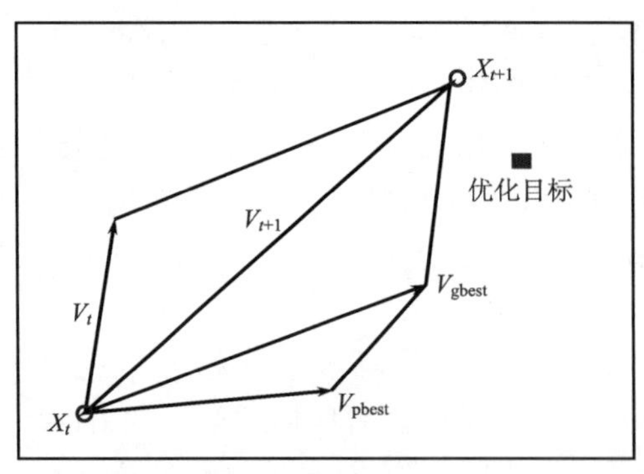

图 5.6 粒子优化搜索示意图

图 5.6 以二维空间为例，展示了粒子在解的空间中进行优化搜索时的情况。在图 5.6 中，X_t 为粒子上一代的搜索位置，X_{t+1} 为粒子移动后的搜索位置；粒子的移动速度为三个速度的矢量和，它们分别是：V_t 为上一次迭代的移动速度，V_{pbest} 为粒子个体极值的移动速度，V_{gbest} 为粒子全局极值的移动速度。在速度 V_t、V_{pbest}、V_{gbest} 的共同作用

下，粒子将以速度 V_{t+1} 到达新的位置 X_{t+1}，向全局最优解靠近。如此迭代下去，粒子将逐步逼近最优解，并最终找到最优解或近似最优解。

5.2.2 基于粒子群的遥感分类方法

粒子群算法具有较好的记忆能力，可以跟踪当前的搜索情况动态调整搜索策略。粒子之间的协作和竞争关系使其具有较强的全局收敛能力和鲁棒性。因此，粒子群算法可以有效地解决非线性问题，特别适合于地理复杂现象。本节将以 TM 影像为例，探讨利用粒子群分类器对遥感影像进行分类。

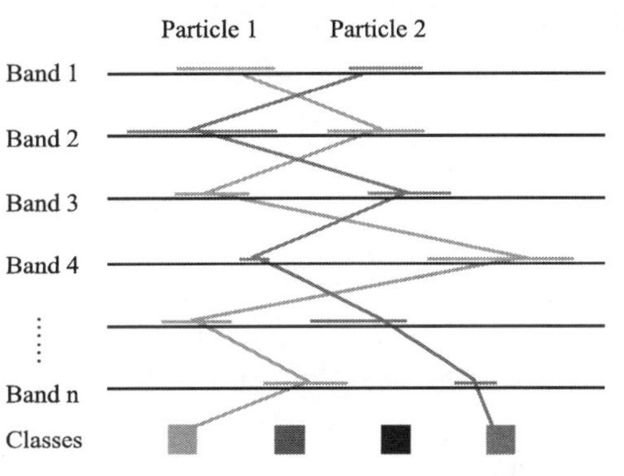

图 5.7 基于粒子群的遥感影像分类原理

PSO 在 TSP 问题求解、数据聚类、组合优化、模式识别等方面得到了广泛的应用（Kennedy，2000；Ting et al.，2003；Machado and Lopes，2005；Omran，2005），但其在分类规则挖掘方面的研究非常有限。Sousa 等（2003）提出了基于 PSO 的规则挖掘算法，但该算法是以二进制为编码的（Liu et al.，2004）。本小节将提出一种实数制编码的 PSO 遥感影像分类器，与其他规则分类器相比较，PSO-Miner 不仅能够处理离散数据，而且特别适合于连续数据，不需要对连续数据进行离散化处理，粒子自动寻找连续数据的最优分割点。在 PSO-Miner 算法中，每个粒子对应一条路径（图 5.7），相应产生一条分类规则，分类规则的挖掘可以当作是在多维空间对最优解的搜索。规则的形式如下：

$$\begin{gathered}\text{IF band1} = \text{Value}\_1\\ \text{AND band2} = \text{Value}\_2\\ \vdots\\ \text{AND band}j = \text{Value}\_j\\ \text{THEN Class}\_x\end{gathered}$$

PSO 将每个解看成是在一个 D 维搜索空间内没有体积的粒子。在本节中，对于每一条规则，需要确定波段的最优区间范围 $[x_-, x_+]$，x_- 为最优区间的下界，x_+ 为最优区间的上界。由于区间的上下限是成对出现的，因此，对于波段数目为 n 的遥感数据，$D=2n$。假设有 m 个粒子，第 i 个粒子的位置向量可表示为（x_{-i1}，x_{+i1}，x_{-i3}，x_{+i2}，…，x_{-in}，x_{+in}），第 i 个粒子的速度向量可表示为（v_{-i1}，v_{+i1}，v_{-i2}，v_{+i2}，…，v_{-in}，v_{+in}）。粒子在飞行过程中不断根据当前最优值 p（t）和全局最优值 p_g 进行速度和位置的调整。其速度调整函数如下（Kennedy et al.，1995）：

$$\begin{cases}v_{-ij}(t+1)=w(t)v_{-ij}(t)+c_1r_{1ij}(t)(p_{-ij}(t)-x_{-ij}(t))+c_2r_{2ij}(t)(p_{g-}-x_{-ij}(t))\\ v_{+ij}(t+1)=w(t)v_{+ij}(t)+c_1r_{3ij}(t)(p_{+ij}(t)-x_{+ij}(t))+c_2r_{4ij}(t)(p_{g+}-x_{+ij}(t))\end{cases}\tag{5.10}$$

位置调整函数为

$$\begin{cases} x_{-ij}(t+1) = x_{-ij}(t) + v_{-ij}(t+1) \\ x_{+ij}(t+1) = x_{+ij}(t) + v_{+ij}(t+1) \end{cases} \tag{5.11}$$

其中，$i=1, 2, \cdots, m$；$j=1, 2, \cdots, n$；t 为迭代次数。w（t）为第 t 次迭代的惯性权重，用于控制前一次迭代产生的粒子速度对本次迭代速度的影响；c_1、c_2 是学习因子，为非负常数；r_{1ij}、r_{2ij}、r_{3ij}、r_{4ij} 为介于［0，1］之间的随机数；p_{-ij}（t）、p_{+ij}（t）为第 i 个粒子迄今为止搜索到的下界和上界的适应度最优值；p_{g-}、p_{g+} 为整个粒子群迄今为止搜索到的下界和上界的适应度最优值，其中，$p_{g-}=(p_{g-1}, p_{g-2}, \cdots, p_{g-n})$，$p_{g+}=(p_{g+1}, p_{g+2}, \cdots, p_{g+n})$。

基于粒子群的遥感分类方法可分为三个阶段：规则构造、分类规则适应度的计算、规则对训练数据的覆盖。

1. 规则构造

规则构造模仿了鸟类的觅食行为。粒子在每一个波段搜索最优上界和最优下界，对于波段数目为 n 的遥感数据，则是在 $2n$ 维空间内搜索最优值。每个波段的最优区间用操作符 And 连接，与土地利用分类的类别相连形成一条规则。

粒子初始时随机分布在 $2n$ 维空间内，初始状态粒子的位置分布为

$$\begin{cases} x_{-ij} = \text{Rand} \times (\text{band}_{j\max} - \text{band}_{j\min}) + \text{band}_{j\min} \\ x_{+ij} = \text{Rand} \times (\text{band}_{j\max} - \text{band}_{j\min}) + \text{band}_{j\min} \end{cases} \tag{5.12}$$

其中，x_{-ij}、x_{+ij} 为第 i 个粒子的在第 j 个波段上的下界和上界，如果 $x_{-ij} > x_{+ij}$，则相互置换。Rand 为分布在区间［0，1］内的随机数。$\text{band}_{j\min}$、$\text{band}_{j\max}$ 分别为第 j 个波段的最小值和最大值。粒子的初始速度为：

$$\begin{cases} v_{-ij} = \text{Rand} \times v_{-j\max} \\ v_{+ij} = \text{Rand} \times v_{+j\max} \end{cases} \tag{5.13}$$

其中，$v_{-j\max}$ 和 $v_{+j\max}$ 分别为下界和上界方向上的最大速度。

运行后，计算每个粒子的适应度值，比较每个粒子的当前适应度值与迭代前的个体最优值，若粒子的当前适应度优于迭代前的个体最优值，则进行个体最优值的更新；否则个体最优值将不进行更新。计算所有粒子的个体最优值，适应度最优的个体最优值即为全局最优值。随后，对式（5.10）中的惯性权重进行更新，惯性权重更新的公式如下：

$$w(t) = w_{\max} - t \times (w_{\max} - w_{\min}) / I_{\max} \tag{5.14}$$

其中，t 为迭代次数；$w_{\max}$ 为惯性权重最大值；$w_{\min}$ 为惯性权重最小值；$I_{\max}$ 为最大迭代次数。

根据粒子当前的个体最优值和全局最优值以及惯性权重，利用式（5.10）和式（5.11）更新每个粒子的飞行速度和位置。当全局最优适应度值与平均适应度值的绝对值小于一个阈值或迭代次数超过最大迭代次数 $I_{\max}$ 时，循环终止，得到一组分类规则。规则构造的伪代码如下：

```
Input training data
```

```
Initialize particle swarm   /*初始化粒子群*/
While (t<Max _ iteration or err>Min _ error _ criteria) /* 当t小于最大迭代次数或误差大于最小误差标准时*/
For i = 1 to No _ of _ particles /*粒子数目*/
Calculate particle' s down _ fitness   /*计算粒子下界的适应度*/
If the down _ fitness value is better than the best down _ fitness value (p_ best) in history
Then
Set current value as the newp_ best
End if
Choose the particle with the best down _ fitness value of all the particles as the g_ best
Calculate particle' s upper _ fitness   /*计算粒子上界的适应度*/
If the upper _ fitness value is better than the best upper _ fitness value (p+ best) in history
Then
    Set current value as the new p+ best
End if
Choose the particle with the best upper _ fitness value of all the particles as the g+ best
    Update particle velocity according to equation (5.10) /*更新粒子的速度*/
Update particle position according to equation (5.11) /*更新粒子的位置*/
Next i
Loop
```

2. 分类规则适应度的计算

分类规则（粒子）的适应度用来衡量粒子位置的优劣，是判断粒子飞行方向的指南针，合理地选择适应度函数对问题的求解有着重要的作用。本节用下面公式计算分类规则（粒子）的适应度

$$Q=\left(\frac{\text{TruePos}}{\text{TruePos}+\text{FalseNeg}}\right)\cdot\left(\frac{\text{TrueNeg}}{\text{FalsePos}+\text{TrueNeg}}\right) \tag{5.15}$$

其中，TruePos为满足规则条件，并且和规则预测类型相同的样例数；FalsePos为满足规则条件，并且和规则预测类型不同的样例数；FalseNeg为不满足规则条件，并且和规则预测类型相同的样例数；TrueNeg为不满足规则条件，并且和规则预测类型不同的样例数。

3. 规则对训练数据的覆盖

将搜索到的粒子最优位置 p_g（最优分类规则）置入到规则集 R 中，然后采用序列

覆盖算法在训练数据中移除规则 p_g 所覆盖的数据，即波段属性和类别属性均与规则相匹配的数据，其他类别属性的数据得以保留。如果训练数据中某一类别的数据个数小于一个阈值，意味着该类别的数据量过小，可终止该类别数据的规则挖掘，进行下一类别规则的挖掘，直至所有类别的规则挖掘完毕。

5.2.3 影像分类实验

实验中采用的数据是 2004 年获取的广州市番禺地区的 TM 卫星数据，选取的研究区域范围为 1666×2211 个像元（分辨率为 30m），选择的波段为 TM 的 1～5 波段及 7 波段，总共 6 个波段的数据。彩图 1 为研究区域 5，4，3 波段所合成的假彩色影像图。

训练样本的选择是遥感影像分类的关键步骤，直接关系到所获规则的质量，根据遥感影像和实地调查来采集训练样本和验证数据集。训练数据集的样本数为 2120，验证数据集的样本数为 2000。

基于粒子群的遥感分类模型主要由两部分组成：分类规则提取及遥感影像土地利用类型的识别。分类规则主要通过 PSO-Miner 算法从训练数据挖掘出来的，PSO-Miner 算法是在 Visual Basic 6.0 环境中编程实现的。土地利用类型的识别部分则是根据 PSO-Miner 算法所挖掘出来的分类规则对遥感影像进行分类，也是通过在 Visual Basic 6.0 环境中编程实现的。

利用 PSO 进行分类规则的提取时，首先需要设定各参数值。在本节的遥感分类实验中，各参数值的设置见图 5.8。选择 TM 数据的 1～5 及 7 波段等 6 个波段参与分类，由于需要确定波段的最优上界和最优下界，因此，粒子相当于在 D＝2×6 维的空间内进行优化搜索。遥感分类的类别数为 8 类。每一类别的种群规模（粒子数目，Numb）设为 20，粒子最大速度为 10；根据 Shi 等的研究结果（Shi et al.，1998），较大的惯性权重有利于跳出局部极值，而较小的惯性权重有利于算法的收敛，因此，可将惯性权重设为随时间线性减小。惯性权重最大值通常取 0.9，惯性权重最小值通常取 0.4，本实验的惯性权重也是如此设置；当迭代次数超过 100 次时，将强行性终止循环。当每一类剩余的样例数目小于 5 时，则终止该类别数据的规则挖掘，进行下一类别的规则挖掘；PSO 学习因子的权重对算法的性能影响较大，c_1 代表粒子的认知功能，当 c_1＝0 时，粒

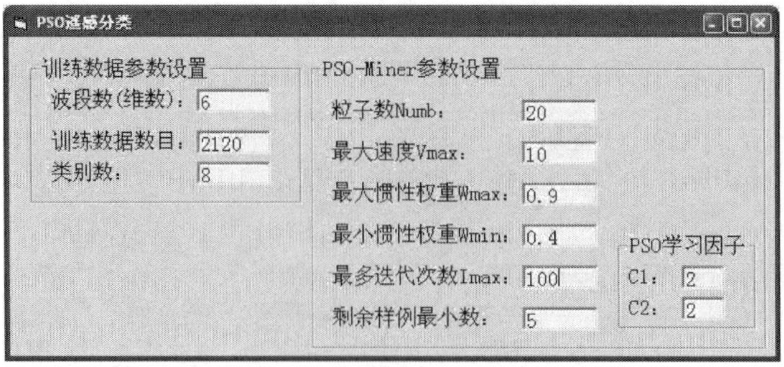

图 5.8　PSO 遥感影像分类参数设置

子没有认知功能，在粒子的相互作用下，有能力到达新的搜索空间，但容易陷入局部最优值；c_2 代表粒子之间的社会信息共享能力，当 $c_2=0$ 时，粒子之间没有信息共享，得到最优解的概率很低。本实验中，我们取 $c_1=c_2=2$。

根据前面所选取的训练数据，本实验利用 PSO-Miner 算法共获得了 40 条分类规则，表 5.5 列出了部分的分类规则。根据所获得的分类规则，对实验区遥感影像进行分类，分类结果见彩图 2（a）。同时，我们选取相同的训练数据，用最大似然（MLH）方法对实验区的遥感影像进行了分类，分类结果见彩图 2（b）。

表 5.5 PSO-Miner 所挖掘的部分分类规则

```
Rule 1:
IF
96.7<B1<141.7 & 48.9<B2<73.9 & 64.5< B3 <118.4 & 81.4< B4 <103.3 & 110.8< B5 <150.3& 46.9< B7 <98.4
Then
class = Urban
Rule 2:
IF
84<B1<89.7 & 37<B2<48.2 & 42< B3 <62.9 & 20< B4 <41.2 & 12.8< B5 <45.3& 4.4< B7 <23.9
Then
class = Water
Rule 3:
IF
77.4<B1<90.8 & 34.9<B2<44.8 & 36.5< B3 <56.7 & 81.4< B4 <140 & 59.3< B5 <97& 18.4< B7 <46.5
Then
class = Agriculture
Rule 4:
IF
107.5<B1<152.6 & 58.9<B2<105.6 & 89.7< B3 <160.5 & 85.8< B4 <131.4 & 137.7< B5 <238.1& 64.2< B7 <126.4
Then
class = Developing land
……
```

为了能更清楚地进行两者分类结果的对比，分别对两种方法分类的结果图做了局部放大处理，见彩图 3。对比彩图 3（b）、彩图 3（c）、彩图 3（e）、彩图 3（f）圈中的分类结果，很容易发现：最大似然方法将彩图 3（c）、彩图 3（f）中的基塘错分为水体，PSO 对基塘的识别则基本正确。这可能是因为基塘和水体的光谱特征比较接近，最大似然作为一种简单的线性方法难以对其区分，而 PSO 作为一种自适应、自学习的群集智能算法，是一种非线性方法，非常适于复杂问题的求解，从而能够识别线性不可分的光谱特征。此外，最大似然方法将彩图 3（f）中的建设用地错分为建成区。值得注意的是：PSO 分类后的斑块比较均一，更接近土地利用制图的要求，而最大似然分类后的斑块比较破碎。可见，PSO 遥感分类结果较真实地反映了实际的土地利用覆盖类型。

为了对比两种方法的精度，用先前选取的验证数据对粒子群分类方法和最大似然方法进行了精度测试，将精度评价结果分别表示为混淆矩阵，见表 5.6、表 5.7。通过比较混淆矩阵，粒子群分类方法的总精度为 84.6%，最大似然方法的总精度为 80.1%。总精度在评价由于机遇造成的一致性和实际观测的一致性之间的差别时会有所偏差(Congalton，1991)。Kappa 系数则能有效地避免这种偏差，尤其对于地理数据来说，Kappa 系数能从位置、数量和综合信息来评价模型的精度。因此，用 Kappa 系数来度量遥感分类的精度。Kappa 系数的计算公式如下：

$$\text{Kappa} = \frac{M\sum_{i=1}^{r} x_{ii} - \sum_{i=1}^{r}(x_{i+} \cdot x_{+i})}{M^2 - \sum_{i=1}^{r}(x_{i+} \cdot x_{+i})} \tag{5.16}$$

表 5.6　番禺实验区粒子群方法的分类精度评价结果

实际	分类									
	建成区	山体	水体	果园	农田	休耕地	基塘	建设用地	总和	使用精度/%
建成区	288	1	2	1	8	19	3	7	329	87.6
山体	1	98	1	9	5	0	0	1	115	85.2
水体	1	3	313	2	2	1	28	1	351	89.2
果园	9	10	3	184	35	4	2	0	247	74.5
农田	1	4	2	31	259	7	1	2	307	84.4
休耕地	10	1	1	6	4	107	1	1	131	81.3
基塘	11	3	37	1	0	4	285	1	342	83.4
建设用地	10	1	0	3	2	3	1	158	178	88.7
总和	331	121	359	237	315	145	321	171	2000	
生产精度/%	87.0	81.0	87.2	77.6	82.2	73.8	88.7	92.4		
总精度=84.6%　　Kappa 系数=0.821										

表 5.7　番禺实验区最大似然方法的分类精度评价结果

实际	分类									
	建成区	山体	水体	果园	农田	休耕地	基塘	建设用地	总和	使用精度/%
建成区	279	2	4	0	9	22	5	8	329	84.8
山体	1	97	0	8	7	0	1	1	115	84.3
水体	3	6	297	3	12	1	37	2	351	84.6
果园	6	11	3	182	37	6	2	0	247	73.7
农田	1	5	2	32	257	8	1	1	307	83.7
休耕地	15	1	0	7	5	101	1	1	131	77.1

续表

实际	分类									
	建成区	山体	水体	果园	农田	休耕地	基塘	建设用地	总和	使用精度/%
基塘	13	3	83	2	10	6	233	2	342	68.1
建设用地	14	1	1	2	2	3	0	155	178	87.5
总和	332	126	390	236	319	147	280	170	2000	
生产精度/%	84.0	77.0	76.2	77.1	80.6	68.7	83.2	91.2		
总精度=80.1%　　Kappa 系数=0.768										

其中，x_{ii}为错误矩阵主对角线上的元素，x_{i+}为错误矩阵i行的和，x_{+i}为错误矩阵i列的和。根据式（5.16），分别计算了两种分类方法的Kappa系数（表5.6、表5.7），其中，粒子群遥感分类的Kappa系数为0.821，最大似然遥感分类的Kappa系数为0.768，两者之间的精度相差明显。可见，粒子群分类的效果比最大似然遥感分类方法的效果要好。

5.2.4 结　论

本节提出了一种基于粒子群的智能式遥感分类新方法。PSO算法实际上是一种多智能体算法，简单的智能个体通过相互协作和竞争而表现出复杂的群集智能行为，不会由于一个或者某几个智能个体的故障而影响整个问题的求解；与进化算法相比较，PSO采用简单的速度-位移模型，避免了复杂的遗传操作，同时它的记忆能力使其可以跟踪当前的搜索情况并动态调整搜索策略，具有较强的全局收敛能力和鲁棒性，因此，非常适合地理复杂规律的提取。

本节首次将基于粒子群的分类规则挖掘算法尝试性地引进到遥感影像中，PSO-Miner算法模仿鸟类觅食的方式构造分类规则，通过序列覆盖算法移除规则所覆盖的训练数据，直至所有的规则挖掘完毕。本节设计的PSO-Miner特别适合于处理连续数据，不需要对遥感数据进行离散化处理，粒子能自动寻找每个波段的最优分割点。并且该算法所提取的If-Then分类规则，能更方便和准确地描述自然界中的复杂关系，比数学公式更容易让人理解。

将该算法应用于番禺的遥感影像分类中，取得了较好的分类结果。并与最大似然分类算法进行了对比研究，其中PSO分类方法的总精度为84.6%，Kappa系数为0.821，而最大似然方法的总精度为80.1%，Kappa系数为0.768。这表明粒子群的分类精度比最大似然方法更高。

5.3 基于蚁群智能的遥感分类方法

土地利用/覆盖及其变化是全球环境变化过程中的重要因子（Turner et al.，1994）。

遥感影像分类则是获取土地利用/覆盖数据的一项重要手段。遥感影像分类一直是遥感研究领域里的一项重要内容（Nishii and Eguchi，2005），是遥感应用的基石，因为它是遥感影像转换为可用的地理数据的核心（Wilkinsom，2005）。近三十年来，学者们发展了大量的遥感分类方法，但这些方法基本可归纳为三大类：基于密度分布函数的统计学分类方法、基于知识的专家系统分类方法以及基于智能计算的神经网络分类方法等（Wilkinsom，1996）。统计学分类中最常用的方法是最大似然分类，该方法按待分像元与样本数据的相似程度进行分类（Strahler，1980；Frizzelle and Moody，2001）。它具有计算相对简单、实施方便等优点。但是，该方法要求训练数据为正态分布，因此，训练样本的选择和参数估计直接影响分类结果，从而难以获得较高的分类精度。专家系统分类方法综合影像的光谱信息、空间结构信息、地物分布规律及专家经验（Moller-Jensen，1990；Srinivasan and Richards，1990；Tonjes et al.，1999），对数据没有正态分布的要求，分类规则容易理解，分类过程符合人类的认识及思维过程，可以在较大程度上提高分类的精度。但该方法是一种知识驱动的分类方法，利用专家的经验获取知识往往是一个漫长而反复的过程，这在很大程度上限制了该方法的应用。神经网络方法具有自适应性和进行复杂并行运算的能力（Heerman and Khazenie，1992；Bischof et al.，1992；Serpico and Roli，1992），对数据类型及数据分布函数没有限制，可融合多种数据进行分类。不足的是，神经网络属于黑箱结构，难以对结果进行解释，并存在过学习，局部最小值和收敛速度慢的问题。

近年来，逐步发展起来的人工智能技术和理论为遥感分类提供了一种新的智能化手段，可惜，目前在这方面的研究非常有限。本节将人工智能的一个分支——蚁群智能算法尝试性地引入到遥感图像分类中，并进行了探索性的研究。蚁群智能算法是一种源于大自然中生物世界的仿生类人工智能算法。蚁群算法的详细介绍请参考前面 3.4.2 节。它具有鲁棒性、自适应性、正反馈、优良的分布式计算机制等优点（Dorrigo，1992；Dorigo et al.，1996），目前已成为人工智能领域的一个研究热点，但在遥感分类方面的应用则未见报道。

本节提出了利用基于蚁群智能的分类规则挖掘算法（Ant-Miner）对遥感影像进行分类的新方法。其原理是通过模仿蚂蚁寻找食物的方式来构造遥感分类的规则。在 Ant-Miner 算法中，信息素不断地更新，其提供的正反馈信息可以帮助纠正启发式函数缺陷所造成的错误。此外，Ant-Miner 中的信息素是基于规则整体性能的，信息素的动态更新能更好地处理属性间的相互作用，因此，在处理属性之间相关性比较强的数据时，比其他算法更具有优势。遥感数据各波段之间存在较强的相关性，这种相关性往往会导致分类时产生误差，蚁群智能算法将会有效地解决数据之间的相关性，因此，非常适合于遥感影像分类。

5.3.1 蚁群算法的基本原理

人工蚁群算法是受到蚂蚁觅食过程中路径选择行为的启发而提出的（Dorigo，1992）。蚂蚁在寻找食物源时，能在其走过的路径上释放一种蚂蚁特有的分泌物——信息素（Pheromone），该激素随着时间的延续不断挥发。蚂蚁在运动过程中能够感知信息素的存在及其强度，并以此指导自己的运动方向。蚂蚁倾向于朝着信息素强度高的方向移动，因此，由大量蚂蚁组成的蚁群的集体行为便表现出一种信息正反馈现象。当一些路径上通过的蚂蚁越来越多时，其留下的信息素轨迹也越来越多，导致信息素强度增大，其他蚂蚁选择该路径的概率也越高。蚂蚁个体之间就是通过这种间接的通信机制达到协同搜索蚁巢到食物源的最短路径的目的。

蚂蚁在觅食过程中通过相互协作能找到蚁巢到食物源的最短路径，在没有障碍物的情况下，所形成的最短路径近乎一条直线，如图 5.9（a）所示。蚂蚁群体不仅可以完成复杂的任务，而且能适应环境的变化，如在蚁群运动路线上突然出现障碍物时，刚开始蚂蚁按同等概率选择各条路径，如图 5.9（b）所示。在运动过程中，蚂蚁在其经过的路径上留下信息素，由于路径 F-G-H 比路径 F-O-H 要短，选择路径 F-G-H 的蚂蚁要比选择路径 F-O-H 的蚂蚁先达到食物源，那么，此时，路径 H-G-F 上的信息素浓度比路径 H-O-F 的信息素浓度要大，从而使得选择路径 H-G-F 的蚂蚁增多，如图 5.9（c）所示。由于信息素的挥发，较长路径上的信息素逐渐消失，如此反复循环，最终，所有的蚂蚁都沿着最短路径行进，见图 5.9（d）。

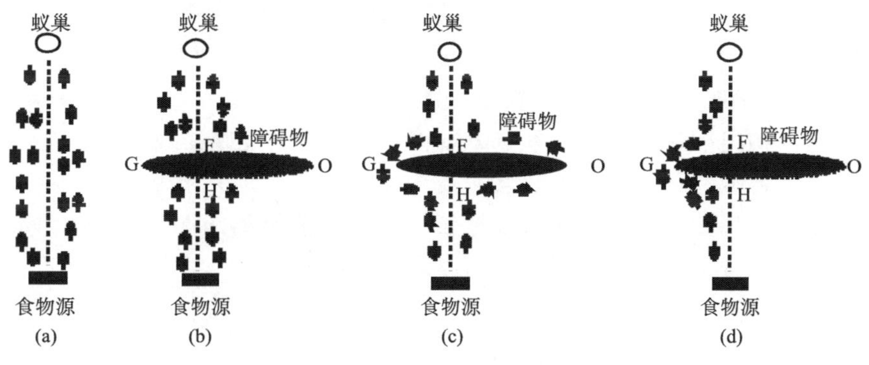

图 5.9　蚁群觅食过程图

蚂蚁觅食过程中选择最优路径的现象表现为一种正反馈过程，这一过程应用于优化领域便产生了人工蚁群智能算法（Dorigo，1992），因此，蚁群算法是对真实蚂蚁觅食行为的一种抽象和模拟。

5.3.2　基于蚁群智能的遥感分类模型

蚁群算法具有很强的自学习能力，能够根据环境的改变和过去的行为结果对自身的知识库进行更新，从而实现算法求解能力的进化，因此，蚁群智能可以有效地解决非线性问题，特别适合于地理复杂现象。本章将以 TM 影像为例，探讨利用基于蚁群智能的分类规则挖掘算法自动从遥感影像中挖掘出分类规则，图 5.10 为基于蚁群智能的遥感分类的过程。

蚁群算法在 TSP 问题求解、分配问题、数据聚类、组合优化、网络路由等方面取得了一系列较好的成果（Lumber and Faieta，1994；Kwang and Weng，2002；段海滨，2005），但其在分类规则挖掘方面的研究还刚刚起步。基于蚁群算法的规则挖掘最初由

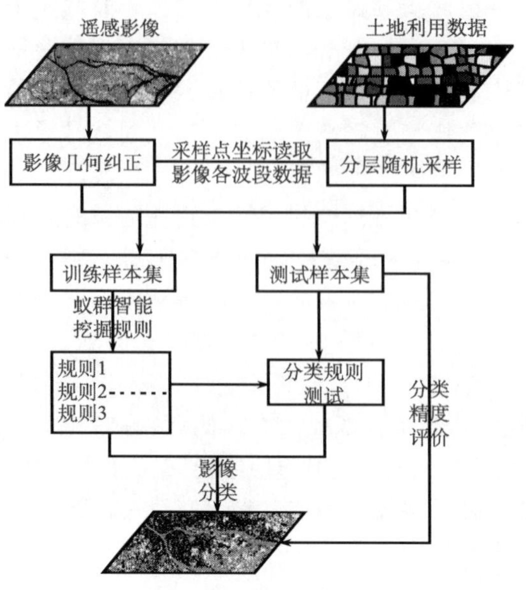

图 5.10　基于蚁群智能的遥感分类方法

巴西学者 R. S. Parpinelli 于 2002 年提出（Parpinelli et al.，2002），主要是利用蚁群觅食原理在数据库中搜索最优规则。本节尝试将基于蚁群的规则挖掘算法引入到遥感影像分类中，定义蚁群搜索路径为属性节点和类节点的连线，其中属性节点最多只出现一次且必须有类结点，属性节点对应遥感影像波段的离散值。如图 5.11 所示，每条路径对应一条分类规则，分类规则的挖掘可以当作是对最优路径的搜索。刚开始时，随机产生一条规则，规则形式如下：

$$\text{IF}\quad \langle \text{term}_1 \text{ AND term}_2 \text{ AND} \cdots\cdots \rangle \quad \text{THEN}\quad \langle \text{class} \rangle \tag{5.17}$$

其中，term_i 为条件项，条件项组合用〈波段，操作符，波段的值〉表示，规则结论（THEN 部分）则定义了样本的分类类别（class）。值得注意的是，遥感数据的各波段的值为连续值，因此需要对数据进行离散化处理。记遥感数据的波段为 B_1，B_2，…，B_n，各波段的值为 V_1，V_2，…，V_n，对波段值进行离散化处理后，波段值记为 V_{11}，V_{12}，…，V_{21}，V_{22}，…，V_{nm}，条件项组合 $B_i = V_{ij}$ 则表示为 term_{ij}（属性节点）。

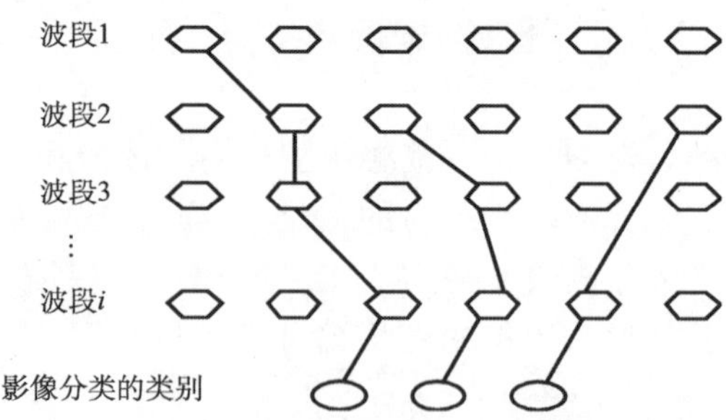

图 5.11　Ant-Miner 算法中分类规则对应的路径

基于蚁群智能的遥感分类规则挖掘分为四个阶段：首先需要对各波段的值进行离散化处理；然后从一条空路径开始重复选择路径节点增加到路径上，直到得到一条完整路径，即规则构造；随后需要对规则进行修剪；最后更新所有路径上的外激素浓度，对下一只蚂蚁构造规则施加影响。

1. 数据的离散化处理

遥感数据各波段的值为连续值，需要对数据进行离散化处理后，才能用于蚁群智能的规则挖掘。数据的离散化处理是否得当，是蚁群智能规则挖掘非常重要的一个部分，关系到整个规则的质量。本节采用信息熵作为对断点重要性的量度，并在此基础上对遥感影像波段的值进行离散化处理（谢宏等，2005）。

为了便于表达，先定义决策表如下：一个决策表是一个由四元组（U，R，V，f）所构成的信息表。其中，U 为对象的集合，即论域；$R=C\cup D$，C 及 D 分别为条件属性集和决策属性集；V 为属性的取值范围所构成的集合；f 为信息函数。

设 $X\subseteq U$ 为训练子集，其实例个数为 $|X|$，其中决策属性为 j（$j=1$，2，…，r）的实例个数为 k_j，则训练集的信息熵为（Theil，1967；谢宏等，2005）：

$$H(X)=-\sum_{j=1}^{r}p_j\log_2 P_j,P_j=\frac{k_j}{|X|} \tag{5.18}$$

信息熵越小，说明集合 X 中个别决策属性值占主导地位，其混乱程度也越小。对于断点 c_i^a，决策属性值为 j（$j=1$，2，…，r）的实例中，属于集合 X 且属性 a 的值又小于断点值 c_i^a 的实例的个数记为 l_j^X（c_i^a），大于断点值 c_i^a 的实例的个数记为r_j^X（c_i^a），令

$$l^X(c_i^a)=\sum_{j}^{r}l_j^X(c_i^a) \tag{5.19}$$

$$r^X(c_i^a)=\sum_{j}^{r}r_j^X(c_i^a) \tag{5.20}$$

断点 c_i^a 可以将集合 X 分成两个子集 X_l 和 X_r，其信息熵分别为（Theil，1967；谢宏等，2005）

$$H(X_l)=-\sum_{j=1}^{r}p_j\log_2 P_j,P_j=\frac{l_j^X(c_i^a)}{l^X(c_i^a)} \tag{5.21}$$

$$H(X_r)=-\sum_{j=1}^{r}q_j\log_2 q_j,q_j=\frac{r_j^X(c_i^a)}{r^X(c_i^a)} \tag{5.22}$$

定义断点 c_i^a 针对集合 X 的信息熵为：

$$H^X(c_i^a)=\frac{|X_l|}{|U|}H(X_l)+\frac{|X_r|}{|U|}H(X_r) \tag{5.23}$$

假设 $L=\{Y_1, Y_2, \cdots, Y_m\}$ 是决策表已经被选取的断点的集合 P 划分得到的等价类，那么加入新的断点 $c\notin P$ 后新的信息熵为

$$H(c,L)=H^{Y_1}(c)+H^{Y_2}(c)+\cdots+H^{Y_m}(c) \tag{5.24}$$

H（c，L）越小，说明加入此断点后将使划分的新的等价类子集的决策属性值越趋于单一，该断点的重要程度越大。

设 P 为已选取的断点的集合，L 为实例被断点集合 P 所划分成的等价类集合，B 为候选断点的集合，H 为决策表信息熵。那么，基于信息熵的连续属性值离散化算法可描述如下（谢宏等，2005）：

（1）对每一个 $c \in B$，计算 H（c，L）；

（2）若 $H \leqslant \min H$（c，L），则结束；

（3）选择使 H（c，L）最小的断点 $c_{\min}$ 加入到 P 中；

（4）对所有的 $X \in L$，如果 $c_{\min}$ 把等价类 X 划分为 X_1 和 X_2，那么，从 L 中去掉 X，把等价类 X_1 和 X_2 加到 L 中；

（5）如果 L 中各个等价类中的实例都具有相同的决策，循环结束，否则转到步骤 1。

2. 规则构造

规则构造模仿了蚂蚁的觅食行为。蚂蚁重复选择节点直到构造一条完整路径，理论上节点的选择可以是完全随机的，但这可能需要漫长的计算时间作为代价。通常可以设计一个与问题相关的启发式函数，相当于给人工蚂蚁安上一双“眼睛”，从而引导蚁群的搜索，缩短收敛时间。

Parpinelli 等（2002）采用基于信息熵的方法来构造启发式函数，每个属性节点的启发式函数值与其分类样例的能力成正比，我们根据数据的统计特征（频数）来构造启发式函数，定义条件项 term_{ij} 的启发式函数值 η_{ij} 为（段海滨，2005）

$$\eta_{ij} = \frac{\max\left(\sum_n \text{freq}T_{ij}^1, \sum_n \text{freq}T_{ij}^2, \cdots, \sum_n \text{freq}T_{ij}^k\right)}{\sum_n T_{ij}} \tag{5.25}$$

其中，η_{ij} 为条件项 term_{ij} 基于密度的启发式函数值，T_{ij} 为满足件项 term_{ij} 的实例数，$\text{freq}T_{ij}^w$ 为 T_{ij} 中类别为 w 的频数。在数据挖掘过程中，每得到一条最终规则后，要移除符合规则条件部分的记录，因而，max（$\sum_n \text{freq}T_{ij}^1$，$\sum_n \text{freq}T_{ij}^2$，…，$\sum_n \text{freq}T_{ij}^k$）和 $\sum_n T_{ij}$ 在得到一条最终规则后其值会发生变化，需要对其进行动态更新。

当第一只蚂蚁开始构造路径时，所有路径节点的信息素浓度被初始化为相同的值

$$\tau_{ij}(t=0) = \frac{1}{\sum_{i=1}^{a} b_i} \tag{5.26}$$

其中，τ_{ij} 为条件项 term_{ij} 的信息素浓度，a 为数据库中属性（不包括类属性）总数，b_i 为属性 i 所有可能取值的数据。

赌轮机制用来选择属性节点。对每个属性列来说，其所属节点 term_{ij} 被选择的概率按下式进行计算

$$P_{ij}(t) = \frac{\tau_{ij}(t) \cdot \eta_{ij}(t)}{\sum_{i=1}^{a} \sum_{j=1}^{b_i} \tau_{ij}(t) \cdot \eta_{ij}(t)} \tag{5.27}$$

选择出的属性节点被加入到路径中去。直到所有属性（包括类属性）都被选入到路径

中去，至此，一条完整的路径已产生，即一条分类规则。规则的有效性用下面公式计算

$$Q = (\frac{\text{TruePos}}{\text{TruePos} + \text{FalseNeg}}) \cdot (\frac{\text{TrueNeg}}{\text{FalsePos} + \text{TrueNeg}}) \tag{5.28}$$

其中，TruePos 为满足规则条件，并且和规则预测类型相同的样例数；FalsePos 为满足规则条件，并且和规则预测类型不同的样例数；FalseNeg 为不满足规则条件，并且和规则预测类型相同的样例数；TrueNeg 为不满足规则条件，并且和规则预测类型不同的样例数。

3. 规则修剪

由于产生分类规则时，每个属性节点都被选作为规则的一个条件项，这样得到的规则条件项较多，难于理解；此外，有些属性对于某些类别的分类结果贡献不大，甚至会有负面影响，因而需要对其进行修剪；更为重要的是，路径节点的重复选择可能会带来分类规则对样例的过度拟合。一种简单的修剪方法就是依次移去能使规则有效性得到最大提高的属性节点 ，即移除多余的属性节点，直到任一属性节点的移除都会降低规则的有效性。

4. 信息素浓度更新

当一次迭代中的所有人工蚂蚁构造的规则经过修剪得到分类规则后，所有路径节点的信息素浓度都将依据这种分类规则的效率进行更新。规则中被包含的路径节点的信息素浓度将增加，而没有被包含的路径节点的信息素浓度将减小（引入挥发系数 ρ）。属性节点的信息素浓度更新公式如下：

$$\tau_{ij}(t+1) = (1-\rho) \cdot \tau_{ij}(t) + (\frac{Q}{1+Q}) \cdot \tau_{ij}(t) \tag{5.29}$$

其中，ρ 为信息素的挥发系数，Q 为分类规则的质量。所有属性节点的信息素尝试被更新，在此基础上，下一个蚂蚁开始它的搜索。当连续若干蚂蚁搜索到同一路径时，就认为搜索收敛；否则，重复这个过程，直到所有的蚂蚁搜索完毕。在该迭代过程中，每只蚂蚁构造出一条规则，这些规则当中质量较好的规则，由于其信息素浓度逐渐增强，能够得以保留，并被视为最终分类规则。其他质量较差的规则被丢弃。迭代完成后进入下一次迭代，直到剩余的训练样例数小于预定的样例数。

5.3.3 影像分类实验

实验中采用的数据是 2005 年获取的广州市地区的 TM 卫星数据，选取的研究范围为 1706×1549 个像元（分辨率为 30m），选择的波段为 1～5 波段及 7 波段，共 6 个波段的数据。彩图 4 为研究区域 5，4，3 波段所合成的假彩色影像图。

训练样本的选择是蚁群学习的关键步骤，直接关系到所获规则的质量。根据实地调查并利用土地利用图，采用分层随机采样的方法来获取训练样本和验证数据集。训练数据集的样本数为 1150，验证数据集的样本数为 1000。

基于蚁群智能的遥感分类模型主要由两部分组成：分类规则提取和土地利用类型的

识别。分类规则主要通过 Ant-Miner 算法从训练数据挖掘出来的，Ant-Miner 算法是通过在 Visual Basic 6.0 环境中编程实现的。土地利用类型的识别部分则是根据 Ant-Miner 算法所挖掘出来的分类规则对遥感影像进行分类。

在运用 Ant-Miner 挖掘遥感影像分类规则时，离散化后的各波段值作为蚂蚁路径的属性节点，影像分类的类别作为蚂蚁路径的类节点，每条路径对应一条分类规则。分类规则的挖掘可以当作是蚂蚁对最优路径的搜索。根据前面所选取的训练数据，本实验利用 Ant-Miner 算法共获得了 44 条分类规则，表 5.8 列出了部分分类规则。根据所获得的分类规则，对实验区遥感影像进行分类，分类结果见彩图 5（a）。

表 5.8 Ant-Miner 所挖掘的部分分类规则

规则 1：
IF
53.5＜B4＜129.5 and 132＜B5＜203 and 45.5＜ B7 ＜61.5
Then
class＝Urban（置信度＝1.0）
规则 2：
IF
105.5＜B1＜112.5 and 60＜B3＜97 and 53.5＜ B4 ＜129.5
and 41＜B5＜132
Then
class＝ orchard（置信度＝0.93）
规则 3：
IF
B3＜60 and 129.5＜B4＜159.5
Then
class＝mountain （置信度＝1.0）
规则 4：
IF
B4＜53.5 and B7＜13.5
Then
class＝water （置信度＝1.0）
……

同时，我们选取与蚁群智能分类一样的训练数据，用最大似然方法对实验区的遥感影像进行了分类，分类结果见彩图 5（b）。通过比较分类结果的彩图 5（a）、彩图 5（b）可知，蚁群智能分类方法的结果明显优于最大似然方法。

为了能更清楚地进行两者分类结果的对比，分别对两种方法分类的结果图做了局部放大处理，见彩图 6（a）、彩图 6（b）。对比彩图 6（a）、彩图 6（b）中的 A、A′、B、B′及 C、C′，很容易发现：最大似然方法把彩图 6（b）中的 A′处错分为果园，实际是较旧的居民用地及一小块水域。对于 B′处，最大似然方法将其错分为果园，实际上则是山体。C′处应该是果园，最大似然方法将其错分为农田。而蚁群智能分类方法对这三处地方的分类结果都是正确的，见彩图 6（a）中的 A、B 、C。可见，蚁群智能分类方法较真实地反映了实际的土地利用覆盖类型。

为了对比两种方法的精度，用先前选取的独立验证数据对蚁群智能分类方法和最大似然方法进行了精度测试，将精度评价结果分别表示为混淆矩阵，见表 5.9、表 5.10。

通过比较混淆矩阵，蚁群智能分类方法的总体精度为88.6%，Kappa系数为0.861，最大似然方法的总体精度为82.9%，Kappa系数为0.792，可见，蚁群智能方法比最大似然方法的分类效果要好。特别地，对比两个局部放大的子图，可以发现最大似然方法夸大了果园类，缩小了居民用地类和山体类。

表5.9　广州市实验区基于蚁群智能的方法分类精度评价结果

类型	居民用地	山体	水体	果园	农田	开发用地	总和	使用精度/%
居民用地	266	0	4	3	14	7	294	90.5
山体	1	165	0	5	3	1	175	94.3
水体	2	0	124	2	2	0	130	95.4
果园	8	17	2	153	16	2	198	77.3
农田	15	4	1	14	176	3	213	82.6
开发用地	3	0	0	1	1	135	140	98.5
总和	295	186	131	178	212	148	1150	
生产精度/%	90.17	88.7	94.7	84.8	83.0	91.2		
	总精度=88.6%			Kappa系数=0.861				

表5.10　广州市实验区最大似然法的分类精度评价结果

类型	居民用地	山体	水体	果园	农田	开发用地	总和	使用精度/%
居民用地	254	1	3	4	25	10	297	85.5
山体	3	148	2	7	5	1	166	89.1
水体	2	0	121	5	3	0	131	92.4
果园	8	30	2	149	18	2	209	71.3
农田	22	7	3	24	149	2	207	72.0
开发用地	6	0	0	0	2	132	140	94.2
总和	295	186	131	178	212	148	1150	
生产精度/%	86.1	79.6	92.4	83.7	70.2	89.9		
	总精度=82.9%			Kappa系数=0.792				

5.3.4　结　　论

智能式遥感分类是遥感研究的新热点之一。当地表状况较复杂时，目前的遥感分类方法往往难以获得较高的分类精度，有必要引进智能式的方法来提高分类精度。为此，本章提出了一种基于蚁群智能算法的遥感影像分类新方法。蚁群智能算法实际上是一种多智能体算法，简单的智能个体通过合作能完成复杂任务，是一种“自下而上”的研究思路。蚁群算法具有较强的鲁棒性，不会由于一个或者某几个智能个体的故障而影响整个问题的求解；蚁群算法也具有很强的自组织性和自适应性，适合地理复杂规律的提取。

本章首次将蚁群智能的分类规则挖掘算法尝试性地引进到遥感影像分类中，Ant-Miner算法模仿蚂蚁寻找食物的方式来构造分类规则。该算法所提取的分类规则无需通过数学公式来表达，能更方便、准确地描述自然界中的复杂关系，并且这些规则比数学公式更容易让人理解。作为人工智能新的分支，蚁群智能算法具有较强的鲁棒性、自适应性、非线性，以及可应用正反馈机制，因此在提取复杂地理现象的规律（如遥感分类）时具有较为明显的优势。此外，Ant-Miner 算法中的信息素是基于规则整体性能的，信息素的动态更新能更好地处理属性之间相关性比较强的数据，对于各波段数据之间相关性较强的遥感影像来说，蚁群智能算法具有天然的优势。

将该算法应用于广州市的遥感影像分类中，取得了较好的分类结果。与最大似然分类算法进行对比研究，其中蚁群智能分类方法的总精度为 88.6%，Kappa 系数为 0.861，而最大似然方法的总精度为 82.9%，Kappa 系数为 0.792。这表明蚁群智能算法的分类精度比最大似然分类算法更高。

参 考 文 献

段海滨．2005．蚁群算法原理及其应用．北京：科学出版社

黎夏，叶嘉安．1999．约束性单元自动演化 CA 模型及可持续城市发展形态的模拟．地理学报，54（4）：289～298

黎夏，叶嘉安．2001．主成分分析与 Cellular Automata 在空间决策与城市模拟中的应用．中国科学，31（8）：683～690

黎夏，叶嘉安．2002．基于神经网络的单元自动机 CA 及真实和优化的城市模拟．地理学报，57（2）：159～166

谢宏，程浩忠，牛东晓．2005．基于信息熵的粗糙集连续属性离散化算法．计算机学报，28（9）：1570～1574

周成虎，孙战利，谢一春．1999．地理元胞自动机研究．北京：科学出版社

Aksoy S，Koperski K，Tusk C et al. 2005. Learning bayesian classifiers for scene classification with a visual grammar. IEEE Transaction on Geoscience and Remote Sensing，43（3）：581～589

Bandyopadhyay S，Pal S. 2001. Pixel classification using variable string genetic algorithms with chromosome differentiation. IEEE Transaction on Geoscience and Remote Sensing，39（2）：303～308

Batty M，Xie Y. 1994. From cells to cities. Environment and Planning B：Planning and Design，21：531～548

Bischof H，Schneider W，Pinz A J. 1992. Multispectral classification of landsat images using neural networks. IEEE Transaction on Geoscience and Remote Sensing，30（3）：482～490

Clarke K C，Brass J A，Riggan P J. 1994. A cellular automata model of wildfire propagation and extinction. Photogrammetric Engineering & Remote Sensing，60：1355～1367

Clarke K C，Hoppen S，Gaydos L. 1997. A self-modifying cellular automaton model of historical urbanization in the San Francisco Bay Area. Environment and Planning B：Planning and Design，24：247～261

Colorni A，Dorigo M，Maniezzo V. 1991. Distributed optimization by ant colonies. *In*：Proceedings of the 1st European Conference on Artificial Life，134～142

Congalton R G. 1991. A review of assessing the accuracy of classification of remotely sensed data. Remote Sensing of Environment，37：35～46

Couclelis H. 1988. Of mice and men：what rodent populations can teach us about complex spatial dynamics. Environment and Planning A，20：99～109

Couclelis H. 1994. From cellular automata to urban models：new principles for model development and implementation. Environment and Planning B：Planning and Design，24：165～174

Dorigo M. 1992. Optimization，learning and natural algorithms. Ph D Thesis，Department of Electronics，Politecnico di Milano：Italy

Dorigo M，Maniezzo V，Colorni A. 1996. Ant system：optimization by a colony of cooperating agents. IEEE Transaction on Systems，Man，and Cybernetics-Part B，26（1）：29～41

Foody G M，Mathur A. 2004. A relative evaluation of multi class image classification by support vector machines. IEEE Transaction on Geoscience and Remote Sensing，42（6）：1335～1343

Friedl M A, Brodley C E. 1997. Decision tree classification of land cover from remotely sensed data. Remote Sensing Environment, 61: 399～409

Frizzelle B G, Moody A. 2001. Mapping continuous distributions of land cover: a comparison of maximum-likelihood estimation and artificial neural networks. Photogrammetry Engineering and Remote Sensing, 67 (6): 693～705

Heerman P D, Khazenie N. 1992. Classification of multispectral remote sensing data using a back propagation neural network. IEEE Transaction on Geoscience and Remote Sensing, 30 (1): 81～88

Huang C, Davis L S, Townshend J R. 2002. An assessment of support vector machines for land cover classification. International Journal of Remote Sensing, 23: 725～749

Kennedy J. 2000. Stereotyping: improving particle swarm performance with cluster analysis. Proceedings of the Congress on Evolutionary Computing . Piscataway, NJ: IEEE Service Center. 1507～1512

Kennedy J, Ebcrhart R C. 1995. Particle swarm optimization. In: IEEE, International Conference on Neural Networks, Piscataway, NJ. 1942～1948

Kennedy J, Eberhart R C, Shi Y. 2001. Swarm Intelligence. San Francisco: Morgan Kaufman Publishers

Kwang M S, Weng H S. 2002. Multiple ant-colony optimization for network routing. *In*: Proceedings of the First International Symposium on Cyber Worlds. 277～281

Li X, Yeh A G O. 2000. Modelling sustainable urban development by the integration of constrained cellular automata and GIS. International Journal of Geographical Information Science, 14 (2): 131～152

Li X, Yeh A G O. 2001. Zoning for agricultural land protection by the integration of remote sensing, GIS and cellular automata. Photogrammetric Engineering & Remote Sensing, 67 (4): 471～477

Li X, Yeh A G O. 2002. Neural-network-based cellular automata for simulating multiple land use changes using GIS. International Journal of Geographical Information Science, 16 (4): 323～343

Liu Y, Qin Z, Shi Z W et al. 2004. Rule discovery with particle swarm optimization. Lecture Notes in Computer Science, 3309: 291～296

Lumber E, Faieta B. 1994. Diversity and adaptation in populations of clustering ants. Proceedings of the 3rd International Conference on Simulation of Adaptive Behavior: from Animals to Animates. Cambridge: MIT Press/Bradford Books. 501～508

Machado T R, Lopes H S. 2005. A Hybrid Particle Swarm Optimization Model for the Traveling Salesman Problem. *In*: Beliczynski B, Dzielinski A, Iwanowski M. Adaptive and Natural Computing Algorithms. New York: Springer. 255～258

Melgani F, Bruzzone L. 2004. Classification of hyperspectral remote sensing images with support vector machines. IEEE Transactions on Geoscience and Remote Sensing, 42: 1778～1790

Moller-Jensen L. 1990. Knowledge-based classification of an urban area using texture and context information in Landsat-TM imagery. Photogrammetry Engineering and Remote Sensing, 56 (6): 899～904

Moran C J, Bui E N. 2002. Spatial data mining for enhanced soil map modeling. International Journal of Geographical Information Science, 16 (6): 533～549

Nishii R, Eguchi S. 2005. Supervised image classification by Contextual Ada Boost based on posteriors in neighborhoods. IEEE Transaction on Geoscience and Remote Sensing, 43 (11): 2547～2554

Omran M. 2005. Particle swarm optimization methods for pattern recognition and image processing. Ph D Thesis, University of Pretoria

Pal M, Mather P M. 2003. An assessment of the effectiveness of decision tree methods for land cover classification. Remote Sensing Environment, 86: 554～565

Parpinelli R S, Lopes H S, Freitas A A. 2002. Data mining with an ant colony optimization algorithm. IEEE Transaction on Evolutionary Computation, 6 (4): 321～332

Quinlan J R. 1993. C4. 5: Programs for Machine Learning. San Mateo: Morgan Kaufmann

Serpico S B, Roli F. 1995. Classification of multisensor remote-sensing images by structured neural networks. IEEE Transaction on Geoscience and Remote Sensing, 33 (3): 562～578

Shi Y H, Eberhart R C. 1998. Parameter selection in particle swarm optimization. In: The 7th Annual Conference on Evolutionary Programming, Washington DC. 591～600

Sousa T, Neves A, Silva A. 2003. A particle swarm data miner. *In*: 11th Portuguese Conference on Artificial Intelligence, Workshop on Artificial Life and Evolutionary Algorithms. 43～53

Srinivasan A, Richards J A. 1990. Knowledge based techniques for multi-source classification. International Journal of Remote Sensing, 11 (3): 505～525

Strahler A H. 1980. The use of prior probabilities in maximum likelihood classification of remotely sensed data. Remote Sensing Environment, 10: 135～163

Theil H. 1967. Economics and Information Theory. Amsterdam: North Holland

Ting T O, Rao M V C, Loo C K et al. 2003. Solving unit commitment problem using hybrid particle swarm optimization. Journal of Heuristics, 9 (6): 507～520

Tonjes R, Growe S, Buckner J et al. 1999. Knowledge-based interpretation of remote sensing images using semantic nets. Photogrammetry Engineering and Remote Sensing, 65 (7): 811～821

Turner B, Meyer W B, Skole D L. 1994. Global landuse/land-cover change: toward an integrated study. Ambio, 23 (1): 91～95

Wang F. 1990. Fuzzy supervised classification of remote sensing images. IEEE Transaction on Geoscience and Remote Sensing, 28 (2): 194～201

White R, Engelen G. 1993. Cellular automata and fractal urban form: a cellular modelling approach to the evolution of urban land-use patterns. Environment and Planning A, 25: 1175～1199

Wilkinsom G G. 1996. A Review of Current issue in the integration of GIS and Remote sensing data. International Journal of Geographical Information Science, 10 (1): 85 ~ 101

Wilkinsom G G. 2005. Results and implications of a study of Fifteen years of satellite image classification experiments. IEEE Transaction on Geoscience and Remote Sensing, 43 (3): 433～440

Wolfram S. 1984. Cellular automata: a model of complexity. Nature, 31: 419～424

Wu F. 2002. Calibration of stochastic cellular automata: the application to rural-urban land conversions. International Journal of Geographical Information Science, 16 (8): 795～818

Wu F, Webster C J. 1998. Simulation of land development through the integration of cellular automata and multicriteria evaluation. Environment and Planning B, 25: 103～126

Yeh A G O, Li X. 2001. A constrained CA model for the simulation and planning of sustainable urban forms by using GIS. Environment and Planning B: Planning and Design, 28: 733～753

第 6 章　智能地理模拟与优化

地理空间系统是一个多要素共同作用的，自然、社会和经济复合的时空动态复杂系统。许多地理现象都具有非平衡性、多尺度性、不确定性、自相似性、层次性、随机性和交互性等复杂性现象的特征（Wilson，1981；钱学森等，1990；陈述彭，1998）。传统的地理学研究方法主要以线性的静态理论为基础，关注的是静态的空间均衡问题，难以揭示这些复杂的地理现象及其演变规律（黎夏等，2007）。而地理模拟系统，能够为地理现象的研究提供有效的时空数据模型，从而模拟和预测地理区域发展空间格局的演变过程。许多地理现象的时空动态发展过程往往比其最终形成的空间格局更为重要，了解和掌握地理空间过程，对进一步深刻认识动态的、开放的复杂地理现象具有非常重要的作用。只有清楚地了解地理事物的发展过程，包括城市扩张、景观更替、环境变化等，才能对其演化机制进行深层次的剖析。获取地理现象的演变规律，在城市理论的发展以及资源环境的管理等方面具有极为重大的意义。

典型的地理模拟工具有元胞自动机和多智能体。传统的 CA 方法应用于复杂地理过程的模拟时具有一定的局限性。例如，传统的 CA 模型参数值是静态的，转换规则不能随时间和区域内空间位置的变化而变化，不能反映内部自然条件、经济条件等差别较大的研究区域的空间差异，无法达到真实、有效地模拟区域内复杂地理现象演变过程的目的。因此，如何把复杂的资源环境动态影响因素引进模型、确定模型的参数及对模型进行纠正是 CA 模拟的重要问题。为了解决这些问题，有必要对传统的模拟方法进行扩展。

本章引进智能式 GIS 方法，将其应用于复杂地理现象的模拟中。利用启发式搜索方法自动找到 CA 的模型参数，通过获取控制区域内部不同位置地理现象演变的各种参数，对其空间演变规律进行有效地模拟。本章首先介绍地理模拟的两种主要工具，即元胞自动机和多智能体，然后以城市演变、土地利用变化以及地理空间分异等复杂地理现象的模拟为例，展示基于多种人工智能算法（包括遗传算法、神经网络算法、蚁群智能算法、人工免疫系统）的智能元胞自动机和多智能体系统在城市演变规律的探索等方面的应用。

6.1　地理模拟工具：元胞自动机和多智能体

6.1.1　元胞自动机

元胞自动机的概念由数学家 von Neumann 于 1948 年首次提出。CA 具有强大的空间运算能力，常用于自组织系统演变过程的研究。它是一种时空离散、状态有限、局部规则控制的格网动力模型，具有模拟复杂系统时空演化过程的能力（周成虎等，1999）。

Wolfram（1984）的早期研究对CA的发展起到了极大的推动作用，他对初等元胞自动机模型进行了详细而深入的研究。其研究表明，尽管初等元胞自动机非常简单，但能模拟出各种各样的高度复杂的空间形态，它在自然系统建模方面有如下的优点：

（1）CA“自下而上”的研究思路充分体现了复杂系统局部个体行为产生全局、有秩序模式的理念，非常适合于复杂地理过程的模拟和预测；

（2）在CA模型中，物理和计算过程之间的联系非常清晰；

（3）CA能用比数学方程更为简单的局部规则产生更为复杂的结果；

（4）通过计算机可以对CA进行建模，而无精度的损失；

（5）CA可以模拟任何可能的自然系统行为；

（6）CA模型不能再约简（Itami，1994）。

CA最早被应用于物理和化学复杂动态系统的模拟中，包括生物繁殖、晶体生长等自然现象的模拟（Binder，1989）。CA的这些特点逐渐引起了地理学、环境学、生物学、景观学等诸多地学学科的重视。目前CA已成功地应用到生物演化、环境变化、景观更替、交通流、林火扩散和城市系统等复杂地理现象的模拟研究中，取得了许多有意义的研究成果（White and Engelen，1993；Batty and Xie，1994；Batty and Xie.，1997；White et al.，1997；Ward et al.，2000；Clarke et al.，1997；黎夏和叶嘉安，1999；Li et al.，2000；吴启焰等，2002；Silva and Clarke，2002；Li and Yeh，2004b）。

许多地理现象属于典型的动态复杂系统，具有开放性、动态性、自组织性、非平衡性等耗散结构特征。例如，城市的发展变化受到自然、社会、经济、文化、政治、法律等多种因素的影响，因而其行为过程具有高度的复杂性。而CA在模拟这些复杂地理系统时具有许多优势。首先，通过简单的局部转换规则可以模拟出复杂的空间格局，体现了“复杂系统来自简单子系统的相互作用”这一复杂性科学的精髓；其次，CA为地理复杂系统的演化提供了很好的过程分析能力。此外，CA模型能够与GIS和遥感数据很好的耦合在一起（Torrens and Sullivan，2001）。CA和GIS的耦合能使CA模拟出与实际情况更为接近的模拟结果。例如，GIS在城市模拟中发挥着相当重要的作用，它为CA城市模拟提供了大量的空间信息和强有力的空间数据处理平台。过去几十年中，GIS对空间信息相关的各个学科产生了深刻的影响，如在土地利用、资源调查与评估等领域，GIS在空间数据获取、存储、处理和分析中发挥了巨大的作用，能够满足多时态海量数据的获取和管理要求。例如，居民地、道路和土地利用等信息可方便地从GIS中获取和存储。另外，GIS具有强大的空间分析能力，但是它在动态空间建模方面具有一定的局限性（Wagner，1997）。GIS与CA的耦合将会极大地提高现有GIS分析复杂自然现象的能力和时空动态建模的功能。

CA模型被引入到地理学可以追溯到20世纪70年代，Tobler首次将CA应用到美国五大湖地区底特律城市的扩展模拟中（Toble，1970）。随后，Couclelis对CA在地学中的应用潜力从理论上作了充分的阐述，建立了元胞自动机在地理学应用中的理论框架，尤其对元胞自动机模拟城市扩张方面的研究具有深远的影响（Couclelis，1985，1988，1989）。20世纪90年代，Batty等将CA方法与GIS技术结合起来，用以模拟空间复杂性的起源与演化，掀起了地理CA研究的学术热潮。Batty、Clarke、White、Wu、Li等先后开展了相关的城市CA研究。Batty和Xie模拟了美国纽约州Baffalo地区 Amherst 镇郊区的扩张（Batty and Xie，1994），White 和 Engelen（1993）运用约束性元胞自动机模拟了辛辛那提土地利用的变化，Clarke 等模拟了美国旧金山地区的城市发展（Clark et al.，1997）；吴启焰等（2002）模拟了广州市的城市扩张；黎夏和叶嘉安等也模拟了东莞市的城市发展（黎夏和叶嘉安，1999；Li and Yeh，2000；Li et al.，2004）。这些研究表明，CA 能模拟出与真实城市非常接近的特征，模拟结果与实际非常吻合。

利用 CA 来进行地理现象模拟的关键在于转换规则的定义，它表述模拟过程的逻辑关系，决定空间变化的结果。目前，定义 CA 转换规则的方法存在一定的缺陷。Clarke 等（1997）提出了利用肉眼判断的方法来获取模型参数值，该方法受主观因素影响很大，可靠程度有限，当空间变量较多时，有非常多的参数值组合方案；Wu 和 Webster（1998）曾提出利用层次分析法来确定模型参数值；后来，吴启焰等（2002）又提出使用线性 Logistic 回归的方法来提取转换规则，这类方法非常简单实用，从而得到了较为广泛的应用。但是，用线性的方法提取复杂的地理现象规律，显得过于简单。Li 和 Yeh 提出了利用神经网络训练的方法自动获取转换规则，但是神经网络存在过学习、局部最小值和收敛速度慢的问题，属于黑箱结构；Li 和 Yeh（2004）随后又提出了利用 See5.0 决策树的方法来获取 CA 的参数值，但 See5.0 容易陷入局部最优；刘小平和黎夏（2006）提出了利用核学习机在高维特征空间中提取 CA 非线性转换规则的方法，该方法也存在转换规则物理意义不清晰和运行量大的问题。

将 CA 应用到城市系统和土地利用变化模拟中时，还有许多问题需要解决，包括如何把复杂的资源环境动态影响因素引进模型中、确定模型的参数和对模型进行纠正等。另外，由于中国的国情不同，CA 模型所考虑的因素以及所使用的参数也会有很大的不同。在资源与环境复杂系统的模拟中，我国学者及华人科学家已经做出了杰出的贡献。本书作者也进行了大量的研究工作。在国际上较早地开展了 CA 模型参数纠正、模拟规则和知识的自动挖掘等研究，提出了基于模糊状态的 CA 模型，利用灰度来反映状态的连续变化，并通过与 GIS 结合将资源和环境等多种约束性引进 CA 模型中。

6.1.2 多智能体系统

多智能体系统（Multi-Agent Systems）是在计算机学科里发展起来的一种全新的分布式计算技术，它是复杂适应系统理论、人工生命以及分布式人工智能技术融合的结果。该方法自 20 世纪 70 年代末出现以来，发展非常迅速（Weiss，1999），目前已经发展成为一种进行复杂系统分析与模拟的思想方法与工具。

多智能体系统是一个由多个相互交互的 Agent 计算单元所组成的系统。每个 Agent 都具备一定的功能，但仅靠单个 Agent 往往无法描述和解决现实中的复杂问题。因此，只有通过多个 Agent 之间的相互协作，才能达到共同的整体目标，从而解决复杂问题。

多智能体系统比较适合于在面向动态不可预测环境中的问题求解，目前已经在多智能体决策、规划、合作等研究中显示出优势。多智能体系统采用自下而上的建模思想，与传统的自上而下的建模思路是不同的。它的核心是通过反应个体结构功能的局部细节模型和全局表现之间的循环反馈和校正，来研究局部的细节变化如何突现出复杂的全局行为。

地理空间系统是一个典型的复杂系统，它的动态发展是微观空间个体相互作用的结果。传统的方法难以解释和描述地理空间系统的复杂性，我们从系统内部微观的层次出发，以一种进化的、涌现的角度来理解地理复杂系统的演化过程，能够为地理学的研究提供一个全新的视角。多智能体系统思想的核心就是微观个体的相互作用能够产生宏观全局的格局。因此，多智能体系统是研究地理空间系统的天然工具（黎夏等，2007）。基于空间的多智能体也在地理模拟中得到了应用。空间多智能体的雏形当属 Schelling 的隔离模型（Segregation Model）（Krugman，1996；薛领，2002）。这一由棋盘所模拟的“城市”经历了一个微观互动的自组织过程，充分体现了“从不稳定产生秩序”的原理。Benenson 根据居民的经济状况、房产价格变动以及文化认同性等模拟了城市空间演化的自组织现象及城镇的居民种族隔离和居住分异现象（Benenson，1998；Benenson et al.，2002）。但模型只考虑到居民 Agent，其形式比较简单。Ligtengerg 等（2001）提出了一种基于多智能体和元胞自动机相结合的土地利用规划模型，该模型引入了政府的主导规划因素。目前，国际上有关空间多智能体的研究尚处于初始阶段，大多数空间多智能体模型还只是概念模型，能够应用于真实世界的模型非常有限（黎夏等，2007）。因此，有必要对原有简单的空间多智能体模型进行扩展，并将其应用于复杂地理问题的模拟中。

虽然元胞自动机也是采用自下而上的建模思想，但它在模拟过程中侧重的是自然环境要素，无法考虑复杂的空间决策行为及人文因素。处理复杂的人地关系是地理学最重要的特点之一，而传统的 CA 在这方面具有很大的局限性。因此，需要将元胞自动机和多智能体系统结合起来，通过将社会经济及行为等属性赋给多智能体，使模型可以反映影响土地利用格局演变的人文因素。不同类型的多智能体之间存在相互影响、信息交流、合作和竞争的关系，以达到共同理解及采取一定的行动影响其所处环境。而环境的变化也反馈于多智能体的功能，多智能体层根据环境层的变化采取相应的措施和行动，以谋求双方关系的平衡，这与人地关系论不谋而合：利用 GIS 产生虚拟的地理环境，探讨不同情形下多智能体之间的合作行为所产生的效果。在模拟过程中，可以调整策略，以找到最佳的模拟效果。多智能体在相互作用过程中“学习”和“积累经验”，并根据经验改变自身的结构和行为，从而探讨微观个体的决策行为如何形成复杂的宏观空间格局。

6.2 基于 CA 的智能元胞自动机与城市模拟

为了模拟城市的实际扩张过程，有必要对传统的 CA 模型进行扩展（Couclelis，1997）。传统的 CA 模型几乎不使用详细的空间数据，而城市 CA 模型涉及了丰富的空间信息或空间变量，模拟对象不是均匀不变的空间，模拟过程往往需要使用 GIS 空间数据库（Li and Yeh，2000）。在 CA 模型的转换规则中，除了要使用局部变量外，往往还要引入区域变量和全局变量，以使模拟更接近实际情况。转换规则中的这些变量对应着很多参数，这些参数值（权重）反映了不同变量对模型的“贡献”程度。研究表明，这些参数值对模型模拟的结果影响很大（Wu and Webster，1998）。如何在转换规则中确定符合不同模拟区域特点的参数是CA模拟中的难点。

已经有一些学者用不同的方法来确定CA模型中转换规则的参数，包括多准则判断（Multi-Criteria Evaluation，MCE）（Wu and Webster，1998）、逻辑回归（Logistic Regression）（吴启焰等，2002）、模糊集（Liu and Stuart，2003）、主成分分析（Li and Yeh，1998）、人工神经网络模型（黎夏和叶嘉安，2002）、数据挖掘（Li and Yeh，2004）等。但这些方法都是采用一组固定不变的参数来模拟整个区域的城市演变过程，即CA模型参数值是静态的，转换规则不随时间和区域内空间位置的不同而变化。但当研究区域较大，由于区域内部自然条件、社会经济状况差异比较大，这种静态的转换规则难以体现研究区域内部的差异，有必要寻找随空间变化而变化的模型参数值。这是因为有些隐含的因素无法表达在模型中，只能通过变化的参数值来解决这个问题。

通过对城市CA模型的参数研究，可以为城市形态的调控提供依据。城市形态是影响可持续城市发展的一个重要因素。紧凑式城市发展理论认为，城市的发展应该是更紧凑些，而不是现在的凌乱式的发展（Bourne，1992；Jenks et al.，1996）。紧凑式城市发展可以减少基础设施建设费用、降低交通能源的消耗、节省土地资源。研究表明，尽管不是很简单和直接的关系，城市的形态与可持续城市发展有很大的联系。例如，Banister等（1997）研究英国城市时发现，在交通方面的能源消耗与城市的形态有非常密切的关系。城市的紧凑度并不是越高越好，城市过于紧凑，会导致居住生态环境恶化、交通拥挤等问题。但合理的紧凑度对可持续城市发展是很关键的。目前西方国家的城市蔓延（Urban Sprawl）（Jenks et al.，1996）和中国的快速城市扩张已经给土地资源的可持续利用带来了许多问题。例如，中国高速增长地区沿公路“摊大饼”式无序蔓延的发展模式已经带来了资源环境方面的问题（王宏伟，2004）。在现阶段，针对中国人均土地资源贫乏的特点，采用紧凑式城市发展的模式是十分必要的（Yeh and Li，2001）。

实施紧凑式城市发展的一个瓶颈问题是缺乏有效的技术支撑手段（Burton et al.，1996）。模拟系统可以为城市和土地利用规划提供帮助，包括回答一系列“What-If”问题和模拟出不同的规划情景（Nijkamp et al.，1997；Tress and Tress，2003）。本节提出利用遗传算法自动找到CA模型参数以及基于参数调控的情景模拟的新方法。通过获取控制区域内部不同地方的城市演变的参数，揭示城市演变的分异规律。在对这些参数的效用进行评价的基础上，对不理想的参数进行改造，以获得合理的城市形态。以珠江三角洲的城市模拟为例，用遗传算法自动搜索各个子区的模型参数，利用CA与GIS结合的方法来模拟和调控区域城市空间演变。

6.2.1 基于GA的CA模型参数获取及城市形态调控模拟

CA模型的核心是定义转换规则。传统的CA模型的转换规则有严格的定义，如Wolfram（1984）的256条规则。但CA模型用在地理模拟时，涉及许多空间变量，转换规则定义有较大的不同。在城市CA模型中，转换规则往往反映土地利用状态与一系列空间变量的关系，即需要确定城市发展概率（Development Probability）。城市发展概率与一系列空间变量有关，最简单的方法是通过多准则判断将它们之间的关系反映在

CA 模型中（Wu and Webster，1998；吴启焰等，2002）。CA 模型有许多空间变量和对应的参数，这些参数值（权重）反映了不同变量对模型的“贡献”程度。Wu 和 Webster（1998）提出了基于 MCE 的 CA 城市模型，主要是运用 MCE 方法表达 CA 模型中转变为城市用地的概率：

$$p_{ij}^t = \phi(r_{ij}^t) = \exp\left[\alpha\left(\frac{r_{ij}^t}{r_{\max}} - 1\right)\right] \tag{6.1}$$

其中，α 为系数，取值 0～1；r_{ij}^t 为评估状态 S 在位置（i，j）转化的适宜性；$r_{\max}$ 为 r_{ij} 的最大值。

评估值 r_{ij}^t 由下面 MCE 的方式获取

$$r_{ij}^t = a + \beta_1 d_{\text{centre}} + \beta_2 d_{\text{industrial}} + \beta_3 d_{\text{railway}} + \beta_4 d_{\text{road}} \tag{6.2}$$

其中，β_1，…，β_4 为通过 MCE 的层次分析法获取的权重；d_{centre}、$d_{\text{industrial}}$、d_{railway}、d_{road} 分别为离市中心、工业中心、铁路、公路的空间距离。

对基于 MCE 的 CA 较难进行模型纠正，其改善的方法是采用基于逻辑回归的 CA 模型（吴启焰等，2002）：

$$p_{ij}^t = \frac{\exp(-z_{ij})}{1+\exp(-z_{ij})} = \frac{1}{1+\exp(-z_{ij})} \tag{6.3}$$

其中，$z = a + \sum_k b_k x_k$，a 为一个常量，b_k 为逻辑回归模型的系数；x_k 为一组空间距离变量。

把一系列约束性条件和随机变量加到模型中，式（6.3）可修改为

$$p_{ij}^t = (1 + (-\ln\gamma)^{\alpha}) \times \frac{1}{1+\exp(-z_{ij})} \times \text{con}(s_{ij}^t) \times \Omega_{ij}^t \tag{6.4}$$

其中，Ω_{ij}^t 为 t 时刻元胞（i，j）的窗口内的开发强度；con() 为总约束条件，其值为 0～1。

Ω_{ij}^t、con（s_{ij}^t）随着时间 t 的变化而动态计算。在每次循环中，将转变为城市用地的概率 p_{ij}^t 与预先给定的阈值 $p_{\text{threshold}}$ 进行比较，确定该元胞是否发生状态的转变，即

$$\begin{cases} p_{ij}^t >= p_{\text{threshold}} & \text{转变为城市用地} \\ p_{ij}^t < p_{\text{threshold}} & \text{不转变为城市用地} \end{cases} \tag{6.5}$$

为研究区域内城市演变的空间分异规律，将研究区在空间上按行政单元划分成若干子区，构造空间动态转换规则时，式（6.3）中的 z_{ij} 则表达如下：

$$z_{ij} = a_{0,k} + a_{1,k}x_{1,k} + a_{2,k}x_{2,k} + \cdots + a_{m,k}x_{m,k} + \cdots + a_{M,K}x_{M,K} \quad k = 1,2,\cdots,K \tag{6.6}$$

其中，K 为模拟区内子区的总数；$a_{m,k}$ 为第 k 个子区第 m 个空间变量的权重；$x_{m,k}$ 为第 k 个子区的第 m 个空间变量。

为获取各个子区 CA 模型所对应的一组参数值，采用遗传算法自动搜索不同子区演化模拟的参数。遗传算法是一种基于自然选择和遗传变异等生物进化机制的全局性概率搜索算法，其进化算法在形式上是一种迭代方法。从选定的初始解出发，通过不断迭代逐步改进当前解，直到最后搜索到最优解或满意解。在进化计算中，迭代计算过程模拟

生物体的进化机制，从一组解（群体）出发，采用类似于自然选择和有性繁殖的方式，在继承原有优良基因的基础上，生成具有更好性能指标的下一代解的群体（Goldberg，1989；Brookes，2001）。

首先对染色体（CM）进行编码。染色体采用实数编码，按子区 k 将需要求解的 CA 模型的参数 $a_{0,k}$，$a_{1,k}$，…，$a_{m,k}$（m 为空间变量总数）及阈值 $p_{\text{threshold},k}$ 定义为染色体。染色体可表达为

$$\text{CM} = [a_{0,k}, a_{1,k}, \ldots, a_{m,k}, p_{\text{threshold},k}] \tag{6.7}$$

其中，$0 < a_{0,k} < 1.5$，$-0.1 < a_{1,k}$，…，$a_{m,k} < -0.0001$，$0.3 < p_{\text{threshold},k} < 0.8$。

定义适应度函数是遗传算法的关键。适应度函数决定了群体进化及找到最佳答案的过程。利用下式作为适应度函数：

$$f(x) = \sum_{i=1}^{n} (\bar{f}_i - f_i)^2 \tag{6.8}$$

$$\bar{f}_i = \begin{cases} 1 & \text{if} \quad \bar{f}_i \geqslant p_{\text{threshold}} \\ 0 & \text{if} \quad \bar{f}_i < p_{\text{threshold}} \end{cases}$$

其中，$\bar{f}_i\ (x_1,\ x_2,\ \cdots,\ x_m)$

$$= \frac{1}{1+\exp\left(-\left(a_{0,k} + a_{1,k}x_{1,k} + a_{2,k}x_{2,k} + \cdots + a_{m,k}x_{m,k} + \cdots + a_{M,K}x_{M,K}\right)\right)}$$

利用两个时间的遥感图像获取训练数据来判断元胞 i 是否在该期间转变为城市用地，作为 f_i 的值，即实际值（转变为城市用地 $f_i=1$，否则 $f_i=0$）。由遗传算法可以获得 CA 模拟每一子区的控制参数。利用这些参数可以模拟出真实的城市形态，或根据过去的趋势来预测将来的变化。也可以对这些控制参数进行评价和改造，以模拟出合理的城市形态。其改造的方法是对每一子区的城市形态效用进行评价，找到基于较好城市形态的子区，然后将其控制参数复制到其他子区中，利用改造后的控制参数就可以模拟出理想的城市形态。

6.2.2 模型应用及结果分析

1. 珠江三角洲城市形态演变控制参数的获取与真实模拟

将转换规则［式（6.4）、式（6.5）］应用在珠江三角洲城市群的真实和规划情景模拟中。为了有效地获取转换规则中分区的控制参数［式（6.6）］和阈值，采用遗传算法自动搜索研究区内部不同地区的最佳参数组合，形成研究区分区的转换规则。以珠江三角洲地区的广州市区、广州市属的增城市和从化市、深圳市、东莞市及中山市为例，利用遗传算法获取了不同区所对应的最佳参数。首先在每个子区内，通过在遥感图像上随机采样选择 20％的样点，作为训练数据。遗传算法的初始种群为 50 个，并将 $a_{0,k}$、$p_{\text{threshold},k}$的初始值设为 0.5，其他染色体的初始值设为－0.01。遗传算法的交叉率为 0.9，突变率为 0.01，并运用精英选择（Elitist Selection）策略和多样性操作(Diversity Opera) 算子。通过遗传算法的交叉和突变操作，逐渐寻找到 CA 模型的最佳参数。图 6.1 显示了遗传算法在搜索最佳参数时具有很好的收敛性。

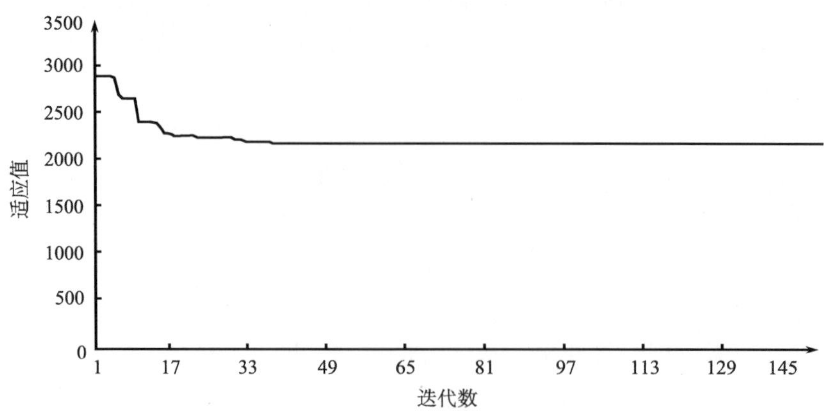

图 6.1 遗传算法在搜索最佳参数时的收敛性

用遗传算法搜索各个子区的模型参数，形成分区的转换规则，每个区对应一组不同的参数组合（表 6.1）。研究表明，CA 转换规则中的参数值对模拟结果影响很大（吴启焰等，2002）。CA 转换规则中的参数值可以揭示某一地区土地利用演变的规律。不同的地区或同一地区的不同的发展阶段，其土地利用演变有着明显的分异规律。可以由一组参数值来表征某一地区的土地利用的演变过程。在没有外来因素影响的情况下，这组参数基本控制了某一地区的土地利用演变过程。因此，获取了这一组参数，也就基本掌握了这一地区的演变规律。可以看到，珠江三角洲城市扩张存在着明显的内部分异规律，不同的地方其城市形态的时空演变规律是不一样的。在我们的模拟系统中，其演变的模拟过程分别是由它们所对应的一组参数来控制的。因此，这些参数揭示了它们的演变规律。

表 6.1 遗传算法搜索的 CA 控制参数及其阈值

城市	常数	离市中心距离（X_1）	离镇中心距离（X_2）	离公路距离（X_3）	离高速公路距离（X_4）	离铁路距离（X_5）	阈值（$P_{threshold}$）
广州市	1.476	−0.000 79	−0.007 94	−0.025 19	−0.002 45	−0.004 02	0.445 901
增城市	1.500	−0.000 89	−0.000 10	−0.020 48	−0.000 10	−0.000 32	0.512 726
从化市	1.500	−0.000 88	−0.008 72	−0.028 32	−0.000 10	−0.000 10	0.542 195
深圳市	1.500	−0.000 10	−0.004 80	−0.016 56	−0.007 94	−0.000 10	0.512 844
东莞市	0.978	−0.000 10	−0.005 59	−0.014 21	−0.001 67	−0.000 10	0.729 893
中山市	1.034	−0.000 89	−0.000 10	−0.022 05	−0.001 67	−0.000 10	0.559 767

图 6.2 是基于遗传算法和 CA 寻找分区转换规则最佳参数及进行城市模拟的原理图。图 6.3（b）是利用这些参数模拟了珠江三角洲地区 1988～2004 年的城市“真实”扩张的情况。该模拟是完全根据过去的趋势来预测将来的。可以看到，所模拟出来的结果与从遥感图像获得的实际结果［图 6.3（a)］是十分吻合的。

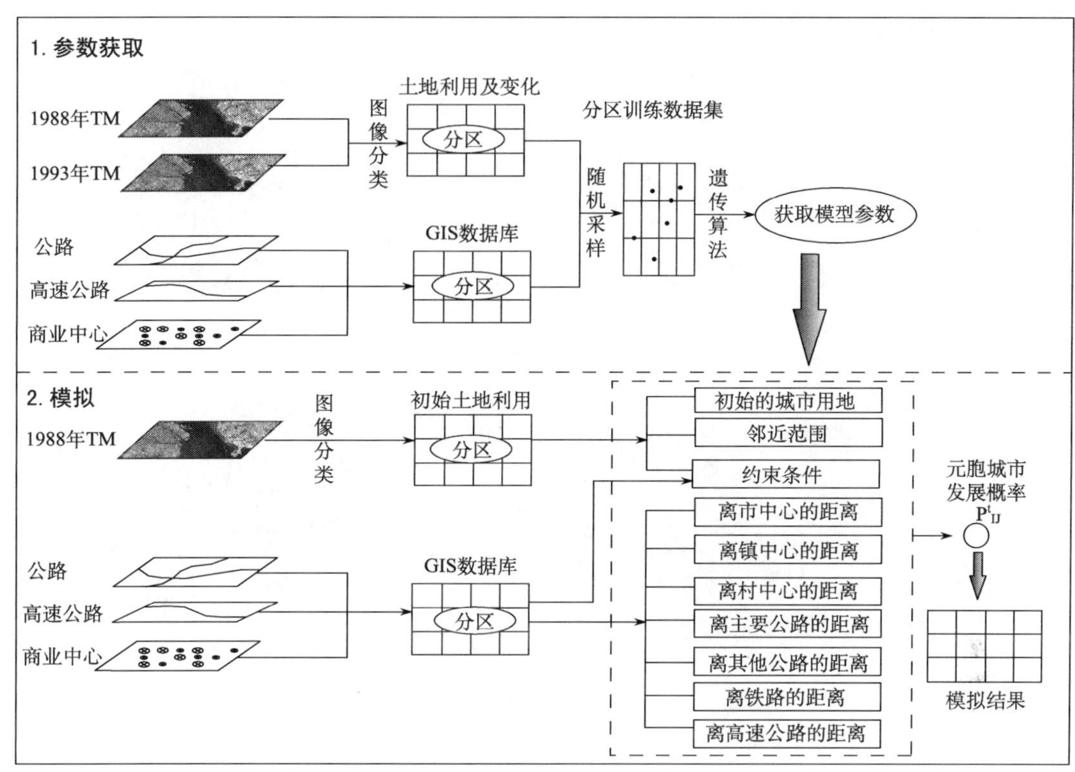

图 6.2　遗传算法和 CA 寻找分区转换规则最佳参数及进行城市模拟流程图

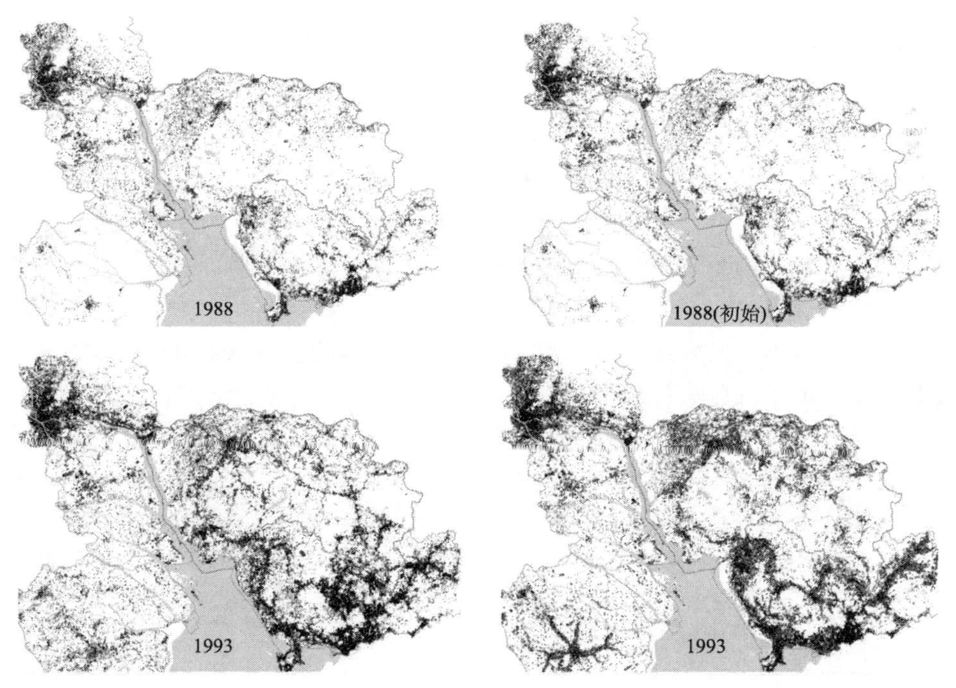

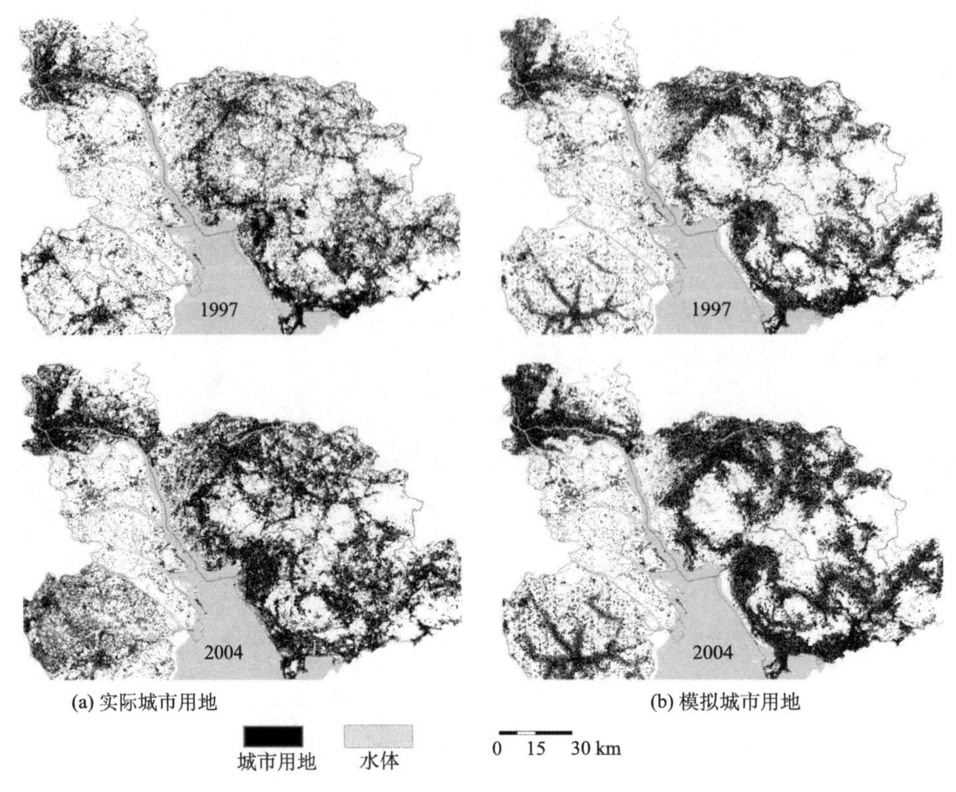

图 6.3　珠江三角洲 1988～2004 年城市真实演变模拟

2. 珠江三角洲城市形态评价、演变控制参数的改造与规划情景模拟

研究表明，紧凑性的城市有助于节省土地资源和减少能耗，与可持续城市发展的原则是相符的（Jenks et al.，1996；Banister et al.，1997）。珠江三角洲的城市呈明显的零乱式的发展形态（Li and Yeh，2004a；黎夏和叶嘉安，2004），寻找合理的城市空间布局能为城市规划提供依据。通过对 CA 模型中形态演变控制参数的改造，可以达到该目的，即改变实验条件或参数，分析不同条件下城市空间形态演变可能的结果，从中选择较理想的城市发展模式。

城市形态评价可以是采用定量的指标或根据专家的经验知识来进行。本节采用景观格局分析中常用的平均斑块形状指数（Mean Patch Shape Index，MPSI）、平均斑块分维数（Mean Patch Fractal Dimension，MPFD）、平均斑块最邻近距离（Mean Euclidean Nearest-Neighbor Distance，MENND）和聚集指数（Aggregation Index，AI）来评价某一土地利用类型斑块的形状复杂型、破碎度、邻接性和聚集程度。在此基础上构造了形态总效用指数（U）来综合评价某一土地利用类型总体呈紧凑型的程度。

平均斑块形状指数的计算公式如下：

$$\text{MPSI} = \frac{0.25\sum_{i=1}^{n} P_i}{\sqrt{\sum_{i=1}^{n} A_i}} \tag{6.9}$$

其中，P_i 为斑块 i 的周长；A_i 为斑块 i 的面积；n 为斑块总数。MPSI 越大，表明斑块形状越复杂。

平均斑块分维数按下式计算：

$$\text{MPFD} = \frac{\sum_{i=1}^{n}\left[\frac{2\ln(0.25P_i)}{\ln(A_i)}\right]}{n} \tag{6.10}$$

MPFD 越大，表明景观斑块形状越复杂，景观越破碎。

平均斑块最邻近距离的计算公式如下：

$$\text{MNN} = \frac{\sum_{i=1}^{n} h_i}{n} \tag{6.11}$$

其中，h_i 为斑块 i 与最近的斑块间距离。MNN 越小，表明斑块分布越聚集。

聚集指数由下式计算：

$$\text{AI} = \left[\frac{g_{ii}}{\max g_{ii}}\right] \times 100 \tag{6.12}$$

其中，g_{ii} 为第 i 类斑块像元的邻接数；max g_{ii} 按下式计算：

$$\max g_{ii} = \begin{cases} 2n(n-1), & m = 0 \\ 2n(n-1) + 2m - 1, & m \leqslant n \\ 2n(n-1) + 2m - 2, & m > n \end{cases} \tag{6.13}$$

其中，$m = a_i - n^2$；a_i 为 i 类斑块的面积；n 为面积小于 a_i 的最大正方形的边长。AI 越大，表明该类型斑块聚集程度越高。

运用上述指标，构造了描述城市斑块紧凑型的形态总效用指数

$$U = \frac{1}{4}((1 - \text{NMPSI}) + (1 - \text{NMPFD}) + (1 - \text{NMNN}) + \text{NAI}) \tag{6.14}$$

其中，NMPSI、NMPFD、NMNN、NAI 分别为正规化的平均斑块形状指数、正规化的平均斑块分维数、正规化的平均斑块最邻近距离、正规化聚集指数。根据下式进行正规化处理

$$x'_i = \frac{x - x_{\min}}{x_{\max} - x_{\min}} \tag{6.15}$$

显然 U 越大，表明斑块形状越简单，破碎度越低，斑块间邻接性越好、联结性越强，斑块越聚集，土地利用的格局越紧凑，该类土地利用类型紧凑度越高。具体计算是利用 FRAGSTATS3.3 软件来完成，采用 ArcGis 的 GRID 数据格式。

表 6.2 是珠江三角洲实际城市形态效用的评价结果。发现广州市的平均斑块形状指数最低（1.3789），平均斑块分维数最低（1.0507），斑块平均最近邻距离最低

(143.2747)，斑块聚集指数最大（69.7479%），故所获得的形态总效用指数最高(1.0000)。这表明广州市的城市斑块最为聚集，而且斑块形状复杂度最低、破碎程度最低，斑块间的邻接性好，联结度高，即广州市的城市形态最为合理。

表 6.2 珠江三角洲各市实际城市形态的评价

城市	MPSI	MPFD	MNN	AI	U
广州市	1.3789	1.0507	143.2747	69.7479	1.0000
增城市	1.4712	1.0712	171.8017	58.2507	0.4349
从化市	1.4224	1.0748	197.2318	39.6987	0.2444
深圳市	1.4983	1.0559	161.6018	68.7973	0.6676
东莞市	1.5213	1.0603	172.5922	55.7620	0.4367
中山市	1.4920	1.0647	218.5303	55.1756	0.2850

因此，在珠江三角洲的城市模拟中，可用广州市的形态控制参数和阈值来取代其他城市的有关参数，以获得该地区的合理城市形态。由此模拟了珠江三角洲地区1988～1993年的城市发展状况［图 6.4（b)］。分析表明，整个地区的总形态效用有明显的提高（表 6.3)。这表明通过对城市演变形态控制参数的改造，即把城市形态较好的广州市的演变特征复制到其他城市，可以获得区域城市发展的合理形态。

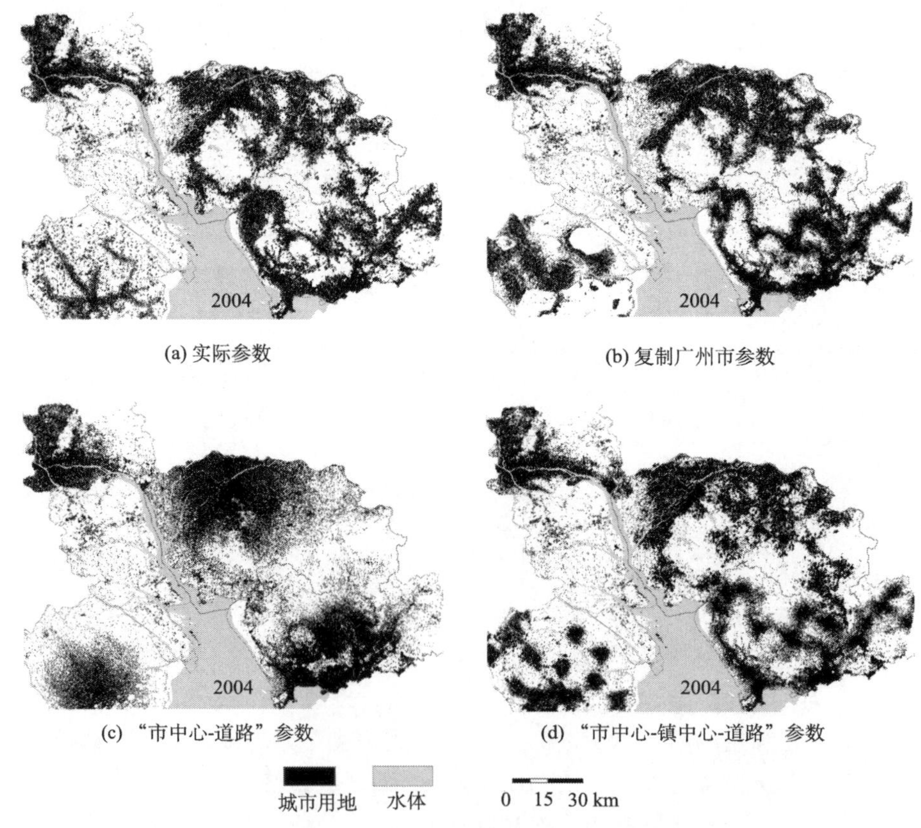

图 6.4 2004年珠江三角洲城市形态的真实与规划情景模拟对比

表 6.3　真实模拟和基于广州市的城市演变控制参数模拟的形态指标对比

项目	MPSI	MPFD	MNN	AI	U
实际获取参数模拟	1.4988	1.0657	258.7611	78.5389	0.0000
广州市参数模拟	1.4409	1.0586	249.6434	79.4347	0.4350

尽管将广州市城市演变的形态控制参数复制到其他城市可以产生比实际更为理想的城市形态，但总体来讲，该模拟的城市用地主要还是沿公路分布（广州市的参数中，离公路距离变量的权重绝对值最大）。因此，为模拟出更为紧凑的城市形态，减少沿公路两侧大规模无序的城市开发现象，对广州市城市演变的形态控制参数进一步改造。有两个方案：①城市用地沿市中心集中分布，市内沿公路规律性分布，即城市用地主要按“市中心-道路”发展；②城市用地沿市中心和镇中心集中分布，市内和镇内沿公路规律性分布，即城市用地主要按“市中心-镇中心-道路”发展。

规划情景模拟方案以广州的城市演变的控制参数为基础，采用启发式的方法，以保证城市用地总量与实际一致作为约束条件，通过交叉试验的方法确定新的控制参数（图 6.5）。

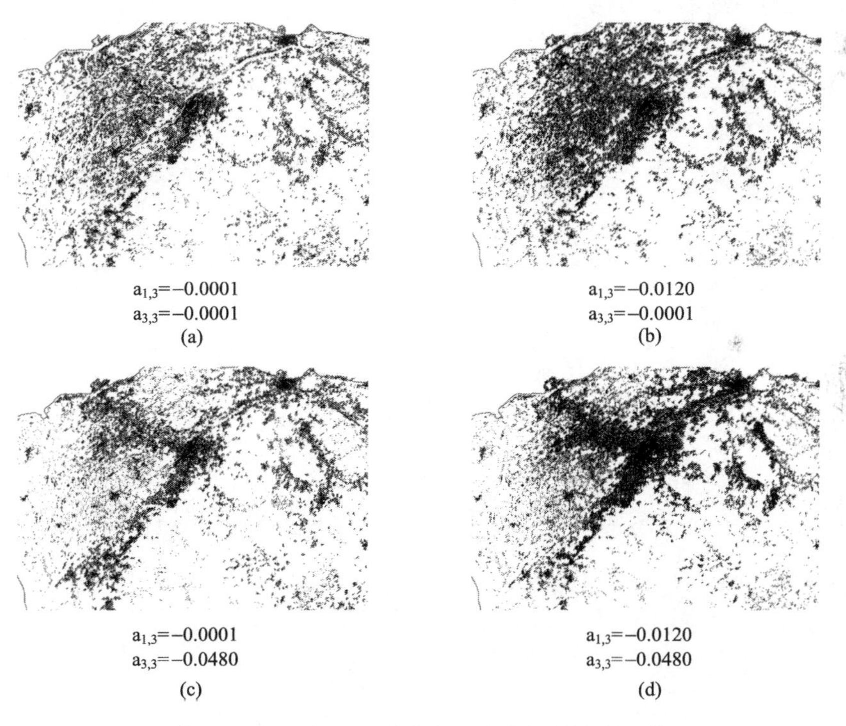

图 6.5　通过交叉试验的方法确定新的控制参数

方案一的步骤如下：

首先将离镇中心距离、离公路距离、离铁路距离和离高速公路距离的权重设为实际获取参数的临界值（－0.0001），即权重绝对值最小，作为初始参数［图 6.5（a)］；

然后动态增加离市中心距离的权重的绝对值，即促使城市用地沿市中心集中分布。

以保证城市用地总量与实际一致作为约束条件［图 6.5（b)］；

在此基础上，动态增加离公路距离变量的权重的绝对值，使新发展的城市用地在市内沿道路呈现分异性［图 6.5（c)］；

为保持城市用地总量与实际一致，同时需要动态增加离市中心距离变量的权重的绝对值，最后确定的权重如表 6.4［图 6.5（d)］。

用获取的基于“市中心-道路”发展的控制参数（表 6.4）模拟了珠江三角洲地区 1988～1993 年的城市发展状况［图 6.4（c)］，并进行了紧凑度评价。发现整个珠江三角洲地区形态总效用指数有大幅度提高（表 6.6），这表明利用“市中心-道路”发展的控制参数模拟的城市形态更为紧凑。

表 6.4 基于“市中心-道路”发展的控制参数

	常数	市中心	镇中心	公路	高速公路	铁路
参数	1.2	−0.00183	−0.0001	−0.018	−0.0001	−0.0001

同样，在“市中心-道路”控制参数的基础上，动态增加离镇中心距离变量的权重的绝对值，使新发展城市用地沿“市中心-镇中心-道路”分布，同时，为保持城市用地总量与实际一致，需要动态增加离市中心距离变量和离市中心距离变量的权重的绝对值，最后确定的权重如表 6.5 所示。用基于“市中心-镇中心-道路”发展的控制参数模拟了珠江三角洲地区 1988～1993 年的城市发展状况［图 6.4（d)］，并进行了形态效用评价。发现整个珠江三角洲地区各市的形态总效用指数都有大幅度提高（表 6.6）。

表 6.5 基于“市中心-镇中心-道路”发展的控制参数

	常数	市中心	镇中心	公路	高速公路	铁路
参数	1.2	−0.0023	−0.0023	−0.0023	−0.0001	−0.0001

表 6.6 不同规划情景模拟的城市形态效用对比

	MPSI	MPFD	MNN	AI	U
实际参数模拟	1.4988	1.0657	258.7611	78.5389	0.0000
广州市参数模拟	1.4409	1.0586	249.6434	79.4347	0.4350
“市中心-道路”发展模拟	1.3529	1.0521	249.2032	84.2656	0.9242
“市中心-镇中心-道路”发展模拟	1.3965	1.0566	245.0450	81.4199	0.7183

6.2.3 结　　论

以上研究表明，CA 是认识城市形态演变的重要探索工具。城市形态演变与一系列空间变量有关。这些空间变量对城市演变所起的作用是由其所对应的参数决定的。利用由遥感监测获取的训练数据，结合遗传算法，可以得到对应这些空间变量的参数。不同的地区或同一地区不同的发展阶段，其土地利用演变有着明显的分异规律，可以由一组参数值来表征某一地区土地利用的演变过程。这组参数可以反映某一地区城市形态的演变规律。

传统的方法在确定非线性模型的参数时有较大的难度。本研究表明，利用遗传算法可以有效地获取CA模型的参数。通过对城市的形态效用评价，可以寻找出能导致紧凑式城市发展的控制参数。将该方法用于珠江三角洲地区的城市模拟中，并以较理想的广州市城市演变控制参数为基础，进行了启发式的改造，由此模拟出该地区的合理的城市演变形态，取得了较好的效果。该研究也表明，CA不仅提供了认识城市演变过程的有用知识，也为城市规划提供了方便的探索工具。

本研究是基于某些假设和简化条件进行的。需要指出的是，许多地理现象属于复杂系统。但当我们采用一些工具进行分析时，又不得不对它们进行简化。特别是利用GIS工具进行分析时，需要采用一些较简单的指标才能进行度量，否则研究只能停留在纯理论层面上。本节也是如此，采用了一些简化的模型，使得利用GIS和CA对城市形态进行分析和模拟变得可操作。例如，在城市研究中，真正的紧凑性城市可能需要考虑许多层面的因素。这在CA模拟中几乎是不可能的，需要采用简化的概念。以上分析基本是基于Jenks等（1996）提出紧凑性城市的概念，即强调城市形态集中发展。另外，由于数据及模型的原因，本节的紧凑性测度是基于最常用的景观分析软件Fragstats所提供的公式来进行的。

像许多模型一样，地理CA模型也是有它的局限性。一方面，传统的CA（如Wolfram的初等）对转换规则和邻域是有非常严格的定义的。但地理模拟涉及复杂的自然环境和人为影响，为了更真实地模拟地理现象的演变，不得不放宽CA转换规则的定义，也包括将局域性（Locality）扩展为距离作用（Action-at-a-Distance）。另外，由于GIS空间数据的引入，对模型进行纠正和数据挖掘技术也引进了CA研究中。这些发展都对传统CA的转换规则进行了很大的扩展。将CA变得越来越复杂却违背了CA的初衷，有必要在CA的简洁性和地理模拟的真实性之间找到平衡。

6.3 基于ANN的智能元胞自动机与土地利用变化模拟

土地利用及其变化对全球的环境有着明显的影响，了解土地利用的动态过程是地理学的一个重要领域。土地利用的变化是复杂的动态系统，具有变化不连续性、景观镶嵌、土地利用类别混合、变化不可逆等特点（Mertens and Lambin，2000）。经济活动和人类需求给土地资源带来了压力。土地利用的矛盾与城市化、经济发展、人口等要素相关（朱会义等，2001；何春阳等，2001）。模拟土地利用的动态变化可以帮助检验城市和土地利用方面的假设和理论。

近年来，我们对珠江三角洲的城市演化及优化进行了系统的CA模拟研究（黎夏和叶嘉安，1999，2001；Li and Yeh，2000，2001；黎夏和叶嘉安，2001）。这些研究表明，利用一些简单的局部规则，可以模拟出城市系统的复杂结构，为城市学有关理论提供了依据。但这些模型往往局限于模拟从非城市用地到城市用地的转变，有必要将CA模型应用于模拟多种土地利用类型之间的演变。监测和模拟土地利用变化已经吸引许多学者的注意（Newkirk and Wang，1990；Li and Yeh，1998）。

利用CA模拟城市系统时，需要使用许多空间变量。在模型中，这些空间变量对应着一系列的参数。每个变量在模型中所起的作用取决于其对应参数值的大小。当CA模型应用于真实的城市系统时，必须对模型进行纠正，获得合适的模型参数，以模拟出接近实际的城市形态。但是，目前对CA模型的纠正方法研究得不多，所提出的模型纠正方法也存在一些问题。Clarke等曾提出利用肉眼判断来寻找参数的简单方法（Clarke et al.，1997），该方法受主观因素影响很大，而且当变量较多时，有非常多的参数组合方案。在White等（1997）所提出的CA模型中，所要确定的参数值也有21×18=378个之多。他们也是通过试探法来解决，并没有给出一种十分有效的方法。Wu和Webster（1998）曾提出利用Logistic回归的方法来获取CA模型的参数，但该方法不适合于处理复杂的变量关系。Clarke等（1997）提出了利用计算机自动判断模拟结果与实际情况吻合的程度，寻找导致误差最小的组合方案，从而得到最佳的参数组合。该方法不受模型复杂性的约束，但当变量数目较多时，可以有非常多的可能参数组合方案，需要的计算时间往往非常长。

CA模型所碰到的另外一个问题是如何定义模型的转换规则和模型的结构。尽管许多学者提出了不少所谓通用式的CA模型（Batty and Xie，1994；White et al.，1997；Wu and Webster，1998），但这些模型形式上有很大不同。针对不同的领域或目的所提出的CA模型，其转换规则和模型结构往往有较大的差别。例如，Batty和Xie（1994）利用嵌套式的邻居和距离衰减函数来定义转变概率；Wu和Webster（1998）根据MCE方法来计算转换概率；White等（1997）则通过一个预先定义的参数矩阵来控制转换概率；Li和Yeh（2000）提出了一个灰度模型来计算转换概率。

在实际应用中，对于这些不同类别的转换规则及模型结构，用户很难进行选择。另外，模拟多种土地利用类型的变化比模拟从非城市用地到城市用地的转换要复杂得多，需要牵涉到许多变量和参数。为此，本节提出了基于神经网络的CA模型来简化模拟复杂的土地利用变化的过程。该模型直接建立在GIS中，以便充分利用其丰富的空间信息进行真实性的模拟。

6.3.1 基于ANN和GIS的CA模型

模拟多种土地利用类型之间的变化牵涉到复杂的转换关系。对于N种土地利用类型，可以有$N\times N$种可能的变化，因而模型往往有众多的参数需要确定。本节试图利用神经网络来解决多种土地利用变化模拟的难题。许多研究表明，神经网络有一系列优点，特别适用于模拟复杂的非线性系统（Newkirk and Wang，1990）。主要优点如下：

（1）神经网络比一般的线性回归方法能更好地模拟复杂的曲面；

（2）神经网络能很好地从不准确或带有噪声的训练数据中进行综合，从而获取较高的模拟精度；

（3）神经网络对自变量本身没有很严格的要求，允许它们可以是相关的，这比常规的回归方法要优越；

（4）神经网络可以代替传统的分析方法，包括多准则判断MCE。

本节所提出的ANN-CA模型是由简单的网络组成（图6.6）。该模型包含两大相对独立模块：模型纠正（训练）和模拟。这两个模块使用同一神经网络。在模型纠正模块中，利用训练数据自动获取模型的参数；然后该参数被输入到模拟模块进行模拟运算。整个模型的结构十分简单，用户不用自己定义转换规则及参数，适用于模拟复杂的土地利用系统。网络只有三层：第一层是数据输入层，其各个神经元分别对应于影响土地利用变化的各个变量；第二层是隐藏层；第三层是输出层，它由多个（N）神经元组成，输出 N 种土地利用类型之间转换的概率。

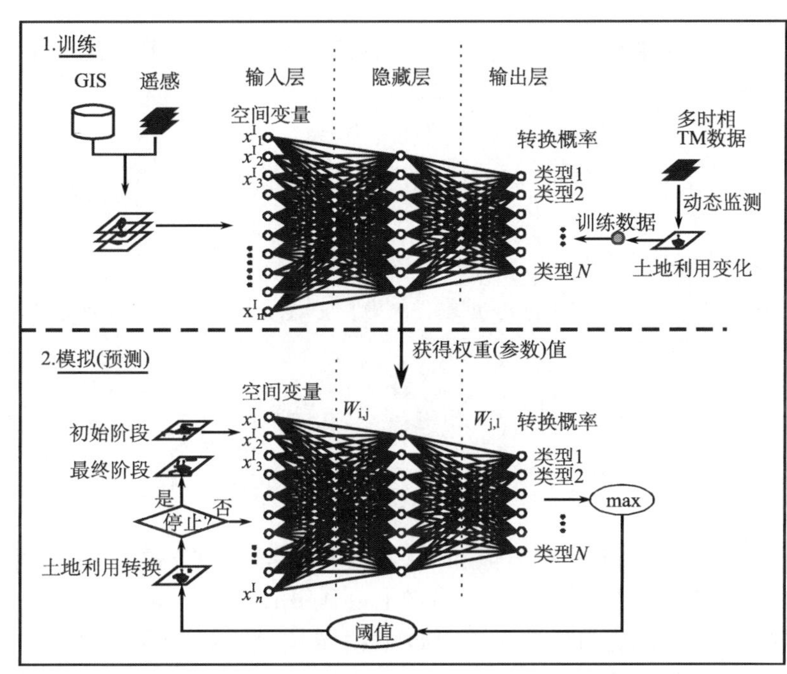

图 6.6　基于神经网络的 CA 模型模拟复杂土地利用变化

该模型第一步是确定神经网络的输入。对于每一个模拟单元，有 n 个变量（属性）。这些变量分别对应于神经网络第 1 层的 n 个神经元，它们决定了每个单元在时间 t 时的土地利用转换的概率。它们可以表达为

$$\boldsymbol{X}(k,t)=[x_1(k,t),x_2(k,t),x_3(k,t),\cdots,x_n(k,t)]^{\mathrm{T}} \tag{6.16}$$

其中，$x_i(k,t)$ 为单元 k 在模拟时间 t 时的第 i 个 变量；T 为转置。

对于神经网络的输入，一般都进行标准化处理，使它们的值落入 [0，1] 范围内。可以利用最大值（max）和最小值（min）进行标准化，有

$$x'_i(k,t)=(x_i(k,t)-\min)/(\max-\min) \tag{6.17}$$

输入层接收这些标准化的信号（Signal）后，将它们输出到隐藏层。隐藏层第 j 个神经元所收到的信号为

$$\mathrm{net}_j(k,t)=\sum_i w_{i,j}x'_i(k,t) \tag{6.18}$$

其中，$\mathrm{net}_j(k,t)$ 为隐藏层第 j 个神经元所收到的信号；$w_{i,j}$ 为输入层和隐藏层之间的参数（权重值）。

隐藏层会对这些信号产生一定的响应值，并输出到下一层，即最后的输出层。其响应的函数为

$$\frac{1}{1+e^{-\mathrm{net}_j(k,t)}} \tag{6.19}$$

输出层所输出的值，即转换概率为

$$P(k,t,l)=\sum_j w_{j,l}\frac{1}{1+e^{-\mathrm{net}_j(k,t)}} \tag{6.20}$$

这里 $P(k, t, l)$ 为单元 k 在模拟时间 t 时从现类别到第 l 类别土地利用的转换概率；$w_{j,l}$为隐藏层和输出层之间的参数（权重值）。

将随机变量引进 CA 模型中，可以使得模拟结果更接近实际情况（White et al.，1997；Li and Yeh，2000）。为此，我们也把随机项引进 ANN-CA 模型中。该随机项可以表达为

$$\mathrm{RA}=1+(-\ln\gamma)^{\alpha} \tag{6.21}$$

其中，γ 为落在［0，1］范围内的随机数；α 为控制随机变量大小的参数。

式（6.20）变为

$$\begin{aligned}P(k,t,l)&=\mathrm{RA}\times\sum_j w_{j,l}\frac{1}{1+e^{-\mathrm{net}_j(k,t)}}\\&=(1+(-\ln\gamma)^{\alpha})\times\sum_j w_{j,l}\frac{1}{1+e^{-\mathrm{net}_j(k,t)}}\end{aligned} \tag{6.22}$$

在每次循环运算中，神经网络的输出层计算出对应 N 种不同土地利用类型的转换概率。比较这些转换概率的大小，可以确定土地利用的转换类型。对某一单元，在时间 t 时，只能转换为某一土地利用类型，可以根据转换概率的最大值来确定其转变的类型。当其转变的类型与原来的类型一样时，即该单元没有发生土地利用变化。在每次循环中，土地利用的变化往往只占较小的比例，可以引进一阈值来控制变化的规模。该阈值在［0，1］范围内，其值越大，在每次循环中转变的单元数越少。

6.3.2 应用及模拟结果

将所提出的模型应用在珠江三角洲的东莞市，以检验模型的效果。珠江三角洲地区在 20 世纪 90 年代经历了快速的城市扩张及土地利用变化的过程（黎夏和叶嘉安，1997）。利用 CA 模型来模拟土地利用变化，可以为城市规划提供有用的信息。

1. 空间变量及训练数据

利用 GIS 可以十分方便地得到模型所需要的各种空间变量。研究表明，土地利用变化的概率往往取决于一系列的距离变量、邻近现有土地利用类型的数量、单元的自然属性等（Batty and Xie，1994；Wu and Webster，1998；Li and Yeh，2000）。例如，某一模拟单元越接近市中心及交通要道，其转变为城市用地的概率越高；当邻近范围内存在着大量的某一土地利用类型时，该单元就有较高的概率转变为该种土地利用类型。在我们的模型中，输入层有 12 个神经元对应着 12 个有关的空间变量。这些空间变量的具

体情况及获取方法见表 6.7。

表 6.7 神经网络 CA 模型所采用的空间变量

空间变量	获取方法	原始数据值范围	标准化值范围
距离变量			
离市中心的距离（x_1）	利用 Eucdistance function of Arc/Info GRID	0～30 km	0～1
离镇中心的距离（x_2）		0～5 km	0～1
离公路的距离（x_3）		0～3 km	0～1
邻近现有土地利用数量			
邻近粮田的单元数量（x_4）	利用 Focal functions of Arc/Info GRID（7 × 7 窗口）	0～49 单元	0～1
邻近果园的单元数量（x_5）		0～49 单元	0～1
邻近建筑用地的单元数量（x_6）		0～49 单元	0～1
邻近建成区的单元数量（x_7）		0～49 单元	0～1
邻近森林的单元数量（x_8）		0～49 单元	0～1
邻近水体的单元数量（x_9）		0～49 单元	0～1
单元自然属性			
坡度（x_{10}）	利用 Arc/Info TIN；转换为 Arc/Info GRID	0～75 度	0～1
土壤类型（x_{11}）	转换为 Arc/Info GRID	1～7 类型	
现有的土地利用类型（x_{12}）	模拟的中间结果	1～6 类型	

为了获取模型所需要的参数，需利用土地利用变化的历史数据对模型进行训练。在本节中，土地利用变化的历史数据采用多时相的遥感 TM 图像来获得。利用 1988 年及 1993 年卫星 TM 图像进行分类，然后获取该地区的土地利用变化历史资料（黎夏和叶嘉安，1997）。仅仅采用两个年份的遥感资料来对模型进行纠正，有可能无法获得动态的转换规则。但目前对 CA 模型进行纠正也主要是根据两个年份的土地利用资料来进行的（Wu，2002）。这是因为获取动态转换规则难度很大，目前国际上基本还没有开展有关研究。本模拟所涉及的土地利用类型有 6 类：粮田、果园、建筑用地、建成区、森林和水体。

2. 神经网络的结构

本神经网络包括了 3 层：输入层、隐藏层和输出层。输入层有 12 个神经元，对应 12 个决定土地利用变化概率的空间变量。研究表明，对于 3 层的神经网络，其隐藏层的神经元数目至少要为 $2n/3$ 个（其中 n 为输入层神经元的数目）（Wang，1994）。因此，本隐藏层的神经元的数目 8 个。在输出层中，有 6 个神经元来输出转变为 6 种不同的土地利用类型的概率。

3. 神经网络的训练

利用训练数据对神经网络进行训练，可以获取模型的参数，使得模拟的结果更能接近现实。训练数据采用随机抽样的方法来获取。首先在遥感分类图像上随机产生训练点，获取它们相应的（x，y）坐标［图 6.7（a）］。本节共使用 3000 个抽样点，将它们平均分成两组，以进行训练和验证。在 Arc/Info 中读取这些坐标对应的空间变量以及土地利用的遥感分类结果。将这些训练数据输入 ThinksPro 软件，对神经网络进行训练，以获取参数值。整个过程是通过该软件所提供的后向传递（Back-Propagation）算法来自动完成的。在训练的开始阶段，误差收敛十分明显，但误差减少曲线很快趋于平缓［图 6.7（b）］。在迭代运算达到 1000 次时，误差减少几乎为 0，停止训练。

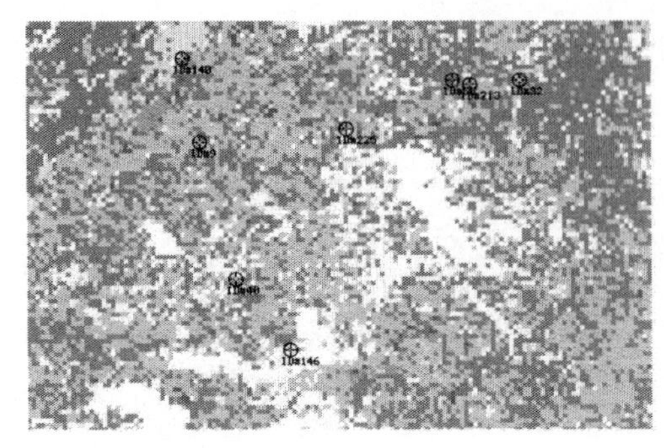

(a) 遥感分类图像上随机产生训练点

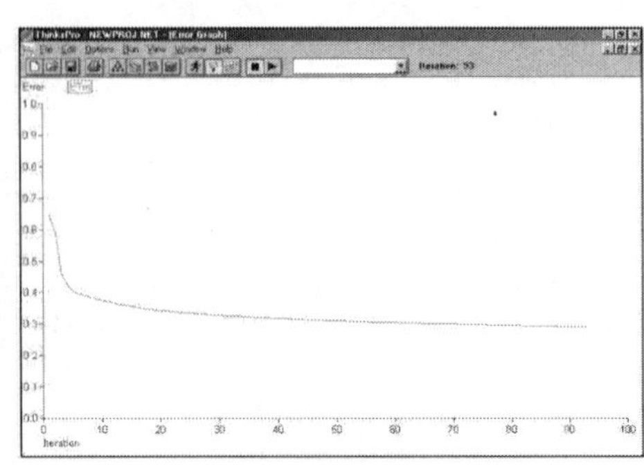

(b) 训练和误差减少曲线

图 6.7　神经网络的训练

4. 土地利用变化的动态模拟及预测

本模型是在 Arc/Info GRID 环境下利用 AML 宏语言写成。直接在 GIS 中开发 CA 模型有两个优点：能直接利用 GIS 中的空间数据，无需进行任何格式转换；可以直接调用 GIS 现成的空间分析功能，如可以在程序中直接使用 Arc/Info GRID 中的 Eucdistance 和 Focal 等函数，大大简化模型的程序。

本试验利用基于神经网络的 CA 模型模拟了东莞市 6 种土地利用类型的动态变化过程。转换规则通过简单的神经网络来代替。通过对神经网络的训练来获取模型的参数。在每次循环过程中，输出层的神经元自动计算出每个单元对应的各种土地利用类型的转换概率，从而确定土地利用的动态变化。以卫星 TM 图像获取的 1988 年的土地利用作为初始状态［图 6.8（a）］，通过 CA 模拟来获得 1993 年的土地利用［图 6.8（b）］。对比模拟的土地利用与实际土地利用（从遥感分类中获取）的差别，可以验证模型的有效性。表 6.8 是对比结果所获得的混淆矩阵，总的精度为 0.83，可见模拟结果较理想。

表 6.8　1993 年实际与模拟的土地利用的混淆矩阵　　（单位：%）

土地利用类型		模拟						总数
		粮田	建筑用地	果园	建成区	森林	水体	
实际	粮田	89.3	3.3	7.3	0.1	0.0	0.0	100.0
	建筑用地	8.4	57.2	9.6	14.3	0.0	10.5	100.0
	果园	4.3	8.6	83.1	3.7	0.3	0.0	100.0
	建成区	0.0	8.6	0.9	79.1	9.6	1.7	100.0
	森林	0.2	0.0	0.6	1.1	96.4	1.8	100.0
	水体	0.0	0.8	0.0	0.0	4.3	94.9	100.0

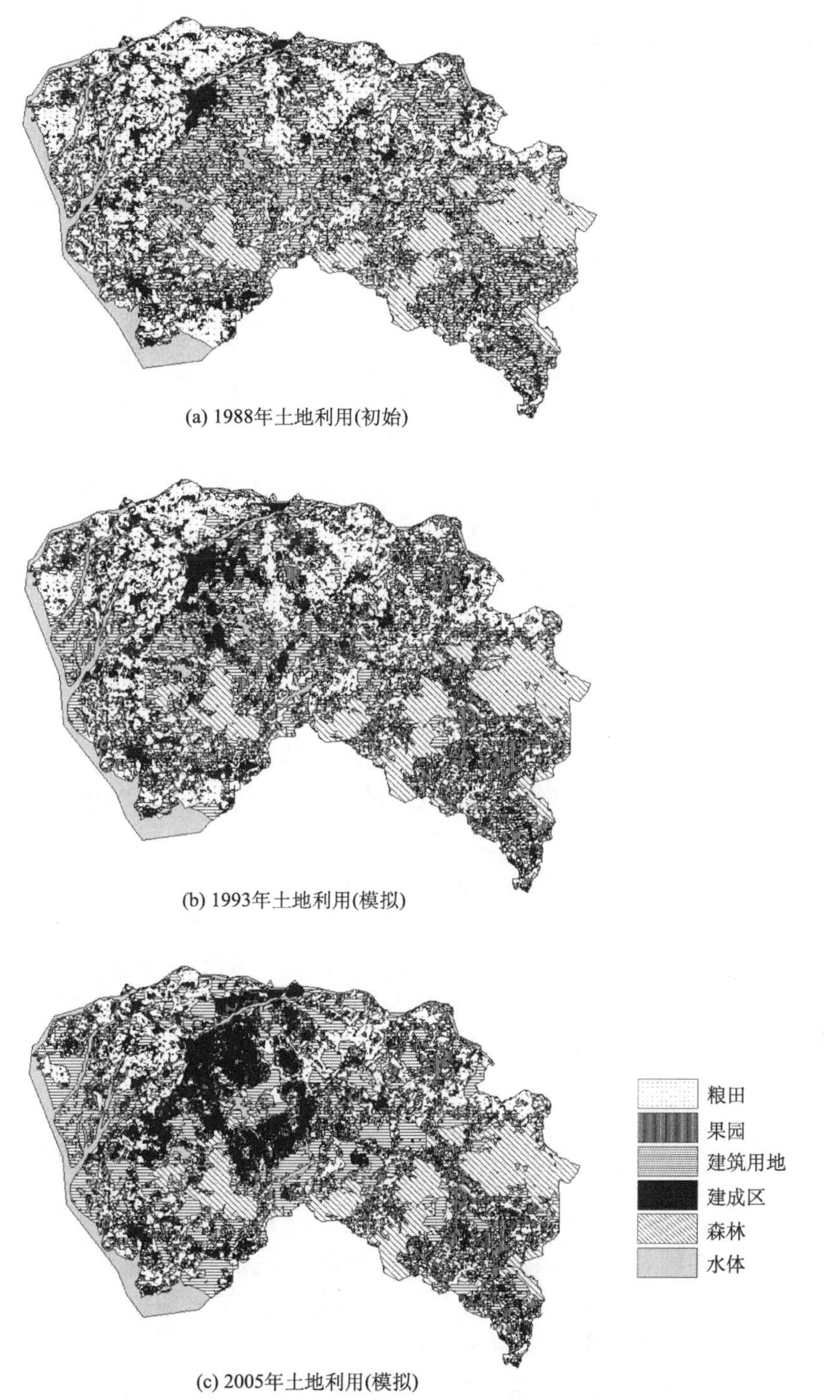

(a) 1988年土地利用(初始)

(b) 1993年土地利用(模拟)

(c) 2005年土地利用(模拟)

图 6.8 利用神经网络模拟复杂的土地利用变化

表 6.9 列出了模拟的各种土地利用类型在不同时间的数量。对比 1993 年模拟和实际（遥感分类）的各类土地利用面积的差别，得知其平均误差为 12.1%，其精度是可以被接纳的。利用本模型也可以预测将来土地利用可能发生的变化。预测是基于过去的

趋势来进行的，其具体假设是将来的自然、社会、经济条件没有发生较大的变化。根据其变化的轨迹，可以预测将来各种土地类型的变化和需求。图 6.8（c）是利用本模型对 2005 年的土地利用进行预测的结果。对土地利用的动态进行模拟及预测，可以为城市规划提供重要的数据。

表 6.9　模拟土地利用变化及数量　　（单位：hm^2）

土地利用类型	1988 年（初始）	1993 年		2005 年（将来）
		实际	模拟	
粮田	100 400.3	77 839.3	84 229.6	57 047.0
建筑用地	2 031.7	22 753.4	16 118.2	22 886.4
果园	63 512.6	62 458.9	59 608.8	70 281.0
建成区	15 927.3	18 536.1	20 465.1	30 267.4
森林	40 404.2	41 574.8	41 204.4	41 162.7
水体	17 392.5	16 506.1	18 042.5	18 024.2
总数	239 668.6	239 668.6	239 668.6	239 668.6

模拟的结果清晰地反映了该地区城市用地不断增加、农业用地不断减少的土地利用变化趋势。主要有两种十分明显的土地利用变化特征：①粮田转变为建筑用地和建成区；②粮田转变为果园。这些土地利用变化与该地区的经济发展和城市化过程有关。农业用地转变为城市用地反映了城市不断扩张的过程。农业用地内部的转换，即从粮田转变为果园，是市场调整的结果。对比分析表明，模拟结果与实际的遥感监测结果相吻合，这反映了本 ANN-CA 模拟能很好地反映出土地利用变化的趋势。

由遥感监测的结果表明，1988～1993 年，该地区的粮田减少了 22.5%；模拟结果表明，若按该趋势进行下去，1993～2005 年，该地区的粮田将继续减少 32.2%。这种快速的土地利用变化现象，已经为该地区带来了一系列的资源和环境问题，模拟和预测土地利用变化，可以为城市和土地利用规划提供依据，帮助制定有效的土地管理措施和方针政策。

6.3.3　结　　论

本研究表明，神经网络可以方便地被用来建立 CA 模型。它能有效地简化 CA 模型的结构，并适合于模拟复杂的土地利用变化。CA 模型在定义转换规则和模型参数时会碰到一些问题。当把 CA 模型应用在模拟复杂的土地利用变化动态系统时，确定模型的转换规则及模型参数难度很大。在模拟复杂系统时，所使用的参数往往有成百上千个之多，确定参数的数值十分费时和困难。

利用本文所提出的基于神经网络的 CA 模型，用户无需提供转换规则，模型的参数通过训练数据来自动获取。试验表明，利用简单的三层的神经网络以及多个输出神经元，可以有效地模拟出复杂的土地利用动态变化过程。模型的结构比较固定，同一模型结构可以应用在不同的地区及应用领域。用户只需提供训练数据，对模型进行训练，即可获得理想的模拟结果。将本模型应用在珠江三角洲地区，可以有效地模拟及预测该地区快速的土地利用变化，为城市规划工作者提供有用的土地利用变化信息。

目前国际上对 CA 模型进行纠正只是根据两个年份的土地利用资料来进行的，本研究也是利用了 1988 年和 1993 年这两年遥感分类数据。但这些方法无法获取动态的转换规则，下一步的工作有必要对此进行深入的研究。

6.4 基于 ACO 与元胞自动机的智能式地理模拟

当研究区域较复杂时，目前的方法在确定 CA 模型结构和参数时有一定困难，有必要引进智能式的方法来有效地获取转换规则。蚁群智能将是进行 CA 转换规则知识挖掘的有效方法。蚁群算法本质上是复杂的多智能体系统，其基本原理是蚂蚁通过相互合作能够有效地完成诸如寻找食物的最优路径等复杂任务。如前所述，蚁群算法具有较强的鲁棒性、自适应性、正反馈、优良的分布式计算机制等优点，这使其成为目前人工智能领域的研究热点之一。实际上，蚁群智能算法这种简单的智能个体通过合作能完成复杂任务是一种“自下而上”的研究思路，这与元胞自动机的思想不谋而合，因此，用蚁群智能算法来提取 CA 转换规则是非常适合的。

本节提出利用基于蚁群智能的分类规则挖掘算法来自动挖掘 CA 的转换规则，该算法模仿蚂蚁寻找食物的方式来构造转换规则。将基于蚁群智能算法的地理元胞自动机应用于广州市的城市模拟实验中，取得了较好的结果。并与 See5.0 方法进行了对比，对比实验结果表明：蚁群智能算法在提取 CA 转换规则时比 See5.0 更具有优势。目前，还没有应用蚁群智能来自动获取 CA 转换规则的研究报道。

6.4.1 基于蚁群智能算法的地理元胞自动机

本书 5.3.1 节已利用蚂蚁觅食过程对蚁群算法的基本原理做了详细介绍，请读者参考。

蚁群算法在 TSP 问题求解、分配问题、数据聚类、组合优化、网络路由等方面取得了系列较好的成果（Kwang and Weng，2002；Lumer and Faieta，1994；段海滨，2005），但其在分类规则挖掘方面的研究还刚刚起步。基于蚁群算法的规则挖掘最初由巴西学者 Parpinelli 等于 2002 年提出（Parpinelli et al.，2002），主要是利用蚁群觅食原理在数据库中搜索最优规则。定义蚁群搜索路径为属性节点和类节点的连线，其中属性节点最多只出现一次且必须有类节点。如图 6.9 所示，每条路径对应一条分类规则，分类规则的挖掘可以当作是对最优路径的搜索。刚开始时，随机产

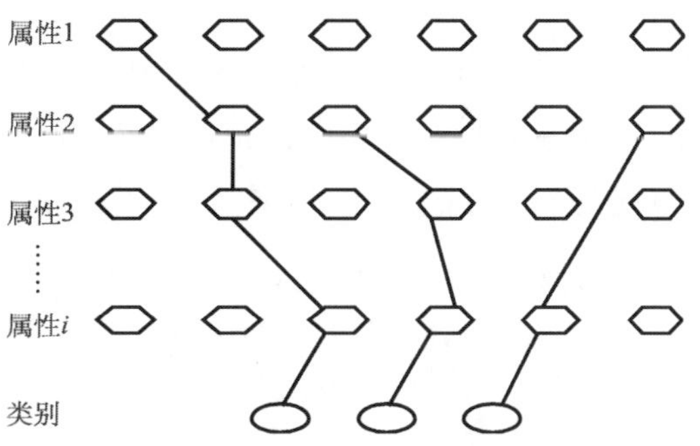

图 6.9 Ant-Miner 算法中分类规则对应的路径

生一条规则，规则形式如下：

$$\text{IF} \quad < \text{term}_1 \ \text{AND term}_2 \ \text{AND} \cdots\cdots > \quad \text{THEN} \quad < \text{class} > \tag{6.23}$$

其中，term_i 为条件项，条件项组合用<特征属性，操作符，特征值>表示，规则结论（THEN 部分）则定义了样本的预测类别（class）。值得注意的是：当特征值为连续值时，需要对数据进行离散化处理。例如，记某一数据库的属性为 A_1，A_2，…，A_n，其属性特征值为 V_1，V_2，…，V_n，对特征值进行离散化处理后，特征值记为 V_{11}，V_{12}，…，V_{21}，V_{22}，…，V_{n1}，V_{n2}，…。V_{ij} 可表示为 term_{ij}（属性节点）。

基于蚁群原理的分类规则挖掘分为三个阶段。首先从一条空路径开始重复选择路径节点增加到路径上，直到得到一条完整路径，即规则构造；其次对规则进行剪枝；最后更新所有路径上的外激素浓度，对下一只蚂蚁构造规则施加影响。

1）规则构造

规则的构造模仿了蚂蚁的觅食行为。实际上是一个属性节点的选择过程，首先从第一个属性中的所有节点中按照一定的标准选择一个节点，就是在图 6.9 中的属性 1 中的节点选择其中的一个，而后从第二个属性的所有节点中选择一个节点，以此类推，直到所有的属性都被蚂蚁走过，也就是蚂蚁在所有的属性中都选择了一个节点。在这些属性中，类别属性作为一类特殊的属性也与其他属性一样，蚂蚁会在所有的类别中选择其中的一个类别。这样，一条规则就产生了。

理论上节点的选择可以是完全随机的，但这可能需要漫长的计算时间作为代价。在本文中，蚂蚁属性节点的选择标准由两方面的因素决定：其一由于蚂蚁算法正反馈机制的存在，蚂蚁在选择属性的节点时，会根据前面蚂蚁所留下的信息素来做出判断；其二，为了使蚂蚁更快的选择较好的节点，并加快收敛速度，通常可以设计一个与问题相关的启发式函数，相当于给人工蚂蚁安上一双“眼睛”，从而引导蚁群的搜索，缩短收敛时间。

Parpinelli 等（2002）采用基于信息熵的方法来构造启发式函数，每个属性节点的启发式函数值与其分类样例的能力成正比。我们根据数据的统计特征（频数）来构造启发式函数，定义条件项 term_{ij} 的启发式函数值 η_{ij} 为（段海滨，2005）：

$$\eta_{ij} = \frac{\max\left(\sum\limits_{n} \text{freq}T_{ij}^{1}, \sum\limits_{n} \text{freq}T_{ij}^{2}, \cdots, \sum\limits_{n} \text{freq}T_{ij}^{k}\right)}{\sum\limits_{n} T_{ij}} \tag{6.24}$$

其中，η_{ij} 为条件项 term_{ij} 基于密度的启发式函数值，T_{ij} 为满足条件项 term_{ij} 的实例数，$\text{freq}T_{ij}^{w}$ 为 T_{ij} 中类别为 w 的频数。在数据挖掘过程中，每得到一条最终规则后，要移除符合规则条件部分的记录，因而，$\max\left(\sum\limits_{n} \text{freq}T_{ij}^{1}, \sum\limits_{n} \text{freq}T_{ij}^{2}, \cdots, \sum\limits_{n} \text{freq}T_{ij}^{k}\right)$ 和 $\sum\limits_{n} T_{ij}$ 在得到一条最终规则后其值会发生变化，需要对其进行动态更新。

当第一只蚂蚁开始构造路径时，所有路径节点的信息素浓度被初始化为相同的值

$$\tau_{ij}(t=0) = \frac{1}{\sum\limits_{i=1}^{a} b_i} \tag{6.25}$$

其中，τ_{ij} 为条件项 $term_{ij}$ 的信息素浓度，a 为数据库中属性（不包括类属性）总数，b_i 为属性 i 所有可能取值的数据。

赌轮机制用来选择属性节点。对每个属性列来说，其所属节点 $term_{ij}$ 被选择的概率按下式进行计算：

$$P_{ij}(t)=\frac{\tau_{ij}(t)\cdot\eta_{ij}(t)}{\sum_{i=1}^{a}\sum_{j=1}^{b_i}\tau_{ij}(t)\cdot\eta_{ij}(t)} \tag{6.26}$$

选择出的属性节点被加入到路径中去。直到所有属性（包括类属性）都被选入到路径中去，至此，一条完整的路径已产生，即一条分类规则。

2）规则修剪

根据属性节点的选择标准，在每个属性中选择一个节点后得到一条最原始的规则。规则的有效性通过下面的公式进行计算：

$$Q=\left(\frac{\text{TruePos}}{\text{TruePos}+\text{FalseNeg}}\right)\cdot\left(\frac{\text{TrueNeg}}{\text{FalsePos}+\text{TrueNeg}}\right) \tag{6.27}$$

其中，TruePos 为满足规则条件，并且和规则预测类型相同的样例数；FalsePos 为满足规则条件，并且和规则预测类型不同的样例数；FalseNeg 为不满足规则条件，并且和规则预测类型相同的样例数；TrueNeg 为不满足规则条件，并且和规则预测类型不同的样例数。

由于产生分类规则时，每个属性节点都被选作为规则的一个条件项，这样得到的规则其条件项较多，难于理解；此外，有些属性对于某些类别的分类结果贡献不大，甚至会有负面影响，因而需要对其进行修剪；更为重要的是：路径节点的重复选择可能会带来分类规则对样例的过度拟合。因此通过删除任何能导致规则精度提高或简化的属性节点来修剪规则是很有必要的，修剪后的规则才是相应的人工蚂蚁寻找到的最优规则。一种简单的修剪方法就是依次移去能使规则有效性得到最大提高的属性节点，即移除多余的属性节点，直到任一属性节点的移除都会降低规则的有效性。规则修剪的伪代码如下：

```
    No _ of _ terms = No _ of _ attributes-1;    /* 条件项和属性数个数 */
    validity _ newrule = 1
    While (validity _ newrule>validity _ previousrule)    /* 修剪前后修剪后
规则的有效性 */
    validity _ newrule = validity _ previousrule;
      For j = 1 to No _ of _ terms
Remove termj from the rule / * 从规则中移去条件项 termj * /
Calculate the validity _ newrulej  / * 计算移去条件项后所得新规则的有效性 * /
If (validity _ newrule< validity _ newrulej) then / * 如果规则有效性提高 * /
validity _ newrule =  validity _ newrulej  / * 移去条件项 j 后规则的有效性 * /
obtaining a better rule / * 获得一条更好的规则 * /
          End if
```

```
  Next j
No_of_terms = No_of_terms-1 /* 如果有效性得到提高，则条件项数减少 1 项 */
Loop
```

3）信息素浓度更新

人工蚂蚁在属性节点选择过程中的正反馈机制是通过改变属性节点上的信息素浓度来实现的。当一次迭代中的所有人工蚂蚁构造的规则经过修剪得到分类规则后，所有路径节点的信息素浓度都将依据这种分类规则的效率进行更新。规则中被包含的路径节点的信息素浓度将增加，信息素浓度量增加的多少与规则的有效性呈正相关，即规则的有效性越好，信息素浓度增加的量越大；而没有被包含的路径节点的信息素浓度将减小（引入挥发系数 ρ）。属性节点的信息素浓度更新公式如下：

$$\tau_{ij}(t+1) = (1-\rho)\cdot\tau_{ij}(t) + \Delta\tau_{ij}(t) \tag{6.28}$$

$$\Delta\tau_{ij}(t) = \sum_k \Delta\tau_{ij}^k(t)$$

$$\Delta\tau_{ij}^k(t) = \begin{cases} \dfrac{Q_k}{1+Q_k} & \text{若第 } k \text{ 只人工蚂蚁在该次迭代中经过节点 } \mathrm{term}_{ij} \\ 0 & \text{否则} \end{cases} \tag{6.29}$$

其中，ρ 为信息素的挥发系数，Q_k 为本次迭代过程中第 k 只人工蚂蚁找到的分类规则的质量，$\Delta\tau_{ij}^k(t)$ 为第 k 只人工蚂蚁在本次迭代中留在节点 term_{ij} 上的信息量，所有属性节点的信息素尝试被更新。确定一条最终规则的条件是：当连续若干蚂蚁搜索到同一路径时，就认为搜索收敛，找到的规则进行修剪后成为一条最终规则；或者当迭代的次数达到指定的次数时，选择所有迭代过程中蚂蚁找到的规则中质量最好的规则作为最终规则。在迭代过程中，规则当中质量较好的规则，由于其信息素浓度逐渐增强，从而能够得以保留，并被视为最终分类规则。其他质量较差的规则被丢弃。

6.4.2 基于蚁群智能的地理元胞自动机

蚁群算法具有很强的自学习能力，能够根据环境的改变和过去的行为结果对自身的知识库进行更新，从而实现算法求解能力的进化，因此，蚁群智能可以有效地解决非线性问题，特别适合于地理复杂现象。此外，蚁群算法“自下而上”的研究思路与元胞自动机的思想不谋而合，用来提取 CA 转换规则是非常适合的。本节将基于蚁群智能的分类规则挖掘算法应用于城市元胞自动机中，自动从训练数据中获取 CA 转换规则，同时完成模型的纠正过程。图 6.10 为基于蚁群智能的地理元胞自动机模型结构图。

ACO-CA 模型主要由两部分组成：规则提取和城市发展模拟。利用两年的遥感数据监测城市的增长，转换规则主要是从这两年的遥感图像上通过 Ant-Miner 算法挖掘出来的。Ant-Miner 算法是通过 Visual Basic 6.0 编程实现的。Ant-Miner 算法的伪代码如下：

```
The original TrainingSet /* 原始数据集 */
Discretization of the original TrainingSet /* 离散化数据集 */
```

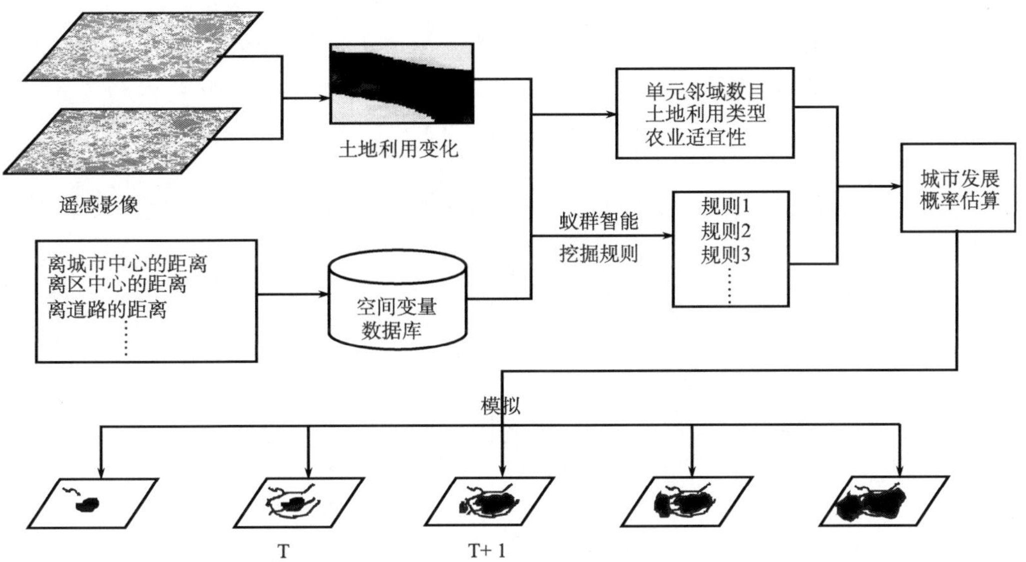

图 6.10　基于蚁群智能的地理元胞自动机模型

```
While (TrainingSet > Max _ uncovered _ cases)
K = 0
        Initialize all nodes with the same amount of pheromone/ * 初始化节点
        的信息素 * /
calculation the ηij of the training data for all nodes / * 计算节点的启发函数值 * /
While (k<No _ of _ iteration and m<No _ rules _ converg)    / * 当 K 小于指定
的迭代次数或者 M 小于测试蚂蚁收敛的规则数目 * /
      For i = 1 to No _ of _ ants / * 蚂蚁数 * /
         For j = 1 to No _ of _ attributes / * 属性数 * /
            Select a node of the attribute / * 选择节点 * /
Next j
If (Rule_i is equal to Rule_i-1 then / * 如果两者规则收敛，则 M 加 1 * /
  m = m + 1
else
  m = 1
end if
Next i
rules pruning/ * 规则修剪 * /
pheromone update/ * 信息素更新 * /
k = k + 1
   Loop
Select the best rule R_best among all rules constructed by all the ants; / * 选择
最好的一条规则作为最终规则 * /
```

```
Add rule R_best to DiscoveredRuleList /* 把规则加到规则列表中 */
        TrainingSet = TrainingSet- {set of cases covered by R_best} /* 从
        训练样本中移除规则所覆盖的样例 */
Loop
```

Ant-Miner 挖掘的转换规则与以往基于方程的 CA 转换规则有所区别，基于方程的 CA 转换规则采用数学方程来隐含地表达转换规则，而 Ant-Miner 却能获取明确的转换规则。例如，

规则 1：

假如　离市中心距离＜8km，离主干道路＜0.5km，邻域城市用地的元胞数目＞5，土地利用类型为农田。

则　该中心元胞转化为城市用地　（置信度＝0.98）。

规则 2：

假如　离市中心距离＞50km，邻域城市用地的元胞数目＜2，

土地利用类型为林地

则　禁止土地的开发（置信度＝0.90）。

模拟部分则是在 Visual Basic 6.0 环境下对 ArcObjects 进行二次开发所实现的，模拟时需要动态计算中心元胞邻域的变化，ArcGIS 的 Focal 函数可以很容易地计算中心元胞邻域中已城市化的元胞数目。在进行规则获取和模拟时，值得注意的是：遥感图像的观测时间往往比 CA 模拟的迭代间隔大很多。而实际上，只有获取规则的遥感图像时间间隔（ΔT）和迭代间隔（Δt）完全一致时，获取的转换规则才能直接使用（Li and Yeh，2004b）。为此，需要控制 CA 在 Δt 间隔内的城市用地的转变量。

首先，确定 CA 模型在模拟时间段内的迭代次数

$$K = \frac{\Delta T}{\Delta t} \tag{6.30}$$

其次，从遥感图像确定观测间隔 ΔT 内城市用地的转变量 ΔQ_0，由于 $\Delta T > \Delta t$，在 CA 的每次迭代过程中，只有一部分土地的状态发生了变化。因此，CA 在 Δt 间隔内的城市用地的转变量为

$$\Delta q_0 = \Delta Q_0 / K \tag{6.31}$$

在每次迭代过程中，采用全局约束性条件控制 CA 在 Δt 间隔内的城市用地的转变量。

6.4.3 模型应用及结果

1. 试验区及空间数据

本模型选择广州市作为试验区，首先利用 1988 年、1993 年、2002 年的 TM 卫星遥感图像自动分类，提取模型所需要的训练数据。城市发展的概率往往取决于一系列的空间距离变量、邻近现有城市用地的数量和元胞的自然属性等（White and Engelen，

1993；Wu and Webster，1998）。本节结合研究区的实际情况，选取以下空间变量（表 6.10），各空间变量的值从广州市交通地图和遥感分类图中获取。

表 6.10 Ant-Miner 挖掘转换规则所需的空间变量

空间距离变量						局部变量	
离市中心的距离 PropD	离镇中心的距离 TownD	离国道、省道的距离 RoadD	离一般道的距离 LaneD	离铁路的距离 RailD	离高速公路的距离 ExprD	3×3 邻域内城市单元数 Ω	元胞约束条件 Con

从分类数据中选择训练数据，本节采用分层随机取样的方法，从转换为城市用地的元胞中及尚未转换为城市用地的元胞中随机选择 3500 个样点，获取这些样点的空间坐标，再运用 Arc/Info 的 Sample 功能分层读取对应所需的空间变量。只以 1988 年和 1993 年的数据来获取转换规则，其他时相的数据用来获取城市的动态增量。

2. 转换规则挖掘及城市模拟

在运用 Ant-Miner 挖掘 CA 转换规则时，各空间变量作为蚂蚁路径的属性节点，元胞是否转化为城市用地作为蚂蚁路径的类节点，转化为城市用地则标记为 1，没有转化为城市用地则标记为 0。在进行规则挖掘前，首先需要对具有连续值的空间变量进行离散化处理。每条路径对应一条分类规则，分类规则的挖掘可以当作是蚂蚁对最优路径的搜索。采用 Visual Basic 6.0 编程实现算法。利用 Ant-Miner，对所获得的 GIS 和遥感数据进行数据挖掘，自动获取城市演变的转换规则。表 6.11 列出了所获得的部分转换规则。

表 6.11 Ant-Miner 所挖掘的部分转换规则

```
规则 1：
IF
LaneD< = 23 and ExprD< = 25 and  181<TownD< = 206 and landuse = ‘cropland’  and Ω> = 3
Then
  class = 1（置信度 = 0.92）
规则 2：
IF
  RoadD< = 47 and LaneD< = 23 and 23<ExprD< = 102 and 153<RailD< = 179 and TownD<255 and
landuse = ‘orchard’ and Ω> = 4
Then
  class = 1（置信度 = 0.86）
规则 3：
IF
413<PropD< = 450 and  115<LaneD< = 138 and RailD >230 and TownD>235 and Ω<2
Then class = 0  （置信度 = 0.83）
……
```

为了验证 Ant-Miner 模型的可靠性，对 Ant-Miner 所挖掘的转换规则进行精度检验（表 6.12）。其中，转化为城市用地的精度为 74.6%，未转化为城市用地的精度为 79.3%，总精度达到 77.2%。对于复杂的地理数据来说，这已经满足了其精度要求。

为了进一步验证 Ant-Miner 模型，用 See5.0 决策树模型与其进行对比研究，因为 See5.0 模型所挖掘出来的规则形式跟 Ant-Miner 所挖掘出来的规则形式相差不大，更具有对比意义。对比实验结果（表 6.12）发现：Ant-Miner 模型的总精度要比 See5.0 模型的总精度高出将近 5 个百分点，这说明了 Ant-Miner 模型的可靠性较好，比较适合复杂地理数据的知识挖掘。

表 6.12　Ant-Miner 模型与 See 5.0 决策树模型的精度对比

模型	转化为城市用地的精度/%	未转化为城市用地的精度/%	总精度/%
Ant-Miner	74.6	79.3	77.2
See5.0	68.7	76.1	72.3

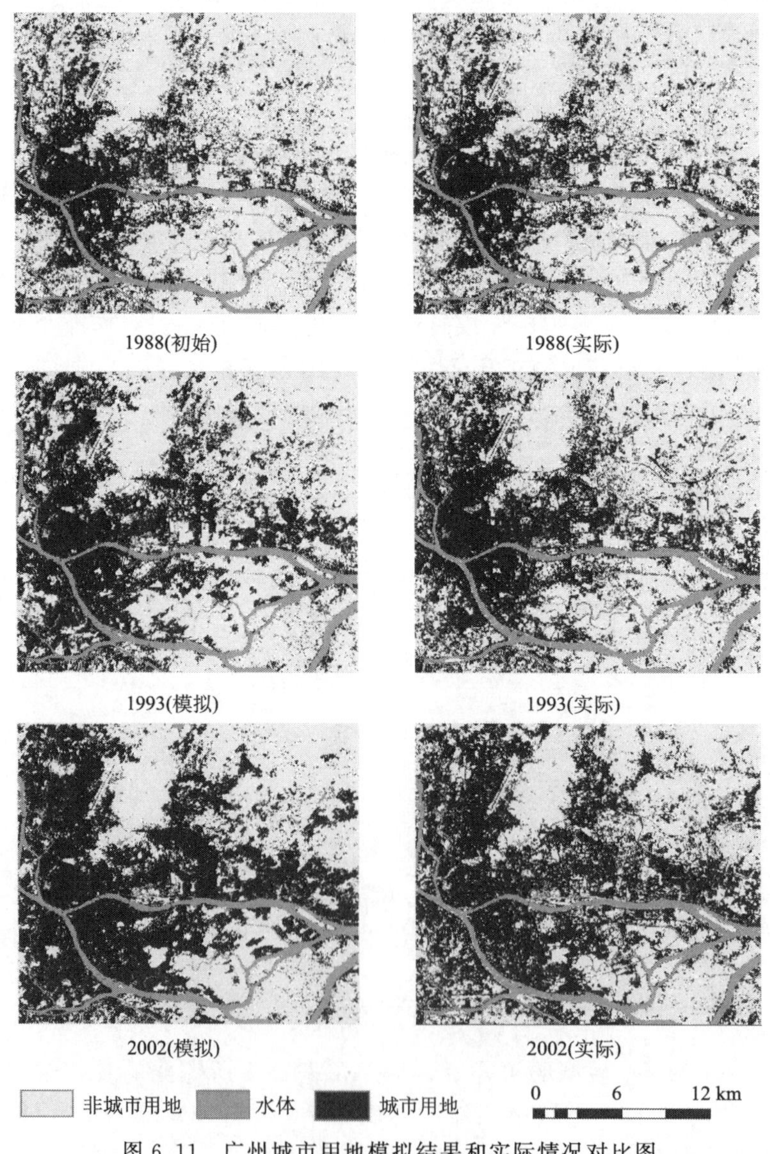

图 6.11　广州城市用地模拟结果和实际情况对比图

根据 Ant-Miner 所挖掘的转换规则，分别模拟了 1988～1993 年、1993～2002 年广州城市空间演变情况。城市空间演变的模拟最终是通过 ArcGIS 的二次开发工具 ArcObjects 在 Visual Basic 6.0 开发环境下编程实现的。模拟时，初始状态为 1988 年 TM 影像分类所获取的城市用地，模型进行 200 次迭代运算后，获得模拟的 1993 年广州市城市用地，运行 400 次后得到模拟 2002 年广州市城市用地（图 6.11）。

6.4.4 模型验证与对比

将 CA 应用于模拟真实的城市时，需要检验其与实际情况的吻合程度。一种简单的检验方法是用肉眼对模拟结果与真实城市发展情况进行对比。图 6.11 是广州模拟城市用地和实际城市用地的对比图。从对比图中可以发现，模拟结果的整体空间布局与实际情况相当接近。

肉眼观察对比为模型的精度提供了一个粗略的验证方法。为了能够定量地表示模型的精度，通常将模拟的结果和实际发展情况叠加，然后逐点对比，并计算其精度，产生一个混淆矩阵。表 6.13 列出了 ACO-CA 模型的逐点对比精度，1993 年和 2002 年模拟的总精度分别为 83.3%和 76.8%，其 Kappa 系数分别是 0.64 和 0.53。

表 6.13 ACO-CA 模型模拟的精度

	1988～1993 年		精度
	模拟非城市用地（元胞数）	模拟城市用地（元胞数）	
实际非城市用地	107 347	16 618	86.6%
实际城市用地	16 150	55 821	77.6%
总精度			83.3%
Kappa 系数			0.64
	1988～2002 年		精度
	模拟非城市用地（元胞数）	模拟城市用地（元胞数）	
实际非城市用地	76 815	23 293	76.7%
实际城市用地	22 253	73 575	76.8%
总精度			76.8%
Kappa 系数			0.53

为了检验 ACO-CA 在模拟城市整体结构方面的能力，我们计算了模拟结果和实际情况的 Moran I 指数。Moran I 指数一般用来描述空间的自相关性，但该指数也反映了空间集中和分散的程度，可以用来检验模型模拟的整体空间格局是否与实际的整体空间格局相符。从表 6.14 可知，1993 年模拟结果的 Moran I 指数值为 0.627，实际情况的 Moran I 指数值为 0.626。2002 年模拟结果的 Moran I 指数值为 0.687，实际情况的 Moran I 指数值为 0.684。模拟结果的 Moran I 指数值和实际情况非常接近，这表明模拟结果的整体空间格局和实际情况的整体空间格局较为相近。

表 6.14　Moran I 指数对比

时间	1988 年	1993 年	2002 年
实际	0.633	0.626	0.684
模拟（ACOCA）	0.633	0.627	0.687
模拟（See5.0）	0.633	0.621	0.680

为了更进一步检验模型，我们也利用 See5.0 决策树模型获取的转换规则模拟了本研究区城市的扩张过程，并计算了模拟结果的逐点对比精度和 Moran I 指数（表 6.14、表 6.15）。1993 年和 2002 年模拟的总精度分别为 81.5%和 73.2%，其 Kappa 系数分别只有 0.60 和 0.46。对比表 6.13、表 6.14、表 6.15 可知，基于蚁群智能的 CA 模型比基于 See5.0 决策树的 CA 模型有更好的模拟精度，特别是 kappa 系数方面。此外，与 See 5.0 模拟的整体空间格局相比较，ACO-CA 模拟的整体空间格局与实际的空间格局更为接近。

表 6.15　See 5.0 决策树模型模拟的精度

	1988～1993 年		精度
	模拟非城市用地（元胞数）	模拟城市用地（元胞数）	
实际非城市用地	105 893	18 072	85.4%
实际城市用地	18 100	53 871	74.9%
总精度			81.5%
Kappa 系数			0.60
	1988～2002 年		精度
	模拟非城市用地（元胞数）	模拟城市用地（元胞数）	
实际非城市用地	73 692	26 416	73.6%
实际城市用地	26 079	69 749	72.8%
总精度			73.2%
Kappa 系数			0.46

刘小平等（2006）曾利用基于核学习机的 CA 模型对广州市城市发展进行模拟，与本节的研究区域完全相同。为了进一步说明 ACO-CA 的可靠性，也对比了这两种模型的精度。基于核学习机的 CA 模型在 1993 年和 2002 年模拟的总精度分别为 79.0%和 74.1%，其 Kappa 系数分别只有 0.57 和 0.48。由表 6.13 可知，基于核学习机的 CA 模型比 ACO-CA 模型的模拟精度要低，进一步验证了 ACO-CA 模型的可靠性。

最近，Pontius 和 Malanson（2005）指出预测模型应该与 Null 模型进行对比研究，从而验证预测模型的可靠性，Null 模型是指什么都不变化，即不作任何预测的模型。Pontius 和 Malanson（2005）认为预测模型精度的最低限度是要比 Null 模型的精度高，不然就不能称之为一个模型。例如，在某一时段内，城市土地有 15%发生了变化，那么，Null 模型的总精度为 85%，预测模型的总精度须高于 85%。但是，总精度在评价由于机遇造成的一致性和实际观测的一致性之间的差别时会有所偏差（Congalton，1991）。Kappa 系数则能有效地避免这种偏差，特别对于地理数据，Kappa 系数能从位置、数量和综合信息等方面来评价模型的精度。因此，用 Null 模型的 Kappa 系数与预测模型的 Kappa 系数进行对比研究更具有意义。Kappa 系数的计算公式如下：

$$\text{Kappa} = \frac{M\sum_{i=1}^{r} x_{ii} - \sum_{i=1}^{r}(x_{i+} \cdot x_{+i})}{M^2 - \sum_{i=1}^{r}(x_{i+} \cdot x_{+i})} \tag{6.32}$$

其中，x_{ii} 为错误矩阵主对角线上的元素，x_{i+} 为错误矩阵 i 行的和，x_{+i} 为错误矩阵 i 列的和。表 6.16 列出了 Null 模型的总精度和 Kappa 系数，由表 6.13、表 6.16 可知，在 1988～1993 年这一时间段，ACO-CA 模型的总精度只比 Null 模型的总精度高出 1.1%，精度相差不大，但 Kappa 系数高了 0.05，相差较大；在 1988～2002 年这一时间段，ACO-CA 模型的总精度却比 Null 模型的总精度高出了 9%，Kappa 系数高出 0.18，精度相差非常明显，这说明 ACO-CA 模型是一个十分有效的模型。

表 6.16　Null 模型的精度

	1988～1993 年		精度
	1988 年非城市用地（元胞数）	1988 年城市用地（元胞数）	
1993 年实际非城市用地	115 240	8 725	93.0%
1993 年实际城市用地	26 065	45 906	63.8%
总精度			82.2%
Kappa 系数			0.59
	1988～2002 年		精度
	1988 年非城市用地（元胞数）	1988 年城市用地（元胞数）	
2002 年实际非城市用地	789 193	10 915	89.1%
2002 年实际城市用地	252 112	43 716	45.6%
总精度			67.8%
Kappa 系数			0.35

图 6.12 更进一步显示了模拟结果和实际城市发展情况一致及不一致的空间分布状况。

6.4.5　结　　论

对复杂的资源环境系统进行模拟具有较大的理论意义和应用价值。基于传统的方程式模型无法反映复杂系统的特点，难以满足对资源环境系统进行模拟的要求，而基于“自下而上”的 CA 模型则能有效地模拟复杂系统的演变过程。CA 模型被越来越多地应用在地理现象演变的模拟中，取得了许多有意义的研究成果。CA 模型的关键是如何定义转换规则，但目前所提取的转换规则大都是隐含的，是通过数学公式来表达的，确定公式中的参数较为困难。

我们提出了一种基于蚁群智能算法的地理元胞自动机。蚁群智能算法实际上是一种多智能体算法，简单的智能个体通过合作能完成复杂任务，这种“自下而上”的研究思

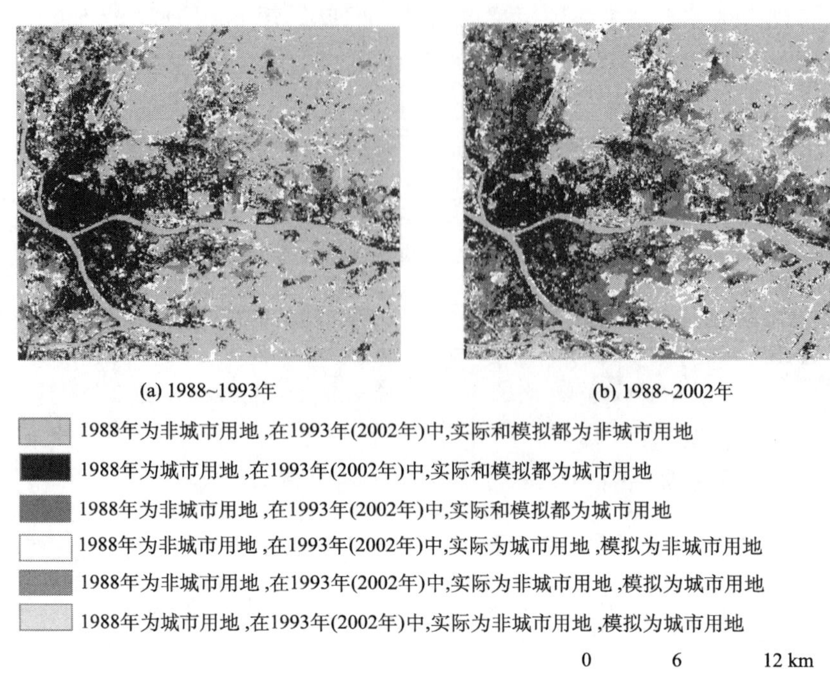

图 6.12　实际城市发展情况和模拟结果叠置分析图

路与元胞自动机的思想不谋而合，因此，蚁群智能算法用来提取 CA 转换规则是非常适合的。文章首次将蚁群智能的分类规则挖掘算法引进到地理元胞自动机中，Ant-Miner 算法模仿蚂蚁寻找食物的方式来构造转换规则。该算法所提取的转换规则无需通过数学公式来表达，能更方便和准确地描述自然界中的复杂关系，并且这些规则比数学公式更容易让人理解。在蚁群算法中，由于信息素不断地更新，其提供的正反馈信息使蚂蚁能根据环境的改变和过去的行为结果对自身的知识库进行更新，从而导致人工蚂蚁具有较强的自适应能力。蚁群算法用于元胞自动机转换规则的提取时，它的这种正反馈机制能够增加转换规则的自适应能力，从而使模拟具有较好的推广适应性。

将 ACO-CA 模型应用在广州市，利用不同年份的卫星遥感图像作为主要观察数据。分层随机选择样点构成案例库，通过 Ant-Miner 自动获取 CA 的转换规则，模拟了 1993～2002 年的广州市城市发展变化情况，并与实际的城市变化情况进行了比较分析。分析表明，ACO-CA 模型的逐点对比精度和 Kappa 系数都比较高。

与 See5.0 决策树模型进行对比研究，结果表明：ACO-CA 模型在模拟城市发展时比 See5.0 具有更高的精度。这可能是因为 Ant-Miner 中的信息素不断地更新，其提供的正反馈信息可以帮助纠正启发式函数缺陷所造成的错误。此外，决策树算法中，熵为局部启发度量，易受属性间相互作用的影响，特别在处理属性之间相关性比较强的数据时，更容易陷入搜索空间的局部最优。而 Ant-Miner 中的信息素则是基于规则整体性能的，信息素的动态更新能更好地处理属性间的相互作用。

6.5 基于AIS的智能元胞自动机与规划情景模拟

城市是一个典型的动态空间复杂系统，具有自组织性、自相似性、时空动态性、非线性等耗散结构特征（Barredo et al.，2003）。城市的发展受到不同尺度的自然和人文因素的综合作用，其变化过程具有高度的复杂性。传统的城市模型采用自上而下的方程式方法来研究城市系统，此类模型是静态、宏观、线性和确定性的，并不适合于复杂空间系统的演化研究，体现不出城市系统的动态性，并且难以与空间信息融合。元胞自动机作为人工生命的理论方法分支，是研究复杂系统非常方便和有效的工具，具有强大的空间运算能力，可以有效地模拟复杂的动态系统（周成虎等，1999；He et al.，2006）。近年来，元胞自动机越来越多地被应用于城市扩张和土地利用变化的模拟研究中，并取得了许多有意义的成果（White and Engelen，1993；Batty and Xie，1994；Clarke et al.，1997）。

建立地理CA的关键是要确定合适的转换规则。目前，已经有一些学者用不同的方法来确定CA模型中转换规则的参数，包括多准则判断（Wu and Webster，1998）、Logistic Regression（吴启焰等，2002）、模糊集（Liu and Stuart，2003）、主成分分析（Li and Yeh，1998）、人工神经网络模型（Li and Yeh，2002）、核学习机（刘小平和黎夏，2006）、蚁群智能（刘小平等，2007）等。但这些转换规则往往是通过经验数据训练来获取，用于模拟过去或真实的地理演变。例如，在城市模拟中，较少涉及元胞自动机在城市规划及情景模拟中的应用（黎夏和叶嘉安，1999；Li and Yeh，2000）。在元胞自动机模型中嵌入规划行为，可以模拟出相应的城市发展格局，规划者可以根据自己的目标选择最优的城市发展模式，从而可以为城市规划提供决策支持。元胞自动机用于规划模型不仅具有重要的理论意义，也具有突出的现实意义，因此，其用作规划模型也许比用作预测模型更具有价值。目前，有关规划元胞自动机模型的研究相对较少。Ward和Murray（1999）运用优化元胞自动机模型对东澳大利亚的土地利用可持续发展进行了模拟。黎夏和叶嘉安通过约束性元胞自动机模型对珠江三角洲地区的可持续城市发展形态进行了模拟和规划（黎夏和叶嘉安，1999；Li and Yeh，2000）。Yeh和Li（2003）利用基于神经网络的CA模型对东莞城市发展进行了不同情景的模拟。何春阳等（2005）结合系统动力学和CA模型对中国北方13省未来二十年的土地利用变化进行了情景模拟。这些研究表明，元胞自动机用于城市规划和情景模拟具有巨大的潜力。但是，这方面的研究还未引起足够的重视。

本节尝试把人工免疫系统引进到地理元胞自动机中，自动获取转换规则。并通过改变抗体的进化变异机制，把规划目标嵌入到AIS算法中，抗体将会逐渐朝着规划目标“进化”，从而达到实现规划意图的目的。根据模型的结构和输入参数，该模型可以模拟出各具特色的城市发展空间格局，为城市和土地利用规划提供决策支持，包括回答一系列“What-If”问题和模拟出不同的规划情景。以珠江三角洲的城市模拟为例，用AIS算法自动获取该地区的转换规则，并在模型中嵌入不同的规划目标，利用CA与GIS的结合来模拟和调控珠江三角洲的城市空间演变。

6.5.1 AIS的基本原理

AIS是对生物免疫系统的模拟，是借鉴和利用生物免疫系统的信息处理机制而发展的各类信息处理技术、计算技术以及智能系统的统称。它是一种新兴的智能信息处理方法，具有自学习、自适应和记忆的能力（Kim and Bentley，1999）。

生物免疫系统能够把外来原生质（抗原，Antigen）同其自身的原生质区分开来，进而对病原菌、霉素等有害的异物产生抗体（Antibody），消灭有害的抗原。当同一抗原再次出现时，系统能够“学习”抗原的结构，反应更为强烈，能迅速消灭抗原。从计算的角度来看，生物免疫系统是一个高度并行、分布、自适应和自组织的系统，具有很强的学习、识别、记忆和特征提取能力。

克隆选择原理是免疫系统的基本理论之一。它解释了抗体的形成机理，阐明了应答的多样性机制。克隆选择原理最先由Jerne（1973）提出，其基本思想是只有那些能够识别抗原的细胞才能被免疫系统选择并保留，然后进行扩增；而不能识别抗原的细胞则会被淘汰。主要内容为：当淋巴细胞实现对抗原的识别后，B细胞被激活并增殖复制产生B细胞克隆，随后克隆细胞经历变异过程，产生对抗原具有特异性的抗体。克隆选择理论描述了获得性免疫的基本特性，并且只有成功识别抗原的免疫细胞才得以增殖。克隆选择机制中有一个重要的过程——亲和力“成熟”过程：对抗原亲和力较低的个体经历克隆选择的增殖复制和变异后，其亲和力逐渐提高而达到“成熟”。

6.5.2 AIS自动获取CA的转换规则

AIS将T细胞、B细胞、抗体等功能综合在一起，统一抽象出检测器概念，模拟生物免疫系统中有关抗原处理的核心思想，包括抗体的产生、自体耐受、克隆选择等。在用AIS解决具体问题时，需要将问题的描述与免疫系统的概念及免疫原理对应起来，定义免疫元素的数学表达，设计相应的算法。AIS是一个典型的循环过程（图6.13），包括定义抗原、产生初始抗体、计算亲和力、克隆选择、抗体变异、抗体更新。

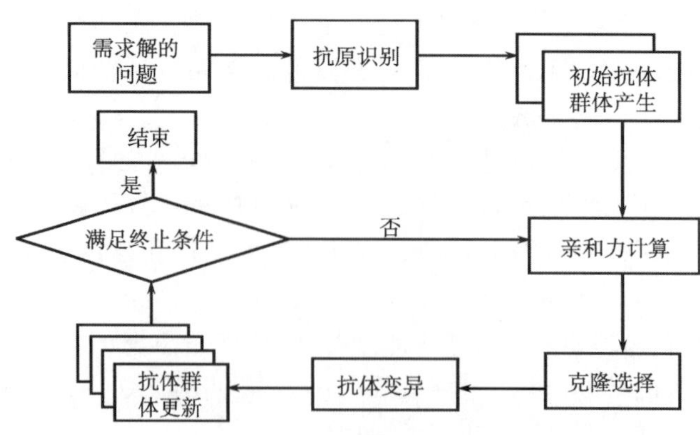

图6.13 人工免疫系统基本框架

AIS已发展成为计算智能研究中一个崭新的分支，其应用已涉及信息安全（Kim et al.，1999）、模式识别（Chun et al.，1997）、智能优化（Tang et al.，1999）、机器学习（Timmis，2000）、自动控制（Kumark et al.，2002）、数据挖掘（Timmis and Neal，2001）、故障诊断（Dasgupta and Forrest，1995）等诸多领域，显示出人工免疫系统广阔的研究前景。但遗憾的是，AIS在地学方面的应用和研究鲜见报道。实际上，AIS所具有的自学习、自适应和记忆的能力非常适合于复杂地理过程的研究。

1. 地理元胞自动机中抗原的定义

运用AIS的第一步是定义抗原，将需要解决的问题抽象成符合免疫系统处理的抗原形式，抗原识别则对应为问题的求解。城市发展的概率往往取决于一系列的空间距离变量、邻近现有城市用地的数量和元胞的自然属性等（Li and Yeh，2000；Torrens and O'Sullivan，2001）。本书在定义CA的地理抗原时先只考虑各空间变量，把其作为抗原的特征属性。把邻近现有城市用地量和元胞的自然属性作为外部的约束条件。这样，每个抗原包含了一系列的空间距离变量，如到道路、市中心、铁路的距离等。这样，抗原可以表达如下：

$$\mathrm{Ag} = (a(D_1), a(D_2), \cdots, a(D_N); S) \tag{6.33}$$

其中，$(a(D_1), a(D_2), \cdots, a(D_N))$ 为抗原Ag所对应的一系列空间距离变量，即为抗原Ag的特征向量。S 为一布尔变量，城市如果发展为1，不发展则为0，用来标记抗原和抗体的类别。需要注意的是，为了消除量纲的影响，需要对各空间距离变量作标准化处理。

2. 初始化抗体群体及亲和力计算

采用随机的方法初始化抗体群体，抗体初始化公式如下：

$$\mathrm{Ab} = (a(R_1), a(R_2), \cdots, a(R_N)) \tag{6.34}$$

其中，$a(R_1)$，$a(R_2)$，…，$a(R_N)$ 分别为0～1的随机数。

在人工免疫系统中，抗原的识别效果由抗体与抗原之间的匹配程度来描述，这种匹配程度称为亲和力，亲和力较高的抗体有可能被选择保留及增殖。采用下式计算抗体与抗原之间的亲和力：

$$\mathrm{Af}(\mathrm{Ag}, \mathrm{Ab}) = \frac{1}{1 + d(\mathrm{Ag}, \mathrm{Ab})} \tag{6.35}$$

$$d(\mathrm{Ag}, \mathrm{Ab}) = \sqrt{\sum_{n=1}^{N} (a(D_n) - a(R_n))^2} \tag{6.36}$$

亲和力的取值范围为0～1，亲和力越大，表示抗体与抗原的匹配程度越高。

3. 抗体的克隆和变异

从初始抗体中选择亲和力最大的一些抗体，构成抗体库。分别对抗体中的每个抗体进行多次克隆，并根据亲和力的高低发生变异，亲和力越高，变异的可能性越小。再在变异个体中选取亲和力较高的抗体保留到抗体库中。

人工免疫系统能识别几乎所有的抗原，因为抗体具有多样性，而抗体的多样性正是因为免疫机制中的变异所导致的。变异机制有多种表示和实现方法，本节采用以下公式来实现抗体的变异：

$$a(R_i)_t = \begin{cases} a(R_i)_{t-1}, & \text{if} \quad \mathrm{Af_{gb}}/M \geqslant R \\ a(R_i)_{t-1} - (1 - \mathrm{e}^{-d(\mathrm{Ag}, \mathrm{Ab}_{t-1})})(a(R_i)_{t-1} - a(D_i)), & \text{if} \quad \mathrm{Af_{gb}}/M < R \end{cases} \tag{6.37}$$

其中，$a(R_i)_t$ 和 $a(R_i)_{t-1}$ 分别为变异前和变异后抗体的特征属性值，即地理元胞自动机的空间距离变量。抗体只对其特征属性值进行变异，抗体的类型并不发生变异。M 为大于 1 的常数，用来控制抗体变异的概率。$\mathrm{Af_{gb}}$ 为抗体的亲和力，R 为（0～1）的随机数，d（Ag，Ab_{t-1}）为抗体和抗原的欧式距离，$a(D_i)$ 为抗原的特征属性值。通过式(6.37) 可知，亲和力越高的抗体，其变异的概率越低。经过变异后，有些抗体的亲和力提高，有些抗体的亲和力却降低。选择亲和力较高的抗体进入抗体库，而亲和力较低的抗体则被淘汰。因此，通过克隆、选择和变异后，抗体的亲和力会逐渐提高从而达到“成熟”。本节以抗原的整体亲和力作为判断抗体库成熟与否的标志。

克隆变异的伪代码如下：

```
While 抗体库未成熟 Do
  For  抗体库中每个抗体 Do
      多次克隆此抗体;
      For 每个克隆抗体  Do
      根据抗体的亲和力的高低变异;
    Next
       选择亲和力较高的克隆抗体加入抗体库
  Next
      计算抗体的整体亲和力，判断抗体库是否成熟
End
```

4. 抗体对城市发展的识别

对各空间数据进行处理后，可以得到抗原的特征向量。将抗原作用于随机产生的初始抗体群体，经过克隆、变异后，抗体的亲和力逐渐“成熟”，这相当于数据的训练阶段。“成熟”后的抗体对应于某些抗原，能识别抗原的结构，具有记忆能力。抗体对应的那些抗原属于同一类别，抗体所属类别与对应的抗原类别是相同的。利用“成熟”的抗体可以识别待检测数据，待检测数据也是由各空间距离变量组成的。通过式(6.35) 计算抗体与待检测数据的亲和力，从抗体库中选出与待检测数据亲和力最好的 k 个抗体，常用的做法是待检测数据 x_t 返回亲和力最好的 k 个抗体最普遍的类别，即精英选择法（Elitist Selection）。但这种方法是通过布尔规则来确定待检测数据的所属类别的。由于城市发展具有一定的不确定性，有必要把模糊概念引入到城市发展的识别过程中，用概率的形式确定其发展与否，即运用转轮（Roulette Wheel）算法来计算城市发展的概率

$$P_{\text{dev}}(ij)=\frac{\sum_{u=1}^{k}\text{Af}(\text{Ab}_u,x_t)\cdot\delta(f(\text{Ab}_u),1)}{\sum_{u=1}^{k}\text{Af}(\text{Ab}_u,x_t)\cdot\delta(f(\text{Ab}_u),1)+\sum_{u=1}^{k}\text{Af}(\text{Ab}_u,x_t)\cdot\delta(f(\text{Ab}_u),0)} \tag{6.38}$$

$$\delta(f(\text{Ab}_u),1)\begin{cases}=1, & \text{若 } f(\text{Ab}_u)=1\\ =0, & \text{若 } f(\text{Ab}_u)=0\end{cases} \tag{6.39}$$

$$\delta(f(\text{Ab}_u),0)\begin{cases}=1, & \text{若 } f(\text{Ab}_u)=0\\ =0, & \text{若 } f(\text{Ab}_u)=1\end{cases} \tag{6.40}$$

其中，$\text{Af}(\text{Ab}_u, x_t)$ 为抗体与待检测数据 x_t 的亲和力，将大的权重赋予亲和力较好的抗体；$f(\text{Ab}_u)$ 为抗体 Ab_u 所属的类别，$f(\text{Ab}_u)=1$ 表示发展为城市用地的抗体，$f(\text{Ab}_u)=0$ 表示没有发展为城市用地的抗体。

由式（6.38）所计算的元胞发展概率只考虑到空间吸引力对其城市发展的影响，而CA模型的邻域是一个非常重要的因素，尤其是城市的扩展，在很大程度上是邻近元胞之间相互作用的结果。因此，还需要考虑邻域对中心元胞的影响。选择 3×3 作为邻域窗口，定义 $t-1$ 时刻的邻域影响值为

$$\Omega_{t-1}(ij)=\frac{\sum_{3\times3}N(\text{urban}(ij))}{3\times3-1} \tag{6.41}$$

其中，$\sum_{3\times3}N(\text{urban}(ij))$ 为 3×3 邻域窗口内城市化像元数。

除了受邻域作用的影响外，城市发展还受到区域的自然条件约束。例如，河流、陡峭的山地、优质的农田等地区发展为城市用地的概率较小。综合考虑空间吸引力、邻域、区域自然约束条件的影响，某元胞在 t 时刻发展为城市用地的概率可由下式表达

$$P_t(ij)=A\cdot P_{\text{dev}}(ij)\cdot\text{con}(\text{suit}(ij))\cdot\Omega_{t-1}(ij) \tag{6.42}$$

其中，$\text{con}(\text{suit}(ij))$为区域自然约束条件总值，其值为0～1；$\Omega_{t-1}(ij)$为 $t-1$ 时刻的邻域影响值，A 为模型的调整参数。

6.5.3 基于AIS和元胞自动机的城市规划模型

AIS-based CA 模型可以模拟出真实的城市形态，或根据过去的趋势来预测将来的城市发展。同时，通过改变抗体的进化变异机制，把规划目标嵌入到AIS算法中，抗体将会逐渐朝着规划目标“进化”，以达到实现规划意图的目的（图6.14）。

对于不同的城市规划意图设计不同的变异选择机制。下面以基于“城市中心”发展的规划方案为例，来说明如何通过改变抗体的进化变异机制，把规划目标嵌入到AIS算法中。

1. 基于“城市中心”的变异机制

与一般的人工免疫算法的变异机制不一样，抗体会朝着以“城市中心”发展的规划

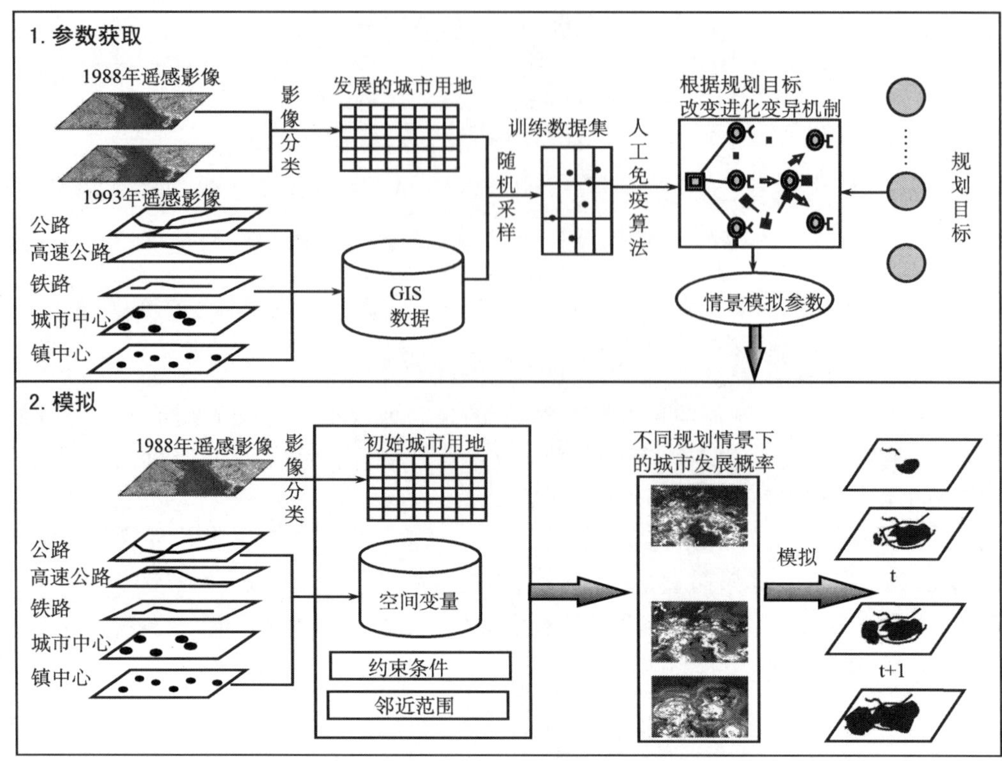

图 6.14　基于人工免疫系统的 CA 城市规划模型

目标的方向进行变异。在本节设计的规划变异机制中，对于不同标记的抗体，其变异方式也不一样。标记为 1 的抗体（发展为城市），通过以下公式实现变异：

$$a(R_i)_t=\begin{cases}\begin{cases}a(R_i)_{t-1}, \text{if } \mathrm{Af_{gb}}/M\geqslant R\\ a(R_i)_{t-1}-(1-\mathrm{e}^{-d(\mathrm{Ag},\mathrm{Ab}_{t-1})})(a(R_i)_{t-1}-a(D_i)), \text{if } \mathrm{Af_{gb}}/M< R'\end{cases}\\ \quad \text{when } a(R_i)\neq \mathrm{Dis\_city}\\ \begin{cases}a(R_i)_{t-1}, \text{if } \mathrm{Af_{gb}}/M\geqslant R \quad \text{and} \quad a(R_i)_{t-1}\leqslant T_1\\ a(R_i)_{t-1}-(1-\mathrm{e}^{-d(\mathrm{Ag},\mathrm{Ab}_{t-1})})(a(R_i)_{t-1}-a(D_i)), \text{if } \mathrm{Af_{gb}}/M<=R \quad \text{or} \quad a(R_i)_{t-1}>T_1'\end{cases}\\ \quad \text{when} \quad a(R_i)=\mathrm{Dis\_city}\end{cases}\tag{6.43}$$

标记为 0 的抗体（不发展），通过下面的公式实现变异：

$$a(R_i)_t=\begin{cases}\begin{cases}a(R_i)_{t-1}, \text{if } \mathrm{Af_{gb}}/M\geqslant R\\ a(R_i)_{t-1}-(1-\mathrm{e}^{-d(\mathrm{Ag},\mathrm{Ab}_{t-1})})(a(R_i)_{t-1}-a(D_i)), \text{if } \mathrm{Af_{gb}}/M< R'\end{cases}\\ \text{when } a(R_i)\neq \mathrm{Dis\_city}\\ \begin{cases}a(R_i)_{t-1}, \text{if } \mathrm{Af_{gb}}/M\geqslant R \quad \text{and} \quad a(R_i)_{t-1}\geqslant T_2\\ a(R_i)_{t-1}-(1-\mathrm{e}^{-d(\mathrm{Ag},\mathrm{Ab}_{t-1})})(a(R_i)_{t-1}-a(D_i)), \text{if } \mathrm{Af_{gb}}/M<=R \quad \text{or} \quad a_i(t-1)<T_2'\end{cases}\\ \text{when} \quad a(R_i)=\mathrm{Dis\_city}\end{cases}\tag{6.44}$$

其中，$a(R_i)$ 为抗体的特征属性值，表示某一空间距离变量；M 为大于 1 的常数，用来控制抗体变异的概率；$\mathrm{Af_{gb}}$ 为抗体的亲和力，R 为（0～1）的随机数；$d(\mathrm{Ag}, \mathrm{Ab}_{t-1})$ 为抗体和抗原的欧式距离；$a(D_i)$ 为抗原的属性值；Dis _ city 为指到城市中心的距离变量；T_1 和 T_2 为阈值，为 0～1 的常数。

2. 基于“城市中心”的再选择机制

抗体变异后，还需要经过再选择，一般的人工免疫算法是选择亲和力较高的抗体保留到抗体库中。本节在选择时还需要考虑到政府的规划意图，基于“城市中心”的再选择是通过以下公式实现的：

$$\begin{cases} \mathrm{As} = \alpha * \mathrm{Af} + \beta * \mathrm{e}^{-\mathrm{Dis\_city}} & \text{when } S = 1 \\ \mathrm{As} = \alpha * \mathrm{Af} + \beta * \mathrm{e}^{\mathrm{Dis\_city}} & \text{when } S = 0 \end{cases} \tag{6.45}$$

其中，α、β 分别为亲和力和政府规划的权重，β/α 越大，政府规划的权重越大。选择 As 较大的抗体进入到抗体库中。标记为 1 的抗体通过变异和再选择逐渐“成熟”，到离城市中心越来越近；相反的是，标记为 0 的抗体逐渐“成熟”，到离城市中心越来越远。通过抗体的变异和再选择，很好地实现了政府的规划意图。

6.5.4 模型应用及结果

1. 实验区及数据

本模型选择城市发展迅速的珠江三角洲城市群作为实验区。首先利用 1988 年、1993 年的 TM 卫星遥感图像自动分类，在全局范围内，分层随机采样以获得模型所需要的抗原。选择一系列空间变量作为抗原的属性特征，包括到城市中心、道路、高速公路、镇中心、铁路的距离等。这些属性从 GIS 空间数据库中获取。利用 Arc/Info GRID 的 Eucdistance 命令量算各空间变量的距离（图 6.15）。

2. 珠江三角洲城市群真实演变模拟

将转换规则［式（6.38）、式（6.42）］应用在珠江三角洲城市群的真实情景模拟中。首先利用随机采样方法从分类数据中获得模型所需要的抗原（训练数据），共获取了 9308 个抗原，其中，城市抗原为 4505 个，非城市抗原为 4803 个。利用人工免疫系统自动挖掘 CA 转换规则，产生的抗体个数为抗原个数的两倍。抗体根据式（6.37）进行变异，在变异个体中选取亲和力较高的抗体保留到抗体库中。通过克隆和变异后，抗体的亲和力会逐渐提高而达到“成熟”。图 6.16 显示了抗体的整体亲和力逐渐提高的过程。当抗体整体亲和力达到 0.991 时，抗体库成熟，停止变异，循环结束。抗体亲和力提高的同时，抗体对验证数据的识别能力也在提高。从遥感分类数据中随机采样获取 8370 个测试数据，用来验证抗体的识别能力。图 6.17 显示了随着抗体的进化，其识别能力逐渐提高。当抗体的进化次数达到 60 次后，其识别能力趋于稳定状态。

初始的城市用地从 1988 年 TM 遥感影像分类所获得。模型进行 100 次迭代运算后，获得模拟的 1993 年珠江三角洲城市用地分布；运行 200 次后得到模拟的 2002 年珠江三

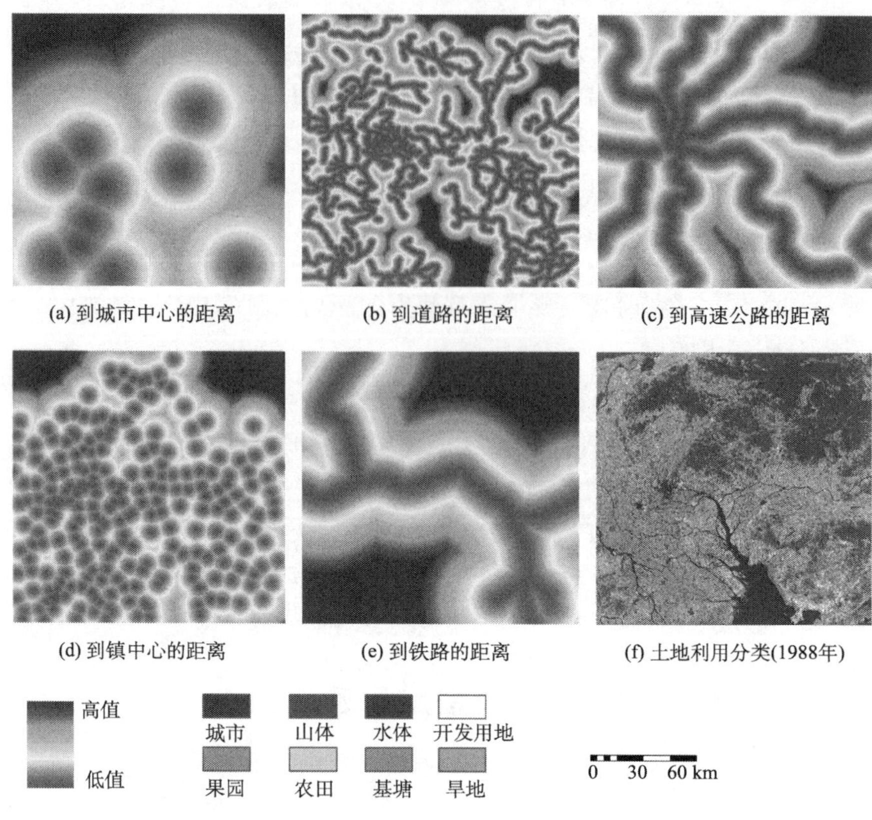

图 6.15　各空间距离变量及土地利用分类图

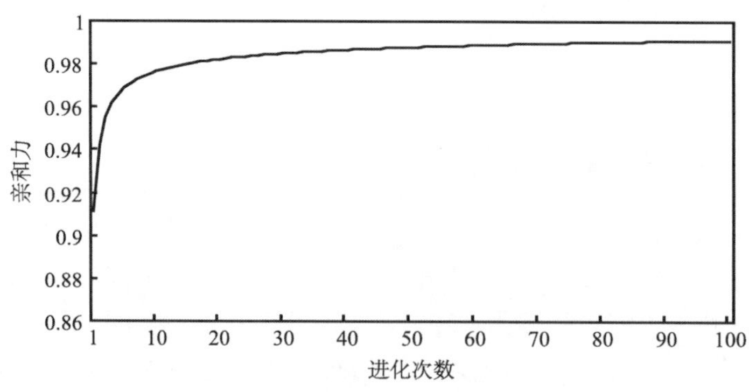

图 6.16　抗体整体亲和力的成熟过程

角洲城市用地分布。图 6.18 显示了珠江三角洲城市格局演变的模拟结果和实际的城市用地变化的对比。实际的城市用地变化从遥感图像分类获取。可以发现，模拟结果的整体空间格局与实际情况非常接近。尽管珠江三角洲区域很大，而且包括不同类型的城市，但所提出的方法可以很好地同时模拟出该区域不同城市的空间格局演变情况。

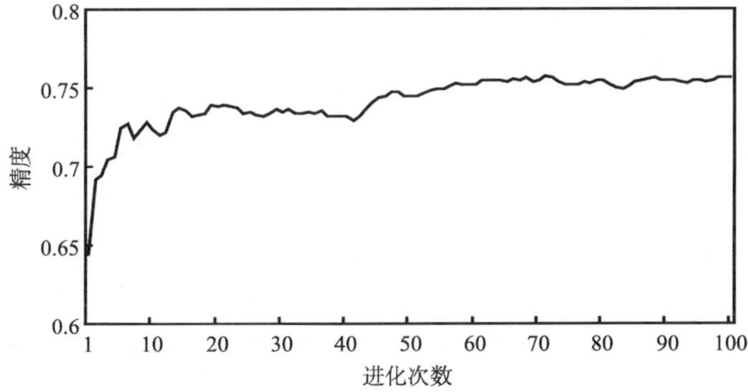

图 6.17　抗体进化过程中识别能力的提高

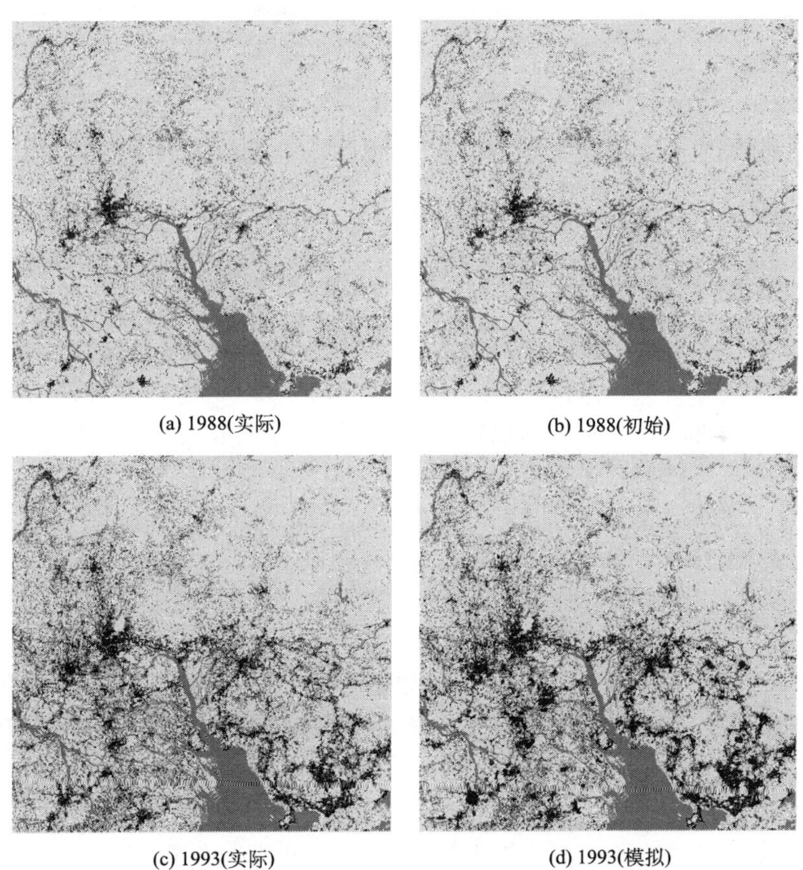

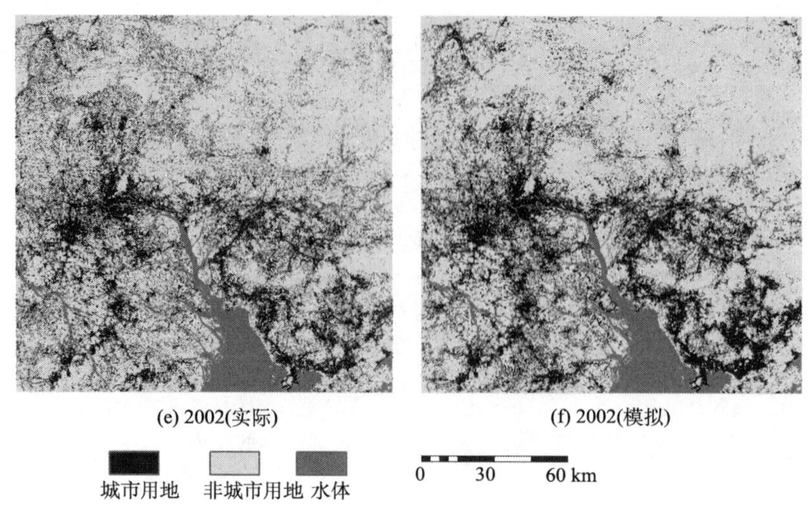

图 6.18 珠江三角洲城市群形态演变的真实模拟（1988～2002 年）

6.5.5 珠江三角洲城市群的规划情景模拟

紧凑性的城市空间格局有助于节省土地资源和减少能耗，与可持续城市发展的原则是相符的（Jenks et al.，1996；Banister et al.，1997）。珠江三角洲的城市呈明显的零乱式的发展形态（Li and Yeh，2004a），寻找合理的城市空间布局能为城市规划提供依据。本节通过对人工免疫算法的修改，把规划目标嵌入到抗体的变异过程中，抗体趋向于政府的规划目标方向进行变异，使得 CA 模型的转换规则既考虑了城市的发展趋势，也包含了政府的规划目标。对于不同的规划目标，抗体的变异方式也相应改变，能模拟出各具特色的城市发展空间格局。规划者可以从中选择较理想的城市发展模式，为城市和土地利用规划提供决策支持，具有较好的理论意义和实用价值。图 6.14 显示了利用人工免疫系统和 CA 进行城市规划的原理。

1. 城市发展空间格局模式

纵观各种不同的城市，大体可以分为以下几种典型的发展模式（薛领等，2002）：紧凑环状发展模式、轴线带状发展模式、点轴线型发展模式、分散组团发展模式（图 6.19）。

（1）紧凑环状发展模式。这种模式就是所谓的“摊大饼”的发展模式，表现为城市建成区不断从城市中心向外呈环状圈形扩展［图 6.19（a）］。在实际发展过程中可能受到地形、交通线路等因素的影响而产生一定程度的变形。这种模式是当今城市空间发展的主流。

（2）轴线带状发展模式。表现为城市的扩展是沿着重要的交通干线向外延伸，形成线形带状发展模式［图 6.19（b）］。

（3）点轴线型发展模式。城市的扩展沿着几条交通干线和城镇中心发展，形成点轴式发展模式［图 6.19（c)］。

（4）分散组团发展模式。该模式是将城市中心的规模做一定的限制，而把城市新发展的部分分散到外围，形成多个次中心，整个城市由多个组团构成［图 6.19（d)］。

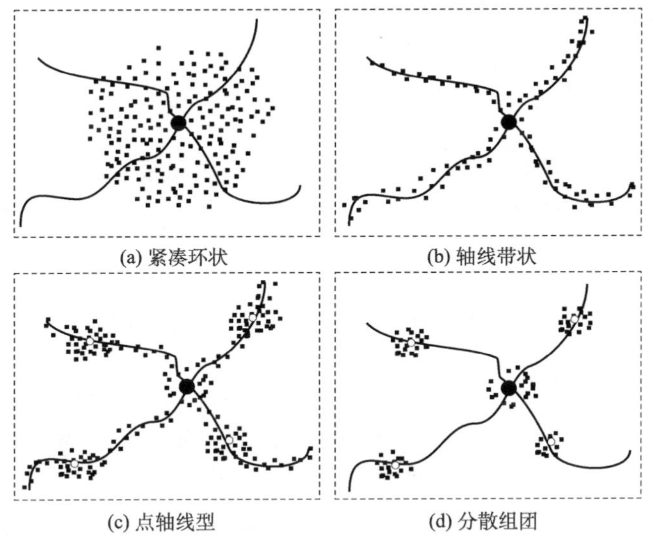

图 6.19　四种典型的城市发展模式

2. 城市发展方案及情景模拟

根据上述四种典型的城市发展空间格局，设计了以下六种城市发展方案。

（1）“城市中心”发展方案：城市用地沿市中心向外扩展，发展过程中可能受到山体、水域等的影响而产生一定程度的变形。

（2）“道路”发展方案：城市用地集中分布在道路两侧。

（3）“高速公路”发展方案：城市沿着高速公路向外延伸。

（4）“镇中心”发展方案：将市中心的城市用地规模做一定的限制，城市用地沿镇中心扩展，形成多个次中心，发展过程中可能受到地形的影响而产生变形。

（5）“城市中心-高速公路”发展方案：城市沿着市中心和高速公路扩展。

（6）“镇中心-道路”发展方案：城市用地沿着镇中心和道路扩展。

对于不同的城市发展方案，分别设计对应的变异选择机制，抗体逐渐朝着规划方案“进化”，以达到实现规划方案的目的。式（6.43）、式（6.44）、式（6.45）为“城市中心”发展方案抗体的变异选择机制。类似于“城市中心”发展方案，其他发展方案也都可以通过修改抗体变异选择机制而达到规划目的。图 6.20 对比了“城市中心”发展方案和真实情景模拟中城市抗体进化过程中到市中心的平均距离。可以发现，“城市中心”发展方案中，城市抗体到市中心的平均距离逐渐减小，并且幅度较大，城市明显朝着市中心方向发展，充分体现了“城市中心”发展的规划意图。而在真实情景中，城市也有朝着市中心方向进行发展的趋势，但并不明显，幅度较小。

根据设计的六种城市发展方案，通过改变抗体变异选择机制，将规划意图嵌入到人

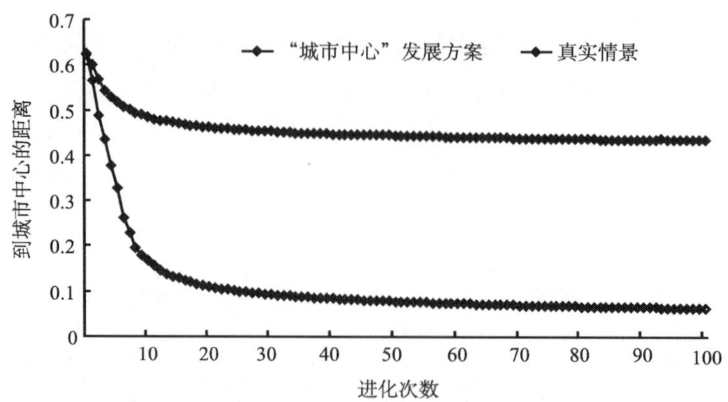

图 6.20　城市抗体进化过程中到城市中心的平均距离

工免疫算法中，自动获取不同发展方案的抗体库。抗体库获取后，就可以利用式(6.18)和式(6.20)来计算元胞的发展概率。随后，模型运行 200 次模拟出不同规划情景下珠江三角洲城市群 1988～2002 年的城市发展状况（图 6.21）。结合图 6.15 和图 6.21 可以发现，城市基本是按照规划方案进行发展的，很好地体现了规划意图，同时也考虑了城市的真实发展趋势。

不同规划方案下城市演变的空间形态也是相异的。空间形态紧凑的城市有助于节省土地资源和减少能耗。采用景观格局分析中的斑块总数（NP）、面积加权平均斑块分维数（AWMPFD）、斑块边界密度（ED）、景观形状指数（LSI）以及聚集指数（AI）来评价城市形态。其中，NP、AWMPFD、ED 可以用来评价景观的破碎度，AWMPFD、LSI 用来度量景观的形状复杂度，AI 可以评价景观的紧凑度。

斑块总数的计算公式为

$$\mathrm{NP}=N \tag{6.46}$$

其中，N 为景观中所有斑块的总数。斑块总数越大，表示景观破碎度越高。

面积加权平均斑块分维数按下式计算

$$\mathrm{AWMPFD}=\sum_{i=1}^{m}\sum_{j=1}^{n}\left[\frac{2\ln(0.5P_{ij})}{\ln(a_{ij})}\left(\frac{a_{ij}}{A}\right)\right] \tag{6.47}$$

其中，P_{ij} 为斑块的周长；a_{ij} 为斑块的面积；A 为景观的总面积。景观的形状复杂度和破碎度越高，AWMPFD 的值就越大。

斑块边界密度通过下式计算

$$\mathrm{ED}=10^{6}\times\frac{E}{A} \tag{6.48}$$

其中，E 为所有斑块边界总长度；A 为景观的总面积。景观组分结构越破碎，ED 值就越大。

景观形状指数的计算公式如下

$$\mathrm{LSI}=\frac{0.25E}{\sqrt{A}} \tag{6.49}$$

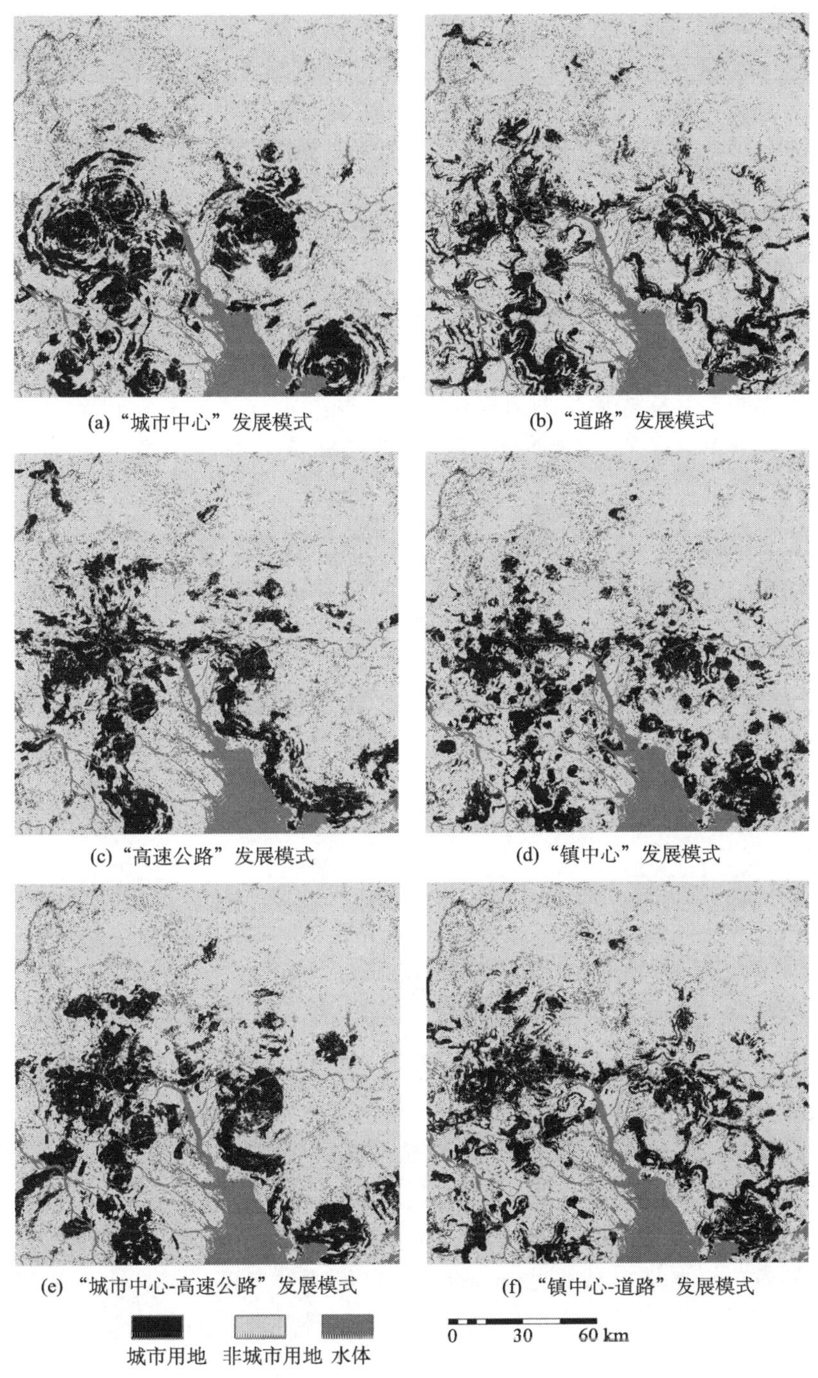

图 6.21　不同规划情景下珠江三角洲的城市形态模拟结果（2002）

其中，E 为所有斑块边界总长度；A 为景观的总面积。景观的形状越复杂，LSI 的值就越大。

聚集指数可通过下面公式计算

$$\mathrm{AI} = 100 \times \left[\frac{g_{ii}}{\max(g_{ii})}\right] \tag{6.50}$$

其中，g_{ii} 为第 i 类斑块像元的邻接数。聚集指数反映景观中不同斑块类型的非随机性或聚集程度，同一类型斑块高度连接时，其聚集指数越高。上述的景观指数利用 FRAGSTATS 3.3 软件来计算完成（McGarigal and Marks，1995）。

表 6.17 是不同城市发展方案下珠江三角洲城市群的景观指数，通过表 6.17 可以发现：

（1）“城市中心”和“城市中心-高速公路”发展模式所形成的城市形态更为紧凑，破碎度较低；而“镇中心”和“道路”发展模式形成的城市形态则比较凌乱和分散；

（2）实际的城市发展比规划方案形成的城市形态要复杂和凌乱得多；

（3）实际的城市发展形态和真实情景模拟结果非常接近。

表 6.17　不同城市发展方案下珠江三角洲城市群的景观指数

城市发展方案	NP	AWMPFD	ED	LSI	AI
“城市中心”发展	10 583	1.283	10.447	38.564	91.622
“道路”发展	11 459	1.294	11.373	41.893	88.786
“高速公路”发展	10 981	1.291	10.779	39.755	90.422
“镇中心”发展	11 284	1.293	10.649	39.292	90.939
“城市中心-高速公路”发展	10 743	1.279	10.291	38.003	91.763
“镇中心-道路”发展	11 643	1.295	11.484	42.290	88.687
实际的城市发展	20 840	1.345	23.404	85.152	78.937
真实情景模拟发展	18 260	1.341	21.606	84.588	80.269

6.5.6　结　　论

城市规划对城市的土地利用变化起着重要作用，也决定了城市发展模式。以往的土地利用规划模型是静态的，本节提出了一种基于人工免疫系统的 CA 动态规划模型。该模型结合人工免疫系统、CA 和 GIS 来对城市土地利用进行规划。对于不同的规划目标，分别设计相应的变异选择机制，使抗体逐渐朝着规划目标“进化”，以达到实现规划方案的目的。根据模型的结构和输入参数，该模型可以模拟出各具特色的城市发展空间格局，规划者可以根据自己的目标选择最优的城市发展模式，从而为城市和土地利用规划提供决策支持。元胞自动机用作规划模型不仅具有重要的理论意义，也具有突出的现实意义。

将该模型应用在城市发展迅速的珠江三角洲城市群，利用 1988 年和 1993 年的遥感影像作为观察数据，通过人工免疫系统获取真实的城市发展趋势并进行模拟，模拟结果的整体空间格局与实际情况非常接近。同时，本研究设计了六种不同的城市发展方案，利用基于人工免疫系统的 CA 规划模型模拟了不同规划方案下珠江三角洲城市的发展情景（1988～2002 年），并比较了不同模拟情景结果城市的紧凑性：“城市中心”和“城市中心-高速公路”发展模式形成的城市形态更为紧凑，破碎度较低；而“镇中心”和

"道路"发展模式形成的城市形态则比较凌乱和分散。该研究表明，CA 不仅提供了认识城市演变过程的有用知识，也为城市规划提供了方便的探索工具。

6.6 基于分析学习的智能元胞自动机与城市演变模拟

利用 CA 模拟城市系统时，需要利用数学模型获取转换规则（Wolfrarm，1986；Wu，1988）。对于如何获取转换规则，国际上至今没有明确的定论。同时，在利用 CA 模拟城市扩张时，用户往往不能通过自主选择实现模拟结果，这也是 CA 至今在国内的实际规划中未被充分应用的原因之一。本节利用人工智能的分析学习方法，以 Wu (2002) 的逻辑回归方法为比较依据，探讨如何优化模拟情况以及如何使 CA 更实用化的问题。

通过逻辑回归求出的变量系数只有最优的一组，利用此组系数只能模拟出一种城市土地利用的变化情况。这样的模拟较为单一，不能全面体现实际应用者的规划思路；且由于线性的转换规则在体现多因素共同作用的城市土地利用上存在一定的局限性，所以模拟效果有时不能较好地反映现实情况。本节利用分析学习方法，试图通过演绎推理，并加入对此区域发展影响因素的人文认知及实际规划思想，对逻辑回归转换规则中的变量系数进行优化，使模拟结果更贴近该区域城市发展的实际情况。模型同时允许用户依据实际规划思路选择空间变量的影响程度，从而实现不同模式下的城市发展情景模拟。

6.6.1 逻辑回归模型

在城市土地利用发展模拟中，具有较高发展适宜性的元胞有较高的发展概率。发展适宜性可以根据一系列因子来度量，包括交通条件、地形、水文以及经济指标等。回归模型假设一个区位的发展概率是一系列独立变量所构成的函数，如距市中心的距离、距公路的距离、地形高程和坡度等（孙战利，1999）。

1. 全局概率的计算

通过逻辑回归模型，一个区域的土地发展适宜性可以由以下公式来概括：

$$p_g(s_{ij} = \text{urban}) = \frac{\exp(z)}{1+\exp(z)} = \frac{1}{1+\exp(-z)} \tag{6.51}$$

其中，p_g 为全局概率；s_{ij} 为元胞的状态；z 为地区发展属性的矢量。

$$z = a + \sum_k b_k x_k \tag{6.52}$$

其中，a 为常量；b_k 为回归模型的参数；x_k 是该区域的属性集。

全局概率 p_g 是由两个时相的城市土地利用变化及一系列空间变量估算出来的城市发展适宜性，全局概率在模拟过程中保持不变。

2. 局部概率的演算

根据城市发展适宜性选址会产生零乱的空间分布，因为某地块的土地利用适宜性除受本身的条件影响外，还受到周围土地利用的制约。因此，考虑到邻域对中心元胞的影响，在地理元胞自动机模型中增加了使土地利用趋向于紧凑的动态模块，防止出现空间布局凌乱的现象。

邻域函数通过一个 3×3（50m×50m）的核计算土地利用在空间上的相互影响，其公式表示为

$$\Omega_{ij}^{t}=\frac{\sum\limits_{3\times3}\text{con}(s_{ij}=\text{urban})}{3\times3-1} \tag{6.53}$$

其中，Ω_{ij}^{t} 为邻域函数，这里表示 3×3 邻域中的土地开发密度；con（）为一个条件函数：如果 s_{ij} 为城市用地，con（）返回真，否则返回假。

3. 合成概率

合成概率可以看成三部分：全局概率、单元限制作用、邻域函数。单元限制作用是指限制此单元发展的自然属性，如水体、山地和规划中的区域等。它可以用一个发展适宜性的评估值来表示。所以合成概率可以表示为

$$p_{\text{c}}^{t}=p_{\text{g}}\text{con}(s_{ij}^{t}=\text{suitable})\Omega_{ij}^{t} \tag{6.54}$$

其中，con（）将土地发展的适宜性转化为一个二值变量。同样，合成概率 p_{c} 用时间 t 表示，暗示着它随着迭代次数的增加而改变。

这样的方法是基于逻辑回归计算限制城市发展的全局概率，并且通过不断迭代连续更新城市发展的局部概率。这种全局概率与局部概率相结合的运算可以产生一种相对现实的模拟结果。

6.6.2 分析学习模型

在 Wu 的逻辑回归模型中，引入了全局概率，使模拟结果与现实情况更吻合。但逻辑回归是一种线性的数学模型，其变量权重的决定要符合线性特征。因此，利用逻辑回归计算变量权重时，计算结果往往不能较为准确地体现城市发展制约要素的重要程度：计算机为了满足线性特征而忽略对地理规律的考虑，计算出的权重系数不能反映限制城市发展的实际主客观因素（刘小平和黎夏，2006）。事实上，模拟出的单一城市发展模式已经不能满足规划者的实际工作需要。在实际应用中，用户通常需要根据适合该区域发展的特殊情况调整一种或几种变量的影响程度，以模拟出最佳的城市发展模式。但是逻辑回归只能得到一组空间变量权重系数，很难改变某一空间变量的影响程度。所以有必要提出一种算法，它可以利用人文因素及实际规划目的调整逻辑回归计算出的变量权重，以符合该区域的一些特定发展模式；并且让规划者可以自行模拟出多种情况下的城市扩张结构，为城市规划提供更直接、更全面的参考。本节基于分析学习的智能方法实现对变量权重系数的智能调整以及自主选择。

分析学习与神经网络、决策树等学习方法一样，都属于机器学习。黎夏、叶嘉安等学者利用神经网络、决策树等人工智能数据挖掘方法进行过 CA 方面的模拟（黎夏和叶嘉安，2002，2004）。神经网络和决策树方法需要一定数目的训练样例才能达到一定级

别的泛化精度，而分析学习使用先验知识和演绎推理来扩大训练样例提供的信息，不受样例数量的限制。在分析学习中，先验知识用于分析（或者解释）观察到的学习样例是怎样满足目标概念的。然后这个解释被用于区分训练样例中哪些是相关的特征，哪些是不相关的。这样，样例就可基于逻辑推理进行泛化（曾华军，2003；Gerald and Mooney，1986；Wtlliam，1994）。分析学习已被应用在各种规划任务中学习搜索控制规则。

1. 分析学习问题

在分析学习中，学习器的输入包含假设空间 H 和训练样例 D 以及领域理论（Domain Theory）B。领域理论由可用于解释训练样例的背景知识组成。学习器希望输出的为 H 中的假设 h，它既与训练样例一致，也与领域理论一致。完整的表示如下：

已知：X，H，B，D：$D=\{\langle x_1, f(x_1)\rangle, \cdots, \langle x_n, f(x_n)\rangle\}$。

求解：H。

表示为：B “explain” $\langle x$，$f(x)\rangle$if $x+B+f(x)$,B“satisfy”h if $B+$ / $\neg h$。

H 中每个假设为一个一阶 if-then 规则集，或称 Horn 子句。为明确地表达此分析学习问题，还必须提供领域理论，充分解释为什么观察到的样例能够满足目标概念。如学习到的假设一样，领域理论也由一组 Horn 子句描述，它使系统原则上可以加入任何学习到的假设至后续的领域理论中。

2. 用领域理论学习：Prolog-EBG

下面利用 Prolog-EBG 算法作为分析学习的运算模型。Prolog-EBG 是一序列覆盖算法，它通过学习单个 Horn 子句规则，移去此规则覆盖的样例，然后在剩余样例上重复这一过程，直到未被覆盖的样例为止。对任意样例集合，由 Prolog-EBG 输出的假设包含一组对应于领域理论的目标概念的逻辑充分条件。算法表达如下：

Prolog-EBG（TargetConcept，Examples，DomainTheory）

LearnedRules← {}

Pos←the positive examples from Examples

对 Pos 中没有被 LearnedRules 覆盖的每个 PositiveExamples，做以下操作。

（1）解释：Explanation←以 DomainTheory 表示的解释，说明 PositiveExample 满足 TargetConcept；

（2）分析：SufficientConditions←按照 Explanation 能够充分满足的 TargetConcept PositiveExamples 的最一般特征集合；

（3）改进：LearnedRules ← LearnedRules + NewHornClause，其中 NewHornClause 形式为 TargetConcept←SufficientConditions；

（4）返回：LearnedRules

Prolog-EBG 算法是增量地考虑训练数据。对每个新样例，若它还没被一个学到的 Horn 子句覆盖，算法通过下列步骤生成一个新的 Horn 子句：

（1）解释新的样例；

（2）分析该解释以确定一合适的泛化；

(3) 通过加入一新的 Horn 子句覆盖该样例并通过其他相似实例改进当前假设。

3. 解释新的样例

处理每个新样例的第一步是按照领域理论建立解释，说明该样例是如何满足目标概念的。当领域理论正确且完整时，此解释构成了训练样例满足目标概念的证明。对当前样例的解释如图 6.22 所示。

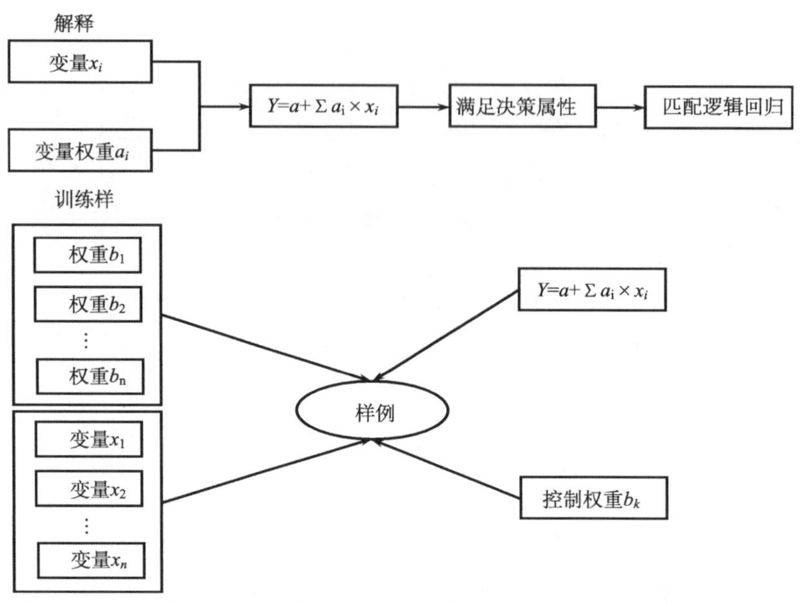

图 6.22 训练样例的解释

图 6.22 上半部分为该样例的解释：在领域理论控制下，变量权重系数为满足逻辑回归而进行选择。更进一步，逻辑回归等式成立的关键在于线性公式以及权重系数，而线性公式中的变量与变量权重系数由样例的属性决定。

虽然这里提出的领域理论只有一种解释，但一般情况下可能有多种解释（即可能有多种变量权重系数的组合满足领域理论）。每个解释可对训练样例形成不同的泛化，而所有解释都将被给定的领域理论论证。但是线性模型得到的只有一种解释，而本节考虑利用阈值（0～0.05 及 0.95～1）对解释进行限制性选择。均值化所有解释，利用得到的平均值计算每个样例的线性值 y，如果所有样例的 y 都在阈值之内，则此组解释可取。如果多于 2%的样例的 y 不在阈值之内，则不取此解释，让系统再回到原点，重新进行覆盖计算，直到找到所有满足阈值的解释为止。实验证明，当采样点取图像 20%的点时，在经过一次完整的 Prolog-EBG 算法计算之后，通常会有一种相对完美的解释（变量权重系数组）被提炼出来。

1) 分析解释

在对训练样例进行泛化时，由学习器构造的解释告诉当前样例，在解释中提及的特征在一般情况下与目标概念相关。例如，图 6.22 的解释包含了样例 1 的 b_1 属性，但没

有它的 b_{n+1} 等属性。因此，匹配逻辑回归的假设应包含 b_1 属性而不包含 b_{n+1} 等属性。通过收集图 6.22 中解释的叶结点中提及的特征，并将 x_k 的权重替换为 b_k，可形成一个由领域理论论证的一般规则：

If

$$b_1 \wedge b_2 \wedge \cdots \wedge b_n \wedge x_1 \wedge x_2 \wedge \cdots \wedge x_{n\_} \wedge b_k \wedge Y = a + \Sigma a_i \times_i$$

Then

$Y = 1$

以上规则构成了该样例的一个泛化，它去掉了样例中许多与目标概念不相符的选择（如不满足领域理论的权重系数选择等），利用分析解释可以得到更一般的规则。Prolog-EBG 能计算通过解释进行论证的最一般的规则，方法是通过计算解释的最弱前像（Weakest Preimage）（Thomas et al.，1995）。定义如下：结论 C 对应于证明 P 的最弱前像为最一般的初始断言集合 A，使得 A 按照 P 蕴涵 C。

Prolog-EBG 使用回归来计算最弱前像的过程，它的工作方式是首先对应解释中的最后证明步骤，计算目标概念的最弱前像；然后对应于其前一步计算结果表达式的最弱

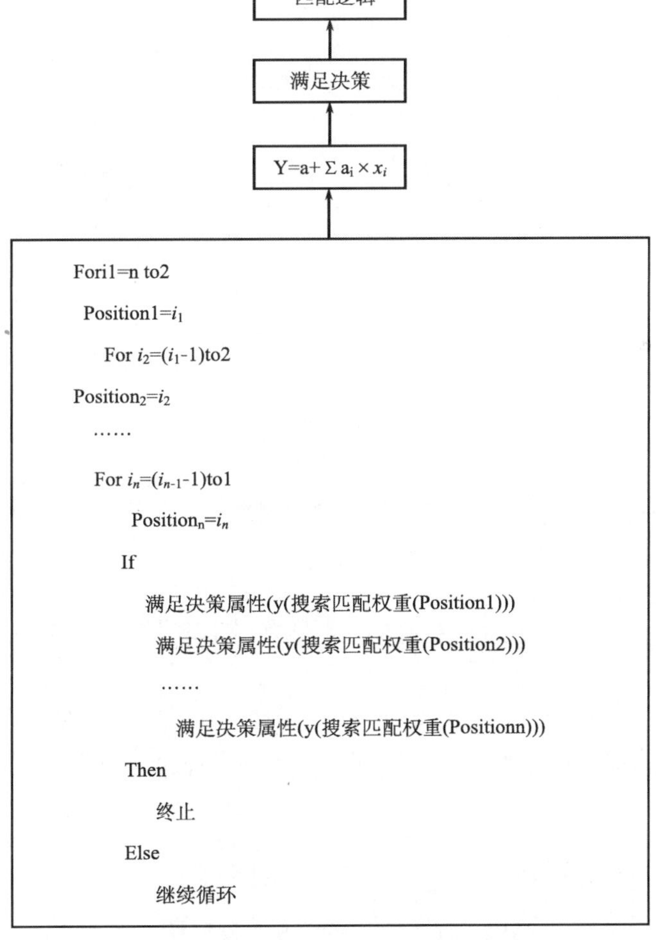

图 6.23　计算满足目标概念解释的最弱前像的工作流程

前像，以此类推。模块在寻找空间变量权重系数时，找到合适的系数组合后进行下一步，反之将继续寻找。该算法让机器按照所有可能的变量组合顺序进行查找，直到找到合适的系数组合为止。图 6.23 的工作流程图对此做了解释。

2）改进当前假设

每一阶段的当前假设由当前学习到的 Horn 子句集组成。序列覆盖算法在每一阶段选取一个还未被当前 Horn 子句覆盖的新样例，解释该样例并按照上面的过程形成新规则（Keller，1988）。通过这样的解释学习可从 GIS 和遥感数据中自动挖掘地理元胞自动机的转换规则（图 6.24）。

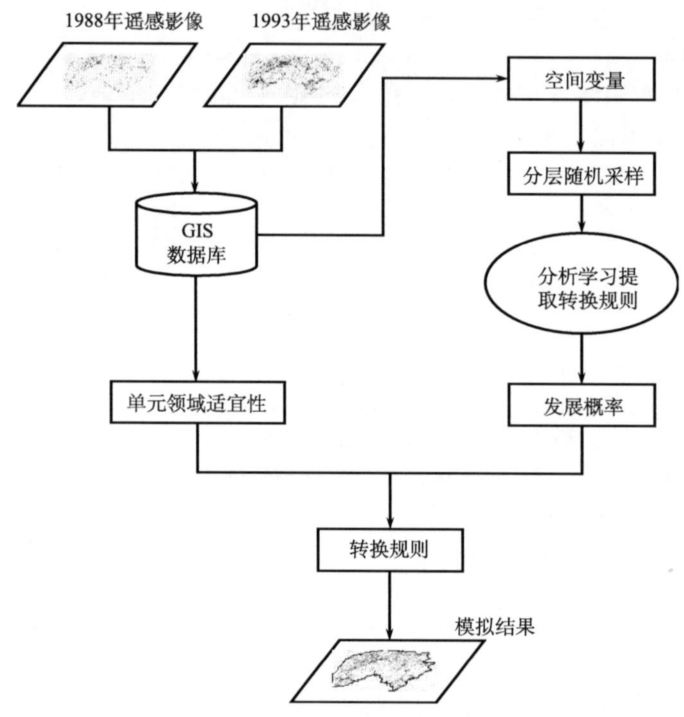

图 6.24 解释学习自动挖掘 CA 转换规则

6.6.3 应用及模拟结果

珠江三角洲在 20 世纪 90 年代经历了快速的城市扩张及土地利用变化过程（黎夏等，1997），将本节提出的模型应用在珠江三角洲的东莞市，模拟东莞的土地利用变化，以比较和检验模型的效果。

1. 空间变量及训练集

首先，利用 1988 年和 1993 年的 TM 卫星遥感数据获取城市发展的历史资料，以对模型进行校正。城市 CA 模拟假设城市土地利用的变化由空间变量来预测。利用 GIS 分析工具可得到模型所需的变量。研究表明，土地利用变化的概率往往取决于一系列的距离变量、邻近现有土地利用类型的数量和单元的自然属性等（Batty and Xie，1994；Wu and Webster，1998；Li and Yeh，2000）。例如，某一模拟单元越接近城市中心或交通要道，其转变为城市用地的概率相对越高；当邻近范围内存在大量城市土地类型时，该单元转变为城市用地的概率较高。本节中的模型引入了五种空间变量因素，包括离市中心的距离（x_1）、离高速公路的距离（x_2）、离铁路的距离（x_3）、离公路的距离（x_4）、离镇中心的距离（x_5）。

随机采样获取1988～1993年城市发展及空间变量的训练数据。随机采样训练数据可以有效地减少数据量，并消除空间变量的相关性。首先利用ERDAS 8.7产生随机点（随机点数量控制在原图20%左右），再用Arc/Info的sample功能读取这些采样点所对应的空间变量及城市发展数据。将得到的训练数据输入SPSS软件中，利用逻辑回归方法进行训练，以自动获取与空间变量相对应的权重系数，计算结果如下：$x_1=-0.001$，$x_2=0.002$，$x_3=0.002$，$x_4=-0.02$，$x_5=-0.009$。

2. 基于逻辑回归的模拟

获得参数值后，即可利用逻辑回归模型对该地区的城市扩张过程进行模拟。初始的城市用地是根据1988年的卫星遥感数据［图6.25（a）］获得的，［图6.25（b）］是1993年的实际城市用地，用来与模拟结果进行对比。

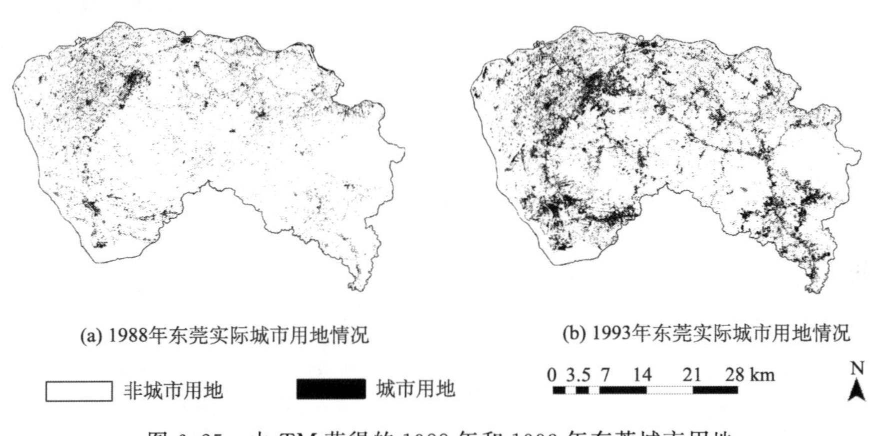

图6.25　由TM获得的1988年和1993年东莞城市用地

本节利用VB与AO（ArcObject）相结合的方式对该区域进行模拟。图6.26（a）为利用原始逻辑回归系数经过200次迭代之后，输出的模拟图像。

3. 基于分析学习的优化及模拟

将实际城市用地与逻辑回归方法所模拟的城市用地进行比较［图6.26（a），6.26（b）］，发现模拟形态的真实度不够精确，只能输出一幅综合模拟图。本节利用分析学习的智能自学习方法，对回归模型计算出的权重按照东莞城市发展特征进行优化，同时通过控制空间变量影响程度得到不同发展方式的模拟结果。研究表明，该市大部分

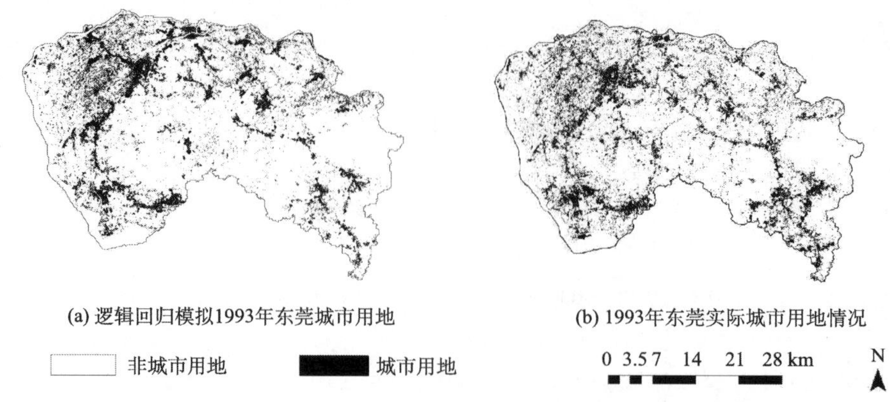

图 6.26　Logistic 回归模型模拟 1993 年东莞实际城市用地

是沿着公路扩展的。但是回归模型计算得到的空间变量权重系数并不能贴切地描述城市发展的这一特性。利用分析学习模型对其进行优化。根据研究者对东莞城市发展的认识，调节离公路距离的权重系数，使其影响程度更高，再将训练数据导入模型中计算，最终得到一组优化的权重系数，结果如下：$x_1=-0.010$，$x_2=0.053$，$x_3=0.034$，$x_4=-0.090$，$x_5=-0.026$。

利用优化后的权重系数，再次对东莞的城市发展进行模拟［图 6.27（a）］，并与 1993 年的真实数据进行比较［图 6.27（b）］，模拟形态逼近真实数据，效果相对回归方法有了较大改善。但是城市系统受许多复杂和不确定因素影响，因此，不可能完全准确地模拟出城市发展过程。假设城市发展趋势不变，还可模拟出城市将来的布局。

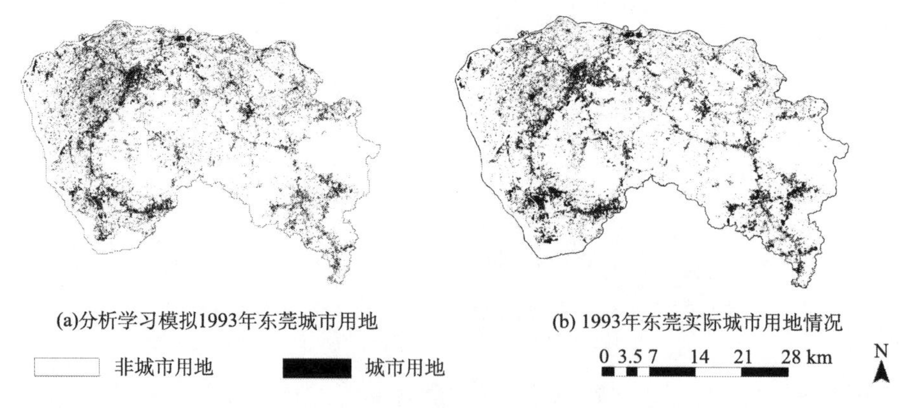

图 6.27　分析学习模拟 1993 年东莞城市用地

分析学习模型不仅可以优化回归模型的模拟精度，同时可以根据用户实际的规划思路选择模拟不同的城市发展模式，表 6.18 是根据不同发展模式计算出的权重系数组合，图 6.28 为模拟结果。

表 6.18 不同城市发展模式的系数组合

空间变量	系数值（发展模式：镇中心）	系数值（发展模式：城市中心）
离市中心的距离（x_1）	−0.013	−0.009
离高速路的距离（x_2）	0.610	0.300
离铁路的距离（x_3）	0.003	0.073
离公路的距离（x_4）	−0.035	−0.014
离镇中心的距离（x_5）	−0.100	−0.009

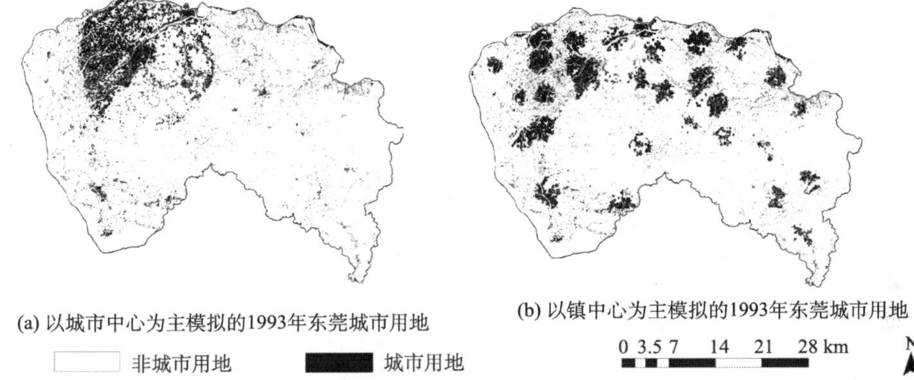

图 6.28 不同模拟方式下的 1993 年东莞城市用地

从图 6.28 可知，用户可以根据实际规划思路、对城市发展格局的自主认识以及对模拟区域的熟悉程度选择需要参考的城市发展形态，分析学习模型会根据用户选择的城市发展模式智能地计算空间变量权重系数，再利用其计算结果模拟出相应的城市土地发展格局。该模型不仅为用户提供了多种选择方案，对实际城市规划决策方案提供参考，同时模型允许用户在前台操作，不必深入程序内部进行调整。

6.6.4 验 证

通过计算模拟精度，对模拟结果进行验证。表 6.19 为利用 Wu 的逻辑回归模型模拟的 1993 年的遥感图像对应实际城市用地的混淆矩阵。

表 6.19 逻辑回归方法的模拟精度

实际	模拟		精度
	不变化	变为城市用地	
不变化	134	22	0.86
变为城市用地	48	60	0.56
总精度			0.73

经过分析学习的优化操作，精度验证后可以发现，本模型有较好的校正精度。表 6.20 为分析学习模拟的 1993 年的遥感图像对应实际城市用地的混淆矩阵。

表 6.20　分析学习优化的模拟精度

实际	模拟		精度
	不变化	变为城市用地	
不变化	101	28	0.78
变为城市用地	24	102	0.81
总精度			0.79

基于 Prolog-EBG 的分析学习模型除了提高城市交通方面的空间变量作用之外，还可以改变其他空间变量的作用以模拟不同模式的城市发展形态（图 6.27）。同样的，在模型设计上，除了调控单一的空间变量作用外，还可以设计基于多因素空间变量权重系数的计算方法，使得 CA 模型更人性化，也为规划者提供更多的参考。Prolog-EBG 的自学习方法不只局限于线性领域理论，同样可运用于以非线性领域理论为基础的 CA 模拟，能够更为深刻地揭示复杂城市空间发展的规律。

6.6.5　结　　论

线性逻辑回归方法在模拟以非线性方式变化的城市空间过程中，难免出现与真实土地利用变化不相符合的情况，并且逻辑回归模型不能进行多种发展模式的模拟，因而不能为城市规划提供更全面的参考。针对以上缺点，本节提出利用分析学习智能方法进行优化处理。用户可按照规划实际用途调整空间变量权重系数组合，有针对性地改变某种或某几种空间变量的影响程度从而实现不同需求的城市发展情景。对比分析表明，该模型的模拟精度比逻辑回归模型的精度高，同时该模型的实验结果更全面、更完善。

分析学习优化方法也有不足之处。它是建立在线性逻辑回归模型的基础上的，模拟城市土地发展带有局限性。另外，对于如何利用分析学习的智能学习方法提取非线性的转换规则，至今还没有统一的结论。

6.7　基于多智能体的地理空间分异现象模拟

许多地理现象都存在一定的空间分异现象，对其形成和发展的过程进行研究是地理学的主要任务之一。长期以来，许多地理学家一直渴望提高地理学的科学性，试图像许多具有坚实理论基础的学科一样，对地理学的一些理论及现象进行精密的实验、严谨的分析和推理，从而获得逻辑性较强的结论。然而，地理学研究的对象——地理系统，是一个自然、社会、经济相互作用的复合和开放的复杂巨系统。这就决定了难以用数学方程式来解释自然界的复杂地理现象。

多智能体建模方法是复杂适应系统理论、人工生命以及分布式人工智能技术融合的结果。该方法自 20 世纪 70 年代末被提出以来，发展非常迅速（Weiss，1999），目前已经成为一种进行复杂系统分析与模拟的思想方法与工具。多智能体能够模拟人类的行为，具有自治性、社会性、适应性、智能性等人类的特性。多智能体系统的“自下而上”的研究思路、强大的复杂计算功能和时空动态特征，使得它在模拟空间复杂系统的时空动态方面具有非常突出的优势。因此，应用智能体建模方法来研究城市居住空间分异，有其独特的优势，但是该方面的研究目前尚处于初始阶段。例如，Benenson（1998）采用多智能体建模方法对城市住宅动态变化进行了仿真模拟，通过模拟说明了经济、社会差异会导致居住空间分异现象；Otter 等（2001）通过基于智能体区位模型模拟出了城市中居住区域和商业区域的集聚现象，Sasaki 和 Box（2003）应用基于智能体的模型验证了杜能的区位理论，再现了农业生产围绕中心城市呈现出向心环带状分布的“杜能圈”。

“分异”这一概念不但使用在各种自然现象上，同时也广泛地使用在社会科学与社会现象上，它包含着由一个分化到多个、由简单到复杂、由同类分化到异类的变化过程；同时也包括指社会组织、社会文化或者其任何部分变得更为复杂的过程（吴启焰，2001)。城市是多种社会与经济活动集聚而成的地理空间实体，各种活动在城市地域内部具有不同的组合格局，从而形成不同的城市空间结构。而城市居住区的空间结构形式，则是城市形态最直观的体现，城市居住空间分异是地理现象的一个典型例子。居住空间分异是指在一个城市中，不同特性的居民聚居在不同的空间范围内，整个城市形成一种居住分化甚至相互隔离的状况（吕露光，2004）。城市居住空间分布和格局是城市发展内在规律的外在表现，经济发展引起社会阶层分化现象，从而引起居住空间的分异。研究收入分配差异与城市居住空间格局的关系，揭示城市居住空间模式形成规律，对城市结构理论的研究具有非常重要的意义。

国外学者在城市居住空间的研究中，以不同的理论为基础，形成了生态学派、新古典经济学派、行为学派、马克思主义学派和制度学派等不同的学派（刘旺和张文忠，2004）。从研究方法来看，定性研究主要以描述为主，分析和解释城市居住空间的形成和演变；定量研究主要应用因子分析、主成分分析等多元统计方法，提炼出城市居住空间结构模式和主导机制（Murdie，1969；Salins，1971；Warf，1990；Knox，1995），同时计算机技术为定量研究提供了技术条件。

在国内，吴启焰等（2002）对现代中国城市居民空间分异机制进行了理论探讨，认为城市居住空间分异是社会阶级（层）分化的结果，是通过市场宏观控制、个人择居行为心理的局部调整而实现的空间化过程；顾朝林、张文忠、李志刚、周春山（顾朝林和克斯特洛德，1997；张文忠等，2003；周春山等，2005；李志刚和吴缚龙，2006）等分别利用统计数据和调查数据，应用统计分析方法对北京、上海和广州市的居住空间分布特征及其成因进行了分析。

目前，采用“自下而上”的方法对地理空间分异现象的形成与发展过程进行的研究还十分有限。本节拟以城市居住空间分异的形成为例，采用多智能体建模方法，通过 Swarm 模拟了在特定收入分配差异条件下，人群居住空间的分化过程，观察了由此产生的居住空间价值分布结构，并比较不同差异系数对居住空间的分异过程所产生的影响。Swarm 仿真程序在收入分配差异环境因素的约束下，居民智能体在迁居决策模型驱动下，再现了城市的发展过程，从一个新视角解释了城市居住空间分布特征及其成因。与 Benenson 等的多智能体模型相比，本研究很大地改进了居民智能体收入变化的表达方法，解决了其模型所存在的弊端。利用本模型，成功地展示了收入分配差异对城市居住空间分异的影响，较好地反映了收入分配差异与城市发展的关系，对城市理论的研究有一定促进作用。

6.7.1 基于多智能体的居住空间分异模型

1. 基本模型

下面尝试利用多智能体系统来模拟城市居住空间的演变过程。城市居住空间分异是由一系列个体与环境相互作用的结果，采用多智能体系统是模拟其演变过程最合适的方法。本多智能体系统由以下四个基本元素构成。

(1) 环境控制器：在居民智能体收入状况改变时，收入分配服从指定分布；

(2) 城市住宅：其空间位置是不变的，但价值会随着时间变化；

(3) 居民智能体：居民在城市中的居住地是不断改变的，并通过居民居住地的变化，来反映城市中人口积聚的过程；

(4) 规则控制器：控制居民智能体的居住决策行为，决定居民智能体是否迁居或离开城市。

模型中居民智能体的经济状态会随着时间的变化而发生改变，并影响着居住地的价值。居民智能体感知与周边环境的协调性，如果不协调，则产生迁移压力，在规则控制器作用下，产生迁居行为。智能体的居住决策流程如图 6.29 所示。

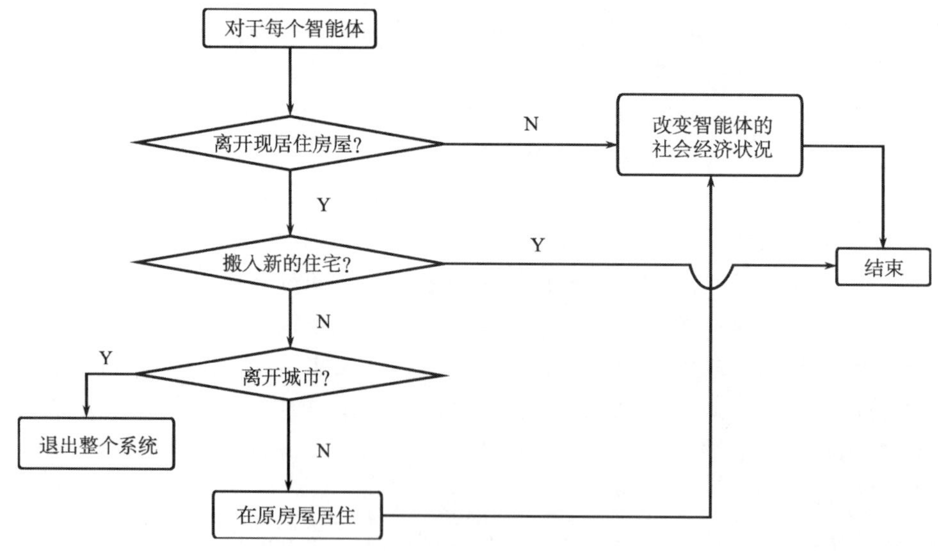

图 6.29 智能体的居住决策流程

2. 收入分配差异描述指标

近年来，随着社会经济的发展和住房制度的改革，城市居民获取住房的方式已经从享受福利分房转变成享受货币化补贴，然后根据自身的经济条件、个人对居住区位的偏好等因素购买商品房居住。由于城市居民客观上存在因文化、职业、地域、收入的不同而形成的不同社会阶层，因而，居民对居住空间的需求具有多样性。新的社会分层和住房市场的多样化正重塑城市社会空间。

经济发展是城市居住空间结构演变的根本动力，居民的收入水平是影响居住空间区位变化的直接因素（王开泳和陈田，2006）。人们由于收入水平的差别，对住宅的需求在数量和质量上呈现出不同的层次。不同的收入阶层选择不同的居住区位，而相同收入水平的居民会聚居于同一区域，从而导致收入阶层的分化和居住空间分异现象的产生。

对居民收入分配差距的总体描述通常采用两种方法：一是等分法（十分法和五分法）；二是基尼系数法（李银河等，2004）。

近年来，虽然城镇居民人均收入来源多样化，收入结构也发生了较大变化，工薪收入所占比重从 1995 年的 79.2%下降到 2004 年的 70.6%（孔泾源等，2005），但是工薪收入仍然占很大的比例。盛庆来（2006）提出如果将个人薪资作为纵坐标 E，将人口按照薪资从低到高排列后每个人所占的人口位置作为横坐标 x，那么 E 作为 x 的一个函数，将会很接近于一个指数函数 $E=b\cdot e^{a\cdot x}$，式中的 a、b 是两个待定的常数，根据人均可支配收入和高低比而定。本节中，具体的收入多少我们并不关心，而主要关注居民之间收入的相对大小。因此，我们把收入值进行归一化处理，把最高收入设置为 1，则所有居民的收入 $\in(0,\ 1]$。如果按照收入从高到低的顺序排列，确定每个人所占的位置，则可以用指数函数 $E=e^{-\alpha\cdot x}$ 来表示整个社会的财富分布情况（图 6.30）。$x\in(0,\ 1]$ 表示居民收入从高到低的排名与总人数之比，α 为一正常数，$E\in(0,\ 1)$ 表示归一化后居民拥有的财富。

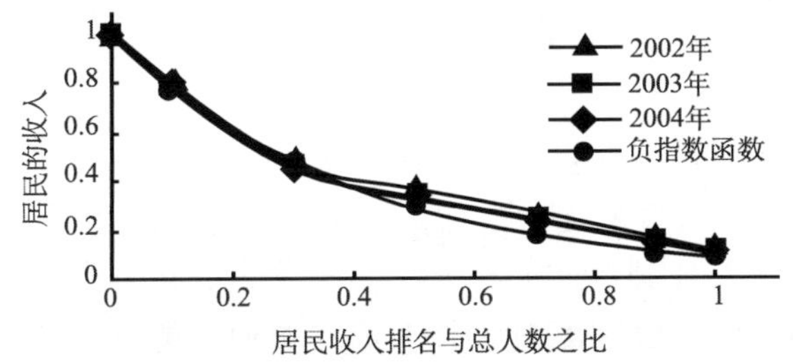

图 6.30　人均可支配收入（2002～2004 年）和负指数函数

为了验证该函数的有效性，首先根据中华人民共和国统计局公布的 2002～2004 年年度统计数据，整理得到城镇居民人均可支配收入的五等份组（表 6.21），以统计年鉴中 10%最高收入户的人均可支配收入作为最高收入，5%困难户的人均可支配收入作为最低收入，进行归一化处理。2002～2004 年居民收入相对比较接近，实际收入曲线以及负指数函数（$\alpha=2.5$）曲线（图 6.30），表明负指数函数可以较好地表示居民的实际收入分布。

表 6.21 城镇居民人均可支配收入 （单位：元）

五等份组	2002 年	2003 年	2004 年
20%高收入	15 318	17 366	20 069
20%中等偏高	8 870	9 763	11 050
20%中等收入	6 657	7 279	8 167
20%中等偏低	4 932	5 377	6 024
20%低收入	3 021	3 272	3 631

数据来源：中国统计年鉴：城镇居民家庭基本情况表中；数据整理。http：//www. stats. gov. cn/tjsj/ndsj

表 6.22 中列出了不同 α 值时，20%高收入、20%低收入人群占人群总数的比例，说明系数 α 的变化可以反映整个区域的贫富差异。书中统称 α 为差异系数。

表 6.22 城市居民收入分布函数特性

项目	20%高收入者		20%低收入者		大岛指数
	收入范围	占有比例/%	收入范围	占有比例/%	
$\alpha=5$	[0.368，1]	63.7	[0.007，0.018]	1.2	53.08
$\alpha=4$	[0.449，1]	56.1	[0.018，0.041]	2.3	24.39
$\alpha=3$	[0.549，1]	47.5	[0.049，0.091]	4.3	11.05
$\alpha=2$	[0.670，1]	38.1	[0.135，0.202]	7.7	4.95
$\alpha=1$	[0.819，1]	28	[0.368，0.449]	12.9	2.17
$\alpha=0$	[1，1]	20	[1，1]	20	1

* 大岛指数指最富 20%个体收入总和与最穷 20%个体收入总和之比

3. 智能体

居民智能体通过住房选择，不断地在城市内部进行迁居。在基于市场竞争的社会中，个人经济收入可能是最有意义的指标，它与人们的受教育程度、职业、购买力（尤其是住房）以及价值观、对别人的态度有关（Knox and Pinch，2005）。

随着社会经济的发展，居民的绝对收入都在增加，但是其相对收入却是有增有减的。作为个体来讲，其经济收入随着时间的变化是不确定的，但是作为总体来讲，所有居民的收入分布是有一定的规律可循的。本节中智能体整体的经济状况是按照负指数函数分布的，那么每个智能体在整体中所处的排名位置的变动，即代表了智能体经济状态变化的不确定性，可以用一个随机扰动因子来表示这种不确定性。在 T 时刻居民智能体的经济状态排名是第 n 位，那么在 $T+1$ 时刻，他的排名就可能是 $[n-\Delta,\ n+\Delta]$ 区间中的任一位序。

居民智能体的收入随时间变化情况可以按照如下计算：

（1）得到 $T+1$ 时刻，居民智能体经济收入的排名

$$x(A,T+1)=x(A,T)+\text{Random}(\Delta) \tag{6.55}$$

其中，x 为居民按照经济收入的排名；Random（Δ）为随机扰动因子；Δ 为扰动区间。

（2）按照上述定义的负指数函数，得到 $T+1$ 时刻居民智能体的经济收入

$$E(A,T+1) = e^{-\alpha \cdot x(T+1)} \tag{6.56}$$

在多智能体模拟中，该如何表示居民智能体收入的动态变化是一个非常关键的问题。在 Benerson（1988）算法中，个人经济状态的变化采用的是二次迭代函数。其数学表达式为

$$E(T+1) = c \times E(T) \times (1-(E(T))+c_0 \tag{6.57}$$

为了使讨论以及叙说简单，假设 $c_0=0$。当 $c_0=0$ 时，系数 $c\in(0,4)$，则可保证 E 在［0，1］内。

$0\leqslant c\leqslant 1$，均衡值 $E=0$；

$1<c<3$，均衡值 $E=(c-1)/c$；

$3\leqslant c\leqslant 3.56994567$，就会出现 2 个或者 4 个的分叉；

$c>3.56994567$，将出现混沌状态。

因此，利用该公式表示居民智能体经济状态的动态变化时，系数的取值是非常重要的。一般应用中，常常使得系数取值在（1，3）内，那么均衡值 $E=(c-1)/c$。但是无论怎样取值，利用该公式进行迭代计算，居民智能体的经济状态值都会很快地趋于平衡值，模拟过程处于一种均衡状态，将无法展现出不同经济状态智能体出现居住空间的分异现象。

城市住宅是不可以移动的，用一个 $M\times M$ 的网格单元来表示，每个单元表示一座房屋，并且用归一化后的房屋价值来表示。任何一处住宅可能被居民智能体选中而作为其居住地，也可能没有人居住而空置。

对于有人占用的房屋，在 $T+1$ 时刻，其价值可用下式表示（Benenson，1988）：

$$H_{\text{price}}(A,T+1) = \Big(E(A,T)+\sum_{i=-2}^{2}\sum_{j=-2}^{2}H_{ij}\Big)\Big/(\text{Num}+1) \tag{6.58}$$

其中，H_{Price} 为住宅的价值；H_{ij} 为以 A 为中心的 $5*5$ 的邻域中房屋的价值，i 和 j 不能同时为零；Num 表示邻域的个数。

对于无人占用的房屋，其价值会随着时间而折旧，用公式表达为

$$H_{\text{price}}(T+1) = (1-d)\cdot H_{\text{price}}(T) \tag{6.59}$$

其中，d 为折旧系数，具体数值可以由用户输入。

4. 智能体的决策行为

1）计算当前居住压力

居住迁移过程的第一个重要决定（无论最后迁居与否），被认为是家庭的需求、期待及愿望与现实住房条件及环境设施之间不协调所导致的压力的产物（Knox and Pinch，2005）。

在研究中，假设居住压力由经济和环境两个因素所决定，那么，T 时刻居住在 A 处的智能体的居住压力可由下式计算：

$$P(A,T) = \gamma_{\text{economic}}\cdot P_{\text{economic}}(A,T)+\gamma_{\text{environ}}P_{\text{environ}}(A,T) \tag{6.60}$$

其中，$P(A, T)$ 为 T 时刻，居住在位置 A 处的住户的当前居住压力；$P_{\text{economic}}(A, T)$ 为 T 时刻居住在 A 位置处的住户当前的经济压力；P_{environ} 为 T 时刻居住在 A 位置处的住户当前的环境压力；γ_{economic} 和 γ_{environ} 分别为经济压力和环境压力的权重。

经济压力是由智能体自身的经济状况和目前居住的房屋价值之间的差所决定：

$$P_{\text{econominc}}(A,T) = | E(A,T) - H_{\text{price}}(A,T) | \tag{6.61}$$

环境方面的因素很多，有区位因素（上班、就学的便利度、生活便利性等）、邻里环境因素（社区外公共设施、社区内环境管理、居住人员组成等）。为了突出经济地位的空间分异是城市内部空间结构最重要的表征因素，在这里我们仅考虑周围邻域中智能体的经济收入状况，并且假设居民智能体都希望与自己经济状态相当的居民毗邻而居。环境压力用邻域中各类人群所占比例与不协调系数的乘积之和表示：

$$P_{\text{environ}}(A,T) = \sum_{i=1}^{n} D_i \cdot \frac{x_i}{X} \tag{6.62}$$

其中，i 为按照不同经济收入划分的居民的类型；x_i 为邻域中 i 类经济收入居民人数；X 为邻域中居民的总数；D_i 为不协调系数。

智能体 A 与周围邻域居住人群之间的不协调程度分为 6 个等级：无（0.00）、很低（0.05）、低（0.20）、中（0.50）、高（0.80）、很高（0.95）（表 6.23）。该系数越大，表示智能体与邻域之间的不协调程度越大。

表 6.23　与邻域人群的不协调等级系数

不协调程度	低收入	中等收入	高收入
低收入	无	低	中
中等收入	高	无	很低
高收入	很高	中	无

现实生活中，经济收入低的人，在选择住房时考虑经济方面的因素多一些，而经济收入高的人，则会考虑环境方面的因素多一些，这已经是一个不争的事实。为了反映不同经济状况智能体在进行居住决策时主要影响因素的不同，增加一个权重系数。不同经济状况的人在进行居住决策时，经济因素以及环境因素所占的权重如表 6.24 所示。

表 6.24　经济和环境因素在居住决策中的权重

权重	γ_{economic}	γ_{environ}
经济状况较差	0.8	0.2
中等	0.5	0.5
经济状况较好	0.3	0.7

2）T 时刻离开现有居住地的概率

期望与现实环境之间的差异所导致的压力程度是迁居决策的最重要因素，压力越大，迁居的可能性就越大。本节用指数函数表示迁居的概率与居住压力之间的关系：

$$\mathrm{Prob}(A,T)=f(P(A,T))=c_1+\mathrm{e}^{c_2P(A,T)} \tag{6.63}$$

其中，Prob(A，T) 为 T 时刻，居民智能体 A 离开现有居住地的概率；c_1、c_2 为常数。

如果是准备搬迁的，则只有 E（A，T）$>H_{\text{price}}$，并且该房屋邻域中至少已经有 m 人以上居住，这样的住房才有可能成为可供智能体选择的新居住用房。然后按照式(6.60) 计算所有可能成为新居住用房的居住压力，其中压力最小的房屋按照一定的概率将成为新的居住地。

如果是准备搬迁但是找不到适合的住宅居住，则按照一定的概率离开城市，不离开，则在原地居住。

6.7.2 实现与模拟结果

模拟过程是在 Swarm 平台上，使用 Java 编程实现的。Swarm 是由 Santa Fe 研究所人工生命小组开发完成的，其目的是提供一个“用于复杂自适应系统仿真的多智能体平台”(Luna and Stefansson，2004)。用一个 gridSize×gridSize 的网格来表示某个研究区域，每个单元表示一座房屋，每个单元的邻域为 5＊5。初始状态设置为：房屋的价值在 T_0 时是属于（0，1）的随机值。智能体的经济状况由公式 $E(A,T_0)=\mathrm{e}^{-\alpha\cdot x(T_0)}$ 来表达，其中 $x(T_0)$ 是属于（0，1）的随机数，并且居民智能体随机占有一处房屋。然后各个智能体根据自身的经济状况和居住地的环境状况，不断地调整自己的居住地。随着时间的推移，就可以得到该研究区域的智能体的经济状况和房屋价值的分布。

模型运行的控制参数窗口如图 6.31 所示，参数说明见表 6.25。

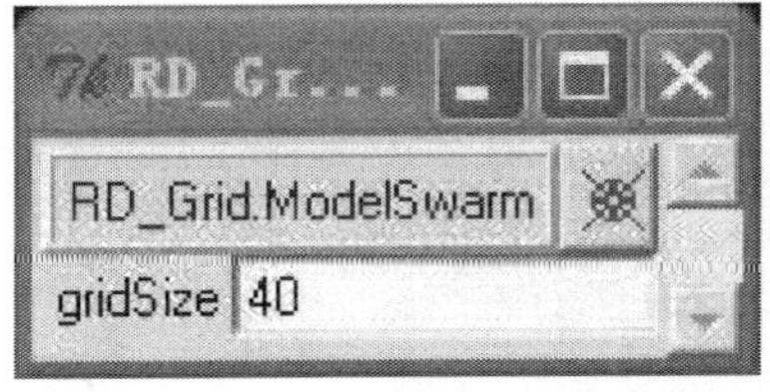

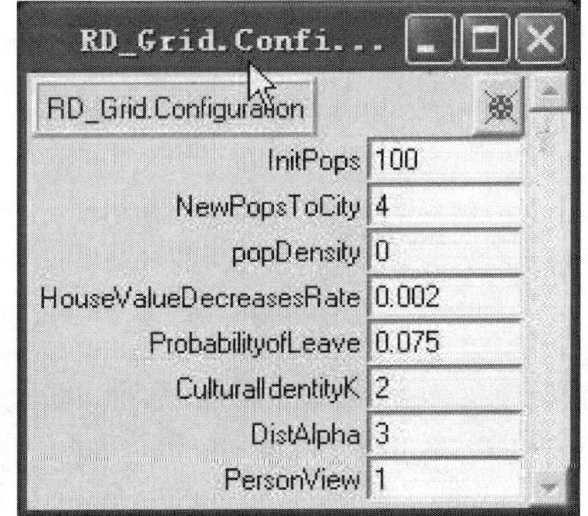

图 6.31　模型运行控制参数窗口

表 6.25　参数初始值及说明

参数名	初始值	说明
gridSize	40	模拟区域的网格数
InitPops	100	初始时，居民智能体的数量
NewPopsToCity	4	每次迭代时外部迁入的居民数量
HouseValueDecreaseRate	0.002	空置房屋的折旧率
ProbabilityofLeave	0.075	未找到合适住宅的居民离开城市的概率
CulturalIdentityK	2	显示时的等级系数
DistAlpha	3	收入分布函数的 α 值
PersonView	1	1-显示收入状况，0-显示房屋的价值

1. 差异系数 $\alpha=3$ 时的模拟结果

彩图 7 列出了差异系数 $\alpha=3$ 时模型运行过程中智能体的经济状况和房屋价值的分布的快照。在显示过程中，智能体的经济状况分为四个等级，红色表示 25%的高收入者，蓝色表示 25%的中高收入者，黄色表示 25%的中低收入者，白色表示 25%的低收入者，黑色表示暂无人居住单元。而在房屋价值的显示中，红色表示房屋价值在［0.75，1］，蓝色表示房屋价值在［0.5，0.75），黄色表示房屋价值在［0.25，0.5），白色表示房屋价值在［0，0.25）。

模拟的结果显示，随着智能体的迁移将产生聚集现象，城市的房屋价值形成一个高、较高、中、低的圈层分布，并且随着时间的推移，在低房价区域又会出现一个新兴的中档房的积聚区域。从彩图 7 可以很清楚地看出，随着时间的推移，高收入者（红色表示的单元）比较容易实现迁居过程，形成积聚；中高收入者（蓝色表示的单元）首先会在高收入者的圈层外围聚集。随着时间的推移，社会竞争的进一步加剧，在中低收入者居住区域出现了中高收入人群的聚居区域。而经济状况处于中下层的智能体（黄色、白色表示的单元）由于受自身经济条件的制约，很难实现迁居过程。最终中低收入者只能在高收入、中高收入聚居区域的外围散居或岛状积聚，不能出现像高收入者那样成片的积聚。模拟结果说明了由收入差异带来的居民社会阶层分化，影响着居民住宅空间的分化和隔离。

2. 不同差异系数对结果的影响

差异系数表示整个社会收入分配的差异程度。该系数越大，表示整个社会的收入差异越大，高收入人群占有的社会总资产越多。在初始状态相同的情况下，应用 $\alpha=1$、3、5 差异系数进行模拟，过程快照如彩图 8 所示。

模拟结果说明了几个基本现象：差异系数越大，积聚越难形成；高房价区域与 α 呈负相关，低房价区域与 α 呈正相关；差异系数越大，人口增长越缓慢。差异系数越大，中、低收入人群在住宅区位选择中越处于被动地位，往往越难找到理想的居住地实现迁居，而且越容易被迫迁出城市，导致人口增长缓慢。根据表 6.21，α 值越大，高收入、低收入人群经济收入的均值越低，导致聚居区域的房屋价值越低。模拟结果表明，有效控制收入差异，对房地产市场的健康发展有着极其重要的意义。

6.7.3 结论和讨论

采用“自下而上”的多智能体建模方法和 Java-Swarm 仿真技术，以城市居住空间分异现象为例，对复杂地理现象的分异过程进行了重现，模拟了城市系统从无序走向有序的过程，为发展和验证城市理论提供了一种重要的分析手段。

在基于多智能体的居住空间分异模型中，居民智能体根据自身变化的经济状况和对周围环境的感知，不断地进行迁居决策，从而改变其在城市中的居住地点。模型的仿真模拟展现了居民智能体聚集现象的产生过程及其对房屋价值的影响，从一个新视角解释了城市居住空间分异特征及其成因。模拟结果说明只要收入差异存在，居住空间分异的出现就是不可避免的历史必然。进一步探讨了不同收入差异系数对空间分异现象以及整个区域的房屋价值分布的影响。财富的集中化和收入差距的不断扩大使得中低收入阶层在居住的空间区位选择上处于被动地位，导致中、低收入人群很难找到理想的居住地，实现安居乐业，而往往迫于居住压力迁出城市。

研究表明，应用基于多智能体的居住空间分异模型可以从简单的微观个体行为中模拟出复杂的城市居住空间分异这一宏观现象。应用多智能体技术对城市居住空间分异现象的模拟结果有利于指导城市住宅建设，在时间和空间上合理分配及规划城市房地产资源，具有一定的实用价值。

多智能体建模是计算机科学的一个重要研究领域，也将是复杂地理系统的研究方法之一。从实际应用的角度来讲，多智能体建模方法的确提供了一种有意义的并且是很好的仿真复杂地理现象的新工具，它可以帮助我们理解各种地理现象的本质。仿真的目的并不是完全重现，关键是要揭示地理现象的本质，包括其演变的规律等。目前，在复杂系统的理论背景下，利用多智能体模型研究地理过程的复杂行为是地理系统建模领域的一个前沿方向。

本研究在均质空间中探讨了收入分配差异与城市居住空间分异的关系，如何应用真实城市的地理空间作为城市的基础设施层构建多智能体模型，将是进一步研究的方向。

6.8 基于多智能体的土地利用空间格局演变模拟

许多资源、环境和大气模拟与预测模型都涉及土地利用变化及其空间格局演变信息的输入。因此，模拟和预测土地利用演变过程有重要的理论和应用意义。近年来，越来越多的研究致力于建立模型来探讨土地利用时空变化的理论与方法（Verburg et al.，1999；De Komng et al.，1999；Bacon et al.，2002；Riebsame et al.，1994）。最早的模型是使用数学方程，这种方法严格说来是一种静态模型，不能有效地反映土地利用变化的复杂性（Dawn and Sterey，2002）。经验统计模型应用最为广泛，它是基于大量的土地利用变化数据和社会经济统计数据（Mertens and Lambin，1997）。系统动力学模型是建立在控制论、系统论和信息论基础上的，其突出特点是能够反映复杂系统结构、功能与动态行为之间的相互作用关系（Sklar and Costanza，1991）。然而，它也是基于经验和方程式来表达，并且难以与空间信息融合（Sklar and Costanza，1991；Muller and

Zeller，2002）。

如上面所述，元胞自动机在模拟复杂空间系统时有很多优势，在一些领域正慢慢补充或取代一些从上至下的分析模型。例如，学者们正逐渐发现基于局部个体相互作用的模型比传统的宏观城市模型更具有优势。但 CA 主要是基于城市增长的模式模拟，对于城市增长的过程、成因缺乏解释（Torrens and O'Sullivan，2001）。此外，CA 模型只考虑周围的自然环境，这些元胞是不能移动的。CA 几乎没有考虑到对城市土地利用变化起决定作用的动态社会环境及它们的相互作用（Benenson et al.，2002），而后者则包括能移动的居民、房地产商、政府等。

为了克服 CA 模型的局限性，基于多智能体系统建模的方法被引入到城市模拟中。多智能体系统（MAS）是复杂适应系统理论、人工生命以及分布式人工智能技术的融合，目前已经成为进行复杂系统分析与模拟的重要手段（Chebeane and Echalier，1999）。国外已经开展了这方面的研究（Benenson et al.，2002；Sanders et al.，1997；Brown et al.，2003；Benenson，1998；Ligtenberg et al.，2001；Otter et al.，2001），但还只是处于初始阶段，应用于真实城市的模型非常有限（Benenson et al.，2002）。例如，Benenson 根据居民的经济状况、房产价格变动以及文化认同性等模拟了城市空间演化的自组织现象（Benenson，1998）及城镇居民的种族隔离和居住分异现象（Benenson et al.，2002）。Ligtenberg 等（2001）提出了一种基于多智能体和元胞自动机相结合的土地利用规划模型，该模型引入了政府的主导规划因素。然而，目前尚缺乏一个比较完整的多智能体模型来模拟城市演化过程。在城市演化中，居民、政府、房地产商等各种智能体应扮演着最重要的角色，它们之间及其与周围环境（自然环境和社会环境）相互作用、协商合作而形成区域宏观结构的城市发展模式。但这方面的深入研究不多，国内有关研究十分有限。

本研究试图提出一种较为完整的基于多智能体的城市土地利用变化模型，着重研究城市中的各种微观智能体之间及其与周围环境的相互作用，分析这种相互作用与宏观空间结构形成的关系。模型除了包含局部个体相互作用的多智能体层外，还包含了从 GIS 获取的环境因素层。不同类型的多智能体之间存在相互影响、信息交流、合作的关系，以达到共同理解并采取一定的行动影响其所处环境。而环境层的变化也反馈给多智能体层，多智能体层根据环境层的变化采取相应的措施和行动，以谋求双方关系达到平衡。这种模型将比单纯的 CA 模型更能反映复杂的人文因素及其与环境的相互作用。

6.8.1 基于多智能体的城市土地利用变化模拟模型

本模型包含了一系列环境要素层和若干具有移动特点的多智能群体。多智能体在相互作用过程中“学习”和“积累”经验，并根据经验改变自身的结构和行为。

1. 环境要素层

（1）土地利用/覆盖层。土地利用/覆盖层及其变化是本模型模拟的核心。其动态变化是各类智能体之间及其与环境相互作用的产物。土地利用/覆盖层是各类多智能体所处的重要环境之一，对多智能体的空间决策行为有着重要的影响。

（2）交通通达层。交通通达性体现了交通方便的程度，可以通过某位置到道路及市中心的距离等来反映。在评价交通通达性时，把道路分为高速公路和一般公路，它们的影响权重不一样。在模型中均采用指数距离衰减函数来表达其对位置的空间吸引力：

$$E_{\text{traffic}} = c_1 \cdot A_1 \cdot \mathrm{e}^{-B_1 \cdot D_{\text{eroad}}} + c_2 \cdot A_2 \cdot \mathrm{e}^{-B_2 \cdot D_{\text{hway}}} + c_3 \cdot A_3 \cdot \mathrm{e}^{-B_3 \cdot D_{\text{center}}} \tag{6.64}$$

其中，E_{traffic}为交通通达性评价；c_1、c_2、c_3 为各距离影响因子的权系数，$c_1+c_2+c_3=1$；A_1、A_2、A_3 为空间影响的强度系数；B_1、B_2、B_3 为空间影响的衰减系数；D_{eroad}为到高速公路的距离；D_{hway}为到一般公路的距离；D_{center}为到城市中心的距离。

（3）土地价格层。地价往往决定住房价格，不同收入的居民受自身支付能力的制约，对住房价格的关注程度不一。高收入居民具有较高的支付能力，对居住的环境条件和交通条件要求较高，倾向于在地价高的地段居住；而低收入居民受支付能力的限制，只选择地价便宜的地段居住。

（4）公共设施效用层。公共设施效用评价因素包括到医院、娱乐设施、公园、商业中心的距离，均采用指数距离衰减函数表达其空间吸引力。

（5）环境质量层。研究区域内的人均绿地面积和靠江（水）的距离是环境质量评价的重要因子。人均绿地面积用 9×9 邻域窗口内绿地网格数与居民用地网格数的比例来表示：

$$E_{\text{green}} = \begin{cases} 100 & \text{如果 } N(H(L_{ij})) = 0 \\ \dfrac{N(G(L_{ij}))}{N(H(L_{ij}))} & \text{其他} \end{cases} \tag{6.65}$$

其中，E_{green}为绿地评价；L_{ij} 为 $n \times m$ 二维空间网格内其中一个网格，$i \in [1, N]$，$j \in [1, M]$；$N(G(L_{ij}))$ 为以 L_{ij} 为中心的 9×9 邻域窗口内绿地网格数目；$N(H(L_{ij}))$ 为以 L_{ij} 为中心的 9×9 邻域窗口内居民用地网格数目。水体对环境质量的影响同样采用指数距离衰减函数来表示，因此环境质量评价可用下式表达：

$$E_{\text{evironment}} = C_{\text{g}} \cdot E_{\text{green}} + C_{\text{w}} \cdot A_{\text{w}} \cdot \mathrm{e}^{-B_{\text{w}} \cdot D_{\text{w}}} \tag{6.66}$$

其中，$E_{\text{evironment}}$为环境质量评价；C_{g}、C_{w} 分别为绿地和水体影响环境质量的权系数；A_{w} 为水体空间影响的强度系数；B_{w} 为水体空间影响的衰减系数；D_{w} 为到水体的距离。

（6）教育资源层。教育资源主要是指学校和图书馆。教育资源本来应该归于公共设施效用层，但是，它对居民 Agent 选择居住位置有着非常大的影响，故单独作为一个层来考虑。本模型在实际应用时，由于受到数据的限制，只考虑居民 Agent 有无小孩及收入这两个属性。在模型中也采用指数距离衰减函数表达其对位置的空间影响力。

2. 多智能体及决策行为

Agents 是在虚拟环境中具有自主能力、可以进行有关决策的实体。这些实体可以代表动物、人类或机构等。一个实体并不仅限于代表某个个体，也可以代表一群个体，如代表某一阶层的人。本节中每个 Agent 也只代表一个计算实体，只是反映了比例关系，可以对应多个居民或多个家庭，以及多个房地产开发商。本节中，政府 Agent 起到宏观调控的作用，它是没有空间属性的。房地产商 Agent 作为投资开发的一个群体，难以确定其空间位置，在模型中把他们当作一个整体 Agent，没有赋予其空间属性。居民 Agent 的空间位置在初始状态是随机分布在研究区域上的，模型运行后，居民 Agent 根据自己的偏好并与政府 Agent、房地产商 Agent 共同协商后，选择较为满意的空间位置居住。

1）居民 Agent 及其决策行为

居民的决策行为主要有两种：居住位置决策和再选择。居住位置决策是指新增居民购房的决策行为，再选择是指城市居民的迁居行为。城市居民居住位置决策与再选择行为直接影响着居住空间结构的形成和变化，同时也影响着城市社会分异、空间组织结构和城市发展方向等的演化过程。

本节在居民个人追求效用最大化假设的前提下，结合动态随机效用模型（Quigley，1976）和离散选择模型（McFadden，1974），研究居民 Agent 的位置选择决策行为的内在机理。某一候选位置 L_{ij} 对第 t 个居民 Agent 的位置效用（Utility）可用下面式子表示：

$$U(t,ij) = a \cdot E_{\text{evironment}} + b \cdot E_{\text{education}} + c \cdot E_{\text{traffic}} + d \cdot E_{\text{price}} + e \cdot E_{\text{convenience}} + \varepsilon_{tij} \tag{6.67}$$

其中，$a+b+c+d+e=1$；$E_{\text{evironment}}$、$E_{\text{education}}$、E_{traffic}、E_{price}、$E_{\text{convenience}}$ 分别为候选位置 L_{ij} 的环境质量、教育资源、交通通达程度、住房价格和公共设施便利性；a、b、c、d、e 分别为第 t 个居民 Agent 对各个影响因子的偏好系数（权重）；ε_{tij} 为随机扰动项。

居住位置决策与再选择反映了城市居民住房消费行为在空间上的价值取向，因此，受到居住地空间位置属性及居民社会属性的影响（表 6.26）。不同类型的居民 Agent 由于其自身的属性相异而表现出对位置选择迥异的偏好，从而表现出不同的空间决策行为。这些不同的偏好可通过上述效用公式的偏好系数来反映。

表 6.26 居住位置决策与再选择影响因子

居民 Agent 价值取向	影响因子
位置属性	交通通达程度 公共设施便利性 教育资源 自然环境质量 住房价格
社会属性	经济能力 职业 家庭结构（有无小孩） 年龄 受教育程度

离散选择模型是一种复杂、非线性的多元统计分析方法和市场研究技术，主要用于测量消费者在实际或模拟的市场竞争环境中如何在不同产品/服务中进行选择，这与居民选址行为异常吻合。为此，我们把离散选择模型引入到居民选址的行为中。许多学者认为效用模型中的随机扰动项 ε_{ij} 服从韦伯（Weibull）分布（Quigley，1976；McFadden，

1974，1978)，即 $F(\varepsilon_{tij})=\exp(-\exp(-\varepsilon_{tij}))$。根据 McFadden 的证明，第 t 个居民 Agent 随机选择位置 L_{ij} 的概率等于对第 t 个居民 Agent 来说位置 L_{ij} 的效用（吸引力）大于或等于其他任何可选择位置 $L_{i'j'}$ 的效用的概率，即

$$P(t,ij)=\Pr(U(t,ij)\geqslant U(t,i'j'))=\frac{\exp(U(t,ij))}{\sum_{t}\exp(U(t,ij))} \tag{6.68}$$

其中，$\Pr(U(t,\ ij)\geqslant U(t,\ i'j'))$ 为第 t 个居民 *Agent* 在位置 L_{ij} 的效用（吸引力）大于或等于其他任何可选择位置 $L_{i'j'}$ 的效用的概率；$\sum_{t}\exp(U(t,ij))$ 为候选位置效用指数函数之和。这就是著名的离散选择模型。该式表明居民根据个人偏好并遵循效用最大化原则选择居住位置。

利用 Monto Carlo 方法从若干候选位置中确定最终位置，从而能够实现更为真实的随机效用决策，这与现实中居民的居住选择行为相符。在居民 Agent 选择好自己满意的地理位置后，并不代表该居民 Agent 就可以入住，有可能碰到下面三种情况：

（1）该房子已经被他人占用；

（2）该房子没有被占用，为空房；

（3）该地理位置还没有被房地产商开发。

对于第一种情况，则可与占用该房子的居民 Agent 协商，若协商失败，继续搜索合适的地理位置。若遇到第二种情况，则选择成功，居民 Agent 入住空房。对于第三种情况，是本节研究的重点。因为一个城市的发展及扩张，主要是房地产商在不违背政府规划的情况下，根据居民的需要，开发非城市用地的过程。房地产商的开发不是盲目的，必须考虑到购房者的意愿。在本模型中，通过不同类型的 Agents 相互沟通来满足各自的需要，从而以“自下而上”的方式形成了有序的城市空间结构。

2）房地产商 Agent 及其决策行为

房地产商在开发新的居住用地前，首先得考虑居民的位置选择特点来调整投资策略，从而选择合适的投资地域。如果新开发的居住用地位置与居民的意愿相左，很显然，开发的房产将难以销售出去。不同类型的居民对住房有着相异的偏好，他们在选择住房时会根据房子所处的环境（社会环境及自然环境）、本身的属性及偏好做出决策，因此，房地产商必须根据居民的位置选择偏好选择正确的投资地域。其次，房地产商需要考虑其本身的利益，分析投资之后所获取的利润是否达到某一期望值，可用下面式子表达：

$$D_{\text{profit}}=H_{\text{price}}-L_{\text{price}}-D_{\text{cost}} \tag{6.69}$$

$$D_{\text{profit}}\begin{cases}>D_{\text{threshold}}, & \text{则投资}\\ <D_{\text{threshold}}, & \text{则不投资}\end{cases} \tag{6.70}$$

其中，D_{profit} 为投资所获取的利润；H_{price} 为住房销售价格；L_{price} 为土地价格；D_{cost} 为住房建造成本；$D_{\text{threshold}}$ 为房地产商的利润期望界限值。

最后，房地产商拟开发的用地需征得政府的批准。政府根据所申请的用地是否与政府规划相符而做出判断。

3）政府 Agent 及其决策行为

政府的宏观城市规划及调控对城市的土地利用变化起着决定作用，引导了整个城市的演化过程，也决定了城市发展模式。因此，在研究城市土地利用变化时，政府是一个不容忽略的主导因素。特别是在中国，政府的宏观规划在城市发展中显得尤为重要。

当房地产商向政府申请开发用地时，政府会根据该地点目前土地利用状况与未来规划的土地利用情况进行对比，给出不同的接受概率。当一个区域被申请的次数越多，它被接受的概率就会越大；一个区域的申请被政府接受之后，该区域附近地区被接受的概率也会增加。这充分体现了政府在宏观规划的同时也全面考虑公众的意愿及房地产商的要求，调控政府规划与真实世界发展细节的差距，实现了宏观和微观的统一。其公式表达如下：

$$P_{\text{Accept}_{ij}^{*}} = P_{\text{Accept}_{ij}} + g \cdot \Delta P_1 + h \cdot \Delta P_2 \qquad (i \in [1,n], j \in [1,m]) \tag{6.71}$$

其中，$P_{\text{Accept}_{ij}^{*}}$ 为地理位置 L_{ij} 被政府接受的概率；$P_{\text{Accept}_{ij}}$ 为政府原始接受概率；g 为该地被申请的次数；ΔP_1 为每多申请一次，政府所增加的接受概率；h 为以 L_{ij} 为中心 3×3 邻域窗口内已经被政府接受的网格数；ΔP_2 是 3×3 邻域窗口内每增加一个被政府接受的网格，政府所增加的接受概率。

政府另一种决策行为是进行基础设施和公共设施建设，政府投资进行基础设施和公共设施建设主要是因为两方面的需要：一是居民的需求，当一个地区随着居民的增加，其基础设施及公共设施就显得匮乏，这必将要求政府投资进行建设；二是政府规划的需要，为了使城市的真实发展与规划接轨，政府必须在其所规划的区域内进行基础设施和公共设施建设，以增加其空间吸引力，从而达到规划的目的。

6.8.2 模型及应用

1. 实验区及数据处理

选取广州市海珠区作为实验区，利用本模型模拟该地区 1995～2004 年的土地利用动态变化。空间数据包括遥感数据和 GIS 数据。遥感数据为 1995 年 12 月 30 日和 2004 年 6 月 13 日两个时相的 TM 影像。GIS 数据包括广州市 1996～2010 年的城市总体规划图、海珠区土地价格图、1995 年及 2004 年海珠区土地利用图、海珠区道路交通图以及海珠区学校、医院、公园分布图。社会数据是从广州市统计局、2004 年广州统计年鉴及第五次人口普查数据获取，主要包括人口数据及经济统计数据，社会数据以街道为单位。

所有空间数据都转成 Grid 栅格数据格式，并通过空间配准后叠加在一起，Grid 数据的分辨率为 100m。各 Grid 数据层包括：1995 年海珠区土地利用层、广州市 1996～2010 年的城市总体规划层、交通通达层、土地价格层、公共设施便利层、环境质量层、教育资源层等。其中，交通通达层、公共设施便利层、环境质量层、教育资源层通过 6.8.1 节中所提出的方法求得。

2. 模型的简化

由于模型较为复杂，有的数据无法收集，需要对其进行简化才能运行。在简化模型时，只考虑常住居民 Agent 的行为，因为流动人口经济能力有限，一般并没有能力购买房子，并且，由于本身的流动性及不稳定性，他们也较少考虑购房。对于居民 Agent 的行为，只考虑上节所提到的第三种情况，即只考虑居民对 1995～2004 年新增居住地的居住位置决策和再选择，因为一个城市的土地利用变化，主要是新增居民地的扩张。对于房地产商 Agent，由于数据的缺乏，我们难以得到其投资所获取的利润。但是，一般而言，房地产商更倾向于在居民较集中的、开发风险较小的区域投资（Bradley and Payne，2005），这是因为在居民较集中的区域，基础设施较为完备，各方面条件比较成熟，房地产商并不需要在基础设施方面进行投资，这样可以减少投资，降低开发风险；在居民较为零散的区域，基础设施一般较为落后，对居民的吸引力不大，而基础设施建设需要大量的资金投入。所以，在我们的简化模型中，把邻域的影响作为房地产商是否愿意开发的一个度量，用 3×3 邻域窗口内居民用地像元数与该邻域窗口内除中心像元以外所有像元数的比值来表示房地产商的接受开发概率。公式表示如下：

$$P_{\mathrm{dev}_{ij}} = \frac{\sum_{3\times3} N(\mathrm{urban}(ij))}{3\times3-1} \tag{6.72}$$

若 $\sum_{3\times3} N(\mathrm{urban}(ij)) = 0$，则 $P_{\mathrm{dev}_{ij}}$ 取 0.05，其中，$P_{\mathrm{dev}_{ij}}$ 为房地产商的接受开发概率；$\sum_{3\times3} N(\mathrm{urban}(ij))$ 为 3×3 邻域窗口内居民用地像元数。

对于政府 Agent，在简化模型时，由于数据的限制，暂时只考虑其宏观规划及调控行为，不考虑基础设施建设行为。所以，候选位置 L_{ij} 被第 t 个居民 Agent 随机选择，并被政府批准，且房地产商愿意开发的概率可用下式表达：

$$P_{ij}^{t} = A \cdot P(t,ij) \cdot P_{\mathrm{Accept}_{ij}^{*}} \cdot P_{\mathrm{dev}} \tag{6.73}$$

其中，A 为模型的调整参数；$P(t, ij)$ 为第 t 个居民 Agent 在效用最大化下随机选择地理位置 L_{ij} 的概率，$P_{\mathrm{Accept}_{ij}^{*}}$ 为候选位置 L_{ij} 被政府接受的概率，P_{dev} 为房地产商愿意开发的概率。

3. 模型的应用

1）居民 Agent 的分类及权重确定

根据居民属性的不同，对居民 Agent 进行分类。考虑到模型的简便可行和数据的限制，本节只考虑居民的收入及居民 Agent 有无小孩这两个属性。居民收入分为低收入（年收入小于 9600 元人民币）、中等收入（年收入大于 9600 元人民币，小于 60 000 元人民币）、高收入（年收入大于 60 000 元人民币）三个等级；家庭结构分为有小孩和无小孩两个等级。因此，居民 Agent 可分为 6 类，即低收入无小孩、低收入有小孩、中等收入无小孩、中等收入有小孩、高收入无小孩、高收入有小孩。根据广州市统计局、2004 年广州统计年鉴及第五次人口普查数据，这 6 类居民的大致比例可求得，见表 6.27。

表 6.27 居民 Agent 类型及各居民类型所占比例

家庭结构	无小孩			有小孩		
经济能力	低收入	中等收入	高收入	低收入	中等收入	高收入
所占比例/%	9	39	9	6	31	6

不同类型的居民由于其自身的属性差异而表现出对位置选择迥异的偏好，从而做出不同的空间决策。我们采用主客观综合赋权的方法来确定居民 Agent 的位置选择偏好权重。首先，利用专家打分法，根据专家的经验判断，针对不同类型居民 Agent，对各居住位置选择影响因子进行打分，采用多准则判断模型，求出位置选择影响因子的主观偏好权重。为避免在确定权重的过程中主观意识太强，采用熵化权方法对得到的偏好权重进行修正（徐建华等，2002），以得到更加客观、合理的结果。在确定位置选择影响因子客观权重前，需要消除各影响因子量纲的影响，由于影响因子中既包含正向因子（交通通达性、公共设施便利性、教育资源、环境质量），又有逆向因子（住房价格），因此，影响因子的“好”、“坏”在很大程度上带有模糊性，可以采用模糊隶属度函数对各影响因子的贡献进行量化。对正向影响因子，采用半升梯形模糊隶属度函数模型，即

$$a'_{mk} = \begin{cases} 1 & a_{mk} \geqslant \mathrm{Max}_k \\ \dfrac{a_{mk} - \mathrm{Min}_k}{\mathrm{Max}_k - \mathrm{Min}_k} & \mathrm{Min}_k < a_{mk} < \mathrm{Max}_k \\ 0 & a_{mk} \leqslant \mathrm{Min}_k \end{cases} \tag{6.74}$$

对于逆向影响因子，采用半降梯形模糊隶属度函数模型，即

$$a'_{mk} = \begin{cases} 1 & a_{mk} \leqslant \mathrm{Min}_k \\ \dfrac{\mathrm{Max}_k - a_{mk}}{\mathrm{Max}_k - \mathrm{Min}_k} & \mathrm{Min}_k < a_{mk} < \mathrm{Max}_k \\ 0 & a_{mk} \geqslant \mathrm{Max}_k \end{cases} \tag{6.75}$$

其中，a_{mk} 为第 m 个位置第 k 个影响因子的值；Max_k、Min_k 为第 k 个影响因子中的最大值、最小值；a'_{mk} 为消除量纲影响后的第 m 个位置第 k 个影响因子的值。

熵是信息论中关于不“确定性”的度量，信息量越大，不确定性就越小，熵也越小。根据信息熵的定义，第 k 个影响因子的信息熵可由下式计算：

$$E_k = -N \cdot \sum_{m=1}^{M} (f_{mk} \cdot \ln f_{mk}) \tag{6.76}$$

其中，M 为总的位置数；$N = \dfrac{1}{\ln M}$；$f_{mk} = \dfrac{|a'_{mk}|}{\sum_{m=1}^{M} |a'_{mk}|}$，并假定：当 $f_{mk}=0$ 时，$f_{mk} \cdot \ln f_{mk} = 0$。

第 k 个影响因子信息熵权可用下式表示：

$$H_k = \frac{1 - E_k}{K - \sum_{k=1}^{K} E_k} \tag{6.77}$$

其中，K 为影响因子的总个数，从式（6.75）、式（6.76）可以看出，当某个影响因子在各样点上的值相差较大时，熵值较小，熵权较大，这说明该影响因子的贡献较大，由此确定各影响因子的权重。求出各影响因子的客观权重后，就可以对主观偏好权重进行修正，修正公式如下：

$$w_z = u_z \cdot H_z \Big/ \sum_{z=1}^{K} u_z \cdot H_z \tag{6.78}$$

其中，u_z 为用 MCE 方法得到的权重；H_z 为信息熵权重；w_z 为修正后的主客观综合偏好权重。

最后所求得的主客观综合偏好权重见表 6.28。这些偏好权重反映在式（6.67）的计算中，分别代表不同居民对交通通达性、土地价格、公共设施、环境质量、教育资源的偏好。

表 6.28　各种居民 Agent 的位置选择偏好权重

居民 Agent 类型	权重				
	交通通达性	土地价格	公共设施便利性	环境质量	教育资源
低收入无小孩	0.287	0.447	0.095	0.058	0.113
低收入有小孩	0.209	0.393	0.048	0.049	0.301
中等收入无小孩	0.268	0.206	0.139	0.276	0.111
中等收入有小孩	0.215	0.241	0.093	0.187	0.264
高收入无小孩	0.324	0.058	0.104	0.394	0.120
高收入有小孩	0.265	0.094	0.052	0.302	0.287

2）模型的应用及结果

该模型中，首先需要确定海珠区 1995～2004 年城市增长的总量，这可以从 1995 年和 2004 的 TM 遥感影像中获取。我们假设每一个新增城市化网格上容纳一个居民 Agent，则根据城市增长总量可以确定模型所需的居民 Agent 数目。这里一个 Agent 只反映比例关系，并不是只代表一个人或一个家庭，在本节中的实际含义为 100m×100m 的一个网格内平均容纳的居民。模型的流程见图 6.32，模型运行机制如下：

（1）根据海珠区 1995～2004 年城市增长总量确定模型所需的居民 Agent 数目；

（2）根据表 6.27 中各居民类型所占的比例，运用 Monto Carlo 方法按比例随机生成模型所需的不同类型居民 Agent；

（3）据式（6.66）及表 6.28，计算对应居民 Agent 的位置效用值，首先选择效用值最高的位置，据式（6.72），计算最高效用值位置在居民 Agent、房地产商 Agent、政府 Agent 相互协商下被开发的概率；

（4）运用 Monto Carlo 方法判断最高效用值位置是否被开发，若该居民的最高效用值位置被接受开发，则该居民位置选择完成，轮到下一个居民 Agent 进行位置选择。

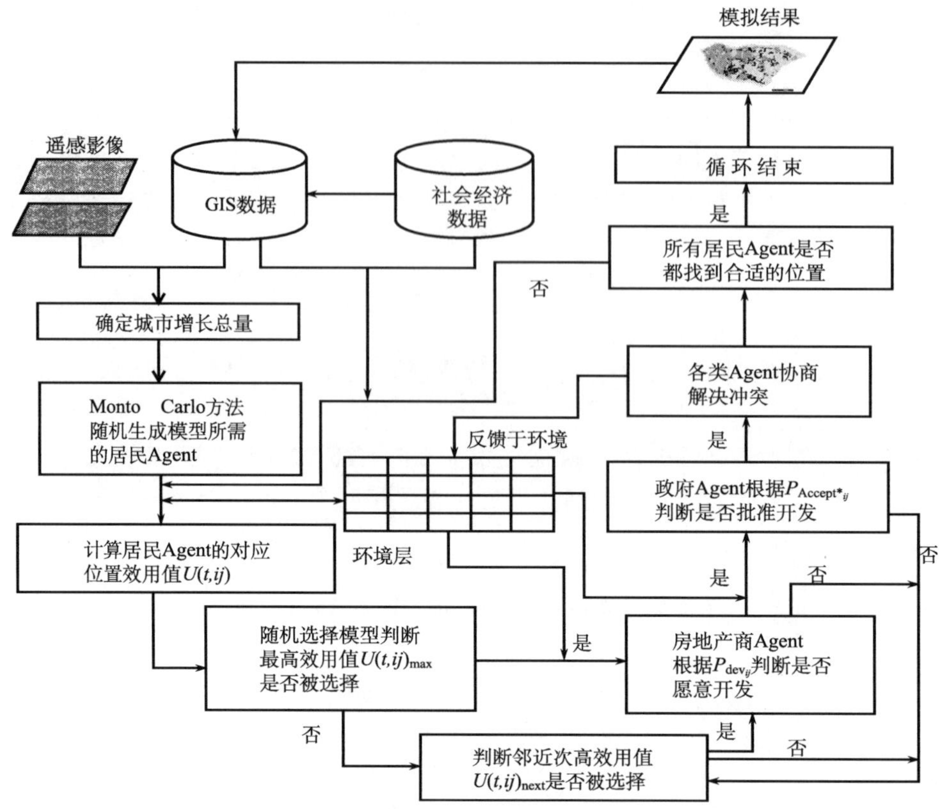

图 6.32　基于多智能体的土地利用复杂系统模拟流程图

若最高效用值位置没有被房地产商 Agent 及政府 Agent 接受开发，则选择次高效用值位置，直到该居民 Agent 找到满意的位置为止。

模拟中，以 1995 年海珠区土地利用层、海珠区 1996～2010 年的城市总体规划层、交通通达层、土地价格层、公共设施便利层、环境质量层、教育资源层作为输入层，根据前面的参数设定，应用该模型进行模拟。图 6.33 是对应不同模拟时间的居民用地空间演变的模拟过程。其中，新增加居民用地是指从 $T=0$ 时刻起到该时刻城市所增加的居民用地；T 代表模型运行的次数，$T=0$ 表示模型处于初始状态，即 1995 年海珠区土地利用情况，$T=1400$ 表示模型运行了 1400 次，模型达到终止状态，即 2004 年海珠区土地利用情况。

最终获得 2004 年海珠区城市用地的模拟结果［图 6.34（a）］。与实际土地利用情况［图 6.34（b）］相比较，可以看出模拟结果与海珠区实际土地利用变化大致相符。略有差别的是，实际的土地利用模式显得较有规则，模拟结果有些杂乱，在果园及绿地中间有少数点状居民地存在。产生点状居民地的主要原因是该地区地价很便宜，得到了低收入居民的青睐，但由于政府及房地产商不支持，据式（6.72）可知，开发概率较低，但如果应用 Monto Carlo 方法判断是否开发，还是会有少数点被接受，从而导致点状居民地的存在。

图 6.35 是模拟的各种土地利用类型随时间变化的曲线图。从图 6.35 可知，海珠区

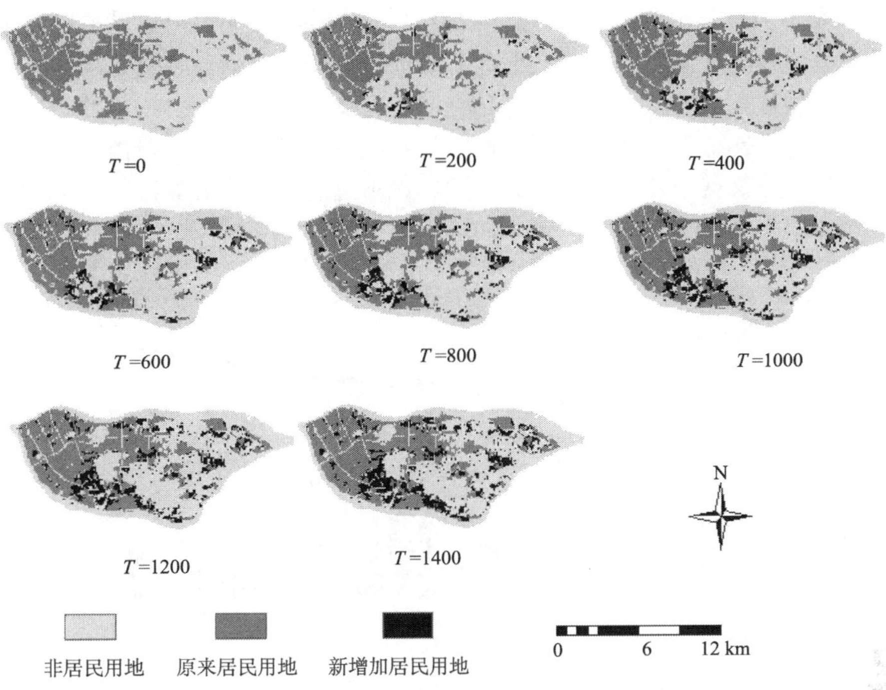

图 6.33　居民用地空间演变的模拟过程

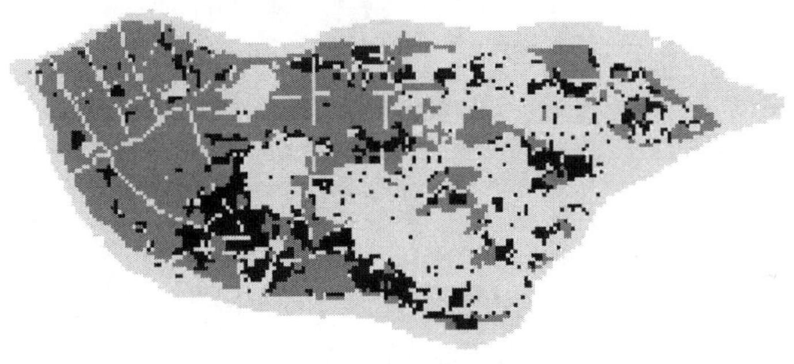

(a) 模拟居民用地

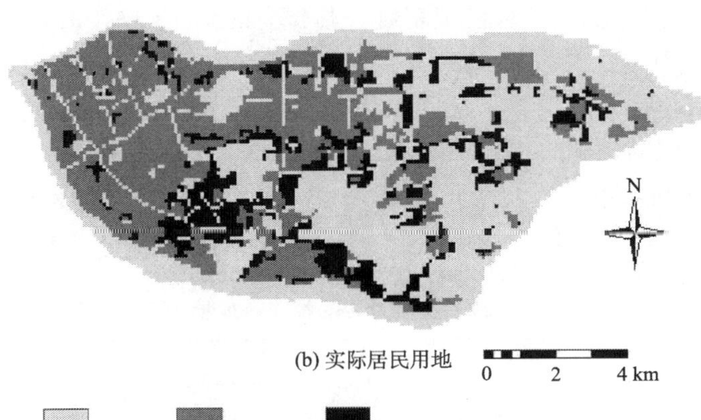

(b) 实际居民用地

非居民用地　原来居民用地　新增加居民用地

图 6.34　模拟居民用地（a）和实际居民用地（b）

在 1995（模拟时间 $T=0$）～2004 年（模拟时间 $T=1400$），居民用地保持着稳定的上升趋势，但居民用地的开发是以果园及绿地、菜地被占用为代价，特别是果园及绿地，面积迅速下降，这将导致环境质量逐渐恶化，政府应适当控制；开发用地的减少说明了房地产商开发的盲目性也在降低，滥用土地行为在减少，烂尾楼在逐渐消失；道路用地没有变化，这是因为模型中没有考虑政府的基础设施建设行为；海珠区四面为珠江航道所包围，其水体面积基本不变。

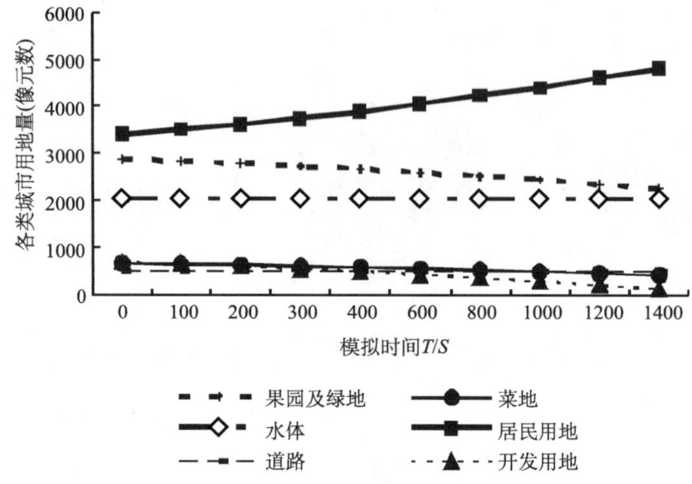

图 6.35　各种土地利用类型随时间变化曲线图

6.8.3　模型的检验

模型检验方法一般有逐点对比和整体对比两种。前一种方法是将模拟的结果和实际情况迭合起来，然后逐点对比计算其精度；后一种方法所关注的是模拟出来的整个空间格局，因此显得更为合理。首先，将 2004 年海珠区居民用地的模拟结果与实际情况（遥感分类）进行逐点对比，计算模拟精度。其转变的精度为 67.9%，总精度为 78.6%（表 6.29）。另外一种方法是采用 Moran I 指数进行对比。Moran I 指数一般用来描述空间的自相关性，但该指数也反映了空间集中的程度。Moran I 指数的最大值为 1，它的值越大，表示所反映的空间集中程度越大。从表 6.30 可知，模拟结果的 Moran I 指数值为 0.6644，实际情况的 Moran I 指数值为 0.6876，两者的值相差不远，这证明模拟结果的空间格局和实际情况较为接近。

表 6.29　逐点对比的模拟精度模拟

		模拟		正确率/%
		不转变	转变	
实际	不转变	2305	437	84.1
	转变	452	954	67.9
总精度				78.6

表 6.30　Moran I 指数对比

1995（初始）	2004	
实际	实际	模拟
0.6894	0.6876	0.6644

此外，也用一般的 CA 模型模拟了海珠区 1995～2004 年的城市土地利用变化情况。其逐点对比精度为 0.5103，Moran I 值为 0.5967。其效果比多智能体模型差。这说明了在城市复杂系统的模拟中，必须考虑各种群体（多智能体）的人文因素才能取得较好的模拟效果。CA 模型只考虑周围环境和邻域内的“元胞”状态，对于较为简单的城市发展模式模拟，具有较高的精度。但在模拟较为成熟、复杂的城市时有一定的局限性。

6.8.4　结　　论

城市是一个异常复杂的巨系统，而基于多智能体的建模方法则是一种进行复杂系统分析与模拟的重要手段，它既考虑到环境的影响及环境中智能体微观的决策行为，又不失强大的空间自组织能力，因此，在模拟城市土地利用动态变化时有着巨大的优势。多智能体模型的关键是如何定义复杂系统中的多智能体及其行为。模型中多智能体类型过多，整个系统变得非常复杂，导致计算速度很慢，实用性不强；多智能体类型过少，又体现不了系统的复杂性。多智能体的行为也需要经过适当的抽象和简化才能更为实用。

本研究通过对城市多智能体的适当简化，选取影响城市发展的最主要的三类 Agent（居民 Agent、房地产商 Agent、政府 Agent）作为研究对象，构建了一个比较完整的基于多智能体的城市模型。在该模型中，不同类型的 Agent 之间相互影响、协商合作，共同理解所处的环境，并采取一定的行动影响其所处环境。而环境的变化也反馈给多智能体。城市的宏观空间就是由这些能够通过经验和环境不断适应的智能体在相互作用中产生的。

以广州市海珠区为实验区，模拟了其 1995～2004 年的土地利用动态变化情况，与实际土地利用变化情况相对比，该模型的逐点对比精度达到 67.9%，总精度达到 78.6%。模拟用地的 Moran I 指数值与实际情况的 Moran I 指数值比较接近，证明其模拟的空间格局与实际情况吻合较好。并将其与 CA 模型进行了对比研究，结果表明多智能体模型在模拟较为成熟、复杂的城市时，比 CA 模型有更高的精度，更接近实际的空间格局。

参 考 文 献

陈述彭．1998. 地球系统科学．北京：中国科学技术出版社

段海滨．2005. 蚁群算法原理及其应用．北京：科学出版社

顾朝林，克斯特洛德 C. 1997. 北京社会极化与空间分异研究．地理学报，52（5）：385～393

何春阳，史培军，陈晋等．2001. 北京地区土地利用/覆盖变化研究．地理研究，20（6）：679～687

何春阳，史培军，陈晋等．2005. 基于系统动力学模型和元胞自动机模型的土地利用情景模型研究．中国科学 D 辑：地球科学，35（5）：464～473

孔泾源，刘浩，王小卓．2005. 中国居民收入分配年度报告．北京：经济科学出版社

李银河，王震宇，唐灿．2004. 穷人与富人—中国城市家庭贫富分化调查．上海：华东师范大学出版社
黎夏．2004. 珠江三角洲发展走廊 1988～1997 年土地利用的时空变化特征．自然资源学报，19（3)：307～315
黎夏，叶嘉安．1997. 利用遥感监测和分析珠江三角洲的城市扩张过程——以东莞市为例．地理研究，16（4)：56～61
黎夏，叶嘉安．1999. 约束性单元自动演化 CA 模型及可持续城市发展形态的模拟．地理学报，54（4)：289～298
黎夏，叶嘉安．2001. 主成分分析与 Cellular Automata 在空间决策与城市模拟中的应用．中国科学 D 辑（地球科学)，31（8)：683～690
黎夏，叶嘉安．2002. 基于神经网络的单元自动机 CA 及真实和优化的城市模拟．地理学报，57（2)：159～166
黎夏，叶嘉安．2004. 知识发现与地理元胞机．中国科学 D 辑（地球科学)，34（9)：865～872
黎夏，叶嘉安，刘小平等．2007. 地理模拟系统：元胞自动机与多智能体．北京：科学出版社
李志刚，吴缚龙．2006. 转型期上海社会空间分异研究．地理学报，61（2)：199～211
刘小平，黎夏．2006. 从高维特征空间中获取元胞自动机的非线性转换规则．地理学报，61（6)：663～672
刘小平，黎夏，叶嘉安等．2007. 利用蚁群智能挖掘地理元胞自动机的转换规则．中国科学 D 辑（地球科学)，37（6)：824～834
刘旺，张文忠．2004. 国内外城市居住空间研究的回顾与展望．人文地理，19（3)：6～11
吕露光．2004. 城市居住空间分异及贫困人口分布状况研究——以合肥市为例．城市规划，28（6)：74～77
钱学森，于录元，戴汝为．1990. 一个新的学科领域——开放的复杂巨系统及其方法论．自然杂志，(1)：3～10
盛庆来．2006. 统合效用主义与公平分配．杭州：浙江大学出版社
孙战利．1999. 空间复杂性与地理元胞自动机模拟研究．地球信息科学，(2)：32～37
王宏伟．2004. 中国城市增长的空间组织模式研究．城市发展研究，11（1)：28～31
王开泳，陈田．2006. 大城市居住空间的发展与演变．资源与人居环境，(3)：31～33
吴启焰．2001. 大城市居住空间分异研究的理论与实践．北京：科学出版社
吴启焰，张京祥，朱喜钢等．2002. 现代中国城市居住空间分异机制的理论研究．人文地理，17（3)：26～30
徐建华．2002. 现代地理学中的数学方法．北京：高等教育出版社
薛领．2002. 基于主体（multi-agent）的城市空间演化模拟研究．北京大学博士学位论文
曾华军．2003. 机器学习．张银奎译．北京：机械工业出版社
张文忠，刘旺，李业锦．2003. 北京城市内部居住空间分布与居民居住区位偏好．地理研究，22（6)：751～759
周成虎，孙战利，谢一春．1999. 地理元胞自动机研究．北京：科学出版社
周春山，陈素素，罗彦．2005. 广州市建成区住房空间结构及其成因．地理研究，24（1)：78～88
朱会义，何书金，张明．2001. 环渤海地区土地利用变化的驱动力分析．地理研究，20（6)：669～678
Bacon P J, Cain J D, Howard D C. 2002. Belief network models of land manager decisions and land use change. Journal of Environmental Management, 65 (1): 1～23
Banister D, Watson S, Wood C. 1997. Sustainable cities: transport, energy, urban form. Environment and Planning B, 24: 125～143
Barredo J, Kasanko M, McCormick N et al. 2003. Modelling dynamic spatial processes: simulation of urban future scenarios through cellular automata. Landscape and Urban Planning, 64: 145～160
Batty M, Xie Y. 1994. From cells to cities. Environment and Planning B, 21: 531～548
Batty M, Xie Y. 1997. Possible urban automata. Environment Planning B, 24: 175～192
Benenson I. 1998. Multi-agent simulation of residential dynamics in the city. Computer Environment and Urban System, 22 (1): 25～42
Benenson I, Omer I, Hatna E. 2002. Entity-based modeling of urban residential dynamics: the case of Yaffo, Tel Aviv. Environment and Planning B, 29: 491～512
Binder P. 1989. Evidence of lagrangian tails in a lattice gas. *In*: Manneville P, Boccara N, Vichniac G Y et al. Cellular Automata and Modeling of Complex Physical Systems. Berlin: Springer-Verlag. 155～160
Bourne L S. 1992. Self-fulfilling prophecies decentralization, inner city decline, and the quality of urban life. Journal of the American Planning Association, 58 (4): 509～513

Bradley T E, Payne J E. 2005. The response of real estate investment trust returns to macroeconomic shocks. Journal of Business Research, 58 (3): 293～300

Brookes C J. 2001. A genetic algorithm for designing optimal patch configurations in GIS. International Journal of Geographic Information Science, 15 (6): 539～559

Brown D G, Page S E, Riolo R L. 2003. Agent-based and analytical modeling to evaluate the effectiveness of greenbelts. Environmental Modeling & Software, 19 (12): 1097～1109

Burton E, Williams K, Jenks M. 1996. The compact city and urban sustainability: conflicts and complexities. *In*: Jenks M, Burton E, Williams K. In the Compact City: a Sustainable Urban Form? London: SPON Press. 231～247

Chebeane H, Echalier F. 1999. Towards the use of a multi-agents event based design to improve reactivity of production systems. Computers & Industrial Engineering, 37: 9～13

Chun J S, Kim M K, Jung H K. 1997. Shape optimization of electromagnetic devices using immune algorithm. IEEE Trans on Magnetics, 33 (2): 1876～1879

Clarke K C, Hoppen S, Gaydos L. 1997. A self-modifying cellular automaton model of historical urbanization in the San Francisco Bay Area. Environment and Planning B: Planning and Design, 24: 247～261

Colorni A, Dorigo M, Maniezzo V. 1991. Distributed optimization by ant colonies. In: Proceedings of the 1st European Conference on Artificial Life: 134～142

Congalton R G. 1991. A review of assessing the accuracy of classification of remotely sensed data. Remote Sensing of Environment, 37: 35～46

Couclelis H. 1985. Cellular worlds: a framework for modeling micro-macro dynamics. Environment and Planning A, 17: 585～596

Couclelis H. 1988. Of mice and men: what rodent population scan teach us about complex spatial dynamics. Environment and Planning A, 20: 99～109

Couclelis H. 1989. Macrostructure and microbehavior in a metropolitan area. Environment and Planning B, 16: 141～154

Couclelis H. 1997. From cellular automata to urban models: new principles for model development and implementation. Environment and Planning B, 24: 165～174

Dasgupta D, Forrest S. 1995. Tool breakage detection in milling operations using a negative-selection algorithm. Technical Report CS95-5. Department of Computer Science. University of New Mexico

Dawn C. P, Steven M. 2002. Multi-agent systems for the simulation of land-use and land-cover change: A review. Annals of the Association of American Geographers, 93 (2): 314～337

De Komng G H J, Verburg P H, Veldkamp A. 1999. Multi-scale modeling of land use change dynamics in ecuador. Agricultural Systems, 61: 77～93

Dorigo M. 1992. Optimization, learning and natural algorithms. Ph D Thesis, Department of Electronics, Politecnico di Milano: Italy

Dorigo M, Maniezzo V, Colorni A. 1996. Ant system: optimization by a colony of cooperating agents. IEEE Transaction on Systems, Man, and Cybernetics-Part B, 26 (1): 29～41

Gerald D G, Mooney R. 1986. Explanation-based learning: an alternative view. Machine Learning, (1). 145～176

Goldberg D E. 1989. Genetic algorithms in search, optimisation and machine learning. Reading, MA: Addison-Wesley

He C Y, Okada N, Zhang Q F. 2006. Modeling urban expansion scenarios by coupling cellular automata model and systems dynamic model in Beijing, China. Applied Geography, 26: 323～345

Itami R M. 1994. Simulating spatial dynamics: cellular automata theory. Landscape Urban Planning, 30: 24～47

Jenks M, Burton E, Williams K. 1996. Compact cities and sustainability: an introduction. *In*: Jenks M, Burton E, Williams K. In the Compact City: a Sustainable Urban Form. London: SPON Press. 11～12

Jerne N K. 1973. The immune system. Scientific American, 229 (1): 52～60

Keller R M. 1988. Defining operationality for explanation-based learning. Artificial Intelligence Archive, 35 (2):

227～241

Kim J, Bentley P. 1999. The artificial immune model for network intrusion detection. Proc 7th European Conference on Intelligent Techniques and Soft Computing, Aachen: Germany

Knox P. 1995. Urban Social Geography: an Introduction. 3rd ed, London: Longman

Knox P, Pinch S. 2005. 城市社会地理学导论．柴彦威等译．北京：商务印书馆

Krugman P. 1996. The Self-organization Economy. New York: Blackwell Oxford. 15～22

Kumark K, Neidhoefer J. 2002. Immunized neurocontrol. Experts Systems with Application, 13 (3): 201～214

Kwang M S, Weng H S. 2002. Multiple ant-colony optimization for network routing. In: Proceedings of the First International Symposium on Cyber Worlds. 277～281

Li X, Yeh A G O. 1998. Principal component analysis of stacked multi-temporal images for monitoring of rapid urban expansion in the Pearl River Delta. International Journal of Remote Sensing, 19 (8): 1501～1518

Li X, Yeh A G O. 2000. Modelling sustainable urban development by the integration of constrained cellular automata and GIS. Int J Geograph Inform Sci, 14 (2): 131～152

Li X, Yeh A G O. 2001. Zoning for agricultural land protection by the integration of remote sensing, GIS and cellular automata. Photogrammetric Engineering & Remote Sensing, 67 (4): 471～477

Li X, Yeh A G O. 2002. Neural-network-based cellular automata for simulating multiple land use changes using GIS. International Journal of Geographical Information Science, 16 (4): 323～343

Li X, Yeh A G O. 2004a. Analyzing spatial restructuring of land use patterns in a fast growing region using remote sensing and GIS. Landscape Urban Plan, 69 (4): 335～354

Li X, Yeh A G O. 2004b. Data mining of cellular automata's transition rules. Int J Geograph Inform Sci, 18 (8): 723～744

Ligtenberg A, Bregt A K, Lammeren R V. 2001. Multi-actor-based land use modeling: spatial planning using agents. Landscape and Urban Planning, 56: 21～33

Liu Y, Stuart R P. 2003. Modelling urban development with cellular automata incorporating fuzzy-set approaches. Computers, Environ Urban Systems, 27: 637～658

Lumber E, Faieta B. 1994. Diversity and adaptation in populations of clustering ants. 2004. Proceedings of the 3rd International Conference on Simulation of Adaptive Behavior: from Animals to Animates. Cambridge: MIT Press/Bradford Books. 501～508

Luna F, Stefansson B. 2004. Economic Simulation in Swarm: Agent-based Modeling and Object Oriented Programming. Beijing: Social Sciences Documentation Publishing House

McGurigal K, Marks B. 1995. Fragstats: Spatial Patlern Analysis program for quantifying landscape structure. USDA Forest Service-General Technical Report PNW-GTR-351

McFadden D. 1974. Conditional Logit Analysis of Qualitative choice Behavior. *In*: Zarembka P. Frontiers in Econometrics. New York: Academic Press. 105～142

McFadden D. 1978. Modeling the choice of residential location in spatial interaction theory and planning models. *In*: Karlqvist A, Lundqvist L, Snickars F et al. Spatial Interaction Theory and Planning Models. Amsterdam: North Holland. Amsterdam. 75～96

Mertens B, Lambin E F. 1997. Spatial modeling of deforestation in southern Cameroon. Applied Geography, 17 (2): 143～162

Mertens B, Lambin E F. 2000. Land-cover-change trajectories in southern cameroon. Annals of the Association of American Geographers, 93 (3): 467～494

Muller D, Zeller M. 2002. Land use dynamics in the central highlands of vietnam: a spatial model combining village survey data with satellite imagery interpretation. Agricultural Economics, 27 (3): 333～354

Murdie R A. 1969. Factorial Ecology of Metropolitan Toronto. Chicago: University of Chicago

Newkirk R T, Wang F. 1990. A common knowledge database for remote-sensing and geographic information in a change-detection expert system. Environment and Planning B, 17 (4): 395～404

Nijkamp P, Ouwersloot H, Rienstra S A. 1997. Sustainable urban transport systems: an expert-based strategic scenario approach. Urban Studies, 34 (4): 693～712

Otter H S, Veen A, Vriend H J. 2001. ABLOoM: Location behaviour, spatial patterns, and agent-based modeling. Journal of Artificial Societies and Social Simulation, 4 (4): 1～21

Parpinelli R S, Lopes H S, Freitas A A. 2002. Data mining with an ant colony optimization algorithm. IEEE Transaction on Evolutionary Computation, 6 (4): 321～332

Pontius G R, Malanson J. 2005. Comparison of the structure and accuracy of two land change models. International Journal of Geographical Information Science, 19 (2): 243～265

Quigley J M. 1976. Housing demand in the short run: analysis of polytomous choice. Exploration in Economic Research, (3): 76～102

Riebsame W E, Parton W J, Galvin K A. 1994. Integrated modeling of land use and cover change. Bioscience, 44 (5): 350～356

Salins P D. 1971. Household location patterns in American metropolitan areas. Economic Geography, (47): 234～248

Sanders L, Pumain D, Mathian H. 1997. SIMPOP: a multiagent system for the study of urbanism. Environment and Planning B, 24: 287～305

Sasaki Y, Box P. 2003. Agent-based verification of von Thünen' s location theory. Journal of Artificial Societies and Social Simulation, 6 (2)

Silva E A, Clarke K C. 2002. Calibration of the SLEUTH urban growth model for Lisbon and Porto, Portugal. Computers, Environ Urban Systems, 26: 525～552

Sklar F H, Costanza R. 1991. The development of dynamic spatial models for landscape ecology: a review and prognosis. New York: Springer-Verlag: 239～288

Tang Z, Yamaguchi T, Tashima K et al. 1999. A multiple valued immune network and its applications. IEICE Trans Fundamentals, E82-A (6): 1102～1108

Thomas G D, NicholasI S. 1995. Explanation-based learning and reinforcement learning: a unified view. Springer Netherlands, 28 (3): 169～210

Timmis J. 2000. On Parameter Adjustment of Immune Inspired Machine Learning Algorithm AINE. Canterbury: University Kent

Timmis J, Neal M A. 2001. Resource limited artificial immune system for data analysis. Knowledge Based Systems, 14 (3, 4): 121～130

Tobler W. 1970. A computer movie simulating urban growth in the Detroit region. Economic Geography, 46: 234～240

Torrens P M, O' Sullivan D. 2001. Cellular automata and urban simulation: where do we go from here? Environment and Planning B: Planning and Design, 28: 163～168

Tress B, Tress G. 2003. Scenario visualisation for participatory landscape planning-a study from Denmark. Landscape Urban Plan, 64: 161～178

Verburg P H, Veldkamp A, Bouma J. 1999. Land use change under conditions of high Population Pressure: the case of java GLob. Environment Change, 9 (4): 303～312

Wagner D F. 1997. Celllular automata and geographic information systems. Environment and Planning B: Planning and Design, 24: 219～234

Wang F. 1994. The use of artificial neural networks in a geographical information system for agricultural land-suitability assessment. Environment and Planning A, 26: 265～284

Ward D P, Murray A T, Phinn S R. 2000. A stochastically constrained cellular model of urban growth. Computers, Environment Urban Systems, 24: 539～558

Ward D P, Murray A T. 1999. An optimized cellular automata approach for sustainable urban development in rapidly urbanizing regions. International Journal of Geographical Information Science, 7 (5): 235～250

Warf B. 1990. The reconstruction of social ecology and neighborhood change in Brooklyn. Environment & Planning

D: Society and Space, (8): 73～96

Webster C J, Wu F. 2001. Coarse spatial pricing and self-organizing cities. Urban Studies, 38: 2037～2054

Weiss G. 1999. Multi-agent Systems, a Modern Approach to Distributed Artificial Intelligence. Cambridge: The MIT Press

White R, Engelen G. 1993. Cellular automata and fractal urban form: a cellular modelling approach to the evolution of urban land-use patterns. Environ Plan A, 25: 1175～1199

White R, Engelen G. 1997. Cellular automata as the basis of integrated dynamic regional analysis. Environ Plan B, 24: 235～246

White R, Engelen G, Uijee I. 1997. The use of constrained cellular automata for high-resolution modelling of urban land-use dynamics. Environment and Planning B: Planning and Design, 24: 323～343

Wilson A G. 1981. Geography and the Environment System Analytical Methods. Chichester: John Wiley & Sons

Wolfram S. 1984. Cellular automata as models of complexity. Nature, 31 (4): 419～424

Wolfrarm S. 1986. Theory and Application of Cellular. Singapore: World Scientific

Wtlliam W. 1994. Cohen generalizing number and learning from multiple examples in explanation based learning. In: Proceedings of the Fifth International Conference on Machine Learning

Wu F. 1988. SimLand a prototype to simulate land conversion through the integrate GIS and CA with AHTP drived transition rules. Geographical Information Science, 12 (1): 63～82

Wu F. 2002. Calibration of stochastic cellular automata: the application to rural-urban land conversions. International Journal of Geographic Information Science, 16 (8): 795～818

Wu F, Webster C J. 1998. Simulation of land development through the integration of cellular automata and multicriteria evaluation. Environment & Planning B, 5: 103～126

Yeh A G O, Li X. 2001. The need and challenges for compact development in the fast growing areas in China-the Pearl River Delta. *In*: Jenks M, Burgess R. Compact City: Sustainable Urban Form for Developing Countries. London: SPON Press. 73～90

Yeh A G O, Li X. 2003. Simulation of development alternatives using neural networks, cellular automata, and GIS for urban planning. Photogrammetric Engineering & Remote Sensing, 69 (9): 1043～1052

第 7 章　空间优化与决策

资源与环境的管理和利用往往涉及空间的决策与优化，包括如何在空间上配置资源以产生最大的效益和如何在大区域中对基础设施进行有效的选址等问题。在本章中，我们提出了一套较完整的基于点、线和面的智能化方法，用于解决复杂的空间优化问题。根据空间优化对象几何性质的不同，可将空间优化问题分为空间点状地物优化、空间线状地物优化和空间面状地物优化。空间点状地物优化问题一般是对公共基础设施或零售店等点状物体进行优化，如学校、公园和商店的选址问题。在这类选址问题中，所选择的设施相对其外部空间而言较小，因此可将其当作点对象来处理。空间线状地物优化问题主要是通过地理空间信息对线状物体进行优化，如道路的选择等。在线状地物优化问题中，主要是根据相关空间指标寻找路径，以达到效益最大化的目标。而面状地物优化问题主要是指通过空间搜索，对区域面状地物进行优化，使其位置和形状达到最优，如土地利用规划、生态保护区规划等。空间点状地物优化问题是空间决策与优化研究中最常见的一类复杂优化问题，涉及许多空间信息的处理和计算。但相对而言，空间线状地物优化和空间面状地物优化问题的解空间更大，相对空间点状地物优化问题更为复杂。

空间点状地物优化问题，即选址问题，是 20 世纪五六十年代提出的，最早的研究主要是对统计数据进行分析，而较少涉及空间信息的计算。随着计算机技术的迅速发展和 GIS 的引入，空间信息的处理和计算变得非常方便，GIS 逐渐发展成为一种空间表达和空间管理的计算机工具，为选址问题提供了有效的方法，被广泛地应用于解决空间决策和优化问题。在一般的空间决策和优化问题中，空间信息的处理和空间搜索能力是关键。随着社会经济的发展，空间选址等优化问题变得越来越复杂，且逐渐出现了空间线状地物优化和空间面状地物优化等更为复杂的空间决策问题。为解决这些问题，我们往往需要处理高维和海量的空间数据，使得解空间变得非常巨大，这对搜索空间和空间搜索能力都提出了很高的要求。这些复杂的空间决策和优化问题在大多数情况下都是 NP-Hard 问题（Church，2002），而 GIS 方法不直接提供解决此类问题的方法。因此，常规的 GIS 方法无法满足解决复杂空间决策和优化问题的要求。

目前，人工智能中的许多启发式方法逐渐被用来解决搜索空间巨大的 NP-Hard 问题，并将逐渐被应用于解决复杂空间决策和优化问题（Openshaw S and Openshaw C，1997；Bong and Wang，2004；Li and Yeh，2005）。本章将人工智能方法引进 GIS，着重研究智能式 GIS 方法在空间决策与优化方面的应用。将 GIS 与人工智能结合起来应用于空间决策优化问题中，在理论和实际应用中都具有重要的意义，能够有效地解决资源环境规划中的复杂问题。本章将详细介绍 GA（遗传算法）、PSO（粒子群算法）、ACA（蚁群智能算法）和 GeoCA（地理元胞自动机）等人工智能算法与 GIS 的集成研究及其在空间点状地物优化、空间线状地物优化和空间面状地物优化三种复杂空间决策问题中的应用。在此基础上，提出了模拟与优化耦合的实现方法，并初步提出了基于耦合的地理模拟优化系统。

7.1 智能式 GIS 与空间点状地物优化

7.1.1 基于城市扩张模拟的基础设施优化模型

Location-Allocation 模型用于确定一个或者多个设施的“最优”位置，从而使该设施所提供的服务或者货物能以最有效的形式被需求者所使用。该模型在确定设施位置（Location）的时候，同时将该设施分配给部分需求者（Allocation），因此统称为 Location-Allocation（ESRI，2001）。Location-Allocation 问题自 1964 年被 Hakimi 提出以来（Hakimi，1965），已经被广泛应用在各种设施选址上，学者们也对该算法进行了许多改进。Church（1990）对 p-Median 算法进行了改进，在其模型中引入了区域限制的条件。Alan（1997）引拉氏释限法（Lagrangian Relaxation Approach）到 Location-Allocation 模型中，在考虑设施容量限制的同时，也考虑区域限制对选址的要求。Gong 和 Missuo 等（1997）将传统的优化选址技术与遗传算法（GAs）和进化策略（ES Evolutionary Strategy）相结合，解决选址设施的容量限制问题。Marianov 和 Serra（2001）提出等级结构（两层）的选址模型，其中低一级的设施优先服务顾客，然后，部分顾客会被推荐到高一级的服务设施，以此来解决拥挤系统中的选址问题。Lozano 等将自组织特征图应用到交替式 Location-Allocation 中，在连续的需求条件下获取局部的最优解决方案（Lozano et al.，1998）。Kuang-Han Hsieh 和 Fang-Chih Tien 提出基于 Kohoene 的自组织特征地图（SOFMs）的直线距离来解决没有容量限制的 Location-allocation 问题（Hsieh and Tien，2004）。Salhi 和 Gamal（2003）提出一个基于遗传算法的 Location-allocation 选址模型，用于解决连续性的 Location-Allocation 问题。近年来，国内学者也发表了不少有关 Location-Allocation 模型算法的研究论文。黎夏和叶嘉安（2004）利用遗传算法和 GIS 结合来解决复杂的空间优化配置问题，具有智能的搜索方法可以大大提高空间的搜索能力。刘铸和汪定伟（2004）将 Location-Allocation 模型应用于社会考试考场的选址问题上，开发了一个采用双切点交叉和换位变异的遗传算法来求解。张潜等（2004）在已确定配送中心的服务范围内，根据客户群的总需求量接近或等于单车容量的整数倍为原则，提出将不同客户需求量引入最小包络法进行混合法选址的启发式算法，通过遗传算法来解决 0-1 整数规划的配送中心选址优化问题（蒋忠中和汪定伟，2005）。

从现有的研究来看，绝大多数研究集中在模型算法的改进中，很少考虑城市快速扩张情况对选址结果所带来的影响。目前，发展中国家的许多城市正处在一个快速变化的阶段，尤其是一些大中型的城市，其极化效应更加明显。而选址一般都是对规划的或即将建设的设施位置进行选择，通常选好一个区位需要耗费不少时间，而当该设施从设计、建设到最终使用，这整个过程所需要的时间周期可能更长，这样往往会造成先前所选的区位出现不符合实际情况或者不适应新环境的现象。因此，有必要在选址模型中考虑城市扩张形态，构建一个具有动态发展观的选址模型。这里将地理元胞自动机结合到

Location-allocation 模型中，利用 GeoCA 模拟和预测城市土地利用变化，试图达到动态地考虑选址结果的目的。

1. 模型

1）交替式 Location-Allocation 算法

公用设施的选址是一个多设施选址问题，即分配 m 个人口单元到 n 个设施点上，这里 $n<m$。需要定位的设施点称为供应点，而具有固定位置的人口单元称为需求点。该问题也称为 P-Median 问题，即确定供应点的位置，并使需求点上的人口到其最近供应点的总距离最小化。P-Median 问题最初是由 Hakimi 于 1964 年提出的（Hakimi，1965）。在这个模型中，结点代表了需求点或是潜在的供应点，而弧段则表示可到达供应点的通路或连接。1970 年，ReVelle 和 Swain 将此问题表达成一个整数规划的模型（ReVelle and Swain，1970）。

这里介绍一种具有距离和区域双重限制的 P-Median 问题（Alan，1997；Khumawala et al.，1973）：在 m 个候选点中选择 p 个供应点为 n 个需求点服务，使得为这几个需求点服务的总距离（或时间、费用等）最少。假设 w_i 记为需求点 i 的需求量，d_{ij} 记为从候选点 j 到需求点 i 的距离，则可记为

$$\text{Min } Z=\sum_{i=1}^{n}\sum_{j=1}^{m}w_i d_{ij} x_{ij} \tag{7.1}$$

并满足：

（1）$\sum_{j=1}^{m} y_j=p$，$p\leqslant m\leqslant n$，限制供应点的个数为 p；

（2）$\sum_{j=1}^{m} x_{ij}=1$，$\forall i$，保证每一个需求点 i 都能够获得服务；

（3）$x_{ij}d_{ij}\leqslant S$，$\forall i$，$\forall j$，保证至少有一个供应点位于以 i 为中心、S 为半径的范围内；

（4）$y_j\geqslant x_{ij}$，$\forall i$，$\forall j$，需求点仅能够分配给供应点 j（如果 $x_{ij}=1$，那么 $y_j=1$）；

（5）$\sum_{j\in M_r} y_j\geqslant p_r^{\max}$　$p_r^{\max}$，是区域 r 能够布置的供应点的最大数目；

（6）$\sum_{j\in M_r} y_j\leqslant p_r^{\min}$　$p_r^{\min}$，是区域 r 能够布置的供应点的最小数目；

（7）$y_j=0$，1，$\forall j$，设施点的决策变量；

（8）$x_{ij}=0$，1，$\forall i$，$\forall j$，分配的决策变量。

其中，i 为需求点；j 为候选供应点；n 为需求点的数目；m 为候选供应点的数目；p 为需要选取的供应点数目；w_i 为需求点 i 的权重；d_{ij} 为需求点 i 到供应点 j 的最短距离；y_i 为 1，表示供应点布置在 j 上，否则为 0；x_{ij} 为分配给供应点 j 的需求点 i 的需求量百分比；S 为从需求点到其供应点的出行距离；M_r 为区域 r 的供应点的集合；$p_r^{\max}$ 为区域 r 能够布置的供应点的最大数目；$p_r^{\min}$ 为区域 r 能够布置的供应点的最小数目。

上述约束条件是为了保证每个需求点仅受一个供应点服务，并且只有 p 个供应点，还必须保证至少有一个供应点位于以需求点 i 为中心、半径为 S 的范围内，同时保证区

域 r 只有最多 p_r^{max} 个供应点，最少 p_r^{min} 个供应点。

2）城市扩张模型

地理元胞自动机模型是时间、空间、状态都离散且空间上的相互作用及时间上的因果关系皆局部的网格动力学模型（贾华和祝国瑞，1997）。不同于一般的动力学模型，GeoCA 模型没有明确的方程形式，而是包含一系列模型构造的规则，是一个方法框架（汤君友和杨桂山，2003）。CA 系统中的所有元胞是相互离散的，构成一个元胞空间。在某一时刻，一个元胞只能有一种状态，而且该状态取自一个有限集合。一个元胞下一时刻的状态是上一时刻其邻域状态的函数，这是元胞自动机的原理（汤君友和杨桂山，2003）。近年来，CA 已经被广泛地应用在地理现象的模拟中，特别是用于城市模拟。

GeoCA 城市扩张模型的规则校正可以通过多种方法来进行，如逻辑回归技术、主成分因子分析法、案例推理、神经网络、数据挖掘等（Wu，2002；黎夏和叶嘉安，2001，2002，2004b），这里我们采用简单实用的逻辑回归技术来对 GeoCA 模型进行校正。

通常来讲，在城市土地利用开发模拟中，具有较高开发适宜性的单元相应有较高的开发概率。开发适宜性是根据一系列因子来度量的。这些因子包括交通条件、水文、地形以及经济指标等。对于二元值的土地利用变化（转变为城市用地或保持原状），可以通过建立逻辑回归模型来计算开发适宜性

$$P_g(s_{ij} = \text{urban}) = \frac{\exp(\boldsymbol{z})}{1+\exp(\boldsymbol{z})} = \frac{1}{1+\exp(-\boldsymbol{z})} \tag{7.2}$$

其中，P_g 为全局性的发展概率；S_{ij} 为单元（i，j）的状态；$\boldsymbol{z}$ 为描述单元（i，j）开发特征的向量：

$$\boldsymbol{z} = a + \sum_k b_k x_k \tag{7.3}$$

需要注意的是，全局发展概率 P_g 只考虑到各种空间距离变量对其转化的影响，而 CA 模型的邻域影响是一个非常重要的因素。因此，我们还需要考虑邻域对中心单元的影响。邻域函数通过一个 3×3 的核计算土地利用在空间上的相互影响，其定义如下：

$$\Omega_{ij} = \frac{\sum_{3\times3} \text{con}(s_{ij} = \text{urban})}{3\times3-1} \tag{7.4}$$

其中，Ω_{ij} 为邻域函数，这里表示 3×3 邻域中的土地开发密度；con（）为一个条件函数，如果单元状态 s_{ij} 为城市用地，则返回真，否则返回假。

同时，我们还必须考虑客观的单元约束条件，如道路、水体、山地、优质农田和规划限制区等发展为城市用地的可能性一般较低。综合考虑全局发展概率、局部邻域范围和单元约束条件的影响，任意单元在 t 时刻发展为城市用地的概率可由下式表达：

$$p_c^t = p_g \text{con}(s_{ij}^t = \text{suitable})\Omega_{ij}^t \tag{7.5}$$

3）动态选址模型

本研究用点数据集来存储候选点和需求点的信息，Location-Allocation 模型在此基础上执行优化选址。垃圾转运站的候选点包括现有的转运站以及根据粗略的选址原则

（考虑到地价、是否为裸地、地形、周边环境等条件）通过GIS空间分析获取而来的新增点。需求点则以居委会为单位，用单个居委会的质点坐标（x_c，y_c）来表示。需求点的权重为之前通过按建成区面积配分的方法得到的居委会人口来衡量。以上的点信息分别以候选点、需求点的形式输入Location-Allocation模型中。接着，考虑到选址对象的微观性，以及选址对象的主要使用者为推动垃圾车步行的环卫工人，其服务半径规定为2500m。同时，垃圾转运站服务范围受行政边界的限制，即假如AB两个相邻的区域（街道办）中，A区域的垃圾转运站只服务该区域内的环卫工人，B区域也遵循同样的原则。因此，必须以区或者街道办为单位来分别选址。

在考虑城市扩张形态对选址模型的影响时，涉及人口密度的再分布情况、城市土地利用类型的变化和政府规划决策等因素。为了简化问题，本章假设城市扩张形态仅对人口密度再分布情况造成影响，即城市扩张后，人口将随着建成区的变化进行再分布。

动态选址模型的运算流程（图7.1）：

（1）通过GIS和RS结合的方法，如叠加分析、缓冲区、距离计算和遥感分类等，对空间数据进行预处理，得到用于GeoCA城市扩张模型的数据和初步的候选点信息；

（2）在多年的土地利用（通过遥感分类方法得到）挖掘和校正GeoCA的转换规则基础上，对深圳市未来的城市形态进行预测；

（3）利用人口模型预测深圳市未来的人口情况，并将预测的结果分配到各个居委会；

（4）以居委会的质心为点坐标，居委会人口为权重，构建需求点；

（5）将现有的垃圾转运与步骤（1）得到的初步候选点合并，作为垃圾转运站最终的供应候选点；

（6）将需求点和候选点信息导入到Location-Allocation模型中，设置限制条件，计算动态的选址结果。

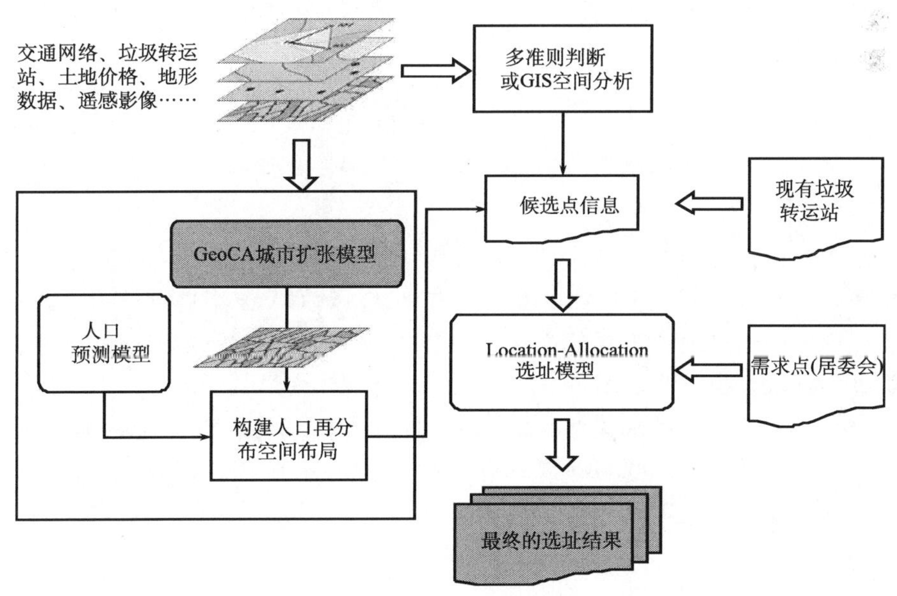

7.1　动态选址模型框架

2. 应用

随着深圳市经济迅速发展和人口剧增，垃圾产生量也激增，据统计，至2003年底，全市垃圾日均产生量达8890t，比建市之初增长了222倍，其中特区内3960t，特区外4930t（深圳市城市管理所，2004）。为彻底解决深圳市垃圾转运问题，深圳市规划于2004年、2005年在全市范围内建设分体压缩转运站183座（含改造55座），其中特区内93座、特区外90座（深圳市城市管理所，2004）。

1）人口分布数据

动态的选址模型必须考虑到人口的再分布情况，这应当是在人口预测模型预测得到的结果的基础上完成的。所以，这里可以引入一个人口预测模型。人口预测模型有很多，如人口与时间相关模型、Logistic预测模型、灰色预测模型、神经网络预测模型等。另外，垃圾转运站服务的最小单元是居委会，深圳市现有街道办51个（这里去掉蛇口街道办，因为其管辖区域主要为海岛），而居委会则大约为587个。因此，街道办的人口数据相对于研究区域的微观性质来说，显得过于粗略。于是，在无法获取更精细的人口分布数据的情况下，必须考虑如何将街道办的人口数据分配到各个居委会上去。这里，我们假设人口的分布与建成区的面积相关：

$$\mathrm{Pop}_{ij} = \mathrm{Pop}_i \times \frac{\mathrm{BuildingArea}_{ij}}{\mathrm{BuildingArea}_i} \times a\mathrm{e}^{-bf(d)} \tag{7.6}$$

其中，Pop_{ij}为第i个街道办中第j个居委会的人口数目；Pop_i为第i个街道办中的人口数目；$\mathrm{BuildingArea}_{ij}$为第$i$个街道办中第$j$个居委会的城市建成区面积；$\mathrm{BuildingArea}_i$为第$i$个街道办的城市建成区面积；$a$，$b$均为常数；e为指数常数（2.7183）；$f(d)$为距离函数。这里因为街道办涉及的单元相对而言比较小，所以，可以不考虑人口分布的随着距离区域中心的衰减规律。因此，最终的居委会人口估算方程式简化为

$$\mathrm{Pop}_{ij} = \mathrm{Pop}_i \times \frac{\mathrm{BuildingArea}_{ij}}{\mathrm{BuildingArea}_i} \tag{7.7}$$

2）动态选址

（1）预测城市发展形态

利用逻辑回归技术（逻辑回归的变量见表7.1）对CA模型进行校正，首先从多个年份的遥感影像中通过随机采样的方法采集样本，将得到的数据导入SPSS统计软件，得到逻辑回归函数z由下式表示：

$$\begin{aligned} z = & -0.44283 + 0.00148 \times \mathrm{Dis1stCenter} + 0.00241 \times \mathrm{Dis2ndCenter} - 0.00156 \\ & \times \mathrm{Dis3rdCenter} - 0.00222 \times \mathrm{DisRoad} + 0.00052 \times \mathrm{DisExpress} - 0.00280 \\ & \times \mathrm{DisRail} + 0.00188 \times \mathrm{DisSubway} \end{aligned} \tag{7.8}$$

表 7.1　逻辑回归模型挖掘转换规则所需要的空间变量

空间变量	意义	获取方法
		目标变量
城市用地	1988～1993 年内转变为城市用地	遥感分类、叠加分析
		距离变量
Dis1stCenter	离一级区域发展中心距离	
Dis2ndCenter	离二级区域发展中心距离	
Dis3rdCenter	离三级区域发展中心距离	
DisRoad	离公路距离	Arc/Info GRID Eucdistance 命令
DisExpress	离高速公路距离	
DisRail	离铁路距离	
DisSubway	离地铁距离	

在利用逻辑回归技术对 GeoCA 的模型参数进行校正的基础上，利用 GeoCA 对深圳市的土地利用变化情况预测进行模拟。GeoCA 的模拟结果通常需要迭代 100～200 次以上才能得到比较符合实际的结果。本章以深圳市 2002 年 9 月 SPOT 图像通过遥感分类技术得到的城市土地利用分布图作为模型的初始状态，经过 400 次的迭代运算来模拟深圳市未来的城市用地变化情况，结果见图 7.2。

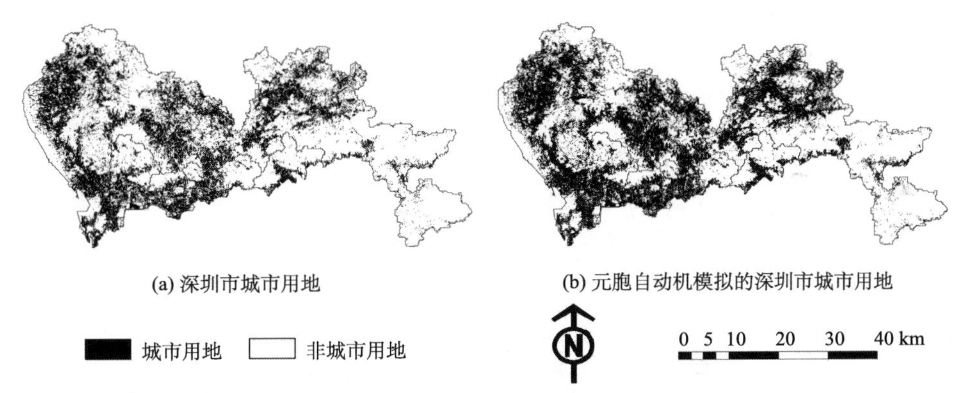

图 7.2　深圳市 2002 年城市用地与模拟结果比较

(2) 动态优化选址

本研究在 ArcGIS Workstation 9.0 提供的 Location-Allocation 模块的基础上，通过 Visual Basic＋ArcObjects 对其进行二次开发，添加新的扩展功能，构建了一个动态优化选址平台。整个实验过程分三个步骤：①通过 GeoCA 模型模拟深圳市未来的城市用地扩张情况；②在现有的城市空间上执行静态的选址模型，得到供应点的位置和需求点的分配情况；③在预测的城市模拟空间中执行动态的选址模型，得到符合未来城市空间情况的供应点位置和新的需求点分配情况。两种模型选址的结果分布图见图 7.3。

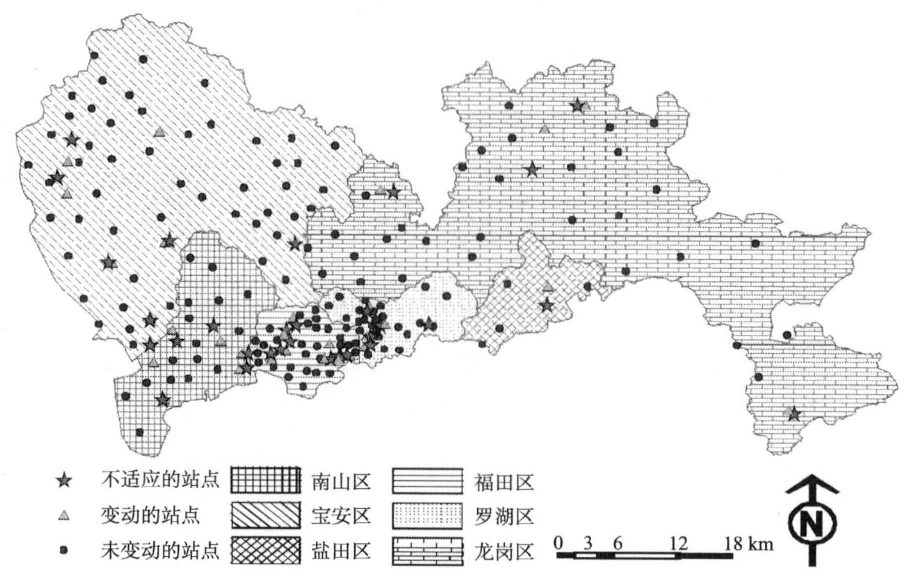

图 7.3 静态选址与动态选址结果比较

图 7.3 中正方形、三角形和圆形这三种符号分别代表不适应的站点（即在城市形态扩张后不符合新环境的站点）、变动的站点（即在城市形态扩张后，相应发生变化的站点）和未变动的站点（即在静态、动态模型中未发生变化的站点）。

3）评价

动态的选址模型相对于静态模型的优化程度可以通过需求点到供应点的权重距离（Weighted Distance）来验证。通过 GIS 提供的点到点（Point to Point）距离函数，再根据需求点与供应点之间的分配关系以及需求点的权重计算出权重距离。各个行政区域的权重距离总和见表 7.2。值得指出的是，两种模式的权重距离均是城市扩张后的需求点到供应点的权重距离，也只有这样，两者之间才具有真正的可比性。

表 7.2 静态选址与动态选址结果评价

行政区	静态选址权重距离/m	动态选址权重距离/m	优化量/m	城市用地变化量（单元数）
盐田区	220 562 892	236 900 998	−16 338 106	1 454
福田区	481 739 570.4	496 285 307	−14 545 736.6	3 392
罗湖区	462 539 743.6	471 407 999.9	−8 868 256.3	2 352
南山区	600 974 694	585 028 655	15 946 039	5 877
宝安区	3 175 277 404	3 109 746 487	65 530 917.5	27 228
龙岗区	2 813 628 212	2 703 530 571	110 097 641.1	28 961
总计	7 754 722 517	7 602 900 018	151 822 498.7	—

从表 7.2 中看出，盐田、福田和罗湖这三个区的优化量为负数，说明在这三个区中，动态模型并没有比静态模型优越。但是，从南山、宝安和龙岗这三个区的优化量中可以看出，动态模型明显比静态模型的结果增强了许多。而且六个区的优化量和为正，

也说明从整体上来看，动态的选址模型优于静态模型。同时，对比表7.2中城市用地变化量，可以发现优化量为负的三个区域其城市扩张并不明显。这主要是因为这些区域均处在深圳特区内，在经历了20多年的大规模建设用供给后，深圳市特区内土地利用已趋向饱和，2000年在特区内190.69km^{2}的可建设用地中，剩余58.45km^{2}的可用地，占特区可建设用地总量的30.65%。另外，考虑到本研究采用的是启发式的Location-Allocation算法，算法得到的结果并不是最优的，而是接近最优的。所以，动态选址模型在城市形态扩张并不明显的地区不具有很明显的优势，而在剩下的三个快速发展的区域中，动态选址模型的优越性得到了肯定的证明。

3. 结论

从动态、静态两个选址模型的结果来看，动态选址模型在城市扩张之后，其选址结果仍然能够很好地符合新的城市空间格局。我国已经进入了快速的城市化阶段，随着城市的飞快发展，城市形态对基础设施的规划、布点、设计和建设的影响将越来越明显，未来城市形态的扩张将是选址模型必须考虑的重要因素之一。而现在动态选址模型的研究仍然是一片空白，本节通过将基于GeoCA的城市扩张模型引入到Location-Allocation模型中，探索如何将选址模型建立在动态的、科学的城市形态预测结果上，使最终的选址结果更具有科学性、先见性，这也是本节重要意义所在。

值得提出的是，本节主要集中在城市扩张模型与Location-Allocation选址模型的结合上，提出了一个动态选址模型的框架。同时，框架中的许多子模型都能够单独被优化，从而使整个模型更科学、更适合于特定区域的要求。举个例子来说，动态模型需要预测未来人口情况，这里我们仅采用了十分简单的时间序列预测模型，该模型忽略了许多影响人口增长的因素，如经济增长、人口政策等，在具体项目需要的情况下，可以构建更完善的人口预测模型来模拟更符合实际的未来人口分布情况。

7.1.2 基于GA的空间优化模型

解决资源和环境的空间决策问题往往需要使用一些优化的工具。有两类主要的优化方法：局部优化和全局优化。前者包括Simplex、Gauss-Newton和Levenberg-Marquardt等方法（Zhan et al.，2003）。但这类方法容易陷于局部的最优值，且所给的初始值对最终结果影响很大；后者包括了模拟退火算法（Simulated Annealing，SA）和遗传算法（Genetic Algorithms，GA）。研究表明，GA十分适合于涉及多方式的目标函数（Multimodal Objective Functions）的优化问题（Zhan et al.，2003）。GA的特点是无需提供复杂的数学表达式就能解决十分复杂的优化运算问题（Jin and Wang，2001）。它能有效地在很大的非线性搜索空间中找到十分理想的答案，一般的方法很难做到这一点。

GA是根据达尔文的进化论原理提出来的一种在计算机上实现的优化算法。它采用了进化原理中的自然选择来自动地寻找到最佳的方案，避免了使用复杂程序的弊端。它最早由John Holland和他的同事于1975年提出来的（Holland，1992；Goldberg，1989）。研究表明，GA具有高度的灵活性，其优化的机制独立于适应度函数（Fitness

Functions)。当 GA 被应用于解决某一具体问题时，只需要修改适应度函数就可以了，无需改动整个算法。群体搜索使 GA 得以突破邻域搜索的限制，可以实现整个解空间上的分布式信息探索、采集和继承。遗传算子仅利用适应度函数值作为运算指标进行染色体的随机操作，降低了一般启发式算法在搜索过程中对人机交互的依赖。这样就使得遗传算法获得了更大的全局最优解搜索能力，问题域的独立性，信息处理的隐并行性，应用的鲁棒性和操作的简明性（李敏强等，2002）。由于不使用具体的数学表达式，GA 适用的范围很广泛，已经被应用在科学和工程中的许多领域（Goldberg，1989）。

本节尝试利用 GA 和 GIS 相结合的方法来解决空间决策中的优化问题。当把 GIS 空间数据引进模型时，所涉及的数据量会很大。随着数据维数的增加，其可能的组合呈爆炸式的倍数增加。一般的优化问题往往涉及无穷多的可能组合，常规的穷尽搜索（Brute-Force Search）方法无法找到最优的解决方案。将 GA 与 GIS 结合起来，可以解决许多资源环境方面的空间决策问题。通过 GIS 把约束性条件和多目标函数引进选址过程，以获得最大的环境经济效益。

1. 空间搜索问题

最佳选址是 GIS 应用中最常碰到的问题。Openshaw 和 Steadman 在 1982 提出了一个典型的原子弹爆炸的落点优化问题（Openshaw and Steadman，1982），就是通过寻找最佳的炸弹落地位置，以同样数目的炸弹，产生最大的杀伤力。他们提出了一个寻找炸弹最佳落地位置的简单算法，分为以下几个步骤来完成：

步骤 1：获得研究区的人口分布，定义炸弹杀伤力随距离衰减的规则（函数）；

步骤 2：以公里网格（Cells）为单元，寻找能产生最大死亡人口的第一个地点，确定第一个炸弹的最佳位置；

步骤 3：减除死亡人口，获得新的人口分布；

步骤 4：重复步骤 2 和 3，直至找到 n 个炸弹的最佳位置。

在他们的算法中，炸弹杀伤力随距离衰减的规则十分简单。每个落点位置分别以 3.96km、6.42km、10.65km 和 16.75km 为半径形成同心圈带，它们的死亡概率分别为 1.0、0.52、0.05 和 0.0。这种简单的搜寻方法只是近似的算法，不能获得最优的结果。这是因为该算法只是对每个目标进行单独的考虑，没有反映不同组合所产生的共同效果。事实上，基于单个目标的优化并不能保证在整体情况下能获得最大值。特别是在比较复杂的自然环境下，如不均匀的人口分布，仅对各个目标独立地进行考虑很难获得最佳的组合效果。需要同时对多个目标的组合进行总体评价才能找到最佳的选址方案。

最直接的方法是对所有的可能组合方案进行评价，找到最佳的方案。这种方法可以称为 Brute-Force 搜索方法，它能保证获得最大值。但是，这种方法的计算量十分惊人。当目标数目和搜索空间较大时，所涉及的组合可以有天文数字之巨，甚至高性能的计算机也无法在可接受的时间内完成计算任务。

解决该问题的途径是采用启发式的搜索方法。它需要一些知识或智能才能在非常大的搜索空间中快速找到最佳或接近最佳的答案。如采用排序的方法可以减少搜索量（Openshaw S and Openshaw C，1997）。另一种方法是使用 Monte Carlo 的方法，但该方法可能会陷于局部的最大值。Cooper 曾提出了用于优化选址（P-Median 问题）的一种启发式的搜索方法（Cooper，1963，1967）。但该方法由于使用了均值中心，并不能求出真正的最优点。而且，该方法还不能把一些复杂的约束条件引进模型。另外，在GIS数据被使用之前，传统的选址方法一般只是用来解决涉及数据量不大的问题（Church，1999）。

有的学者采用了模拟退火算法来避免上述问题（Simha et al.，2001）。最近，Aerts 和 Heuvelink（2002）利用模拟退火算法来解决涉及高维的土地利用的空间优化问题。模拟退火算法在计算机中实现并不复杂。假设初始的状态所对应的能量级为 $f(0)$，加入一些随机变化，新的能量级变为 $f(1)$。如果 $f(1)$ 小于 $f(0)$，这种变化被接纳；当 $f(1)$ 不小于 $f(0)$，这种变化以某种概率被接纳。但跳向高能量的概率越到后来变得越来越小。这种变化过程不断重复，直到找到满意的结果为止。

解决空间搜索难题的另外一种途径是使用智能遗传算法。遗传算法主要模拟了生物的进化过程，由交叉和突变这两种操作组成。前者决定父母的遗传基因如何相互组合传给后代，后者反映突发性事件对基因变异的影响。适应度在生物进化过程中起到重要的作用。个体对环境的适应度决定了其繁殖后代的能力：能很好适应环境的个体有较高的概率产生更多的个体，新的一代也将由此而具有更好的遗传特性。随着演化的不断进行，新的后代将不断改良。最后，具有最好的适应度值的个体是解决问题的最佳方案。

最近，学者们已经开始将遗传算法应用在空间决策的研究中。例如，Brookes（2001）曾经利用遗传算法来解决空间几何形态的优化问题。他把 GA 与区域增长的算法结合起来，根据多准则找到地块的最佳几何形态。Jaramillo 等（2002）最近也尝试了利用遗传算法解决优化选址问题。他们只是对网络上若干个点的数据进行了试验，即对 84 个设施和 459 个可能的需求点的组合进行了运算，并没有结合 GIS 的数据。遗传算法能很方便地解决许多资源环境的优化问题，其关键是如何定义适应度函数，它与待解决问题所在的领域有关。利用 GIS 可以很方便地定义和计算适应度函数。

2. 空间优化模型

解决空间优化问题往往需要使用详细的空间信息。GIS 可以为空间决策提供丰富的空间信息。当使用这些空间信息时，优化问题所涉及的搜索空间会变得非常大。例如，在 $N \times N$ 的栅格空间中确定 n 个目标的最佳位置所要对比的组合高达 $\frac{(N\times N)!}{n! \times (N\times N-n)!}$ 种。若要在 100×100 个可能的位置中确定 10 个目标，其组合有 2.74×10^{33} 种。采用 Brute-Force 搜索方法从这些所有的组合中找到最优的方案几乎是不可能的。

本节将尝试利用 GA 与 GIS 结合的方法来解决这一问题。该方法将能很好地在复杂的条件下自动地找到优化的答案，无需使用复杂的计算方法。其关键是根据具体问题定义相应的染色体和适应度函数，其步骤如下所述。

1）从 GIS 获取空间数据

GIS 提供了优化模型所需要的基本数据。本节主要利用 GIS 的人口数据计算遗传算法中每个个体的适应度。最佳的个体（优化方案）应该能覆盖尽量多的人口。从 GIS

中计算出人口分布密度，并将其从矢量格式转换为栅格格式，以便模型的运算。

2）染色体及编码

遗传算法关键的一步是根据所要解决的问题来设计染色体。本节是在给出 n 个设施（如医院）的条件下，确定它们最佳的空间分布，以覆盖最多的人口。即要求在 $N \times N$ 栅格中确定这 n 个设施的最佳 $\{x, y\}$ 坐标，这与 Openshow 和 Steadman（1982）的炸弹问题是一样的。因此，该染色体（CM）有 $2n$ 个基因，每对基因对应于一对 $\{x, y\}$ 坐标。染色体表达为

$$\mathrm{CM} = [x_1, y_1, x_2, y_2, x_3, y_3, \cdots, x_n, y_n] \tag{7.9}$$

其中，$x_i \leqslant N$，$y_i \leqslant N$。这些 x_i 和 y_i 值都被表达为二进制，以便进行交叉和突变操作。

3）定义适应度函数

遗传算法必须根据具体问题来定义评价个体的适应度函数。适应度函数决定了群体进化及找到最佳答案的过程。在本研究中，最简单的适应度函数就是计算这 n 个设施（医院）所覆盖或服务的总人口，类似于 Openshow 和 Steadman 的炸弹定点问题（Openshaw and Steadman，1982）。根据从中心向外衰减的规律，适应度函数定义为

$$F_1 = \sum_{i=1}^{n} \sum_{x=x_i-(l-1)/2}^{x_i+(l-1)/2} \sum_{y=y_i-(l-1)/2}^{y_i+(l-1)/2} P'_{\mathrm{den}}(x, y) \times A_0 \times \mathrm{e}^{-k\sqrt{(x-x_i)^2+(y-y_i)^2}} \tag{7.10}$$

其中，x_i 和 y_i 为第 i 个设施的坐标；n 为这些设施（医院）的总数目；l 为统计覆盖人口的窗口大小；$P'_{\mathrm{den}}(x, y)$ 为动态的人口密度；A_0 为每个栅格的面积；k 为衰减函数的参数；$\mathrm{e}^{-k\sqrt{(x-x_i)^2+(y-y_i)^2}}$ 为覆盖率的衰减函数，相当于炸弹的杀伤力衰减函数，即随远离中心点呈指数衰减。动态的人口密度是在每确定一个目标后将已经覆盖的人口去掉，相当于 Openshow 和 Steadman 炸弹问题中移去已经死亡的人口一样。

另外，还可以针对不同的目的，定义其他的适应度函数。例如，当优化问题是以所有人口的总交通费用最小为目的时，其适应度函数则相应定义为

$$F_2 = \frac{C_\lambda}{\sum_{x=1}^{N} \sum_{y=1}^{N} d_{\min}(x, y) \times P_{\mathrm{den}}(x, y) \times A_0} \tag{7.11}$$

其中，$d_{\min}(x, y) = \min\limits_{i}\left(\sqrt{(x-x_i)^2 + (y-y_i)^2}\right)$；$C_\lambda$ 为调整 F_2 大小的常数，以使得 F_2 的值不会太小；$P_{\mathrm{den}}(x, y)$ 为人口密度；$N \times N$ 为研究区的大小（行列数）。

第三种目的是将上述两者结合起来。它要平衡达到最大人口覆盖，同时也满足最小交通费用这两种不同的目的。可以通过它们乘积的方式来获得适应度函数

$$F_3 = F_1 \times F_2$$

$$= \frac{C_\lambda \times \sum_{i=1}^{n} \sum_{x=x_i-(l-1)/2}^{x_i+(l-1)/2} \sum_{y=y_i-(l-1)/2}^{y_i+(l-1)/2} P'_{\mathrm{den}}(x, y) \times A_0 \times \mathrm{e}^{-k\sqrt{(x-x_i)^2+(y-y_i)^2}}}{\sum_{x=1}^{N} \sum_{y=1}^{N} d_{\min}(x, y) \times P_{\mathrm{den}}(x, y) \times A_0} \tag{7.12}$$

4）产生包含若干个体的初始种群

在 GA 算法中，每个个体或染色体代表一种可能的解决方案。在运算开始时，需要随机产生一定数目的初始个体。每个个体由一串$\{x,y\}$坐标组成，代表不同的解决方案。这些个体的数目（Population Size）由用户根据经验而定，一般取值范围在 20～200 就可以得到很好的结果。取值太小，会没有足够的个体来寻找最佳的答案；取值太大，运算速度会很慢。一般来说，问题越复杂时，个体数目相应也要求越大。

5）自然选择

自然选择的机制使得具有较高适应度值的个体能繁殖更多的后代。在演化过程中，不好的基因逐渐被淘汰，好的基因被后一代保留下来。在每次迭代运算中，可以找到具有最好适应度值的“精英”（Elite），它是该时刻找到的该问题的最好解决方案。这种“适者生存”机制使得随着迭代运算的不断进行，具有最好适应度值的“精英”个体慢慢逼近问题的最佳解决方案。当这种演化经历了若干代后，最好适应度值的改善逐渐变得不明显。可以根据下面规则来终止搜索的进行：

$$\text{IF} \qquad F(t+1) - F(t) < \alpha$$
$$\text{THEN} \qquad \text{搜索停止}$$

其中，α 为一个很小的值。

最后获得的具有最大适应度值的“精英”个体就是在这 $N \times N$ 的空间中 n 个设施的最佳$\{x,y\}$坐标，它是

$$\text{CM}^{0} = [x_1^0\ y_1^0\ x_2^0\ y_2^0\ x_3^0\ y_3^0 \ldots x_n^0\ y_n^0] \tag{7.13}$$

上述方法能够有效地解决在空间决策中遇到的一些难题，包括在复杂的空间中确定学校、医院和核电站等的优化分布。可以很方便地将 GIS 数据引进适应度的计算，只需要根据应用的不同来修改适应度函数就可以了，无需对模型进行改动。这比一般的数理方法要简单得多，而且它还能快速地找到问题的答案。

3. 应用及结果分析

1）研究区及空间数据

本研究区选在香港市区。以医院的最佳选址为例，检验所提出的方法在基础设施的空间优化布局方面的有效性，并将该方法与简单的搜索方法和模拟退火算法进行对比。所依据的空间数据来源于 2001 年香港人口普查资料。这些人口数据以街区为统计单位。可以很方便地计算出每个街区多边形所对应的人口密度：

$$P_{\text{den}} = \text{Population} / \text{Area} \tag{7.14}$$

香港是世界上人口最稠密的地方之一。它拥有的土地面积为 1101km^2。截至 2002 年中，香港人口有 679 万，其中 130 万在香港岛、203 万在九龙、346 万在新界。全港人口平均密度为 6300 人/km^2，九龙观塘区的平均密度更是 55 020 人/km^2。从图 7.4可以看到，该地区的人口密度分布是十分不均匀的，利用简单的搜索方法很难获得最优

解。在模型运算之前，需要将人口数据从矢量格式转换为ASCII的栅格格式，以方便输入到VB程序中。栅格的尺寸为200m×200m，共有150 × 150个网格。

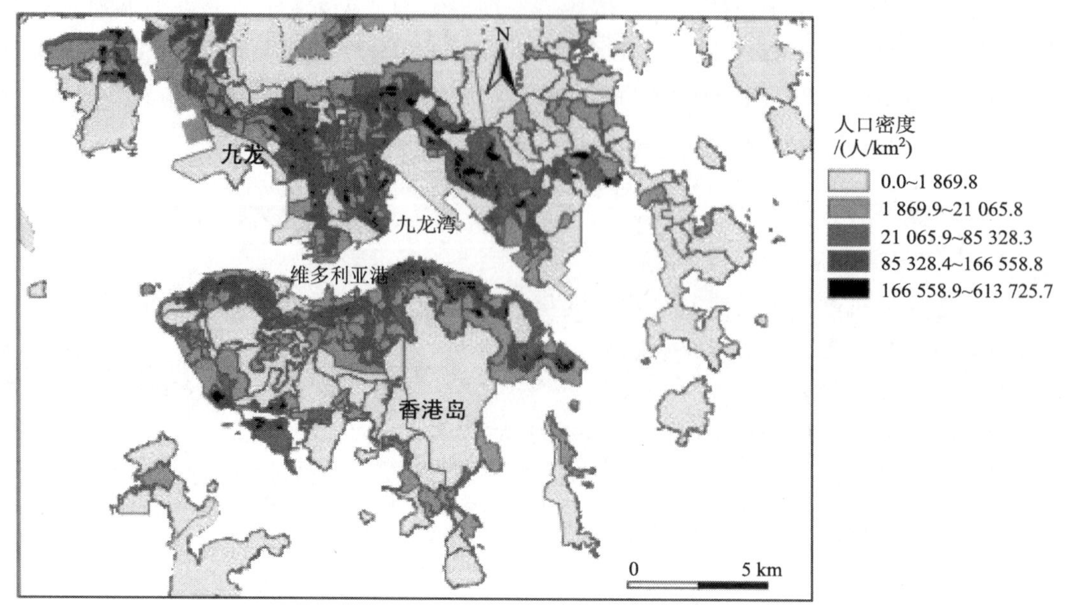

图 7.4　香港研究区的人口密度

2）GA 模型及参数

本模型是借助了GeneHunter这个商业性的GA软件所提供的基本功能，并利用VB进行编程。GeneHunter通过提供GALIB32.DLL这个模块，允许VB调用其所有的GA功能。在模型中，染色体由一串具有固定长度的二进制字符组成，其长度由要确定目标（如医院）的数目决定。例如，当要在空间上确定10个目标的最佳位置时，染色体的长度为8 bits × 2 × 10= 160 bits。本研究将分别对在空间上确定2、4、6、8、10和12个目标的最佳位置进行试验。

所要确定的参数有两种：

(1) GA模型本身的参数，它们的数值基本不随应用的不同而有较大的改变，包括个体数目（population size）、交叉率（crossover rate）、突变率（mutation rate）。

(2) 涉及适应度函数本身的参数，与应用本身密切相关，包括是统计窗口的大小(l) 和衰减函数的参数（k）。

试验表明，在一般情况下，个体数目在20～200基本可以得到较满意的结果。当染色体的长度较大时，则需要使用较多数量的个体来寻找答案。图7.5显示了不同数目的个体对模型结果的影响。所采用的适应度函数是式（7.12）中的F_3函数。可以发现，当个体数目太小（population size＝10）或太大（population size＝300）时，所获得的最好适应度值（best fitness value）在同一迭代数下较小。当个体数目为200时，最好适应度值为最大。说明在该情况下，个体数目取为200较为合适。图7.5还显示，当演化超过400代以后，最好适应度值的改善并不明显。

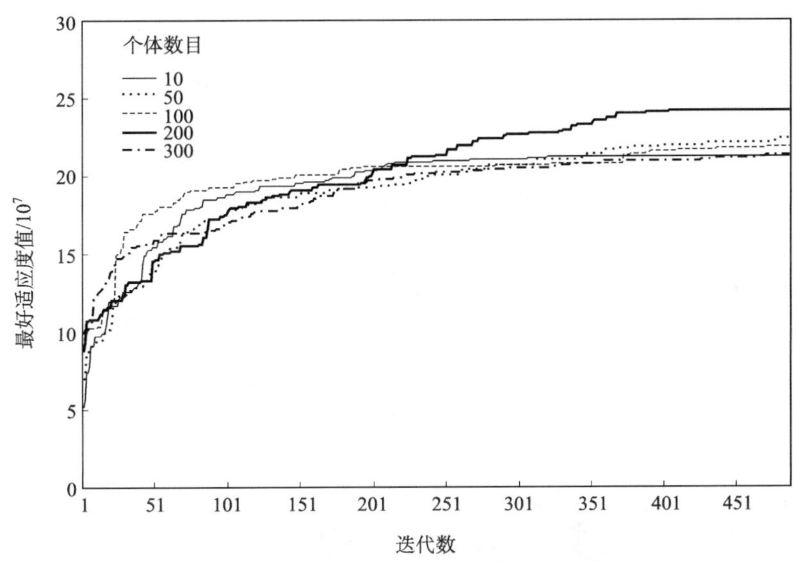

图 7.5 最好适应度值、迭代数和个体数目的关系

交叉率反映了繁殖的能力。一般来讲，交叉率被赋予较大的概率值，取值范围通常在 0.80～0.98；突变率则给予较小的概率值，如 0.01。当突变率较大时，个体呈随机性的繁殖，进化机制无法实现。在本研究中，交叉率取值为 0.98，而突变率则为 0.01。式（7.11）和式（7.12）中的调整常数 C_λ 取值为 10^{16}，以保证适应度值落在正常范围内；统计窗口的尺寸（l）为 15×15 个栅格，而衰减函数的参数（k）则取值为 0.05。

3）与简单的搜索方法和退火算法作对比

简单的搜索方法也可以确定 n 个设施的最佳空间位置，但它只是获得近似的结果。其算法与 Openshaw 的炸弹算法是一样的。另外的一种优化算法是基于退火的原理。该算法每次对现状给予较小的随机变化，然后对比变化前后的能量，根据下面准则来判断是否接纳该随机变化（Aerts et al.，2002）：

$$\text{IF} \quad F(t+1) > F(t)$$

$$\text{THEN} \quad \text{变化被接纳}$$

$$\text{IF} \quad F(t+1) < F(t) \quad \text{和} \quad e^{(F(t+1)-F(t)/\,\mathrm{TC}(t))} > \mathrm{Random}\,[0,1]$$

$$\text{THEN} \quad \text{变化被接纳}$$

其中，TC(t)为冷凝温度，它随迭代次数的增加而不断减小。可以根据下面迭代公式来决定每一时刻 TC(t)的值：

$$\mathrm{TC}(t+1) = \delta\,\mathrm{TC}(t) \tag{7.15}$$

其中，$0<\delta<1$。δ 一般取值范围为 0.80～0.98（Laarhoven et al.，987）。在本试验中其取值为 0.90。

4）试验结果

分别基于式（7.10）、式（7.11）和式（7.12）所提出的三种适应度函数，利用该GA模型对空间优化过程进行了模拟，并对比简单的搜索模型、GA模型和退火模型在空间优化方面的效果。可以利用目标函数（适应度函数）来判断一个模型的效果。最好的模型应该能获得最大的目标函数（适应度函数）值，如最大的人口覆盖或最小的交通费用。当利用这三种模型获得最佳空间位置时，可以分别计算它们所对应的目标函数（适应度函数）值。

图7.6显示了在确定10个目标时不同方法所获得最佳空间位置的结果，其目标函数（适应度函数）是要获得最大的人口覆盖。可以看到，尽管简单搜索方法可以很快地找到结果，但它不能获得最优的答案。GA得到的最好的适应度值是最高的。模拟退火算法的效果也比GA差得多。

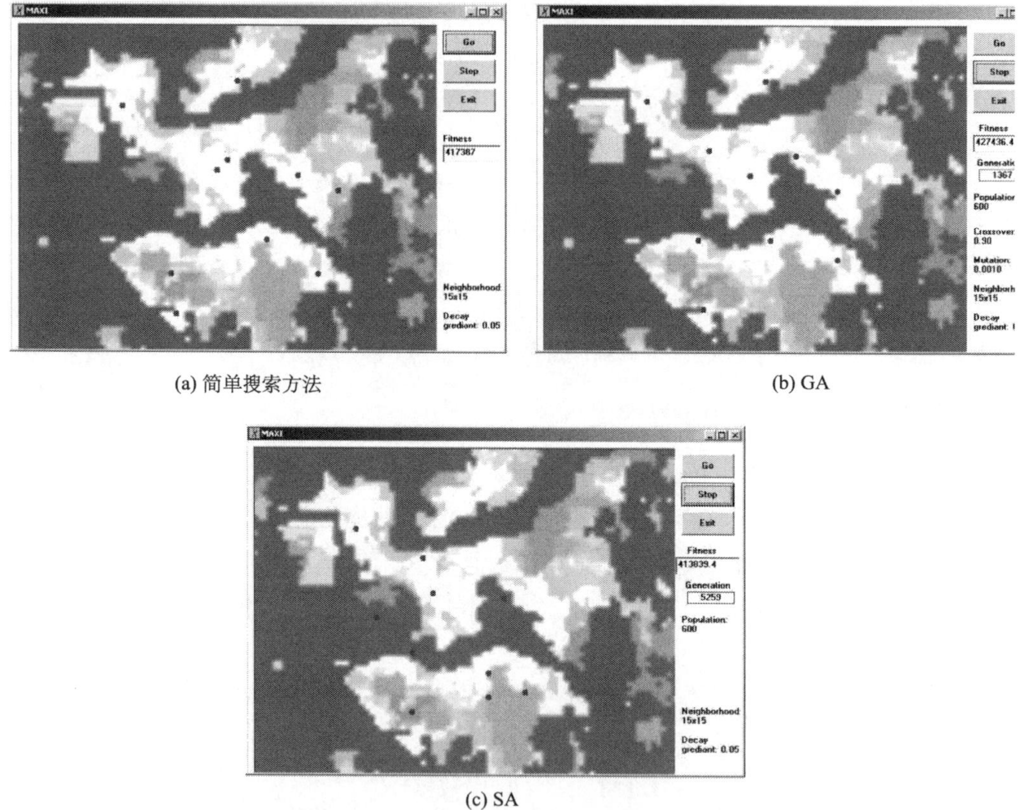

(a) 简单搜索方法

(b) GA

(c) SA

图7.6　利用简单方法、GA和SA方法寻找空间最佳位置的对比（基于最大的人口覆盖，$n=10$）

当目标函数（适应度函数）变得较复杂时，所提出的GA方法的优越性更明显。当使用F_2函数时，GA方法的最好适应度值要比简单搜索方法大18.2%，比模拟退火算法大66.3%；当使用F_3函数时，GA方法的最好适应度值要比简单搜索方法大21.3%，比模拟退火算法大23.8%。图7.7显示使用式（7.12）F_3函数来确定10个目标的优化模拟的结果。

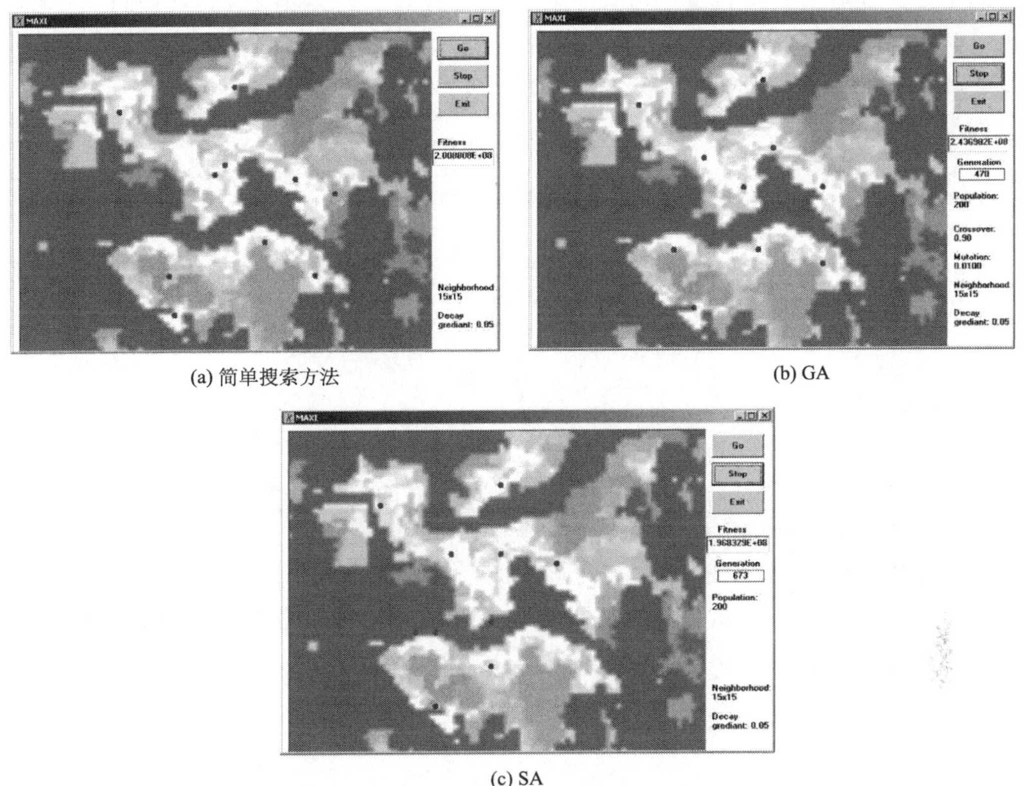

(a) 简单搜索方法　　(b) GA

(c) SA

图 7.7　利用简单搜索方法、GA 和 SA 方法寻找空间最佳位置的对比（基于最大的人口覆盖和最小交通费用，$n=10$）

图 7.8 更具体地显示 GA 和模拟退火算法在确定 10 个目标时最好适应度值在迭代运算中的动态改善过程。可以明显地看到，GA 方法优化的效果要比模拟退火算法好得多。上述分析说明了采用进化的算法更能有效地解决复杂的空间优化问题。

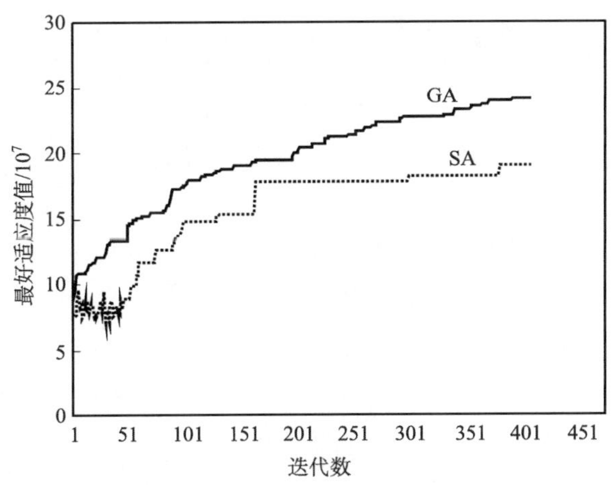

图 7.8　GA 和 SA 方法在迭代过程中最好适应度值改善的过程（$n=10$）

表 7.3 详细对比 GA 和简单搜索方法在获得最好适应度值方面的差别。分别确定 2、4、6、8、10 和 12 个目标，其计算是基于 F_3 目标函数的。可以看到，要确定的目标数目越多，GA 方法改善的效果就越明显。

表 7.3 基于 F_3 目标函数 GA 比简单搜索方法改善的百分比

	对应不同目标数目的最好适应度值					
	2	4	6	8	10	12
GA 遗传算法	0.99×10^7	3.35×10^7	1.07×10^8	1.67×10^8	2.44×10^8	3.16×10^8
简单搜索方法	0.95×10^7	3.17×10^7	9.85×10^7	1.44×10^8	2.01×10^8	2.44×10^8
GA 比简单搜索方法改善的比例/%	4	6	9	16	21	30

图 7.9 显示了这三种方法在确定不同目标数目时的对比结果。很明显，随着目标数目的增加，最好适应度值也增加。这些曲线基本是呈线性关系。但 GA 方法要比其他两种方法有更快的增加速度，说明 GA 能更快地找到最好的答案。当优化问题不是太复杂时（如目标数目小于 4），这三种方法的区别并不明显；但维数较大时（如目标数目大于 4），GA 方法明显能获得更好的解决方法。

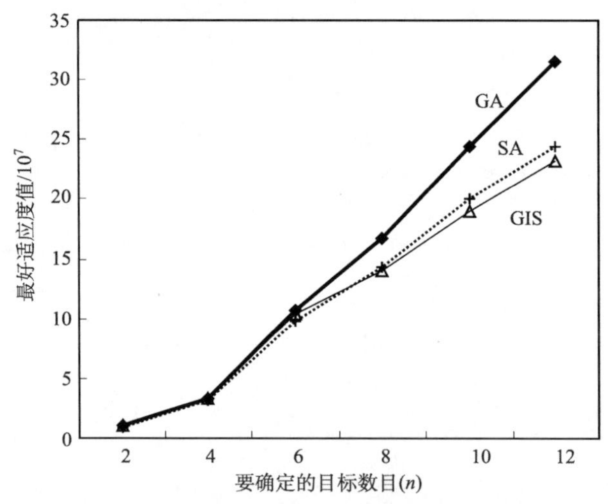

图 7.9 不同目标数目的 GIS、GA 和 SA 方法所获得的最好适应度值对比

进一步可以对比这三种方法在计算时间上的差别。很明显，简单搜索方法不需要对比不同的可能组合，其计算时间是非常快的。但如果要真正得到最佳的空间优化结果，必须对比不同可能的组合，其计算量是非常巨大的。在本研究中，要确定 12 个目标所涉及的组合数高达 $\frac{22\,500!}{12!\times(22\,500-12)!}=3.50\times10^{43}$。根据实验得知，利用拥有奔腾 IV 主频为 1.5 GHz 的计算机每次计算目标函数需要耗时 1.5 s。因此，采用 Brute-Force 算法需要 1.46×10^{39} 小时来完成所有可能组合的对比才能获得最佳答案，这样的计算时间是不现实的。

模拟退火算法虽然能大大节省时间，但根据实验，它需要13.6小时的时间才能获得比较稳定的结果。而GA算法所需要的时间只是模拟退火算法的29.4%。表7.4为各种算法在该优化模拟中所需要的时间对比。

表7.4 简单搜索方法、GA和SA算法所需要计算时间的对比 （单位：h）

	目标数目					
	2	4	6	8	10	12
简单搜索方法	0.002	0.004	0.007	0.009	0.011	0.013
GA遗传算法	0.7	1.3	2.0	2.7	3.4	4.0
SA退火算法	2.3	4.6	6.9	9.1	11.4	13.6
Brute-Force（估计）	3.54×10^{29}	2.95×10^{30}	9.73×10^{32}	1.77×10^{33}	1.92×10^{35}	1.46×10^{39}

4. 结论

本节提出了将遗传算法与GIS结合来解决空间优化问题的方法。该方法基于进化论中自然选择的机制，可以智能地在复杂的条件下快速获得优化答案。整个算法很简单，无需采用复杂的数学公式。由于与GIS结合，该方法可以使用GIS中的多种资源环境约束条件，以获得更真实的模拟效果。

利用本方法来确定在$N\times N$的空间中n个目标的最佳位置，并根据GIS的数据来计算目标函数（适应度函数）值。由于该优化问题涉及无数种可能的组合，采用Brute-Force方法几乎不可能找到问题的最佳答案。实验显示，所提出的方法可以有效地用于解决复杂的空间优化决策问题。对比结果表明，该方法要比简单GIS搜索方法和模拟退火算法更能获得较好的优化效果。当维数较小时（$n\leqslant4$），这三种方法优化效果的差别不算太明显；当维数较大时（$n>4$），采用遗传算法能获得好得多的结果。例如，当$n=10$时，该方法比简单的搜索方法和模拟退火算法在目标函数（适应度函数）值方面分别有18.2%和66.3%的改善。

7.1.3 基于GA的农田生物质能集约利用优化模型

随着世界能源和环境问题的日益突出，开发清洁新能源逐渐引起各国政府和各界的关注。生物质能源在燃烧过程中二氧化碳净排放量近似于零，可有效地减少温室效应（Ragauskas et al.，2006）。中国农田生物质能（农作物秸秆）分布广泛，数量多，且相应的发电、汽化、醇化技术已日趋成熟，已被认为是最直接、最有潜力的生物质集约利用能源。然而，农田生物质能分布的分散性、不连续性，使其集约利用中的原料供应成为制约生物质能集约利用项目规划的主要问题。有研究表明，生物能源原料搜集半径超过100km，其运输消耗的能量将抵消其自身产生的能量（Aden et al.，2002），所以农田生物质能集约利用空间优化决策研究具有重要的意义。有必要采用空间优化的方法有效地确定生物质能集约利用项目的空间位置，以产生最大的经济效益。

本节以广东省为例，在利用遥感技术建立NPP模型研究可用生物质能源空间数量和分布状况基础之上，尝试应用遗传算法和GIS结合的方法来解决复杂的生物质能集约利用项目的空间优化配置问题，并采用不同尺度的泰森多边形作为农田生物能源的初级收集范围，来研究尺度效应影响遗传算法模型优化结果的差异，以解决生物质能项目多目标面域供应与点域需求的空间优化决策问题。

1．可用农田生物质能遥感估算

1）BIOME-BGC模型估算

农田生物质能集约利用的第一个关键问题就是可用生物质能的数量及其空间分布。若用传统的地面调查和统计方法，涉及的工作量大、更新周期长，具有较大的局限性。同时，该方法也不能有效获取反映农田生物能源的数量和空间分布情况，利用遥感技术进行此类问题的解决有很大的优越性。本节利用遥感技术，利用BIOME-BGC模型估算农作物年NPP累积总碳量，建立的生物量估算模型如下（王芳和黎夏，2006）：

$$\text{annsum\_dailyPSNnet} = \sum_{n=1}^{46} (\text{SWRad} \times 0.45) \times \text{FPAR} \times \varepsilon_{\max} \times \text{TMIN\_scalar} \times \text{VPD\_scalar} \quad (7.16)$$

$$B = \text{NPP} = \text{annsum\_dailyPSNnet} - \text{Livewood\_MR} - \text{Leaf\_GR} - \text{Froot\_GR} - \text{Livewood\_GR} - \text{Deadwood\_GR} \quad (7.17)$$

式（7.16）中，annsum _ dailyPSNnet为8天累积合成的总初级生产力，把一年分为46个时间段，其中前45个是8天间隔，最后一个是5天；SWRad为单位时间太阳总辐射；常数0.45为植被所能利用的太阳有效辐射（波长为0.4～0.7μm）占太阳总辐射的比例；FPAR为植被光和有效辐射吸收分量；$\varepsilon_{\max}$为最大光能利用率，光能利用率受环境中的温度TMIN和水汽压VPD因子的影响。

式（7.17）中，Livewood _ MR为生长主体吸收作用消耗的部分；Leaf _ GR、Froot _ GR、Livewood GR、Deadwood _ GR分别是叶片、根部、生长主体和死亡部分呼吸作用的消耗量。

2）可用生物质能模型建立

估算得到农田作物生物量后，其中很大一部分不能作为生物能源，可用部分主要受经济、生态环境、自然、社会人文等因素的制约。具体分析生物质能可用部分影响因素，建立可用生物质能决策模型（王芳和黎夏，2006）：

$$P = \sum_{i=1}^{n} f \times k \times t \times (B_i - \text{Em}_i) \quad (7.18)$$

其中，P为采样区域可利用总生物量；n为该区农田种类数；B为遥感估测的可用生物量；Em为由于经济原因无法使用的生物量（农作物的果实部分、牲畜饲料、工业原料）；f为受生态环境制约而不应该利用的生物量（秸秆归田比例）；k为原始生物量转化为干生物量的百分比；t为反映各个环节（如收割等）中生物量损失的系数。

3）不同尺度泰森多边形的生物质能收集区域确定

农田生物质能散布在不同区域，如果要对其进行集约利用，就涉及几个级别的空间收集问题。收集的原则是尽可能在更小的区域获得更大的生物量。由于原料收集对交通的依赖性很大，所以我们选择道路的交叉点作为初级的生物收集点。以初级的生物收集点为基点，建立不同尺度 proximal _ tolerance（邻近阈值）的泰森多边形来确定不同尺度的生物质能收集区域，这样可以将广东全省划分为若干区域。然后对分布在泰森多边形内的农田生物能的总量进行统计，把得到的每个统计区域的生物能总和赋给泰森多边形的中心点作为农田生物能源利用的初级供应点。

泰森多边形的生成原理是：首先将输入的道路交叉点层（Points Coverage）连接成不规则三角形网（Triangular Irregular Network，TIN）；其次，对 TIN 的每一条边分别作中垂线，构成泰森多边形的边，它们的交叉点形成泰森多边形的顶点；最后，TIN 的中垂线、顶点以及它们的外围矩形边界共同构成了泰森多边形。由泰森多边形的生成过程可以看出，在任意一个多边形内部，所有的点到中心点的距离都比它到其他中心点的距离要近。

2. 遗传算法空间优化决策

在 Location-Allocation 问题中，不同尺度的农田生物能源的初级供应点，既是生物能源集约利用的供应点，又是需求点（Cooper，1963）。为了搜索到最优的需求点，本节应用遗传算法模型进行空间优化决策。

遗传算法是一种基于自然选择和遗传变异等生物进化机制的全局性概率搜索算法。遗传算法以编码空间代替问题的参数空间，以适应度函数为评价依据，以编码群体为进化基础，通过对群体中个体位串的遗传操作实现选择和遗传机制，建立起一个迭代过程。在这一过程中，通过随机重组编码位串中重要的基因，使新一代的位串集合优于老一代的位串集合，群体的个体不断进化，逐渐达到最优解，最终达到求解问题的目的。其中，参数编码、初始群体的设定、适应度函数的设计、遗传操作的设计和控制参数的设定是遗传算法的五大要素。遗传算法优化问题求解的流程见图 7.10。

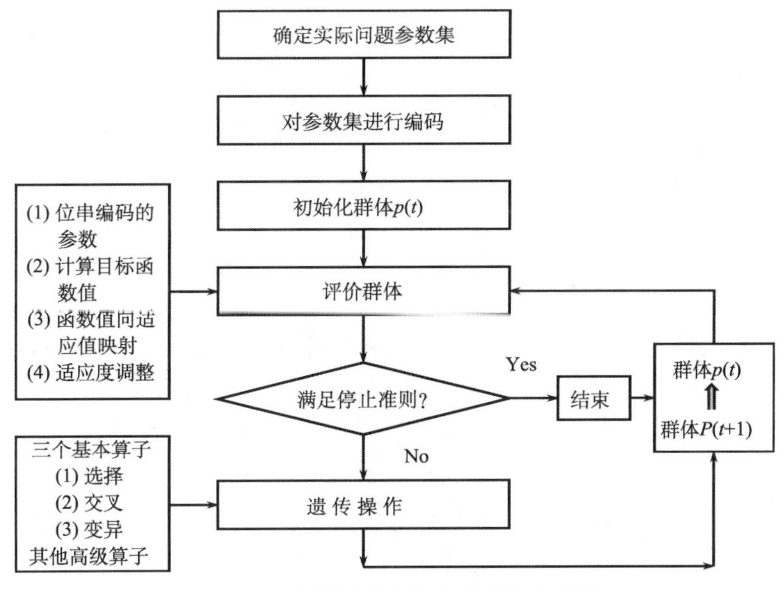

图 7.10　遗传算法空间优化求解流程图

运用遗传算法优化问题求解的步骤（李敏强等，2002）如下：

（1）选择编码策略，把参数集合 X 和域转换为位串结构空间 S；

（2）定义适应度函数 F；

（3）确定遗传策略，包括选择群体大小 n，选择、交叉、变异算子以及确定交叉概率 p_c、变异概率 p_m 等遗传参数；

（4）随机初始化形成群体 P；

（5）计算群体中个体位串解码后的适应度值 F；

（6）按照遗传策略，运用选择、交叉和变异算子作用于群体，形成下一代群体；

（7）判断群体性能是否满足某一指标或者已经完成预定迭代次数，不满足则返回步骤（6），或者修改遗传策略再返回步骤（6）。

3. 研究数据及应用

研究区域为广东省，位于东经 109°39′～117°19′和北纬 20°13′～25°31′。大部分地区为亚热带和热带季风气候，全省大部分年平均日照时数在 2000 小时以上，年平均降水量为 1500～2000 mm，是中国光、热、水资源最为丰富的地区，物质能量转换十分迅速，因此，生物资源非常丰富，这就为发展生物质能项目提供了物质保障。陆地面积为 17.98 万 km^2，土地面积为 17.98 万 km^2，耕地面积为 312 万 hm^2。主要的农作物为双季稻、玉米等。人均拥有的常规能源储量不足 30 t 标准煤，不到全国人均储量的 1/20，能源自给率只有 12.4%，石油对外依存度高达 70.4%，远高于全国 30%的石油对外依存度（Doong et al.，2007），所以专家呼吁要加强广东省的能源战略研究。

本研究利用的 MOD15A2、MOD17A2/A3 数据，来源于美国地球资源观测系统（Earth Resources Observation System，EROS）数据中心的探路者数据集（Pathfinder Data Set，PDS）。数据为 2002 年全年 8 天合成的植被光和有效辐射吸收分量 FPAR、NPP 和 GPP 数据，数据空间分辨率是 1km，转换的投影坐标系统为 WGS-1984-UTM-ZONE-49N。

土地利用类型数据来源于 Landsat TM 分类数据。TM 数据为 2001～2002 年由 16 景数据镶嵌的合成图，由于在近似季节获取全省的质量较好数据十分困难，所以本研究对覆盖广东全省多时相数据进行合成，数据基本控制在下半年。地理数据包括广东省 1∶25 万地形图，广东省道路交通图，广东省 DEM 分布图，广东省 1∶25 万行政界线图等。

1）可用生物能源数量与分布

根据 7.1.3 节中 1. 部分得到广东省可用农田生物质能空间分布如图 7.11 所示。

2）不同尺度生物能源供应区域划分及初级供应点确定

步骤如下：

（1）利用 Arc/Info 中的 nodepoint 工具提取广东道路交通图中道路的交叉点，如图 7.12所示。

（2）利用道路交叉点建立 5km、10km、25km、50km 的 proximal _ tolerance 的泰

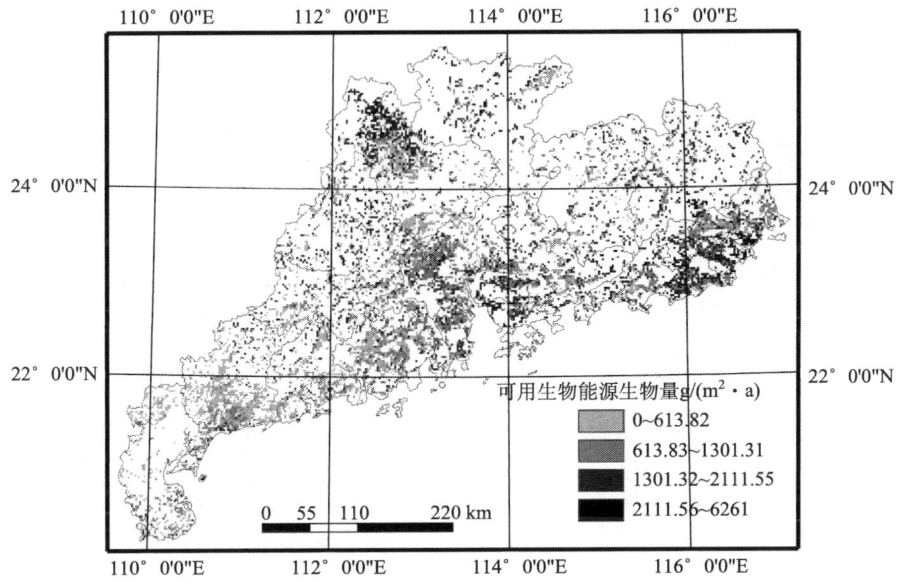

图 7.11 广东省可用农田生物质能空间分布图

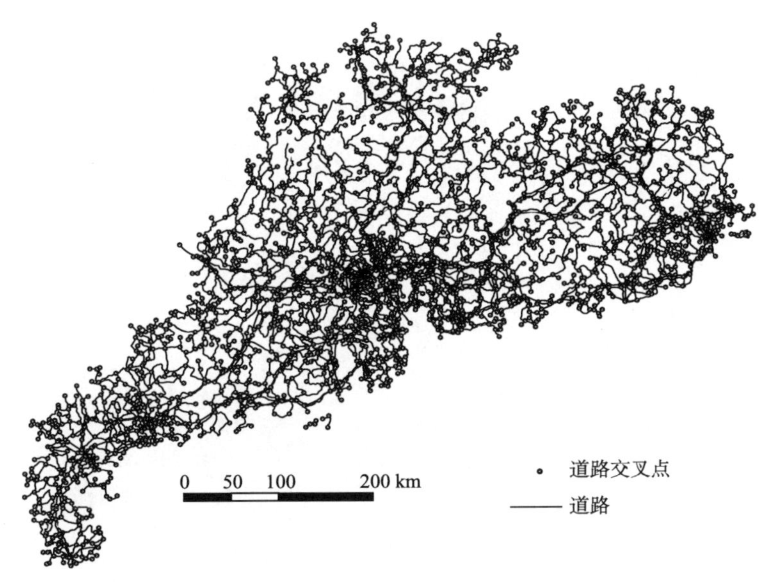

图 7.12 道路交叉点提取

森多边形，如图 7.13 所示。

(3) 使用 ArcGIS 软件中的 Zonal Statistics 工具，把广东省农田生物能源数量（图 7.11）分配到不同尺度的泰森多边形内，得到划分区域内能源供应数量，利用 Feature to Point 工具把得到的泰森多边形内能源供应总量赋给泰森多边形的中心点，得到的广东省不同尺度生物能源初级供应点分布图 7.14（以 10km 为例）。

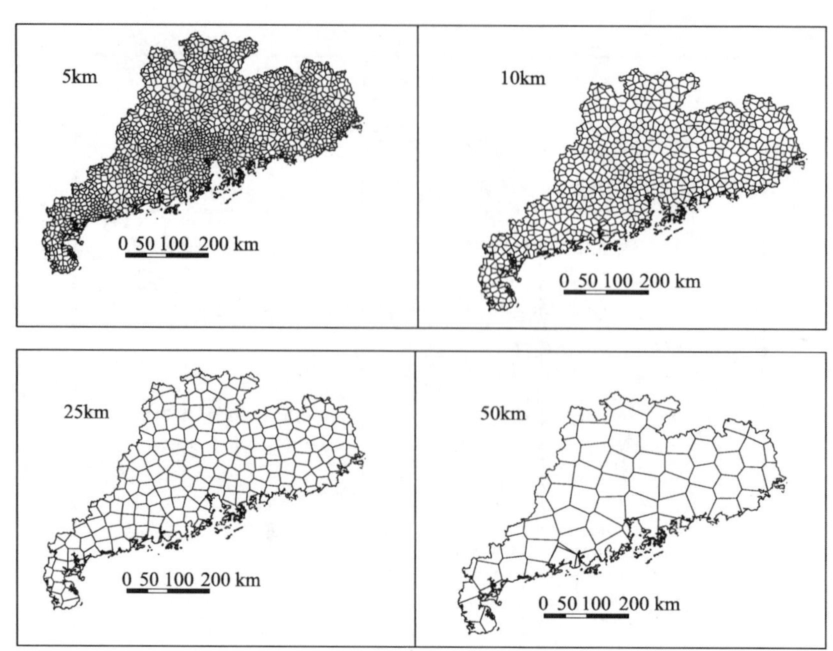

图 7.13　不同尺度泰森多边形生物能源收集区域划分

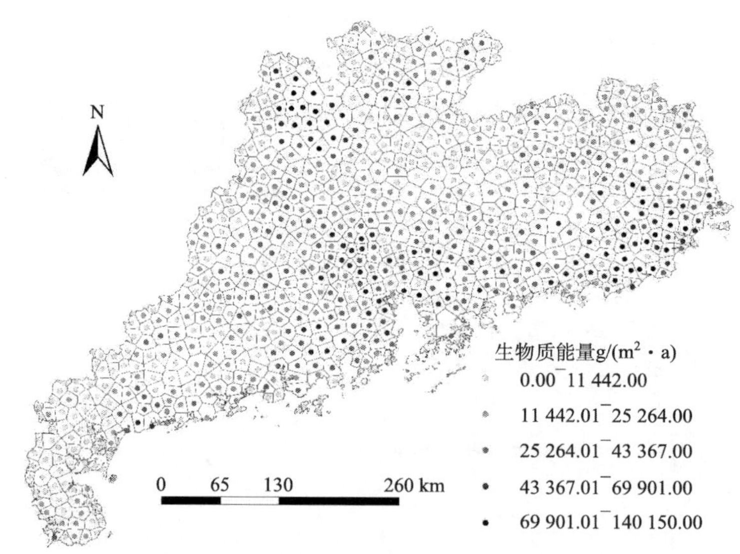

图 7.14　生物能源初级供应点及其生物量分布图（10km）

3）遗传算法空间优化及设计

（1）染色体编码及初始种群选取

编码策略直接影响个体被 GA 算子操作时的变形特征，以及个体解码时从基因型空间到表现型空间的映射性质（黎夏和叶嘉安，2004）。本研究是在给出 n 个能源项目

(发电、汽化、醇化、生物柴油等)配置的条件下，确定它们的最优空间分布，区域范围内利用更多的生物质能，尽可能使用更小的原料收集半径以保证运输费用最小。要求在原料供应点中确定这 n 个项目的最优 (x, y) 坐标，使用二进制编码方案进行编码，该染色体有 $2\times n$ 个基因，每对基因对应一对 (x, y) 坐标，则染色体 (A) 可表达为：

$$A = [x_1 y_1, x_2 y_2, \cdots, x_n y_n]$$

其中，$x_i \leqslant n$ 和 $y_i \leqslant n$。这些 x_i 和 y_i 值都被表达为二进制，以便进行交叉和突变操作。染色体的长度由要确定的农作物生物能源集约利用项目的个数 n 决定，本研究暂定为 $n=3$，那么染色体的长度为 8bits×2×3＝48bits。

在种群规模数选取中，很多研究表明（李敏强等，2002)，在一般的情况下取 20～200，基本可以得到满意的结果。

(2) 适应度函数设计

根据生物能源集约利用的不同方式，对个体评价的适应度函数也不相同。适应度函数决定了群体进化及找到最佳答案的过程。建立的适应度函数如下：

$$F = \frac{\sum_{i=1}^{m}\sum_{j=1}^{n} w_{ij} \times z_{ij} \times E^{\lambda} \times C^{\lambda}}{\sum_{i=1}^{m}\sum_{j=1}^{n} d_{ij}} = \frac{\sum_{i=1}^{m}\sum_{j=1}^{n} w_{ij} \times z_{ij} \times E^{\lambda} \times C^{\lambda}}{\sum_{i=1}^{m}\sum_{j=1}^{n} \sqrt{(X_j - x_i)^2 + (Y_j - y_i)^2}} \rightarrow \max \tag{7.19}$$

其中，n 为生物能源项目配置点的个数；(x_i, y_j) 为已知的生物能源供应点的地址 $(i=0, 1, 2, \cdots, m)$；(X_i, Y_j) 为待求的 n 个生物能源工程配置点的地址 $(j=0, 1, 2, \cdots, n)$；d_{ij} 为生物能源供应点到生物能源工程配置点的加权距离；w_{ij} 为第 i 个生物能源供应点的供应量；当 $z_{ij}=1$ 时，供应点 i 向资源配置点 j 提供资源，$z_{ij}=0$，供应点 i 不向资源配置点 j 提供资源；E_{ij} 为地形因素影响因子，$E_{ij}=1$，地形坡度符合条件，$E_{ij}=0$，地形坡度不符合条件，本研究坡度条件为 30°；C^{λ} 为调整常数，为 10^{-6}，以保证适应度值正好落在正常范围内。

为避免一个生物能源供应点向两个或两个以上的生物能源配置点供应能源，添加一个限制条件：$\sum_{j=1}^{n} z_{ij} = 1$。为了满足尽可能利用更多的生物质能，使用更小的原料收集半径以保证运输费用最小。适宜度函数值 $F\rightarrow\max$。

(3) 遗传操作设计和控制参数设定

遗传算法的操作算子一般都包括选择（或复制)、交叉（或重组) p_c 和变异 p_m 三种基本形式，构成了遗传算法具备强大搜索能力的核心，是模拟自然选择以及遗传过程中发生的繁殖、杂交和突变现象的主要载体。

运用精英选择策略，模型终止条件的设置是当最佳适应值在 75 代内不发生变化时，进化终止。

交叉概率 p_c 控制着交叉算子的应用频率，在每一代新的群体中，需要对 $p_c\times n$ 个个体的染色体结构进行交叉操作。交叉概率越高，群体中新结构的引入越快，已获得的优良基因结构的丢失速度也相应越高；而交叉概率太低则可能导致搜索阻滞。一般 p_c 的范围取 0.60～1.00，本研究中交叉概率为 0.98。

变异操作是保持群体多样性的有效手段，交叉结束后，交配池中的全部个体串上的每位基因按变异率 p_m 随机改变，因此，每代中大约发生 $p_m \times n \times L$ 次变异。变异概率 p_m 太小，可能使某些基因位过早丢失的信息无法恢复；而变异概率过高，遗传搜索将变成随机搜索。一般 p_m 取 0.005～0.01，本研究 p_m 为 0.01。

4. 结果分析

根据它们获得的初级生物能源供应点个数不同，基于道路交叉点以 5km、10km、25km、50km 为邻近阈值建立了四种尺度的泰森多边形。其中，5km 的获得 1630 个初级供应点；10km 的获得 1165 个初级供应点；25km 的获得 212 个初级供应点；50km 的获得 66 个初级供应点。根据上面提出的适宜度函数，利用 GA 模型进行空间优化，详细对比四种尺度的遗传算法的适应度值改善的过程（图 7.15）。当模型获得最佳的空间位置时，计算得到四种尺度对应的适宜度值。

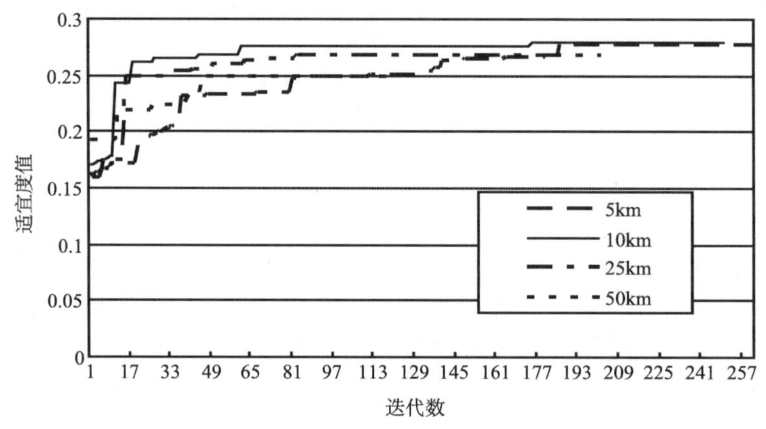

图 7.15　四种尺度下最好适应度值改善过程

从图中可以看出，GA 模型收敛速度很快，很快就能搜索到最佳的结果，利用其进行优化选址优越性非常明显。其中，50km 邻近阈值的泰森多边形为收集区域时模型收敛速度最快，迭代稳定在第 45 代，适宜度值为 0.249。5km 收敛速度最慢，迭代稳定在第 186 代，适宜度值为 0.278。10km 邻近阈值的泰森多边形作为收集区域时，迭代稳定在第 175 代，适宜度值为 0.280，其适宜度值在四种尺度中最大，表明以此尺度为生物质能源的初级收集点，沿着道路在最小区域范围内能获得最大的生物能源量。

以 10km 为临近阈值建立的泰森多边形作为初级生物能源收集点，获得农田生物能源空间优化决策点 3 个，利用 ArcGIS 中的 Network Analyst Tools 模块下的 Service Area 工具建立 3 个空间优化决策点，沿道路 100km 的生物能源收集范围，得到生物能源供应点，如图 7.16 所示。

5. 结论

生物能源利用过程中集约利用是关键，由于生物质能空间分布的离散性，其集约利用的原料收集问题和空间优化决策问题比较复杂。本小节以广东省为例，利用遥感技术

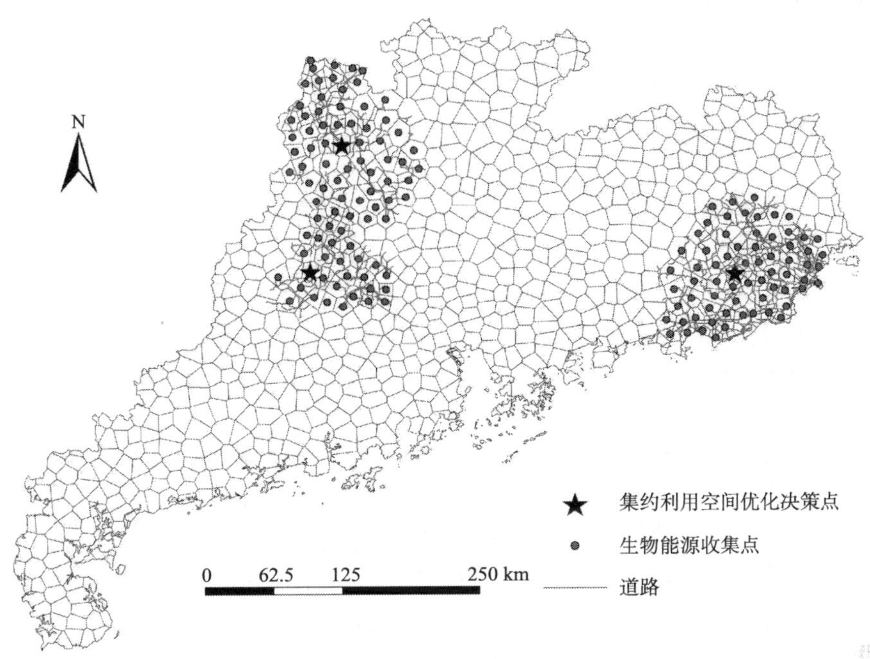

图 7.16 生物能源集约利用空间决策点及收集区域

综合 GIS 模型和遗传算法对此问题进行系统研究。研究结果表明：利用泰森多边形的初级供应点选择方法和遗传算法能有效解决生物能源空间优化决策问题，并且不同尺度的泰森多边形收集区域的选择对遗传算法模型结果影响较大。当遗传算法优化过程适宜度值达到最大时，选择到的生物能源工程点基本符合要求。

7.1.4 基于 ACA（蚁群智能算法）的大区域优化选址模型

在资源环境的管理、规划和利用中，经常需要面对如何在空间上配置这些资源，以产生最大利用效益值的问题（Feng and Lin，1999），如设施选址、土地利用规划、水资源的优化配置等。在 GIS 数据没有使用以前，传统的优化搜索方法一般只用来解决数据量不大的问题（Church，1999）。但当把 GIS 空间数据引入到空间优化决策模型中时，所涉及的数据量非常大，可能存在的组合方案将是一个十分庞大的数字，一一比较它们的优劣是不可能的，有必要寻求一种有效的空间优化搜索方法，这在理论和实际应用中都具有较为重要的意义。

当需要配置的资源预先就是确定的，并且数目较小时，多准则分析（Multicriteria Analysis，MCA）不失为一种有效的空间优化搜索方法（Nijkamp et al.，1990；Carver，1991；Janssen，1991）。但 MCA 不适合大数据量的搜索，并且具有较强的主观性。线性整数规划（Linear Integer Programming，LIP）是目前较为常用的空间优化方法（Bettinger and Boston，1999；Crowe et al.，2003），但该方法属于穷尽搜索，速度较慢，处理的数据量也有限，并且是线性方法，不能很好地处理复杂地理问题。最近，一些具有智能的启发式方法开始应用在选址模型中，包括遗传算法（Brookes et al.，2001；黎夏和叶黎安，2004)、模拟退火算法（Lockwood and Moore，1993；Aerts et al.，2001)、禁忌算法（Bettinger et al.，1997；Brumelle et al.，1998）等。与穷尽搜索方法相比较，启发式方法并不是求取最优解，而是在启发式函数的引导下，得到近似最优解，不需要对所有的方案进行搜索，因此，其速度较快，比较适合于大数据量的空间优化问题。

本小节提出了基于蚁群智能的空间选址模型。蚁群算法是一种基于群体智能的仿生学优化算法。如前面（3.4.2节）所述，蚁群算法本质上是一个复杂的多智能体系统，在系统中蚂蚁通过相互合作能够有效地完成复杂任务，如寻找食物的最优路径。每个蚂蚁智能体根据路径上的信息作随机选择，系统无中心控制，但最终整个蚁群能够得到优化。因此，该系统具有鲁棒性，不会由于一个或某几个智能个体的故障而影响整个问题的求解，是群集智能的典型体现。本小节尝试利用蚁群智能来解决空间决策中的优化配置问题。在空间选址中，往往涉及大量的空间数据，常规的穷尽搜索方法无法找到最优的解决方案，并且搜索的时间相当漫长，达不到实用的程度。蚁群智能作为一种启发式的智能方法，不仅能够智能搜索、全局优化，而且具有强鲁棒性、正反馈机制等特点（Dorigo et al.，1996；Dorigo and Gambardella，1997a；段海滨等，2004)。本小节对基本蚁群算法进行了改进，以满足选址问题的求解；同时，通过分步优化的策略，克服了蚁群算法在大范围区域内搜索时间过长的不足。改进后的分步优化选址模型能大大缩短空间搜索时间，更加具有实用价值，为解决资源环境的空间决策问题提供了良好的手段。

1. 基本的ACA（蚁群算法）

本书3.4.2节以旅行商问题为例，对基本的蚁群算法做了详细的阐述，请参考P54-55。

2. 基于ACA的空间优化选址模型

选址研究中的典型问题，如P-Median问题、覆盖问题、P-Center问题是目前选址研究的热点（Hansen and Mladenoric，1997；Kariv and Hakimi，1979；Toregas et al.，1971)，大多数研究集中在优化算法的设计和改进上。本小节选择P-Median问题作为基于蚁群智能的空间优化选址研究案例。P-Median问题就是选定K个公共设施的位置，使全部或平均性能最优的问题，通常是使成本最小，如使总的运输距离最小、总的运输时间最少，或者使总运输费用最小等，故又称为最小和问题。本小节所讲的P-Median问题是指在$N\times M$的栅格空间中确定K个目标栅格的位置（如医院、图书馆等公共设施)，使得其余的栅格到距其最近的目标栅格的距离之和最小。

在旅行商问题中，基本蚁群算法的目的是确定城市的连接顺序，即各城市如何连接，使得连接所有城市的路径之和最短，且所有的城市都是最终结果的组成部分；而在p-median选址问题中，其目标是从$N\times M$个栅格中确定K个目标栅格，使得费用之和最小，所选出的目标栅格只是候选栅格中极少的一部分。因此，根据P-Median选址问题的上述特征，对基本蚁群算法进行改进，使其符合问题的求解方式是十分必要的。

1）定义目标函数

目标函数用于判定算法得到的结果的好坏，在TSP中，目标函数就是连接所有城市的路径之和；而 P-Median 选址问题中，以人们出行时总的交通时间或费用为准则。本文以所选取的公共设施与其服务对象间的费用和最小为目的，目标函数如下：

$$F_1 = \sum_{i=1}^{M}\sum_{j=1}^{N} d_{\min}(i,j) \times p_{\text{den}}(i,j) \times A \tag{7.20}$$

其中，M 为实验区域的宽度，即栅格的行数；N 为实验区域的长度，即栅格的列数；$d_{\min}$（i，j）为栅格（i，j）到与其最近的目标栅格的欧几里得距离；p_{den}（i，j）为栅格（i，j）的人口密度；A 为每个栅格在实际中对应的面积。在真实的选址应用中，通过获取实验区域内任意两栅格的真实路径长度，替换两栅格间的欧几里得距离即可。我们也可以定义其他的目标函数，只要对式（7.20）作相应调整即可，这种调整和改变在蚁群算法中实施起来相当方便。

进行空间优化决策时，针对不同的应用目的，可以定义不同的目标函数。在上面的目标函数中，我们以总的出行交通时间或费用为标准，用欧几里得距离代替真实距离，而实际情况中，总费用与交通条件密切相关，对上面目标函数进行修改，加入一个道路状态因子。修改后公式如下：

$$F_2 = w_1 \times F_1 + w_2 \times X_{\text{road}} = w_1 \times \sum_{i=1}^{M}\sum_{j=1}^{N} d_{\min}(i,j) \times p_{\text{den}}(i,j) \times A + w_2 \times \sum_{d=1}^{K} \mathrm{e}^{-\rho \times D_{\text{road}}^{d}} \tag{7.21}$$

其中，w_1 和 w_2 为影响因子的权重；K 为要选取的目标栅格个数；ρ 为道路系数；D_{road}^{d} 为第 d 个目标栅格的交通状况，即该目标栅格到主干道的距离。

2）定义启发函数

信息素是表征过去信息的载体，而启发函数是表征未来信息的载体，它们直接影响到算法的全局收敛性和求解效率。大量实验结果表明，启发函数对保证蚁群算法在合理的时间内搜索到全局最优解非常重要。按照常理，评价函数表明：其一，选择那些人口密度大的栅格作为目标栅格趋向于使总的费用或时间最小；其二，选择靠近实验区域人口重心的栅格作为目标栅格也趋向于使总的费用或时间最小。启发函数定义如下：

$$\eta_{ij}(k) = p_{\text{den}}(i,j) \tag{7.22}$$

3）信息素更新策略

与 TSP 不同的是，P Median 选址问题是从大量候选栅格中选出为数较少的目标栅格，如按 TSP 中的方式更新信息素，只有极少数被蚂蚁选中的栅格的信息素在挥发后会增加，这样蚂蚁在路径选择过程中的正反馈机制被大大地削弱甚至被淹没，不利于蚂蚁搜索最优解；另外，由于相邻栅格具有较强的依赖关系，被选中的目标栅格附近的栅格有可能比目标栅格本身更优。

基于以上两点，本小节采取信息素递减扩散的策略对信息素进行更新。具体实现如下：如果某栅格被选为目标栅格，则在信息素更新时，在以目标栅格为中心、以指定的长度为边长（如 5×5）的正方形小区域内，按信息素增量从中心向四周递减的策略更新信息素，正方形小区域的边长根据实验区域的大小和选择的目标栅格的数目做相应的调整，如区域较大，边长可相应调大，选择的目标栅格越少，边长可相应调的越大。公式如下所示：

$$\Delta\tau_{ij}^{r}(k)=\begin{cases}\dfrac{Q}{(d_{\text{centre}}^{p}(i,j)+1)\cdot F}, & \text{若栅格}(i,j)\text{在目标栅格}P\text{所在的小区域内}\\ 0, & \text{否则}\end{cases} \tag{7.23}$$

其中，Q 为信息素强度；$d_{\text{centre}}^{p}(i,j)$ 为在目标栅格对应的小区域内栅格与目标栅格 p 的欧几里得距离；F 为目标函数的值。

蚁群算法在求解初期具有全局搜索和快速收敛能力，但当得到的解接近最优解时，这种随机搜索算法求解速度变慢，收敛困难，且容易出现停滞现象（Dorigo et al.，1991，1996）。为加快收敛速度，找到更优的解，在算法的求解后期或者当算法多次迭代后所得的解仍未改进时，我们采取以下策略加快求解和收敛速度：除按上面提到的信息素更新策略更新信息素外，为充分利用已找到的最优解，额外增加已找到的最优解所在栅格的信息素，强化该最优解对后续求解过程的正反馈作用。

4）禁忌表的调整策略

在 TSP 中，禁忌表用来记录蚂蚁已走过的城市，相应地在 P-Median 选址问题中，禁忌表用来记录已被蚂蚁选中的目标栅格。在实际应用中，可通过禁忌表来表达选址过程中的限制因素，比如，某些栅格由于特定因素而不能被选作目标栅格，只要在初始化时，将这些栅格置于禁忌表中即可。

根据信息素更新策略，蚂蚁所选择的目标栅格附近的栅格都赋予了较高的信息素。为了使信息素更新策略发挥促进作用，即防止后面的蚂蚁在搜索时，选择前面的蚂蚁所选择的目标栅格对应的小区域内的两个或两个以上栅格作为目标栅格，而相距很近的栅格同时作为目标栅格与最优解互为矛盾，本小节采取与信息素更新策略相类似的禁忌表调整策略，即蚂蚁在搜索过程中，选中一个目标栅格后，以目标栅格为中心的正方形小区域内的栅格都与目标栅格一起并入到禁忌表中，从而防止蚂蚁选择相距很近的栅格同时作为目标栅格，正方形小区域的长度调整也与上面信息素更新策略一致。

5）基于“分步逼近”策略的 ACA 优化选址

为了使模型能应用于大区域的基础设施选址，必须在蚁群智能中采用“分步逼近”的策略，以缩短空间优化搜索所需的时间。具体实现如下：以 50×50 的实验区域为例，假如，在其中选择 4 个目标栅格，每个栅格都有其对应的人口密度，从实验区域的左上角开始，按 5×5 的窗口合并原有栅格，把原有的 50×50 的区域缩减为 10×10 的缩减空间，新栅格的人口密度为原有 5×5 窗口区域的平均人口密度值，即进行尺度转换操作。利用蚁群智能方法在转换后的空间上进行优化搜索，得到 4 个目标栅格。再把缩减空间还原为原来尺度（50×50）的空间。初步搜索到的目标栅格还原到对应原尺度空间的中心栅格，即得到原尺度空间的 4 个目标栅格。一般而言，还原后的目标栅格在原尺度空间内并不是最优解，可能只是近似最优解。此时，我们再运行一次蚁群算法。这次的搜索与前一次有所不同，前面的初步选址是在整个区域内进行搜索，而这次是在已得到一个近似最优解的前提下运行算法。也就是说每个目标栅格的大体位置已定，还原到原始栅格数据层再次运行该算法时，只是在还原后每个目标栅格的附近进行搜索。即在以目标栅格以中心的 5×5 的栅格区域内进行搜索，为了防止上面提到的不一致的情况出现，我们可适当扩大以目标栅格为中心的搜索区域，如调整为 7×7；另外，与第一次运行蚁群算法不同的是，此次运行蚁群算法不需要调整禁忌表，这是由于在每个搜索空间只选择一个目标栅格。蚁群分步优化选址的过程如图 7.17 所示。

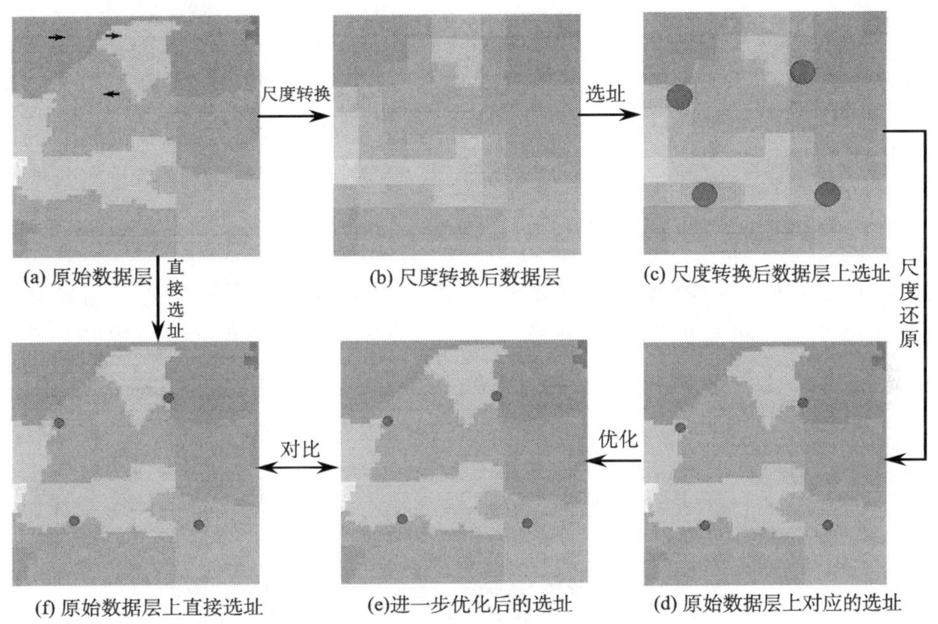

图 7.17 基于“分步逼近”的蚁群算法的优化选址示意图

为了验证上面所说分步选址的有效性，即通过分步选址能否找到最优解。我们从广州市截取了 50×50 的区域进行对比实验，当目标栅格数目从 1 到 16 时，用本小节提出的分步蚁群算法和未分步蚁群算法所找到的最优解进行对比，也就是对图 7.17 中相应的（e）图和（f）图所得到的选址结果的目标函数值进行比较，对比结果见表 7.5。

表 7.5 “分步逼近”蚁群算法选址和直接蚁群算法选址目标函数值对比

目标栅格数日	分步选址目标函数值	直接选址目标函数值	分步选址/直接选址	目标栅格数目	分步选址目标函数值	直接选址目标函数值	分步选址/直接选址
1	1 664 493	1 664 493	1	9	572 411	572 762	1.000 6
2	1 289 871	1 289 871	1	10	545 745	545 151	0.998 9
3	986 860	986 860	1	11	515 551	515 615	1.000 1
4	862 256	862 256	1	12	491 368	492 011	1.001 3
5	773 892	773 892	1	13	471 847	472 191	1.000 7
6	698 424	698 643	1.000 3	14	454 822	454 696	0.999 7
7	647 141	647 037	0.999 8	15	436 747	436 556	0.999 6
8	608 839	608 839	1	16	422 650	422 573	0.999 8

从表 7.5 中可得知，当目标栅格数个数较少时，分步算法与未分步的算法所找到的选址结果相同；而当目标栅格数目较多时，两种方式所找到的选址结果的目标函数值很相近，差距非常小，表中的最大比值差距在千分之二以内。此对比实验说明我们上面的分步方式是可行和有效的，通过分步方式，蚁群算法能找到最优解或近似最优解。

3. 实验结果及分析

1) 研究区域

本小节的实验区域为广州市城区，包括海珠区、越秀区、荔湾区的全部和天河区及白云区的人口密集区。以公共设施的空间选址为例，检验蚁群智能算法在基础设施的空间优化布局方面的有效性。人口数据来源为 2003 年广州人口普查数据，以街区为统计单位；交通数据为 2003 年该区域内交通主干道分布数据。

2) 空间数据获取

GIS 提供了空间优化模型所需的基本空间数据，根据人口普查数据和各街区边界的矢量空间数据，可以很方便地计算出每个街区内的平均人口密度（图 7.18）。在模型运行前，需要将矢量数据转为栅格数据，栅格的分辨率为 100m×100m，共有 250×250 个栅格。交通状况数获取方式如下：先得到广州市交通主干道分布数据，然后计算研究区域到主干道的欧几里得距离，得到交通状况栅格图（图 7.19），图像分辨率及大小与人口数据一致。由此可见，处理所涉及的数据量相当大，简单的穷尽搜索方法很难在较短时间内获得最优解。

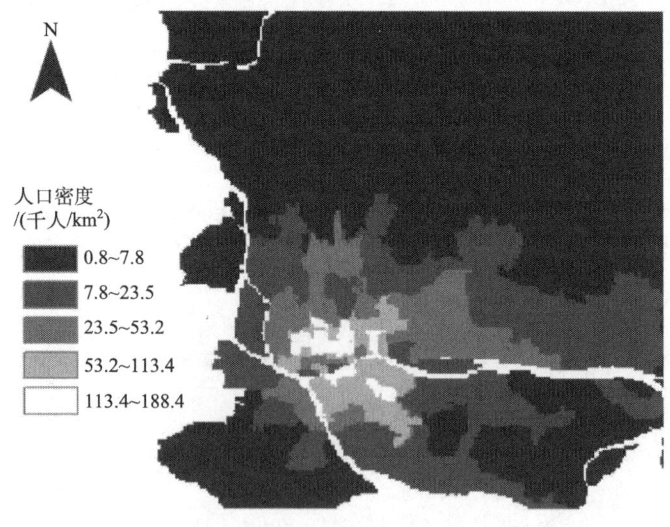

图 7.18 广州市人口密度

3) 实验结果对比

本小节程序用 VB 6.0 实现，在 P4 2.0G 处理器上运行。我们用简单搜索算法、遗传算法与本小节的算法进行对比，按式（7.21）定义的目标函数做对比实验，同时考虑

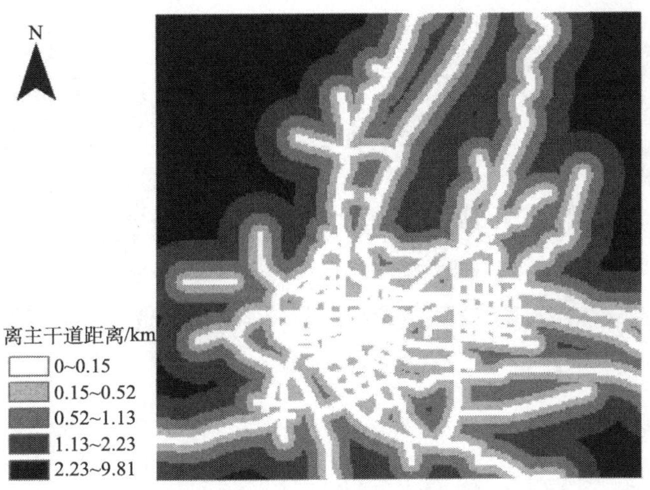

图 7.19　广州市交通状况

人口的分布和交通状况两个因素对选址的影响。根据前面所述，GA 应用于选址模型中的参数选择如下：初始个体数为 200，变异概率为 0.01，交叉概率为 0.9。简单搜索算法的基本思想是：如要在实验的栅格区域（$M\times N$）内选择的目标栅格数目为 K 个，该算法先在实验栅格区域内遍历选择总费用最小的第一个目标栅格，然后在第一个栅格的基础上选择第二个目标栅格，以此类推，直到选出第 K 个目标栅格。如在上面的区域运行算法，$M=250$，$N=250$，设 $K=10$，一次简单搜索算法要计算目标函数 625 000 次。经多次实验，运行一次目标函数计算所需的平均时间为 0.48s，这样完成整个搜索过程需要约 83 个小时，相当费时。所以我们将原 250×250 实验数据区域缩小 5 倍，得到 50×50 区域，进行对比实验。所选的区域见图 7.20，并分别用简单搜索算法、遗传算法和蚁群算法对所选择的区域进行空间优化搜索运算，运算结果见图 7.21、表 7.6、表 7.7。

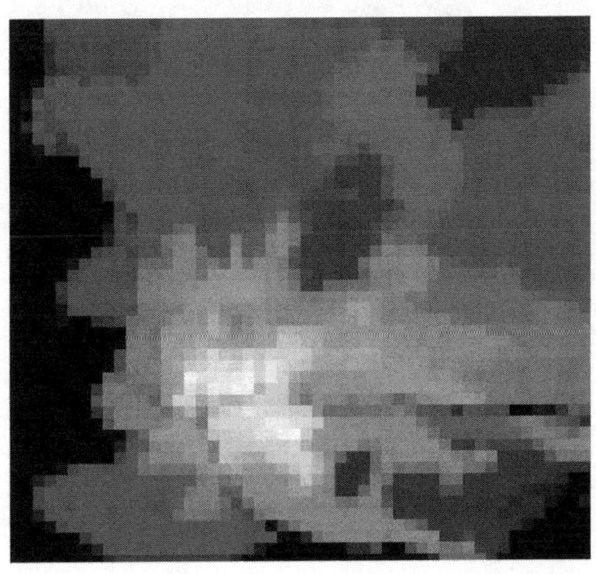

图 7.20　广州市小尺度人口密度

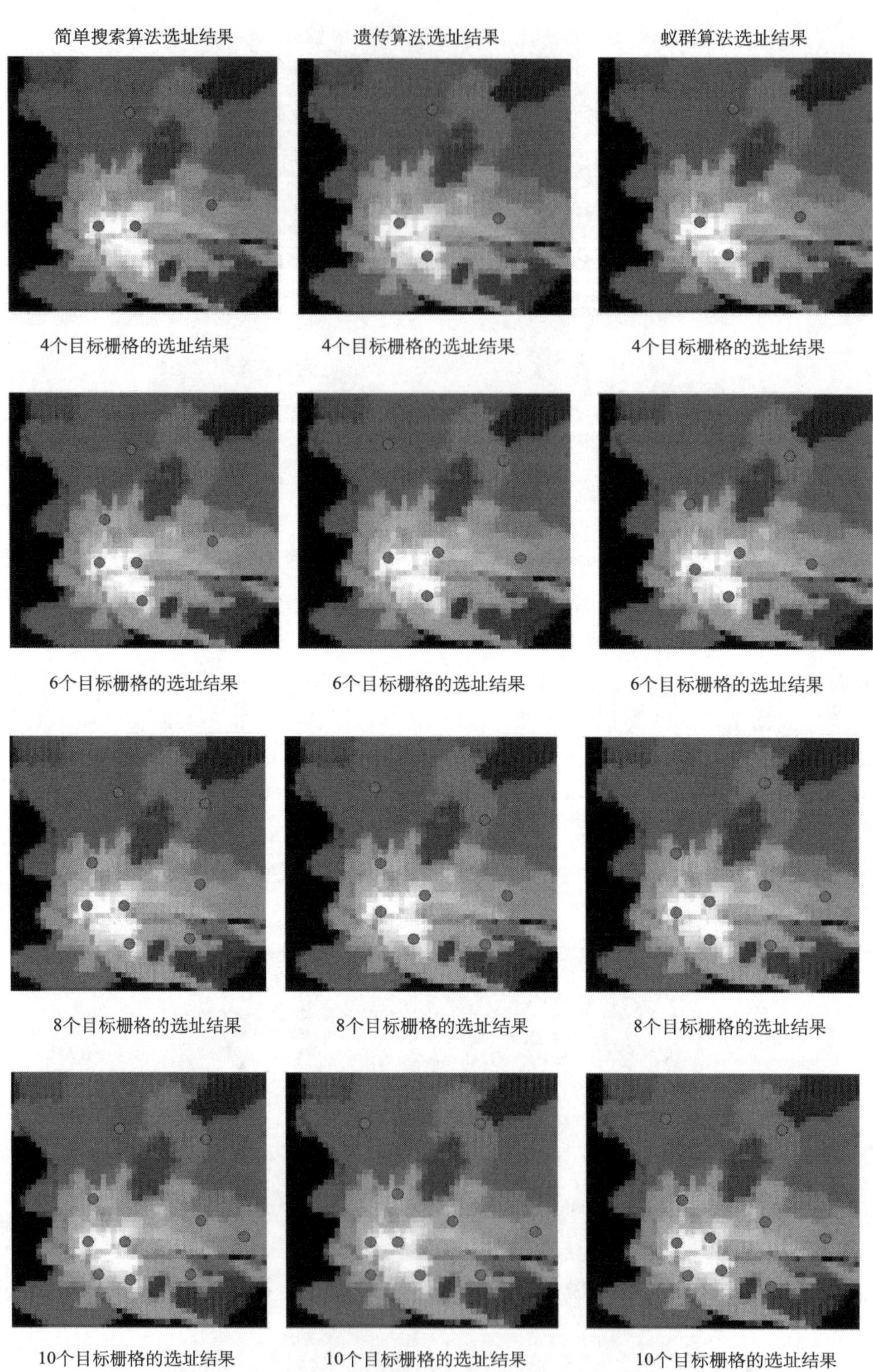

图 7.21　简单搜索算法、遗传算法和蚁群算法选址结果对比图

表 7.6 简单搜索算法与蚁群算法目标函数值（最小费用）对比（简单搜索算法的目标函数值归整为 100）

目标栅格数	2个	4个	6个	8个	10个
简单搜索算法	100	100	100	100	100
遗传算法	95.01	95.38	97.32	96.73	97.38
蚁群算法	95.01	94.40	96.03	95.31	94.87
提高的百分点（相对简单搜索）	4.99	5.60	3.97	4.69	5.13
提高的百分点（相对遗传算法）	0	0.98	1.29	1.43	2.51

表 7.7 简单搜索算法、遗传算法与蚁群算法时间对比 （单位：s）

目标栅格数	2个	4个	6个	8个	10个
简单搜索算法	32	95	198	333	525
遗传算法	45	138	247	419	832
蚁群算法	4	28	41	54	73

从表 7.6 中可看出，在所选择的对比实验区域内，蚁群算法相对于简单搜索算法在不同目标栅格点时都有 3.9～5.6 个百分点的提高，且找到的结果每次都比遗传算法好，该蚁群算法能够获得相对于简单搜索算法和遗传算法更好的选址结果；从表 7.7 中可知，蚁群算法在计算时间上具有更大的优势，在所选择的对比实验区域内，蚁群算法运行所花费的时间不到简单搜索算法的 1/3，比遗传算法花费的时间更少，并随着目标栅格的数目增加，时间优势更加明显。另外，当搜索区域扩大时，本小节提出的“分步逼近”蚁群算法在时间上的优势更加明显，下面的实验将会证实这一点。

从上面的对比实验中可看出图 7.22，蚁群算法相对简单搜索算法和遗传算法能找到更优的选址结果，而且在时间上具有更大的优势。对几种算法所得的运行时间和选址结果进行对比，由于原始数据为 250×250，我们加入分步逼近策略。正如前面所提到

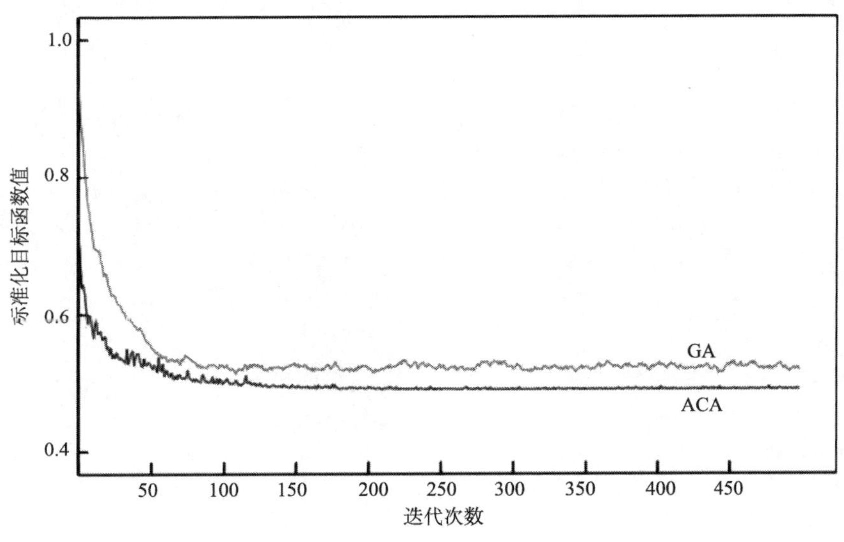

图 7.22 ACO 与 GA 目标函数值收敛曲线图（10 目标）

的，在运行简单搜索算法过程中，主要是对式（7.21）所示的目标函数进行计算。进行一次目标函数计算的时间与实验区域的总栅格数的平方成正比，经过估算，利用运行简单搜索算法在广州市选出 10 个目标栅格将花费近 83 小时。我们将“分步逼近”蚁群算法和蚁群算法、遗传算法、简单搜索算法进行了比较。由于区域比较大，计算费时，我们只对 10 个栅格目标下的选址时间和所得解的优劣进行比较。对比结果如表 7.8 所示。

表 7.8 目标数量为 10 时简单搜索算法、遗传算法和蚁群算法运行时间及结果对比

算法	时间/h	选址结果	选址结果标准化
简单搜索算法	82.5	3 236 546	1
遗传算法	5.15	3 140 489	0.97
蚁群算法	2.11	3 058 798	0.945
“分步逼近”蚁群算法	0.53	3 058 767	0.945

从表 7.8 中可看出，“分步逼近”蚁群算法所得到的选址结果优于简单搜索算法 5.5 个百分点，优于遗传算法 2.5 个百分点；所运行的时间明显优于简单搜索算法和遗传算法，进一步体现本节算法在时间上所具有的优势。图 7.23 和图 7.24 是运行各种算法在广州市进行空间优化选址的结果。

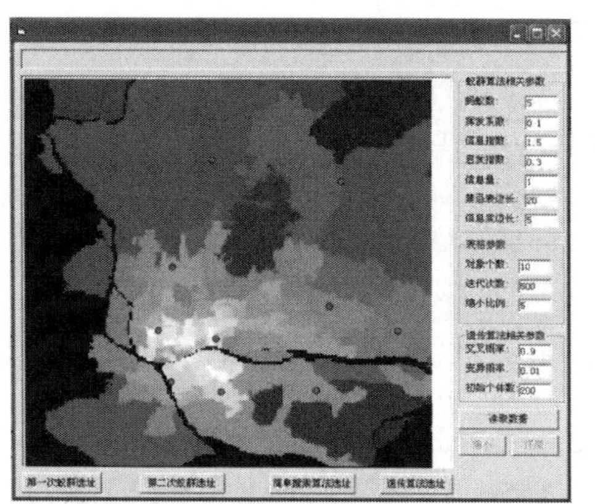

简单搜索算法选址

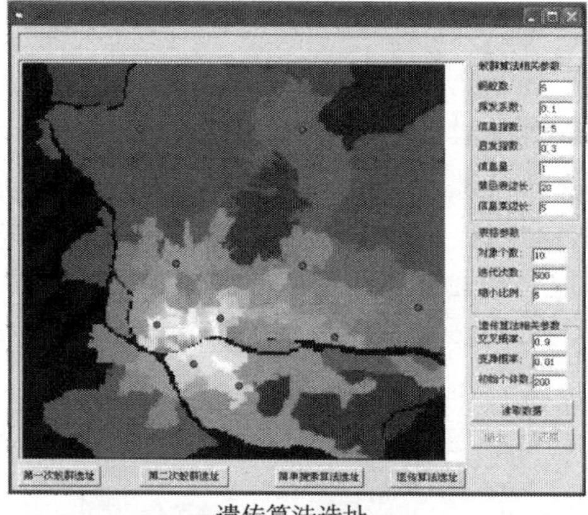

遗传算法选址

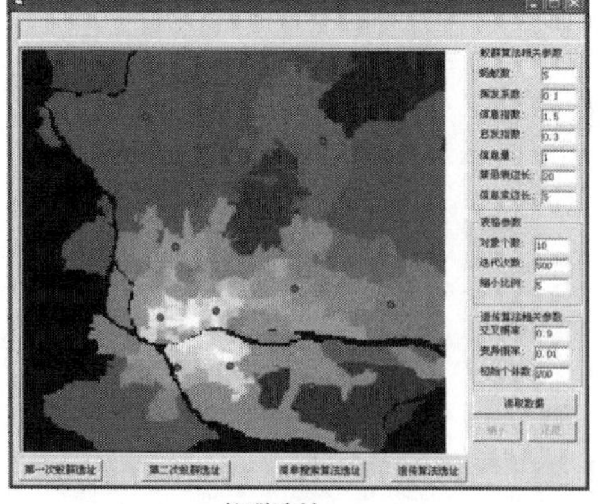

蚁群选址

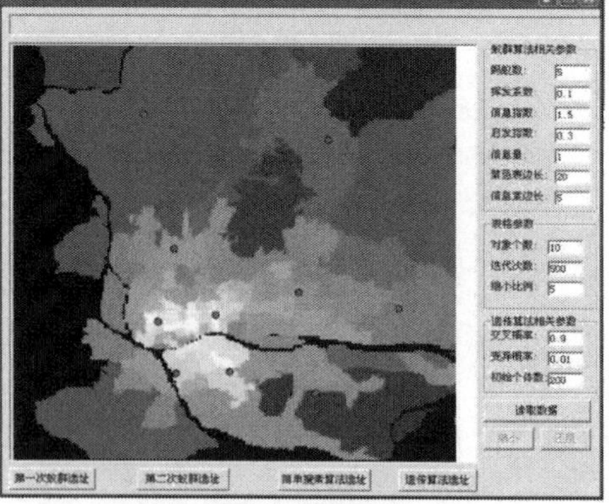

“分步逼近”蚁群选址

图 7.23 目标数量为 10 时几种算法的选址结果对比图

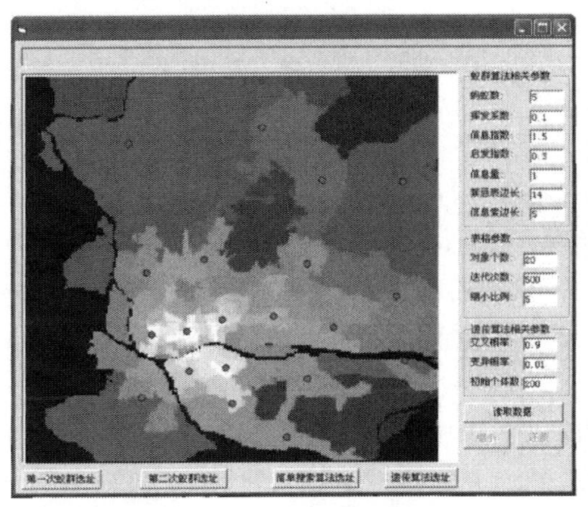 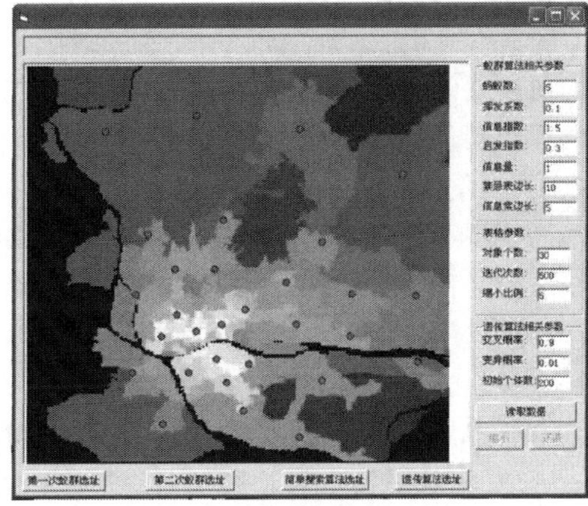

图 7.24 目标数量为 20 和 30 时“分步逼近”蚁群算法选址结果

4．结论

资源和环境的空间决策涉及复杂的非线性关系以及高维和海量的空间数据处理，常用的穷尽搜索方法在有限的时间内往往难以求取问题的最优解。与穷尽搜索方法相比较，蚁群算法在优化过程中不受函数约束条件的限制，只依赖于优化目标的函数值，能够求解非线性、高维的优化问题。并且，蚁群算法是一种启发式的智能算法，不需要对所有的方案进行搜索，因此其速度较快，比较适合于解决大数据量的空间优化问题。

本节提出了将蚁群智能算法与 GIS 结合来解决空间优化问题的新方法。从信息素更新方式和禁忌表调整策略两方面对基本蚁群算法进行改进，以符合选址问题的求解。为了克服在大范围内多目标选址运行时间过长的不足，本节采用“分步逼近”的策略进行空间搜索。首先，对搜索区域进行尺度转换，利用蚁群算法在转换后的低分辨率的空间中搜索出初步的最优目标栅格；再把低分辨率的空间还原为原来尺度的空间；随后，在原来尺度空间中利用蚁群算法对初步选出的目标栅格再进行一次更精确的优化搜索，以获取最终的目标栅格。改进后的算法在保证可以找到最优解或近似最优解的情况下大大缩短了运行时间。

对广州市公共设施进行了空间选址的实验，实验结果表明，蚁群分步选址算法不但能找到比简单搜索算法更优的解，而且在运行时间上优势明显，特别在大范围、多目标选址情况下，其相对于简单搜索算法和遗传算法在时间上的优势更加突出。

7.1.5 基于 PSO（粒子群算法）的区域选址优化模型

一般性选址问题的目的是搜索研究区域中最优的点，这种基于点的优化已有大量研究，并且出现各种各样比较完善的算法，如 Simplex、Gauss-Newton 和 Levenberg-Marquardt 等简单方法（Zhang et al.，2003）。此后多种人工智能和进化算法，如退火算法、遗传算法、蚁群算法、粒子群算法等，被应用于一般性选址问题。在前面章节中已介绍了一些人工智能方法在空间选址问题中的应用实例，7.1.2 小节和 7.1.3 小节介绍了遗传算法和 GIS 相结合的方法在空间多点选址问题上的应用；7.1.4 小节对蚁群智能算法在空间优化选址中的应用进行了详细的介绍。

区域选址的目的是搜索一片连续的区域，并使区域的位置和形状同时达到最优。工程规划和空间决策常常遇到这样的问题：在规划面积已定的前提下，探索建筑设施的最优位置和最佳形状。此类问题比一般性选址问题更常见，在许多实际问题中得到应用。早在1981年，Baerwald就对城市住宅区选址问题进行探索（Baerwald，1981），此后，Gilbert等（1985）、Lane和McDonald（1983）、Minor和Jacobs（1994）等也在不同的领域遇到相似的区域选址问题，并进行了相关的分析研究。显然易见，区域选址问题比一般性选址问题更具体、更实用、应用更广泛，但同时比一般性选址问题更复杂、更难以解决。

本节提出利用粒子群算法结合形状变异算法来解决区域优化选址问题。当一般性选址问题演变到区域选址问题时，保持搜索区域的连通性是整个搜索过程的关键，这就涉及形状的优化。形状和位置同时变化将会产生无穷多的可能组合，使得整个搜索过程变得非常复杂，利用常规的穷尽搜索方法无法找到最优的解决方案。粒子群算法是一种基于进化技术的群集智能算法，能非常有效地应用于优化问题的搜索中。国内外尚未出现利用粒子群算法解决区域选址问题的文章。本小节尝试将粒子群算法和形状变异算法结合起来解决复杂的区域选址问题。研究结果表明，该算法可以使区域解智能地找到最优位置，同时能够搜索到最佳的形状，有效地解决区域选址问题。

1. 多目标粒子群算法与空间优化选址

1）Pareto最优解

区域选址的目的是找寻一片连续的区域，尽可能的满足多个特定目标的要求。例如，在住宅区的选址中，既要使总地价的值最低，又要令其尽可能地接近某一公共设施（购物中心等）（Malczewski，1992；Arentze et al.，1996）。国外学者已对这类问题进行了大量的研究（Lane and McDonald，1983；Gilbert et al.，1985；Minor and Jacobs，1994），其基本方法是将区域的连续性作为约束条件，运用线性最优化的算法寻找最优解。但这种方法常常会忽略部分最优解，并且在涉及非线性、多目标问题的时候，会变得束手无策。

区域选址问题不同于普通的平面选址问题，除了包括平面选址的位置优化问题外，还涉及形状的优化。连续区域选址问题不是简单考虑平面上的一点，而是考虑一片连续的区域，这就使问题变得复杂，使简单的优化问题变成了具有形状约束的问题。连续区域选址常常需要考虑多个相互矛盾的准则（Current et al.，1990），如区域面积、适宜度、花费及形状等（Cova and Church，2000）。此外，区域选址还涉及连通性（Contiguity）问题，要求选址结果必须是一片连续的区域，这类问题很难用数学公式来表达，不可能使所有的准则同时达到最优化，因此，不可能得到一个单独的最优解，通常得到的是协调各个准则的一组优化解，即解空间。

多目标优化的原则是找到这些折中解，或称“Pareto解”。法国经济学家V. Pareto（Pareto et al.，1896）最早研究经济领域内的多目标优化问题，他的理论被称为Pareto最优性理论。Pareto最优性理论提出了一种Pareto支配（Pareto Dominance）原则，作为判断多目标优化问题解优劣的依据，在此基础上定义了 Pareto 最优集（Pareto Optimal Set）的概念。

图 7.25 表示了一个双目标的无约束多目标优化问题的解空间。显然，点“R”不是最优解，因为至少“E”点的两个目标 f_1、f_2 均比它的小。同理，位于可行域内但不在其边界“$ABECD$”上的所有解都不是最优解。相反，位于曲线“$ABECD$”上的所有解均为最优解，被称为 Pareto 解，而整条曲线构成 Pareto 解集（或称 Pareto 前沿）。多目标优化的任务就是要找到这条曲线。

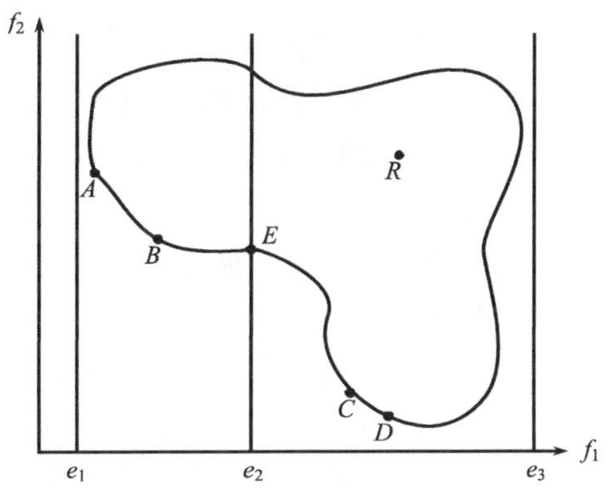

图 7.25　Pareto 边界（前沿）示意图

假定某一决策过程中，需要同时考虑 k 个目标，且要求所有目标函数在满足约束的条件下越小越好，这样的优化问题可以表述如下：

$$
\begin{aligned}
&\min_{x\in R}\boldsymbol{F}(\boldsymbol{X})\\
&\boldsymbol{F}(\boldsymbol{X})=(f_1(x),f_2(x),\cdots,f_k(x))^{\mathrm{T}}\\
&R=|\ \boldsymbol{X}\mid \boldsymbol{g}(\boldsymbol{X})\leqslant 0\ |,\boldsymbol{g}(X)=(g_1(X),g_2(X),\cdots,g_m(X))^T\\
&\boldsymbol{X}=(x_1,x_2,\cdots,x_n)^{\mathrm{T}},X\in\mathbf{R}\subset E^n
\end{aligned}
\tag{7.24}
$$

其中，$\boldsymbol{F}$（X）为优化目标向量；$\boldsymbol{g}$（X）为约束向量；X 为决策变量。

定义 1：占优，优于（Dominate）。

如果以下两条同时成立，则称解 x_1 优于 x_2，或 x_2 被 x_1 占优：

（1）对于所有目标，x_1 不比 x_2 差，或对所有的 $k=1$，2，K，M 均存在 f_k（x_1）$\leqslant f_k$（x_2）；

（2）对于至少一个目标，x_1 严格地好于 x_2，或对于至少一个 $k\in$｛1，2，K，M｝使得 f_k（x_1）$<f_k$（x_2）。

定义 2：非劣解集和 Pareto 边界（前沿）（Nondominated Solution and Pareto Solution）。

对于解集 P，非劣解集 P'是 P 中不被其他任一解占优的解的集合。P'有时也被称为非劣解边界。

若 P 是整个可行解空间，则非劣解集 P'被称为 Pareto 最优解集，简称 Pareto 解集或 Parcto 前沿。

多目标优化问题中的多个目标几乎不可能在同一解上同时达到最优，因此，多目标优化问题的解往往不是单一的，而是一组解的集合。所谓 Pareto 最优解，就是不存在比其中至少一个目标好而其他目标也不劣的更好解。Pareto 最优解集内的元素就所有目标而言是彼此不可比较的。

所有的优化问题在求解过程中，必须对解的质量进行评价。对于单目标优化问题，只要比较任意两个解对应的目标函数值就可以区分它们的优劣；而对于多目标优化问题，则很难通过简单的比较来确定谁优谁劣。

多目标优化问题的求解，传统的方法是将多个目标根据某种效用函数合成单一目标，利用单目标函数的优化方法去求解，如目标加权法、功效系数法、层次优化法、目标规划法等。但大多数情况下，在优化之前，这种效用函数是难以确定的，并且每次优化过程中只能找到一个最优解，如果没有足够的先验知识，决策者难以判断所求解的质量。因此，对于多目标问题来说，往往需要给决策者提供符合条件的多种方案，以便其做出合理的最终选择。

多目标优化的任务有两个：

(1) 尽可能收敛到真正的 Pareto 前沿；

(2) 找到的解要具有多样性和均匀性，尽可能的覆盖整个 Pareto 前沿。

Pareto 最优解集对于设计人员而言是相当重要的，因为它提供了一个相对广泛的选择空间。在优化之后，设计人员只需按各个目标的具体要求在 Pareto 解集中进行选择即可，而不必再去考虑是否存在更优的方案而那个方案的所有目标均比现在这个好。

2) PSO 算法的基本原理

粒子群优化算法是一种进化计算（Evolutionary Computation）技术，源于对鸟群捕食的行为研究（Kennedy and Eberhart，1995）。一群鸟在随机搜索食物，在这个区域里只有一块食物。所有的鸟都不知道食物在哪里。但是他们知道当前的位置离食物还有多远。找到食物最优策略最简单有效的方法就是搜寻目前离食物最近的鸟的周围区域。在 PSO 中，每个优化问题的解都是搜索空间中的一只鸟，我们称之为粒子。所有的粒子都有一个由被优化的函数决定的适应值（Fitness Value），每个粒子还有一个速度决定他们飞翔的方向和距离。然后粒子们就追随当前的最优粒子在解空间中搜索。

PSO 初始化为一群随机粒子（随机解），然后通过迭代找到最优解。在每一次迭代中，粒子通过跟踪两个“极值”来更新自己：第一个就是粒子本身所找到的最优解，这个解叫做个体最优位置 PBEST；另一个极值是整个种群目前找到的最优解，这个极值是全局最优位置 GBEST。另外，也可以不用整个种群而只用其中一部分作为粒子的邻居，那么，在所有邻居中的极值就是局部极值。

在找到这两个最优值时，粒子根据以下公式来更新自己的速度和位置。

$$V_{ij}(t+1) = wV_{ij}(t) + c_1 r_{1j}(t)[p_{ij}(t) - x_{ij}(t)] + c_2 r_{2j}(t)[p_{gj}(t) - x_{ij}(t)] \tag{7.25}$$

$$x_{ij}(t+1) = x_{ij}(t) + V_{ij}(t+1) \tag{7.26}$$

其中，下标 j 为粒子的第 j 维；i 为粒子 i；t 为第 t 代；V 为粒子的速度；w 为惯性权重；c_1、c_2 为学习因子，通常在 [0，2] 上取值；r_1、r_2 是介于 [0，1] 上的随机数；p_i 为第 i 个粒子目前搜索到的最优位置；p_g 为整个粒子群迄今为止搜索到的最优位置。

惯性权重 w 使粒子保持运动惯性，使其有扩展搜索空间的趋势，有能力探索新的区域；学习因子代表了将每个粒子推向 PBEST 和 GBEST 的统计加速项的权重；$V_{ij} \in [-V_{max}, V_{max}]$，$V_{max}$ 为常数，由用户设定，如果 V_{max} 太大，粒子有可能会飞过好解，如果 V_{max} 太小，粒子可能会缺乏足够的探索能力，容易陷入局部最优值。

3）多目标粒子群算法

粒子群算法在许多单目标优化问题中的成功应用说明了粒子群算法的有效性，但是粒子群算法不能直接应用于多目标优化问题，因为单目标优化问题和多目标优化问题有着本质的区别：前者一般是单个解或一组连续解，而后者则是一组或几组连续解的集合。

将粒子群算法应用于优化问题的关键是确定每个个体的局部和全局最优位置。单目标优化问题解决方法很简单，每个粒子的局部最优位置都是由该粒子的历史最优位置决定的，全局最优位置由当时的群体中的全局最优位置决定。但是对于多目标优化问题，由于并无单个的最优解，所以不能直接确定局部最优值和全局最优值这两个量。为了解决这个问题，Coello 和 Lechuga（2002）在非劣最优概念的基础上利用了一个“容器”来记录已找到的非劣向量，并用这些解来指导其他粒子的飞行。Parsopoulos 和 Vrahatis（2002）应用了权重聚合的方法。Hu 和 Eberhart（2002）应用了动态邻近的 PSO 算法来求解多目标优化问题。

另外，一些多目标粒子群算法采用了多目标演化算法中常用的归档机制：存在一个外部的记忆体，该记忆体始终保持在整个迭代过程中的非劣性，群体中的每个个体的全局最优位置由该记忆体产生。实验证明，归档机制能够大幅度提高算法的收敛速度以及解的质量（Purshouse and Fleming，2002）。采用该机制的多目标粒子群典型算法有 Carlos A. Coello 和 Maximino Salazar Lechuga 的多目标粒子群算法（CMMOPSO）（Coello and Lechuga，2002）。该算法迭代过程中所需的全局最优位置由外部记忆体存储，针对每个个体，采用轮盘赌算法从外部记忆体中选出；每个个体的局部最优位置为该粒子的历史最优位置，而当需要更新粒子的历史最优位置时，按 Pareto 支配关系从该粒子的当前位置和历史最优位置中选择较优者作为升级后的历史最优位置，如无支配关系，则从两者中随机选择一个。

Carlo R 等对此算法进行改进，提出了将拥挤距离（Crowding Distance）应用于粒子群算法解决多目标问题，并结合多样化操作、变异操作以及约束限制，得到了较好的效果（Raquel and Naval，2005）。

2. 多目标粒子群算法与多目标区域搜索

1）整数空间的粒子群算法

在栅格中随机产生粒子属于整数规划问题，由于所有粒子的位置必须位于栅格单元上，所以粒了位置的取值必须在整数空间中，用栅格单元的行和列表示。而原来的粒子群算法取值范围是整个实数空间，因此，必须对原来的算法进行改进，保证所有粒子的位置处于正整数域。

整数规划问题可描述为 $\min f(\underline{x})$，$\underline{x} \in S \subseteq Z^n$，其中 Z^n 为 n 维整数空间，S 为一整数集，可以为无界集。

当采用粒子群算法求解整数规划问题时，由于 w、c_1、r_1、c_2、r_2 的存在，即使粒子的当前位置和速度均为整数，下一位置也可能为实数，搜索仍在实数空间中进行。针对整数取值的问题，对粒子群算法的速度式（7.25）和位置式（7.26）进行了以下改进：

$$V_{ij}(t+1)=\mathrm{int}(wV_{ij}(t))+\phi_1+\phi_2 \tag{7.27}$$

$$x_{ij}(t+1)=x_{ij}(t)+V_{ij}(t+1) \tag{7.28}$$

$$\phi_1\in\begin{cases}[0,c_1(p_{ij}(t)-x_{ij}(t))] & p_{ij}(t)>x_{ij}(t)\\ [c_1(p_{ij}(t)-x_{ij}(t)),0] & p_{ij}(t)\leqslant x_{ij}(t)\end{cases} \tag{7.29}$$

$$p\{\varphi_1\}=1/\mathrm{int}(c_1(p_{ij}(t)-x_{ij}(t))) \tag{7.30}$$

$$\phi_2\in\begin{cases}[0,c_2(p_{gj}(t)-x_{ij}(t))] & p_{gj}(t)>x_{ij}(t)\\ [c_2(p_{gj}(t)-x_{ij}(t)),0] & p_{gj}(t)\leqslant x_{ij}(t)\end{cases} \tag{7.31}$$

$$p\{\phi_2\}=1/\mathrm{int}(c_2(p_{gj}(t)-x_{ij}(t))) \tag{7.32}$$

ϕ_1 为区间$[0,c_1(p_{ij}(t)-x_{ij}(t))]$中等概率分布的整数，$\phi_2$ 为区间$[0,c_2(p_{gj}(t)-x_{ij}(t))]$中等概率分布的整数。

上述改进遵照了粒子群的基本原理，并有效地保证了 V_{ij} 和 x_{ij} 都处于整数空间中。

2）区域搜索的适应值定义

为了更好地解释多目标区域搜索原理，我们定义一个多目标区域搜索的问题：寻找地价总和最低并且离公共设施点最近的区域。假定地价分布在计算之前已经知道，公共设施的位置固定。

定义：

I　区域单元格的编号；

N　区域包含单元格的数目；

C_i　单元格 i 的地价；

x_i　单元格 i 的 x 坐标（行）；

y_i　单元格 i 的 y 坐标（列）；

x'　公共设施的 x 坐标（行）；

y'　公共设施的 y 坐标（列）。

则多目标优化可定义为

$$\mathrm{minimize}c=\sum_{i=1}^{N}c_i \tag{7.33}$$

$$\mathrm{minimize}d=\frac{1}{N}\sum_{i=1}^{N}[(x_i-x')^2+(y_i-y')^2]^{\frac{1}{2}} \tag{7.34}$$

式（7.33）为区域所有单元格地价总和的最小值；式（7.34）为区域所有单元格距离公共设施平均距离的最小值。

3）区域搜索适应值的计算

区域选址适应值的计算不同于普通的选址问题，普通的选址的目的是选取最优的点域（一个栅格单元），所以计算某位置适应值的时候可以简单地将位置参数代入适应值函数进行计算。而区域选址目的是选取一片连续的区域（多个连通的栅格单元），这就使适应值的计算变得复杂化。计算过程涉及两个重要的因素：一是区域的连通性，首先要保证区域（多个栅格单元）的连通性，使其形成一片完整的区域；二是形状的最优化，区域选址必须得到最优的形状，即在相同或相近位置得到的适应值最优的栅格块的形状。

4）区域形状变异操作

NingChuan Xiao 和 David A Bennett 等在 2001 年提出保持区域连通性的算法，此算法在栅格连通性约束条件中，通过对栅格单元进行随机选取、移动、状态更新等一系列操作，得到新的区域形状（Xiao et al.，2002）。虽然算法中有相应的操作避免区域中“洞”的形成，但是该算法仍然存在缺点，操作还不够完善，在一定的情况下还会形成“洞”。本研究在此基础上对算法进行了改进，排除了形成“洞”的可能性，严格保持了区域的连通性。改进后的算法主要包括以下两部分内容：初始化区域形状（InitPosition（P））和形状变异操作（Shape-Mutate）。

（1）初始化区域形状

由粒子群算法随机产生的粒子 P 的位置作为区域左上角栅格单元的位置，整个区域形状最先初始化为规则的矩形块状。例如，整个区域由 9 个栅格单元组成，则初始化的形状为一个 3×3 的矩形；如果区域由 10 个栅格单元组成，则剩下的一个单元被加到矩形的下部，由左至右排列（图 7.26），粒子群算法随机产生的粒子 P 的位置位于栅格单元 0 上。

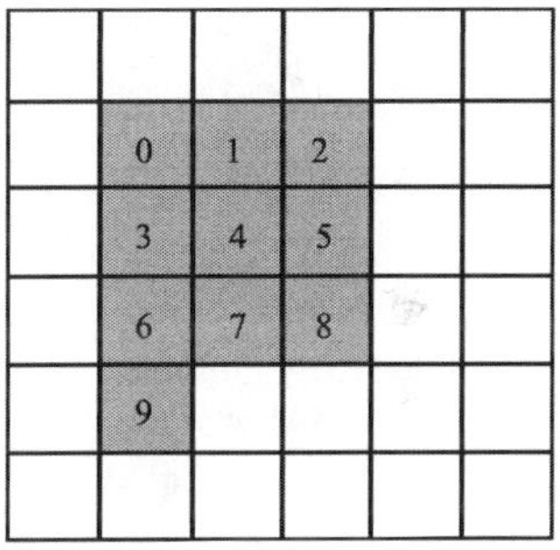

图 7.26　初始区域形状

（2）形状变异操作

初始化区域的形状后，执行区域形状变异操作以随机改变区域的形状。为了保存搜索区域的状态信息，首先要对搜索区域栅格单元的状态进行编码，用 sta 记录单元的状态值，如图 7.27（c）所示。

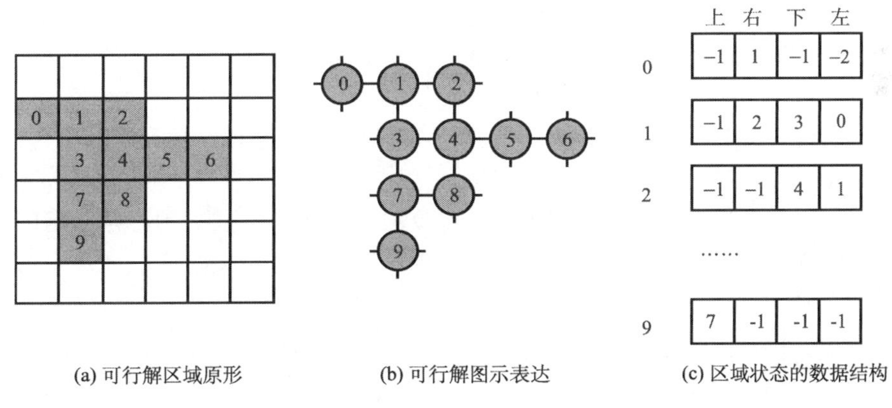

(a) 可行解区域原形　(b) 可行解图示表达　(c) 区域状态的数据结构

图 7.27　搜索区域表示方式

分别考虑栅格单元上、下、左、右四个方向邻域的状态。栅格邻域的状态有三种：①与其他区域单元相邻，记录其相应方向的状态值 sta 为相邻的区域单元的编号；②与边界相邻，记录其相应方向的状态值 sta 为－2；③不与任何区域单元或边界相邻，即为空邻域，记录其相应方向的状态值 sta 为－1。

形状变异操作基本原理：随机选取一个可移动的区域单元，将其移动到符合迁移条件的新位置。可移动区域单元是指将此单元从区域上移除后，区域还能保持连通性。判断一个区域单元P是否可移动，首先要计算其空邻域（sta=－1）的个数。①空邻域个数为0时，P不可移动，如图7.28中区域单元4为不可移动单元。②空邻域个数为3时，P为可移动单元，如图7.28中区域单元0、6、9为可移动单元。③空邻域个数为2时，如果其非空邻域单元之间存在着不经过P的连通路径，则P为可移动单元，反之则否。如图7.28中区域单元2、8为可移动单元（在单元2的非空邻域1和4之间，存在不经过2本身的连通路径1-3-4；在8的非空邻域4、7之间存在不经过8的连通路径4-3-7）；而5则是不可移动单元（4和6之间不存在不经过5的连通路径）。④空邻域个数为1时，情况同③。例如，图7.28中区域单元3为可移动单元（在单元3的非空邻域1、4和7之间，有不经过3本身的斜纹连通路径1-2-4-8-7），而1、7则是不可移动单元（0、3和2之间不存在不经过1的连通路径；3、8和9之间不存在不经过7的连通路径）。

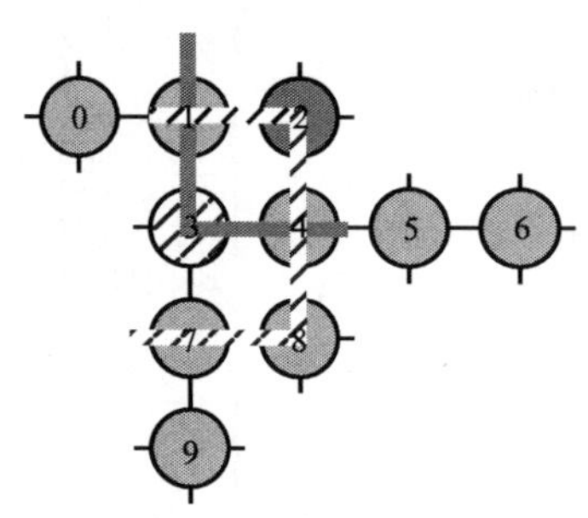

图7.28　可移动单元分析

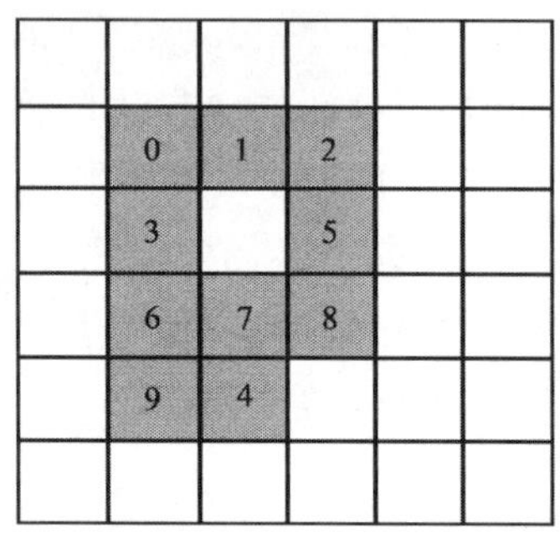

图7.29　“洞”示意图

符合迁移条件的新位置是指直接与区域相邻的空邻域单元，并且迁移到此位置后，不会在区域中产生“洞”。“洞”是指区域内部出现空单元的情况，如图7.29所示。一般情况下，为了保证区域连通性，区域选址问题都不希望在搜索区域中间出现留空的情况，因此，在改变区域形状的时候，要避免区域单元迁移时产生“洞”。以下两种条件下会导致“洞”的形成。①区域单元移动到“桥”位置。如图7.30，标注着的空单元格为“桥接”单元，此空单元仅仅连接两个已存在的区域单元。当区域单元移动到此位置，将会形成“洞”。②区域单元移动到“造洞”位置。如图7.31，标注着的空单元格为“造洞”单元，此单元至少存在一个空邻域，这个空邻域的其余3个邻域都是已存在的区域单元。当区域单元移动到这个位置时，也必定会形成“洞”。

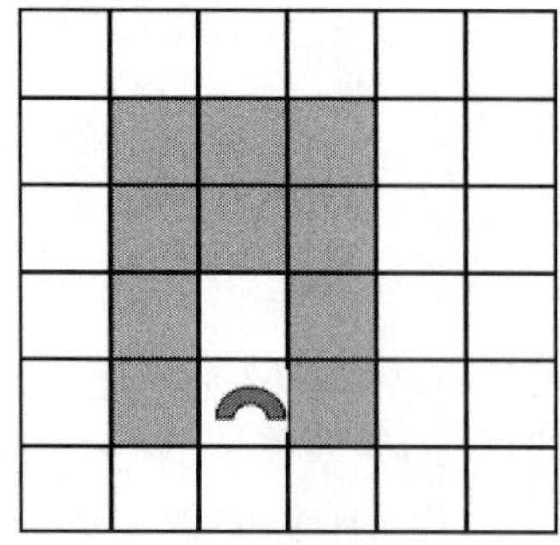
图7.30　“桥接”单元示意图

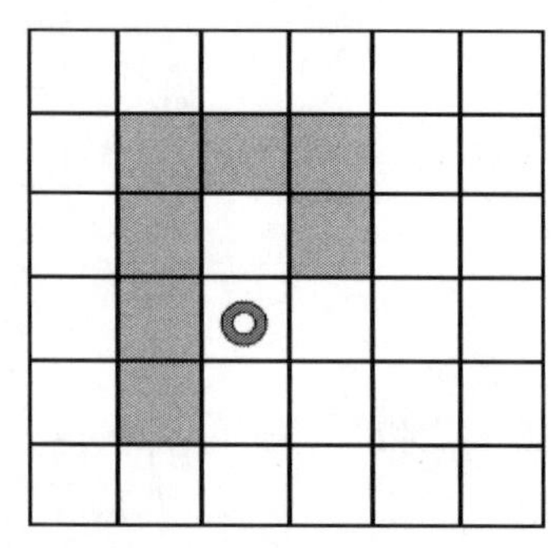
图7.31　“造洞”单元示意图

3. 模型应用及结果分析

1）测试数据

本测试使用面积为128×128个网格的栅格数据作为研究区，以住宅小区的最佳选址为例。假设搜索区域（住宅小区）的面积为10个单元面积［式（7.32）和式（7.33）中 $N=10$］，公共设施位于研究区域的正中央。地价分布分别使用3个不同函数作测试（表7.9）：随机分布函数（Uniform Random）、锥形分布函数（Conical）和岛状分布函数（Deformed Sombrero）。这三个函数产生的值代表了不同类型的空间分布数值，由随机分布到结构化分布。通过分析数值空间结构对选址结果的影响，可以看出算法的对各种分布函数都具有适应性。

表7.9 三种不同的测试函数

函数	方程	参数
Random	$C_{ij}=\text{random}(0.0, 1.0)$	服从随机分布
Conical	$C_{ij}=1-[f(i,j)/(2\times 64^2)]^{\frac{1}{2}}$	$f(i,j)=(i-64)^2+(j-64)^2$ $i, j\in(1, 2, K, 128)$
Deformed Sombrero	$C_{ij}=0.0002f(i,j)+4\exp[-0.01f(i,j)]$ $+0.00015ij-3\exp[-0.01f(i-50, j-50)]$ $-\exp[-0.01f(i+50, j+50)]$	$f(i,j)=(i-64)^2+(j-64)^2$ $i, j\in(1, 2, K, 128)$

2）测试结果

本次试验选取了100个粒子进行运算，利用奔腾IV主频为3GHz的计算机对三个测试函数做100次迭代的测试，所需要的时间均不超过5s。从图7.32～图7.34中可以看出，算法很快地使解空间收敛到Pareto最优解集中，并且每次迭代都产生优于上一代的非劣解，迭代次数越多，产生的非劣解越多，也越接近于Pareto前沿。以下分别是Conical函数测试、Sombrero函数和Random函数测试的结果。

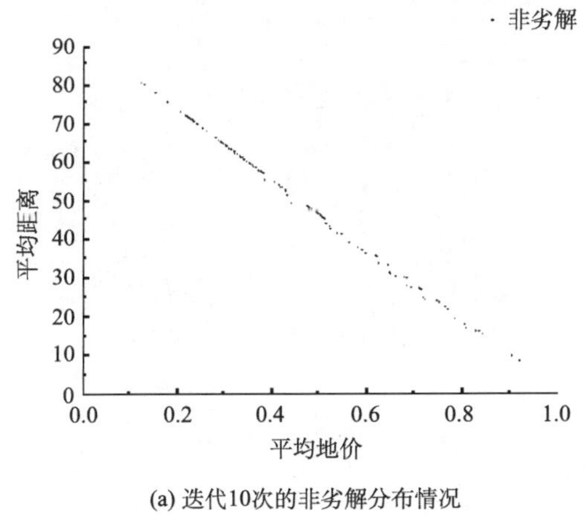

(a) 迭代10次的非劣解分布情况

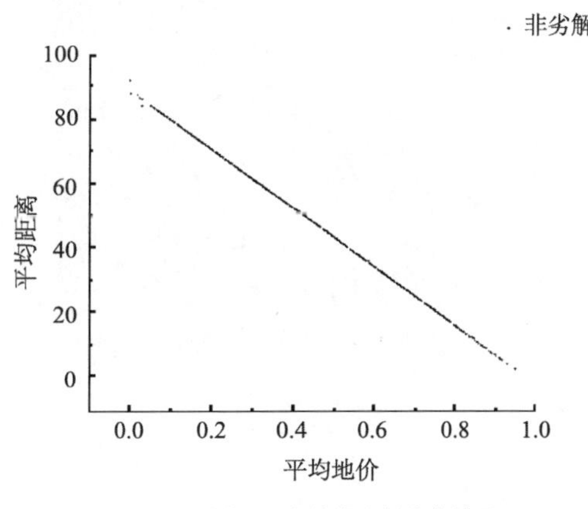

(b) 迭代100次的非劣解分布情况

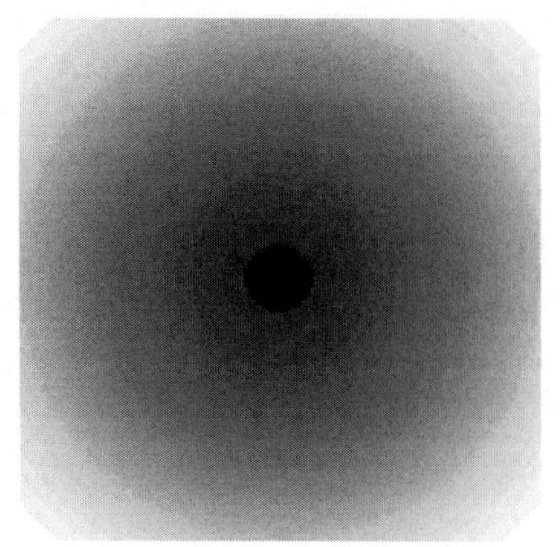

(c) Conical分布

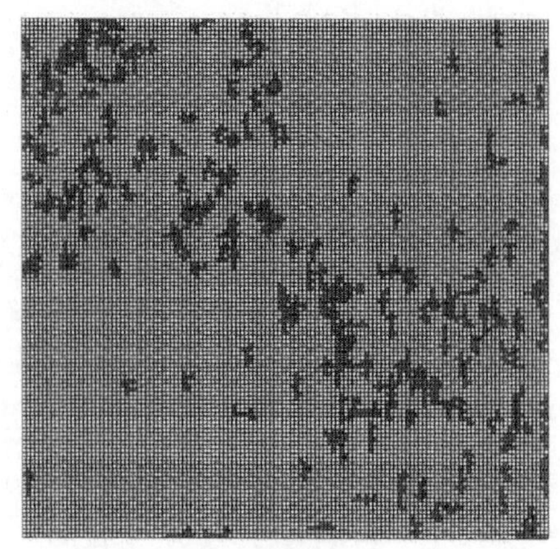

(d) 区域选址结果

图 7.32　Conical 分布函数的区域选址结果

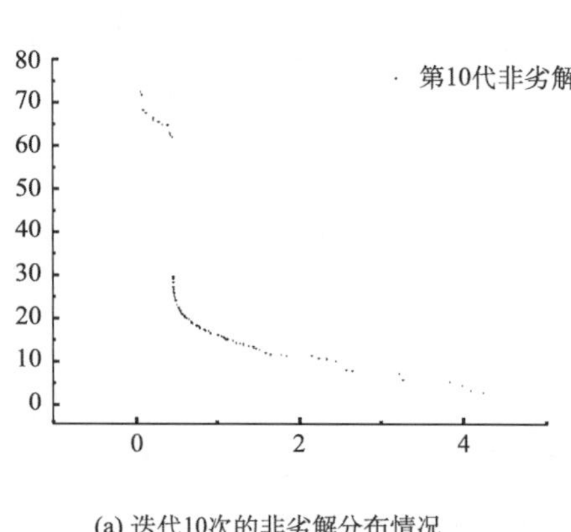

(a) 迭代10次的非劣解分布情况

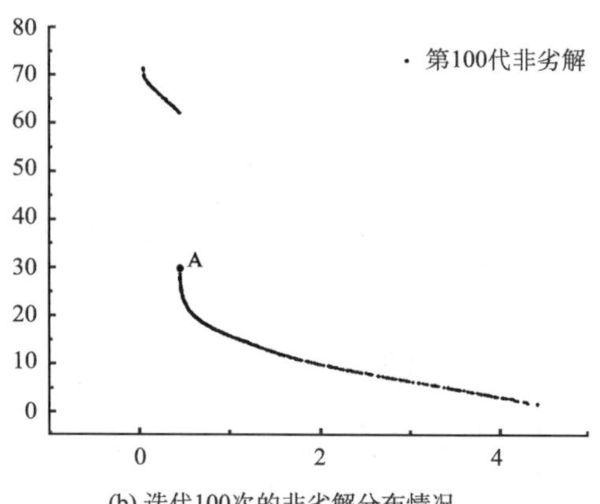

(b) 迭代100次的非劣解分布情况

(c) Deformed Sombrero 分布

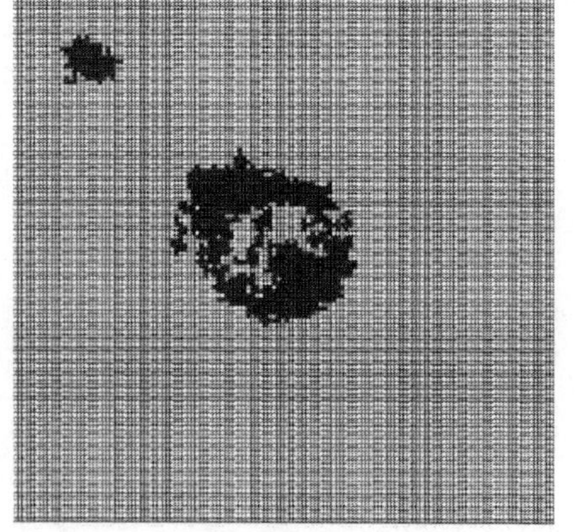

(d) 区域选址结果

图 7.33　sombrero 分布函数的区域选址结果

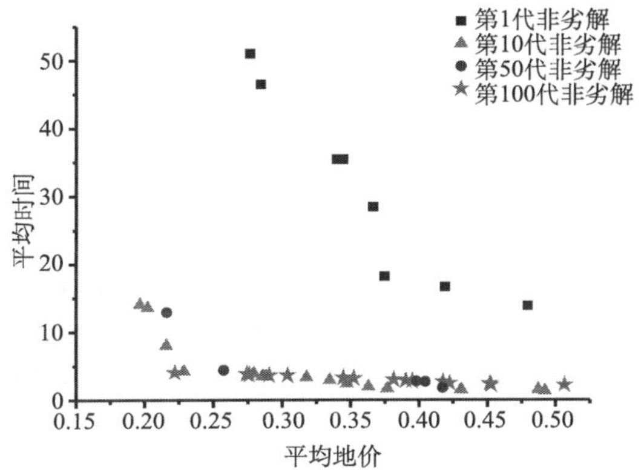

(a) 非劣解分布情况

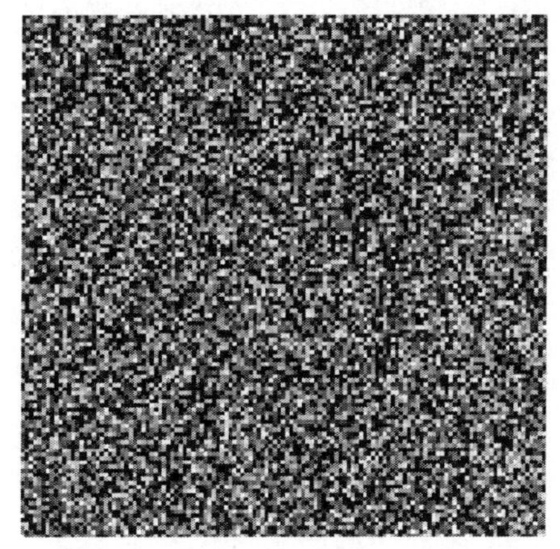

(b) Uniform Random分布

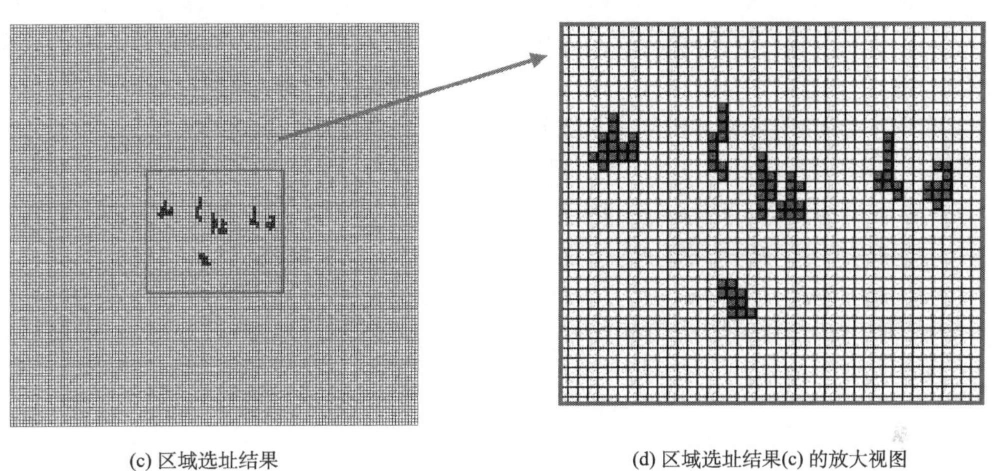

(c) 区域选址结果

(d) 区域选址结果(c) 的放大视图

图 7.34 Uniform Random 分布函数的区域选址结果

（1）Conical 函数测试。从图 7.32 中可以看出 Conical 函数对选址的影响。可以明显看出，图 7.32（b）比图 7.32（a）更密集、更均匀，说明迭代次数越多，解的分布越均匀，越接近 Pareto 前沿。图 7.32（d）中显示的选址结果分散分布在整个研究区域。由于地价呈锥形分布［图 7.32（c）］，越接近研究区域的中心数值越大，即地价与到中心设施的距离成反比关系，因此，图 7.32（a）和图 7.32（b）中 Pareto 前沿呈现为一直线，所有的解都落在了直线上。换言之，不考虑搜索区域的形状，任何一个解都是非劣最优解，因为对于每一个解，都找不到比它更接近公共设施同时地价更低的解(要想更接近公共设施，必须更靠近研究区域中心，这时地价必然升高，两个目标同时优化的情况不存在)。因此，选址的结果比较均匀分散地分布在整个研究区域。这种情况下，形状变异操作就起了筛选作用，在相同或者相近的位置能搜索出选址区域的最佳形状，(d) 中得到的结果都是形状优化后的解。

（2）Sombrero 函数测试。图 7.33（a）、（b）更明显地表现了非劣解在迭代运算中的动态改善过程。如图所示，非劣解的数量和均匀度不断地完善，第 100 代非劣解数量已达到 400 多个，并在整个 Pareto 前沿非常均匀地分布着。图 7.33（d）是选址结果分布图，从图中可以明显看出，在地价 Sombrero 分布［图 7.33（c）］的情况下，非劣解集主要出现在两个区域，首先出现在接近公共设施的位置，另外分布在地价较低的位置。非劣解形成的 Pareto 前沿［图 7.33（b）］不是一条连续的曲线，在中间部分断开，是由于此部分虽然平均地价相差不大，但到公共设施的距离都不优于 A 点，故只有 A 点是最优解，其他部分都不是非劣最优解。研究区域的右下角也出现了地价较低的区域［图 7.33（c）］，但此处并没有出现非劣解［图 7.33（d）］。这是因为出现地价谷值的两个区域是中心对称的，两者到设施的距离都一样，但左上角的谷峰值明显比右下角的谷峰值小，即左上角的地价要比右下角的低。因此，比较两者优劣时，在一个目标（到设施的距离）相同的情况下，比较另外一个目标（地价）就可以知道谁优谁劣。显而易见，左上角的解都要比右下角的解占优，研究区域右下角自然不会有非劣解出现。

（3）Random 函数测试。图 7.34 反映了地价随机分布时对非劣解的影响。图 7.34（a）清楚地显示了随着迭代次数的增加，非劣解集的变化情况。由第一次迭代后随机分布的状态迅速向研究区域中心靠拢，并且解的数量增多，分布也越来越均匀，最终出现了图 7.34（c）中的选址结果。这反映了在地价随机分布的条件下，公共设施的位置对选址结果有着决定性的作用。因为地价随机分布时不产生空间分布趋势，与空间地理位置无关，非劣解自然地向与空间位置相关的另一个目标——公共设施靠拢，认为越接近公共设施位置的解越优，因此，解都集中在研究区域的中心。图 7.34（d）清楚地显示了搜索结果的最优形状。

从上述试验可以看出，算法对各种函数都具有很强的搜索能力，在搜索到最佳位置的同时可以得到区域的最佳形状，并且能迅速地收敛到搜索空间的 Pareto 前沿，产生均匀的非劣最优解集。

3）实际应用例子及结果分析

（1）研究区域及空间数据。本研究以简单的大型购物中心选址为例，研究区域为广州市城区，包括海珠区、越秀区、荔湾区的全部和天河区及白云区的人口密集区。将整个研究区域分割为 100×100 个栅格单元，栅格的分辨率为 200m×200m，一个栅格单元的实际面积大概为 40 000m^2。

GIS 提供了空间优化模型所需的基本空间数据。实验同时考虑两个目标的优化情况，分别是购物中心到大型住宅小区的平均距离以及周边交通情况（到交通站点的平均距离）。我们认为以上两个目标越小越优。假设搜索区域（大型购物中心的占地面积）为 5 个单元面积，约 20 万 m^2。

（2）实验结果及分析。实验结果如图 7.35 所示。选址结果主要分布在天河区繁华地段、白云区人口稠密地区，部分结果分布在海珠区西北角、荔湾区北部以及东山区和天河区交界处。

以上选址结果分布的地区都是大型住宅小区的集中地，并且交通非常便利。天河区西面密集分布着豪景花园、嘉逸花园、跑马地花园、怡景花园、东城花园、华江花园等大型住宅小区，附近交通十分便利，还靠近火车东站、沙东客运站、天河客运站等大型

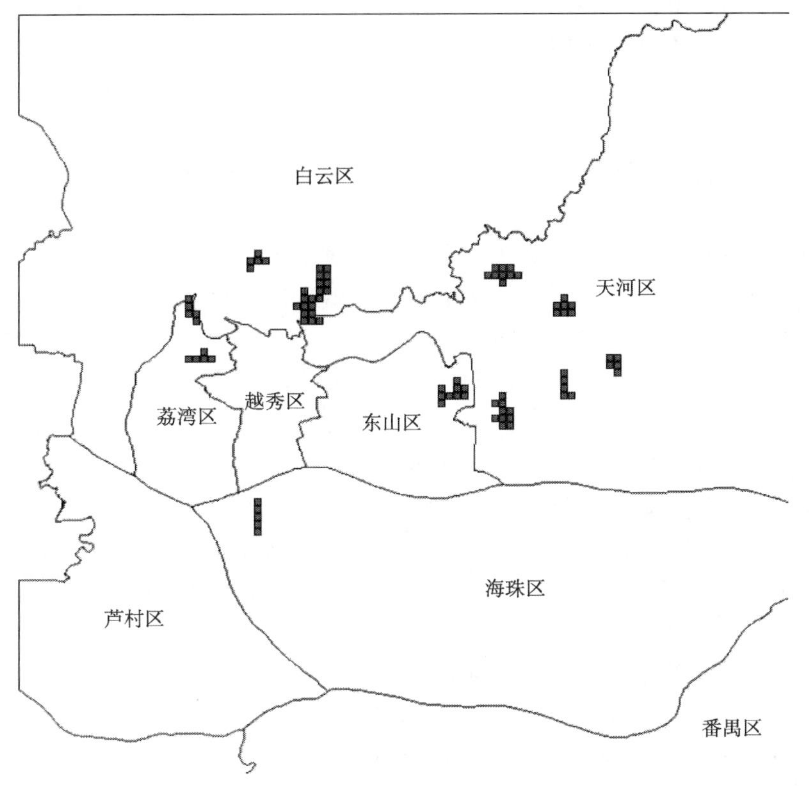

图 7.35　大型购物中心选址结果分布

车站，因此，大型购物中心的选址结果分布在此处是十分合理的。白云区处的选址结果临近祥港花园、和润花园、瑶台花园、云泉花园，荔湾区北部的选址结果临近德心花园、田心花园、雅怡花园、侨德花园、富力半岛花园等，这两处都属于老城区比较发达的地区，毗邻广园客运站、省汽车站、市汽车客运站、省火车站等大型车站，此处也可以作为大型购物中心的最佳选址地点之一。另外，东山区和海珠区西北角的选址结果也是大型住宅小区分布比较密集的地方，附近分别有雅景花园、锦城花园、金山花园、新世界花园和凤安花园、宝利丰花园、金沙花园、光大花园等，并且交通也十分方便。

可见，实验产生的选址结果都十分合理，在搜索到合适地点的同时，区域的最优形状也搜索出来。如果试图使用穷尽搜索法来解决购物中心的区域选址问题，位置和形状的组合将会产生无穷无尽的可能性，根本是不可能解决的。现在，开发商只要根据实际情况，在搜索结果的基础上选取适合的地点进行开发即可，可以忽略搜索结果以外的所有区域，节省了大量的时间和人力物力。

4. 结论

本小节提出了将多目标粒子群算法与形状变异算法相结合来解决多目标区域选址问题的方法。该方法可以智能地寻找最优位置并搜索到区域最佳形状，有效地解决区域搜索问题。在整个搜索过程中，搜索区域始终保持着空间连通性。在此前提下，结合经过改进的多目标粒子群算法，在各种不同类型分布函数的测试中，算法都能迅速并有效地捕捉到非劣最优解，到达 Pareto 前沿。算法最终产生的选址结果，能直接为决策者提供选择，决策者只需要在选址结果上按具体要求进行筛选，而不必再去考虑是否存在更优的方案。

7.2 智能式 GIS 与空间线状地物优化

与空间点优化相比，空间线优化较为复杂。线路的优化可分为已知网络条件下的优化和新线路的重新构造，其一般涉及两个目标，即线路的覆盖范围和线路长度。GIS 提供了在已知网络情况下，寻找两个节点（起始点）之间最短路径的功能，Dijkstra 算法被广泛地用来解决最短路径问题。但 Dijkstra 算法关注的只是所寻找的路径的长度或者费用，而没有涉及路径的覆盖范围（Evans and Minieka，1992）。传统的路径搜索方法都难以解决路径的覆盖问题。另外，Dijkstra 算法必须在网络的基础上才能寻找最短路径。如果我们采用栅格数据进行研究，必须先构造一个虚拟的网络，才能进行最短路径的搜索。而实际问题中的路径覆盖问题，往往不是在已知网络条件下构造的，如地下管线、地下铁路的选线等。因此，传统的方法难以解决在栅格条件下的路径优化问题。另外，当把路径的长度考虑进来时，路径搜索就变成了一个多目标问题。在很多情况下，路径长度和路径的覆盖范围这两个目标之间存在矛盾或者冲突，使得线路优化问题变得非常复杂，大大超出了传统 GIS 方法的能力范围。下面通过引入智能式 GIS 方法，弥补传统 GIS 方法的不足，为解决空间线路优化问题提供较为有效的研究方法。下面主要介绍蚁群智能算法在线路优化问题中的应用。

传统 GIS 方法在解决空间线路优化问题时具有很大的局限性。最近，一些生物群智能方法引起学者的大量关注，并被用来解决此类复杂计算问题，如粒子群算法、蚁群算法等（前面章节已做详细介绍），此类方法通过模仿生物群体行为抽象得到。蚁群算法主要是根据蚂蚁的觅食行为，在巢穴和食物之间寻找运输路径抽象而成。虽然单个蚂蚁的行为非常简单，但通过群体之前的交流合作，蚂蚁最后能找到连接巢穴和食物的最优路径。算法与前面提到的线路优化问题具有极大的相似性，都是寻找连接两点之前的路径。基于这种考虑，本节提出了一个基于蚁群算法的道路优化模型。模型设计了一个方向引导函数，用来指导蚂蚁的行进；提出一个新的目标函数，定义为覆盖区域与长度的比值，即单位长度覆盖最大化；同时结合线路优化问题的特征和蚁群算法本身的不足，对基本蚁群算法进行较大的改进，以适合问题的求解。实验结果表明，所构建的线路优化模型能得到较好的结果，表现出较强的稳健性。

1. 蚁群道路设计与优化模型

在城市道路建设规划过程中，确定一条连接两起始点的道路是规划工作者经常碰到的问题。该问题与蚂蚁觅食过程具有极大的相似性。蚂蚁在觅食过程中也有两个起始点，即巢穴与食物所在点，相当道路选线过程中的起始点，而且两者都是要确定一条连接这两个端点的线路。解决该类问题的关键在于如何连接两个起始点，达到特定的目标。根据目标的不同，形成不同的问题。如要使连接线路最短，就变成最短路径问题。Dijkstra 算法可以成功地解决道路网络规模不大条件下的最短路径问题。如在网格条件下，可以以每个网格为中心点，根据不同的邻域定义方式，将网格转变为网络。这样得到的网络很大程度上依赖于邻域的定义，不同的领域定义方法所得到的网络差别巨大。如要使连接两点的线覆盖的范围最大，就变成最大覆盖问题。如要同时满足以上两个条件，则变成最大覆盖/最短路径问题，该问题属于多目标优化问题。

本节的蚁群道路设计与优化模型主要是针对这类复杂的线路优化问题而提出的。由网格转变而成的网络，在很大程度上取决于邻域类型的定义方式，因此，在这里不对网格进行转变，直接在网格环境下运行该模型。整个路径构造过程按如下方式进行：

(1) 蚂蚁从初始栅格出发，初始栅格为当前栅格；

(2) 按一定的方式选择当前栅格邻近的八个栅格中的一个，把选中的栅格设为当前栅格；

(3) 重复 (2) 直到碰到目的地栅格，这样，一条完整的路径就构造完成。

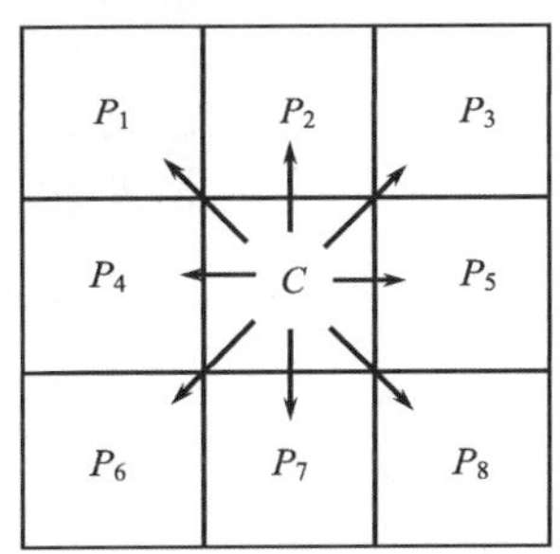

图 7.36　八邻域方法确定候选栅格

根据蚁群算法本身的特点与线路优化问题的特性，模型设计如下：

在蚂蚁路径构造的过程中，采取八邻域的方式确定候选栅格。如图 7.36 所示，C 为当前栅格，P1、P2、P3、P4、P5、P6、P7、P8 为路径构造上的八个候选栅格，其选择概率按如下公式计算：

$$P_{(C,P_i)} = \begin{cases} (\mathrm{pH}_{P_i})^{\alpha}(\mathrm{Angle}_{P_i})^{\beta} / \sum\limits_{P_j \notin \mathrm{tabu}} (\mathrm{pH}_{P_j})^{\alpha}(\mathrm{Angle}_{P_j})^{\beta}, & P_i \notin \mathrm{tabu} \\ 0, & \text{其他} \end{cases} \tag{7.35}$$

其中，Angle_{P_i} 为邻域栅格 P_i 的方向引导因子；pH_{P_i} 为邻域栅格 P_i 信息素引导因子；α 为信息指数；β 为启发指数。关于 Angle_{P_i} 和 pH_{P_i} 的计算方式的详细介绍见下面内容。

1) 定义目标函数

本节提出的线路优化模型是一个最大覆盖/最短路径的多目标优化问题。为达到最大效益的目标，可以把路径所覆盖的区域面积与路径长度的比值作为目标函数，从而将该多目标优化问题转变为实现单位路径的覆盖区域范围最大化的单目标优化问题。适应度函数可定义如下：

$$F = \mathrm{path}_{\mathrm{area}} / \mathrm{path}_{\mathrm{length}} \tag{7.36}$$

$$\mathrm{path}_{\mathrm{area}} = \sum_{i=1}^{n} \mathrm{node}_{\mathrm{coverage}}^{i} \tag{7.37}$$

$$\mathrm{path}_{\mathrm{length}} = \sum_{i=1}^{n-1} \mathrm{node}_{\mathrm{length}}^{i} \tag{7.38}$$

如图 7.37 所示，$\mathrm{path}_{\mathrm{area}}$ 为图中灰色的栅格区域面积；$\mathrm{path}_{\mathrm{length}}$ 为起始点和目标点之间的线段长度。若两个栅格对角相邻，则两者之间的距离计为$\sqrt{2}$；若直接相邻，则距离计为 1。

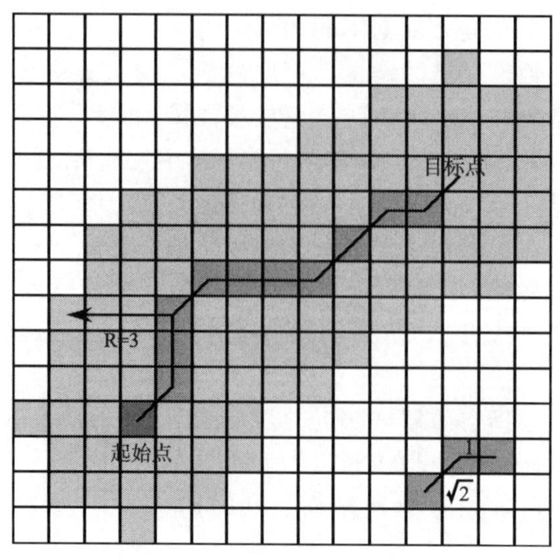

图 7.37　适应度值的计算方法

2）方向子模型

蚂蚁的路径构造过程，就是为了寻找一条连接起始点与终点的最优路径。为降低蚂蚁在路径构造过程中的盲目性，有必要引导蚂蚁往目的地前进，使蚂蚁具有不断向目的地靠拢的趋势和倾向。另外，要使蚂蚁所构造的路径的适应度函数值最大，应该使蚂蚁经过那些权重值较大的栅格。例如，如果要使路径单位长度覆盖最多的人口，就应该在增加路径长度不明显的同时，使蚂蚁构造的路径尽可能地经过那些人口密度较大的区域。因此，在蚂蚁构造路径过程中，应引导蚂蚁经过权重值大的栅格或者其周围的栅格。基于以上两方面的考虑，我们给出一个方向模型，来引导蚂蚁的路径构造。

首先，定义两个变量。R_{coverage}为路径覆盖半径，如果某个栅格与路径的最小距离小于此覆盖半径，则这个栅格被该路径覆盖，如图 7.38 中的覆盖半径长度为 3；$R_{\text{local-target}}$用来表示蚂蚁能感应到的权重较大的栅格的远近，如某个栅格及其周围一定范围内的区域权重值较高，如果此栅格与蚂蚁所在栅格的距离等于$R_{\text{local-target}}$，则蚂蚁倾向于向此栅格所在方向移动，一般情况下，$R_{\text{local-target}}$大于R_{coverage}。下面以$R_{\text{coverage}}=3$，$R_{\text{local-target}}=8$为例子做说明。如图 7.38 所示。

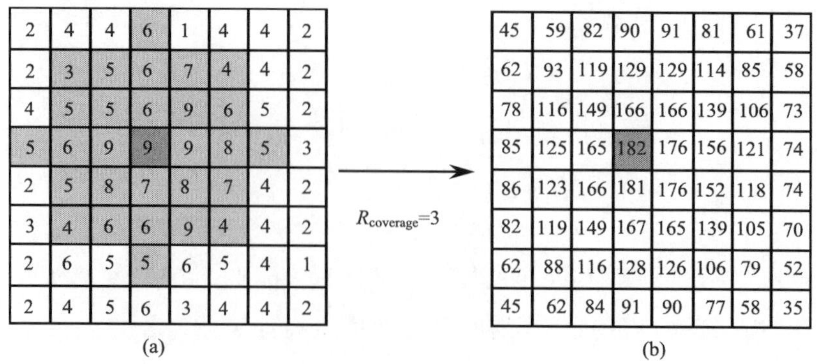

(a)

2	4	4	6	1	4	4	2
2	3	5	6	7	4	4	2
4	5	5	6	9	6	5	2
5	6	9	9	9	8	5	3
2	5	8	7	8	7	4	2
3	4	6	6	9	4	4	2
2	6	5	5	6	5	4	1
2	4	5	6	3	4	4	2

(b)

45	59	82	90	91	81	61	37
62	93	119	129	129	114	85	58
78	116	149	166	166	139	106	73
85	125	165	182	176	156	121	74
86	123	166	181	176	152	118	74
82	119	149	167	165	139	105	70
62	88	116	128	126	106	79	52
45	62	84	91	90	77	58	35

图 7.38　路径覆盖半径的计算方法

图 7.38（a）中值为 9 深灰色栅格，$R_{coverage}=3$ 时，周围的浅灰色栅格为其覆盖的区域，把浅灰色栅格连同它自己本身累加得到图 7.38（b）中的值为 182 的深色栅格。底图 7.38（a）中的其他栅格按此方式经累加计算后就得到图 7.38（b）。

在蚂蚁的路径构造过程中，在给定 $R_{coverage}$ 时，按图 7.38 中的处理方式，对整个底图进行累加计算。对于当前栅格 Current，根据 $R_{local\text{-}target}$ 值的大小，分别以 $R_{local\text{-}target}-0.5$ 和 $R_{local\text{-}target}+0.5$ 为半径画圆，得到以 Current 栅格为中心的圆环。在其中心点落入该圆环内的栅格中，找出累加值最大的栅格。假设 P_2 为 Current 栅格中心点垂直方向上的点，如图7.39 所示。θ_1 为 Current 点和 P_2 点连线与 Current 点和边缘点的连线之间的夹角；θ_2 为 Current 点和 P_2 点连线与 Current 点和 Destination 点的连线之间的夹角。$\text{AccumulateValue}_{c\text{-}max}$ 为图 7.39 中星点所在栅格的 AccumulateValue 值；$\text{AccumulateValue}_{max}$ 为整个图中最大的 AccumulateValue 值；D_{od} 为 Origin 栅格与 Destination 栅格间的欧氏距离；D_{cd} 为 Current 栅格与 Destination 栅格间的欧氏距离；constant 为一正常数。为保证在一定条件下 $w_{destination}$ 的值为非负，$w_{local\text{-}target}$ 为 Local-target 栅格方向的权重，其计算方法如式（7.40）；$w_{destination}$ 为 Destination 栅格方向的权重，其计算方法如式（7.41）。之所以如此设计，我们倾向于这样认为，在当前栅格附近的 AccumulateValue 值较小时，蚂蚁在这些区域逗留不会增加适应度函数值，应该直接向 Destination 栅格前进，而当蚂蚁距 Destination 栅格较远时，蚂蚁应向四周探索，努力寻找那些能使适应度函数值增加的区域。

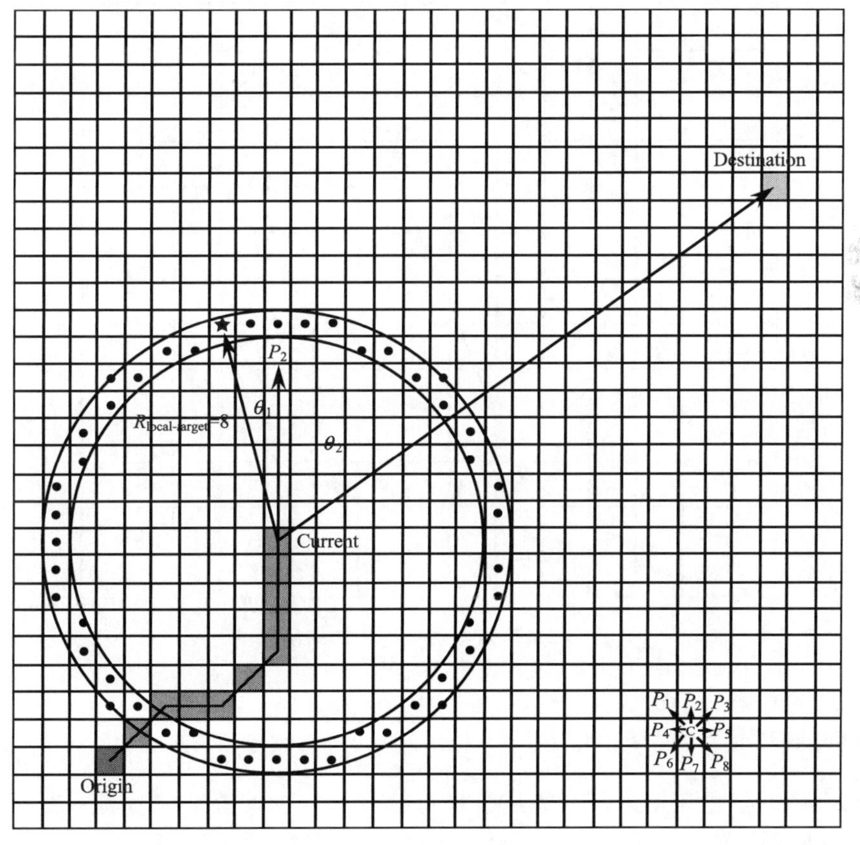

7.39　方向引导示意图

$$\text{Angle}_{G_i} = \exp(w_{\text{local-target}} \times \cos(\theta_1^{i}) + w_{\text{destination}} \times \cos(\theta_2^{i})) \tag{7.39}$$

$$w_{\text{local-target}} = 2 \times \text{AccumulateValue}_{\text{c-max}} / \text{AccumulateValue}_{\max} \tag{7.40}$$

$$w_{\text{destination}} = (D_{\text{od}} - D_{\text{cd}})/D_{\text{od}} + \text{constant} \tag{7.41}$$

3）信息素子模型

在蚂蚁构造路径过程中，我们采取八邻域方式，由于这八个栅格距离很近，所以其信息素值大小一般情况下都十分接近。如果选取这八个相邻栅格上的信息素来引导蚂蚁的行走，信息素发挥不了应有的作用，很大情况下都变成一种随机选择。为了放大这八个栅格之间信息的差别，先定义一个变量 $R_{\text{pheromone}}$，当 $R_{\text{pheromone}}=5$ 时，采取图 7.40 所示的方式，将当前栅格按图 7.40 示分为八个区域，并分别以 $R_{\text{pheromone}}-0.5$ 和 $R_{\text{pheromone}}+0.5$ 为半径作圆，圆环也被分为八个区域。在每个区域中，从中心点落在圆环内的所有栅格中，找出信息素最大的栅格，如图中箭头所指星点所在的栅格。以这些栅格的信息素浓度来引导蚂蚁行走，之所以选择信息素最大的值，而不选择每个区域内的栅格信息素浓度平均值来引导，与本模型所采用的信息素更新方式有密切关系，这将在后面做讨论。

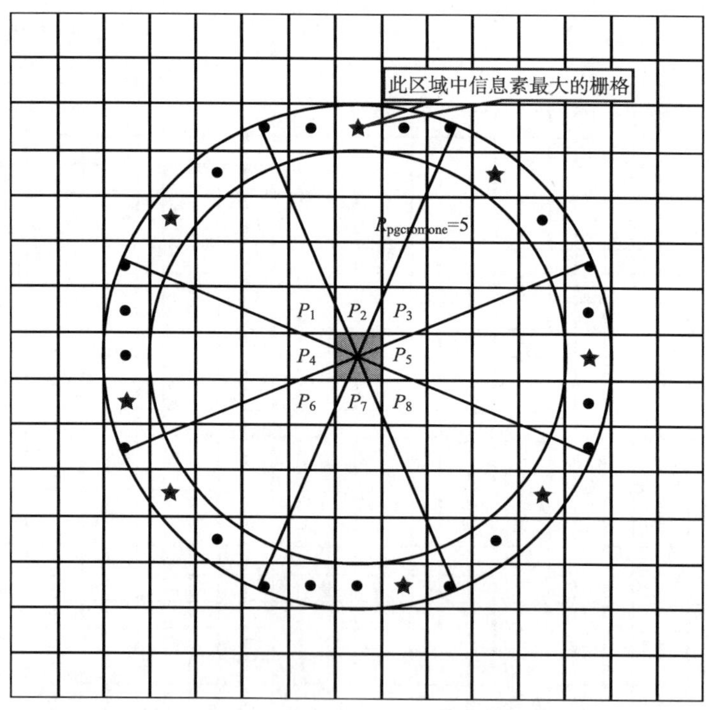

图 7.40　信息素引导栅格选取示意图

4）禁忌表更新策略

在 TSP 中，禁忌表用来保存蚂蚁已经过的城市，在该模型中，禁忌表则用来保存蚂蚁经过的栅格。但运行过程中，禁忌表中仅保存蚂蚁已走过的栅格是远远不够的，原因主要有以下两点：①蚂蚁在路径构造过程中，如果在某一个区域长期逗留，则其所构造的路径长度不断变大，而其覆盖的区域范围没有增加，根据适应度函数可知，这不利于蚂蚁所找路径向更优的方向进化；②根据适应度函数中的覆盖半径，蚂蚁经过路径覆盖半径范围内的区域已被路径所覆盖，如果前后两段路径的覆盖范围重叠，则不利于路径的进化。

在保证不约束蚂蚁路径选择、保持路径多样性的前提下，本模型根据已选择的路径，给出了相应的禁忌表更新策略。如图 7.41 所示，在 Current 栅格到 Origin 栅格的路径中，从 Current 栅格的前一栅格开始，按①、②、③…对路径所经过的栅格进行编号。对于编号为①的栅格，将与它直接相邻（不是对角相邻）的所有栅格列入禁忌表；对于其他编号的栅格，如果某栅格到第 i 个栅格的距离小于 $i\times\sqrt{2}/2$，则将该栅格并入到禁忌表中，当 $i\times\sqrt{2}$值大于两倍路径覆盖半径时，取两倍路径覆盖半径。

$$i=1\ R_{\text{tabu}}^{1}=1.0001;i>1\ R_{\text{tabu}}^{i}=i\times\sqrt{2}/2$$

$$\text{if } R_{\text{tabu}}^{i}>1.5\times R_{\text{coverage}} \text{ then } R_{\text{tabu}}^{i}=1.5\times R_{\text{coverage}}$$

$$\text{for every Grid}_{(k,m)} \text{ if } D_{(k,m)}^{i}<R_{\text{tabu}}^{i} \text{ then Grid}_{(k,m)}\in \text{Tabu}$$

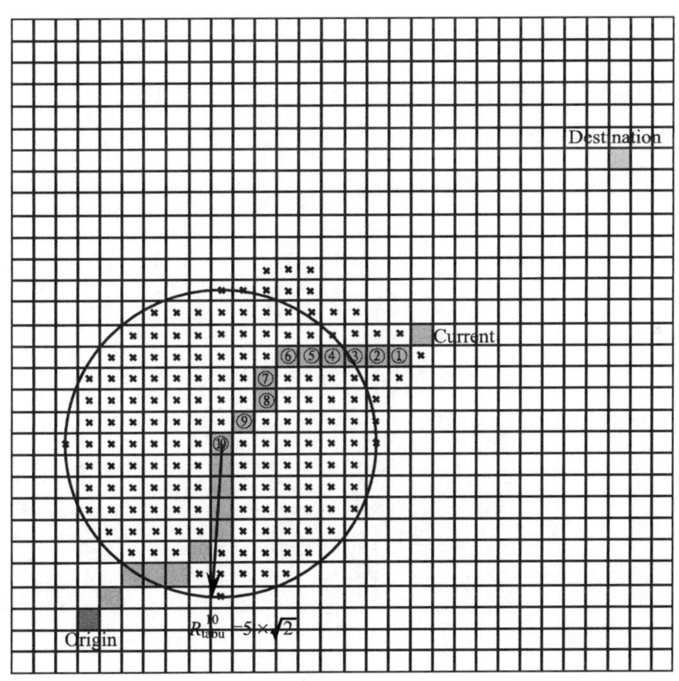

图 7.41　禁忌表更新

5)　信息素更新策略

蚂蚁在经过的地方留下信息素，以引导后续蚂蚁的行走，这是蚁群算法的灵魂所在。在 TSP 求解过程中，一次迭代，一条路径可能被多只蚂蚁经过，按照基本蚁群算法的信息素更新方式，每只蚂蚁经过，都会增加该路径上的信息素。通过实验发现，本模型采用这种传统方法来更新信息素，蚂蚁很容易陷入局部最优，而失去向最优路径进化的可能。因此本文在信息素更新策略上做了改进，在一次迭代过程中，如果多条路径经过某栅格，则采用适应度值最大的路径，来更新该栅格的信息素浓度。这种更新方式倾向于在经过区域按已获取的较优路径来指导路径构造，同时可以有效防止算法过早收敛。

为保持算法的多样性，使得蚂蚁在所有迭代过程中所找到的较好的路径都能够发挥作用，从而保证蚂蚁具有不断向最优解进化的可能，基本蚁群算法的信息素更新策略是按当前迭代过程蚂蚁所走过的路径来更新信息素。在我们的模型当中，先设定一个阈值，对于任意一个栅格，只要之前有蚂蚁经过该栅格，且蚂蚁经过路径的最大适应度值大于设定的阈值，就根据最大适应度值的路径来更新信息素。另外，为防止算法过早收敛于某几条或一条局部最优路径，我们采取小窗口的方式更新信息素。如选取一个 3×3 的窗口，该小窗口共有九个栅格，每个栅格都有与其对应的一条最优路径，只对路径适度值较大的几个栅格更新信息素，而其余的不予考虑。

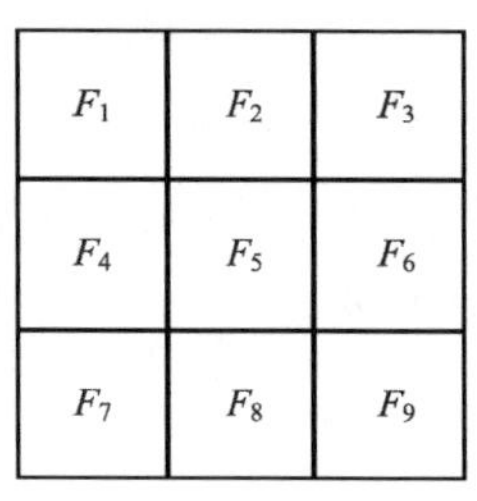

图 7.42　信息素更新小窗口

如图 7.42 所示 3×3 窗口，假定 $F_5>F_4>F_1>F_8>F_7>F_9>F_2>F_6>F_3$，则只更新适应度值最大的三个栅格（5，4，1）的信息素。

另外，与前面蚂蚁构造路径的第四步相对应，为使蚂蚁能构造一条更完整的路径，或使蚂蚁更容易找到目的地栅格，在信息素更新过程中，将目的地栅格附近一定范围内的信息素都设为最大值。

6）栅格路径后处理

在蚂蚁的路径构造过程中，前面采取的禁忌表更新策略可以防止蚂蚁在某区域内逗留。但为保证蚂蚁构造路径的多样性，禁忌表更新方式的标准不是很严格，即使采取更为严格的禁忌表更新方式，蚂蚁所构造的路径仍不可避免地存在冗余的栅格及不必要的路径弯曲。因此，有必要在蚂蚁构造一条完整的路径后，对路径进行后处理，后处理主要包括冗余栅格的去除［图 7.43（a）］和路径的取直［图 7.43（b）］。

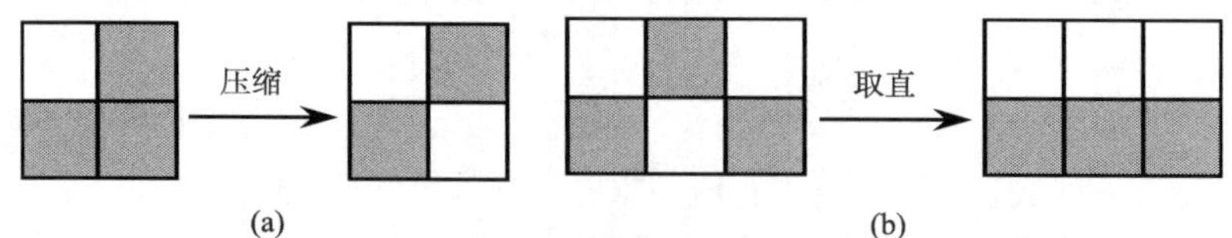

图 7.43　栅格路径压缩与取直

2. 模型验证及实验结果分析

1）实验数据

下面采用三组数据来验证本模型的有效性。三组数据都为 250×250 的栅格图，其中前两组数据为通过 ArcGIS 自动生成的理想数据；第三组为广州市城区的 2003 年的人口普查数据，以街区为单位。GIS 提供了空间优化模型所需的基本空间数据，根据人口普查数据和各街区边界的矢量空间数据，可以很方便地计算出每个街区内的平均人口密度。在模型运行前，需要将矢量数据转为栅格数据，栅格的分辨率为 100m×100m。进行模拟实验时，在这三组数据中，根据第一组数据的特征，选取起始点与目标点。为验证模型的稳健性，三组数据选用同一组起始点与目标点。三组数据及起始点与目标点如图 7.44 所示。

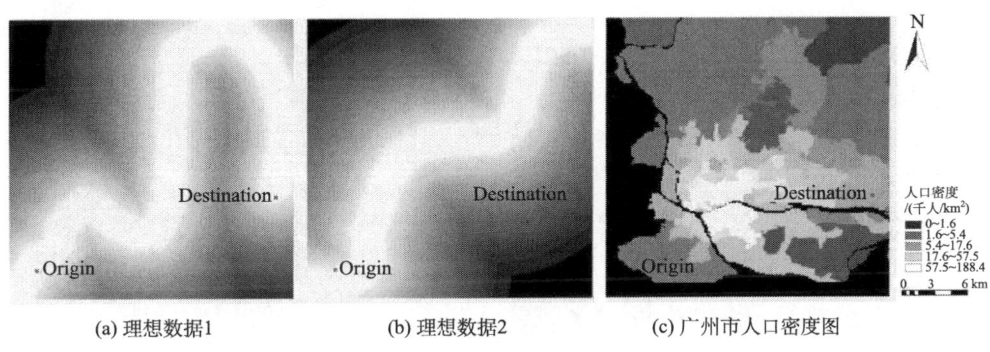

图 7.44 研究区数据

2）实验结果与分析

整个对比实验中，主要参数选择如下：总的迭代次数取 200，每次迭代的蚂蚁数为 20，$R_{\text{coverage}}=10$，$\alpha=2$，$\beta=1$，$R_{\text{pheromone}}=5$，$R_{\text{heuristic}}=3$，$R_{\text{local-target}}=10$。

图 7.45 是图 7.44（a）运行路径构造模型，在第 146 次迭代时得到的解，从图 7.45 中可看出，图 7.44（a）是自动构造的弯曲的理想数据，图 7.45 中找到的路径接近最优解，我们可以认为本模型在此类数据下能找到较优解，具有较好的求解能力。

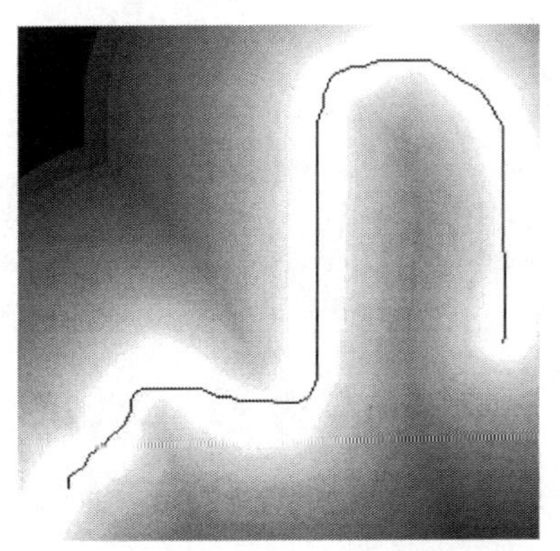

图 7.45 理想数据 1 的选线结果

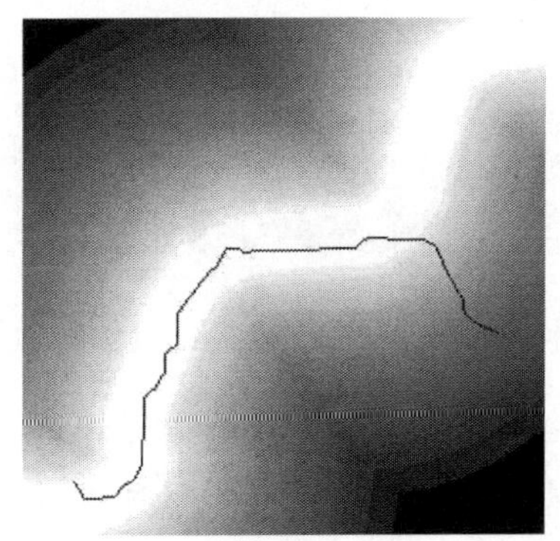

图 7.46 理想数据 2 的选线结果

图 7.46 是图 7.44（b）运行路径构造模型，在第 164 次迭代时得到的解，从图中可看出，图 7.44（b）是自动构造的理想数据，Origin Cell 位于权重较大（人口密度）的区域，而 Destination Cell 位于权重较小的区域。从找到的结果看来，该模型在此种

情况下也具有较好的求解能力。

图 7.47 是图 7.44（c）运行 200 次时，平均适应度值和最大适应度值的变化情况。该图表明蚁群算法在路径的优化过程中能得到较好的收敛，由该图可知，平均的适应度值和最大适应度值在迭代的最初阶段迅速增加，当迭代次数在 100～120 次时，其值达到稳定。

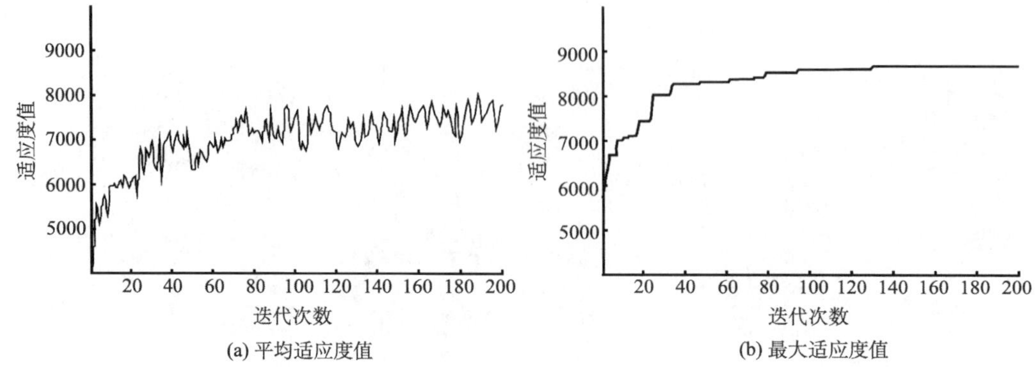

图 7.47 适应度值收敛曲线

实验结果显示，模型所得到的不是单一的优化结果，在重复的随机实验过程中，主要有两种类型的路径优化方案（图 7.48）反复出现，虽然这些解形状相差较大，但他们的适应度值相差较小。这也表明本文提出的方法对优化结果较强的探索能力。

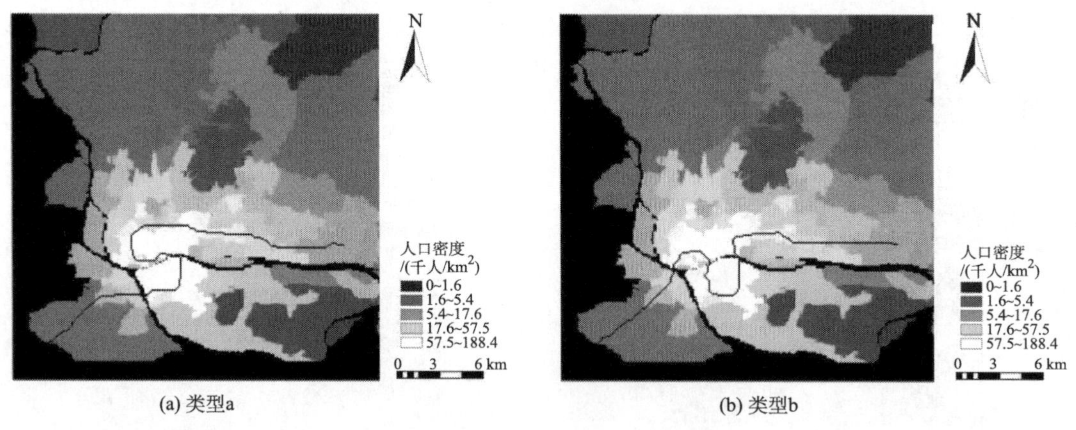

图 7.48 正向选线结果

为了进一步验证本模型在路径构造中的稳健性，在保证其他参数不变的前提下，将图 7.44（c）中 Origin Cell 和 Destination Cell 进行对调，即把 Origin Cell 设为 Destination Cell，把 Destination Cell 设为 Origin Cell，进行实验。实验结果表明，反向路线选取时，图 7.48 中两种模式的结果反复出现，这表明本模型具有较强的稳健性，图 7.49 是反向选取时反复出现的结果。

表 7.10、表 7.11 是正向和反向两种情况下，分别重复实验 10 次所得到的线路的

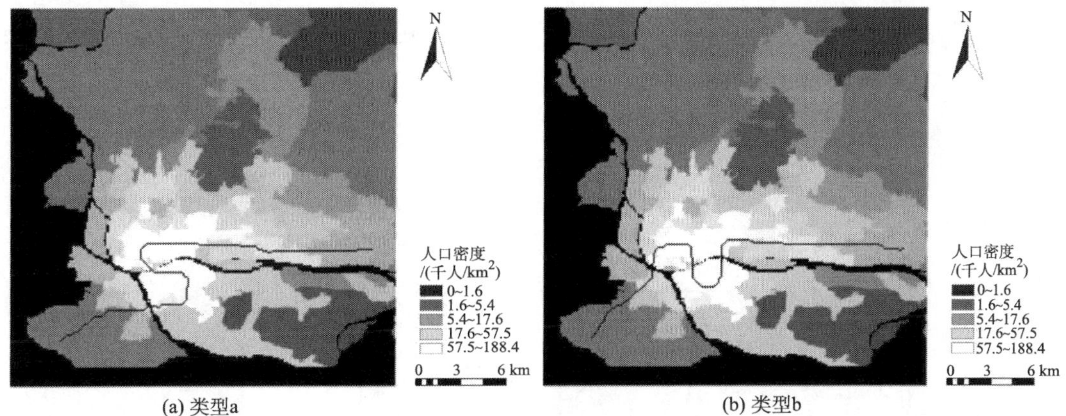

图 7.49 反向选线结果

最佳适应度值。从表中可看出，各个模拟结果适应度值相差不大，正向和反向的平均适应度值相差极小，进一步表明算法具有较强的稳健性。

表 7.10 正向选线结果适应度值列表

1	2	3	4	5	6	7	8	9	10	平均值	标准差
8479	8245	8626	8694	8701	8578	8214	8403	8312	8639	8489.1	185.6355

表 7.11 反向选线结果适应度值列表

1	2	3	4	5	6	7	8	9	10	平均值	标准差
8629	8390	8304	8365	8599	8727	8534	8237	8443	8514	8474.2	154.1376

另外，将本模型与其他算法进行对比，所进行的实验包括以下三个方面：①直接连接两起始点得到的直线路径；②在图 7.44（c）上，对每个栅格求倒数，按八邻域的方式先构造网络，然后用 Dijkstra 算法，求出一条累加的最短路径；③在图 7.44（c）上，按图 7.38 的方式，对每个栅格求累加值，然后按第二种方式求出一条最短的累加路径。结果如图 7.50 所示。

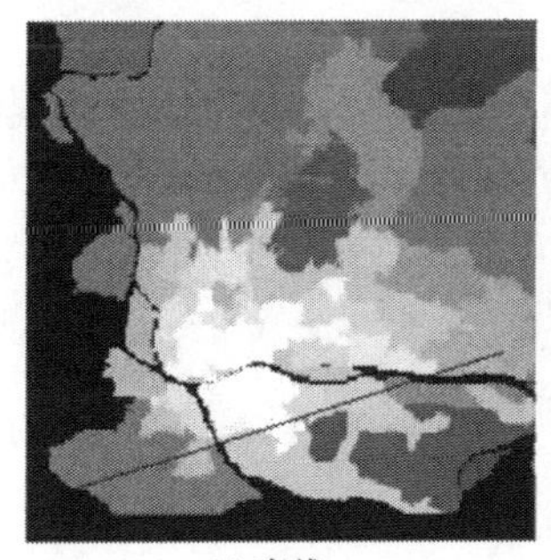
(a) 直线

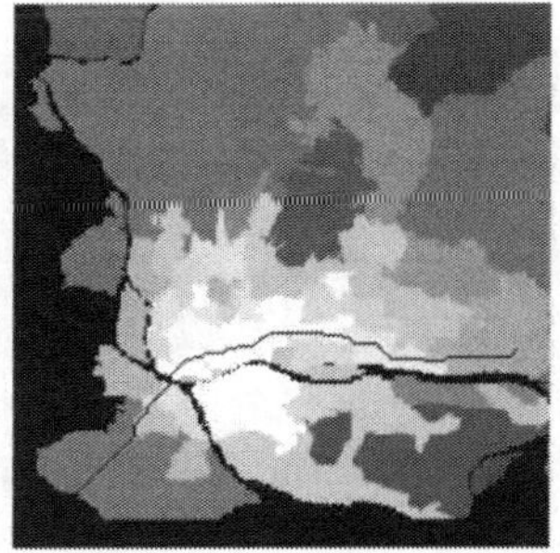
(b) Dijkstra算法

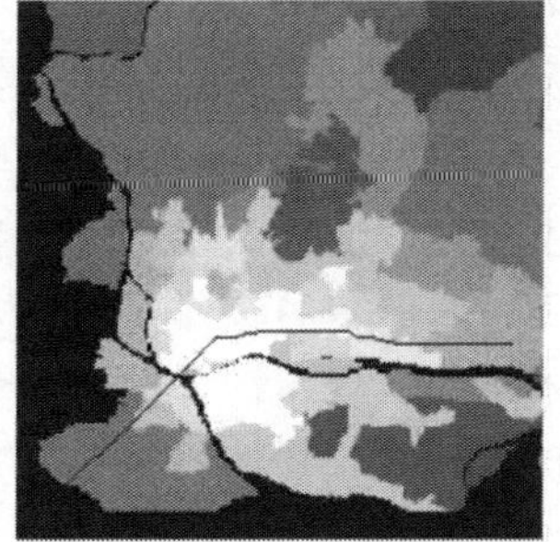
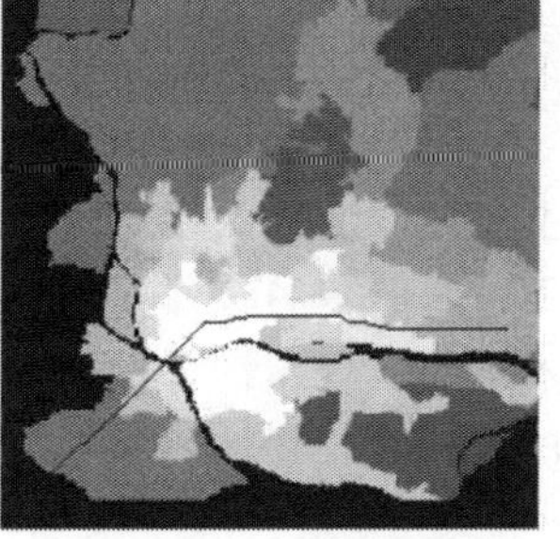

(c) Dijkstra算法(缓冲)

图 7.50 其他几种方法选线结果

图 7.51 表示各种方法适应度值对比情况，从图中可看出直线路径具有最小的适应度值，Dijkstra 路径相对于直线适应度值有较大的提高，Dijkstra（缓冲）方法相对 Dijkstra 适应度有小幅的提升，本节所提出的基于蚁群算法的模型找到的路径具有最大的适应度值（平均值）。由于 Dijkstra 用来解决累加路径最小值问题，小于本节的模型所得适应度值在预料之中。

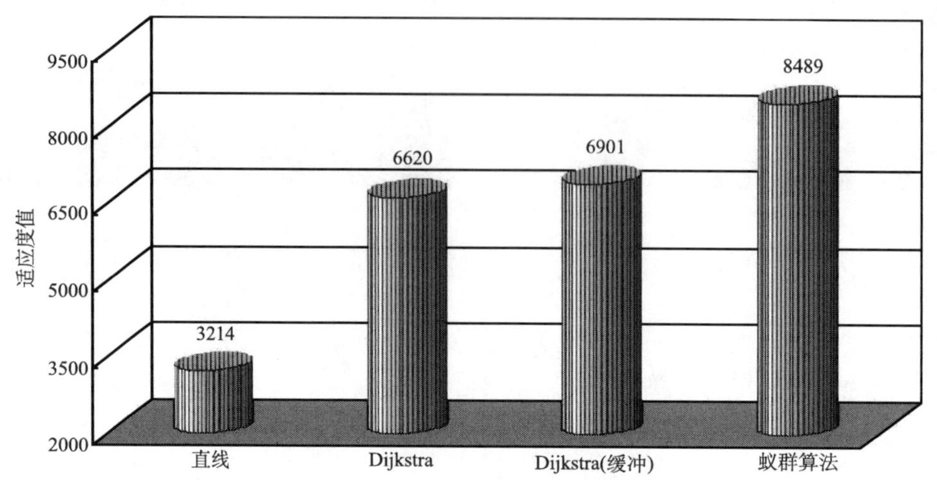

图 7.51　各方法选线结果的适应度值对比

3. 结论

城市规划中经常涉及线路的选择和优化，很多线路优化问题都是在没有路网的情况之下构造一条全新的线路。本节讨论在没有已知路网的基础上如何构造一条新的线路，根据以往的最短路径和路径覆盖问题，提出一个线路构造的新目标函数，解决单位长度覆盖最大化的问题，这是线路构造中一个全新的问题。在传统的线路累加方法无法很好地解决这类问题的情况下，根据所要解决问题的具体特征，引入与问题极为类似的智能式搜索算法——蚁群算法。为适应问题的求解，对基本蚁群算法进行了较大的改进，建立一个线路构造的模型，实验结果表明，提出的模型在三组数据的实验中取得了较好的结果。本节提出的模型对线路优化问题进行了有意义地探讨，为这类问题的解决提供了新一种思路。

在用模型进行运算的过程中，按所提供的参数，进行一次完整的线路优化需要近四个小时，运算量比较大。因而如何改进模型，提高模型的运行效率，使模型能够在更大数据量的数据底图上（区域更大或者底图分辨率更高），都能在合理的时间内取得满意的结果是我们下一步的工作。另外，进行真实的线路优化问题需要考虑更多的条件，如山体和水体等限制性条件、地质条件、已知的路网条件等，综合考虑各种条件进行线路优化也是我们下一步的研究工作。

7.3 智能式GIS与空间面状地物优化

空间面状地物的优化问题主要是指通过空间搜索，对区域面状地物进行优化，使其位置和形状达到最优，如土地利用规划、生态保护区规划等。与空间点状地物优化和空间线状地物优化问题不同的是，空间面状地物优化不仅需要达到位置最优，还需要达到形状最优的目的，因此，空间面状地物优化涉及复杂的空间信息计算问题，是一类极为复杂的空间决策与优化问题。依靠传统的GIS方法，无法完成空间面状地物优化的复杂计算任务。有必要引进智能式方法，帮助解决复杂的空间计算问题。下面以土地利用格局优化为例子，阐述基于多智能体的优化模型在面状地物优化问题中的应用。

在快速发展国家，大量的农业用地被转化为城市用地，由此产生了一系列环境问题，如土壤侵蚀、洪水和后备土地存量不足等（Li and Liu，2008），亟待开发能够满足多目标的土地利用规划工具来缓和地区各种用地冲突。土地利用规划是指将具体的土地利用活动分配到合适的用地单元（Stewart et al.，2004），因其涉及众多的区位特征（如适宜性、成本、环境影响等）和形态特征（紧凑性、连通性等），而成为一个十分复杂的规划问题（Cova and Church，2000）。在处理这些问题时，通常会用到栅格格式的土地利用适宜性的图层，当需要确定一片合适的区域而非单个的栅格时，仅凭适宜性图层是不够的（Brookes，1997），需要设计相应的算法和模型来生成可行的规划方案。

以元胞自动机和多智能体系统为代表的地理模拟模型能够方便地处理各种空间要素，或是与经典的地理模型相结合（He等，2008）来解决空间问题。虽然土地利用规划是一种空间决策问题，相关研究中应用地理模拟模型的非常少见。Ward等（2003）将元胞自动机和优化模型相结合，模拟并评价了两种截然相反的规划情景；在此研究中元胞自动机仅负责把优化模型的运行结果分配到空间上。与此类似，Li和Liu（2008）利用可持续发展策略来确定各个时期的用地数量，然后再利用模拟的方法来分配用地。实际上，上述研究都把整个土地利用规划流程分割成优化部分和分配部分。

本研究提出了利用多智能体系统来解决土地利用规划问题。与以往的研究不同，优化和分配这两个部分将被紧密地联结在一起。此外，本模型能够通过十分简单的智能体行为来生成土地利用优化方案，大大简化了建模过程。本模型的基本思路是：给定用地数量，通过智能体的决策行为和相互作用来涌现出一个优化的空间格局。其核心问题是定义智能体的行为准则。在本模型中，土地利用适宜性和形态约束这两类在大多数情形下都是矛盾的目标，将以适应度函数的方式嵌入到智能体的决策行为中。

1. 多智能体优化模型

在本模型中，每个智能体代表一个独立的决策个体，它负责确定一个土地利用单位的空间位置。图7.52是模型的运行流程。初始阶段，智能体的空间位置随机给定。智能体的数量根据给定的用地量来确定。在每一次迭代步骤中，智能体利用适应度函数来找出若干候选位置中的最佳位置，跟当前位置比较，进而确定是否移动。所有智能体完成决策之后形成的格局，将通过另外一个函数来评价，以确定其作为规划方案的合理性。当满足预设的结束条件时，模型停止迭代。为更好的阐明本优化模型，先就下面需要提及的若干概念进行定义（图 7.53）。

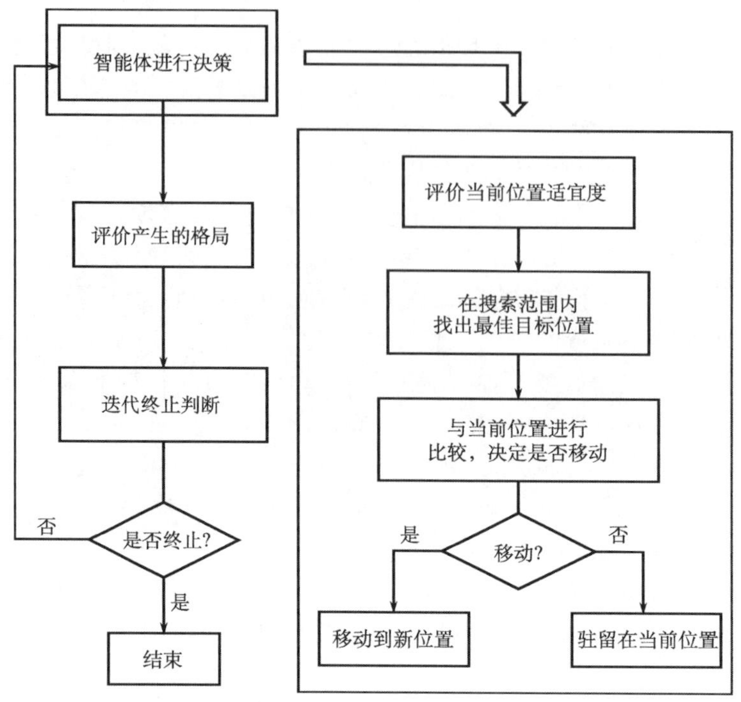

图 7.52 模型的运行流程

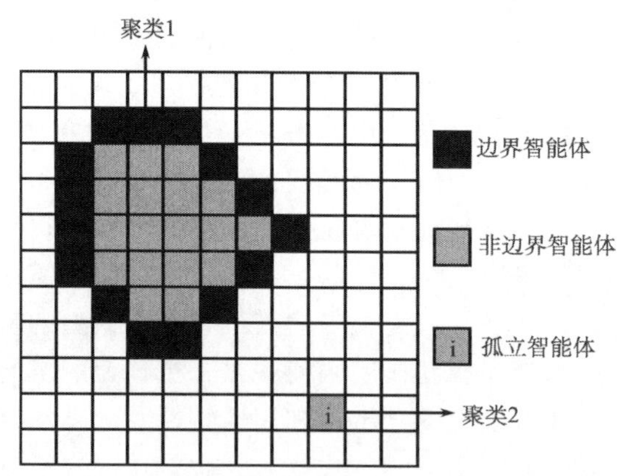

图 7.53 聚类、边界智能体、非边界智能体和孤立智能体

（1）聚类：指若干在空间上连通的智能体；

（2）孤立智能体：指一个聚类仅由一个智能体构成的极端情况；

（3）边界智能体：指处在聚类边界位置的智能体（孤立智能体本身也是边界智能体）；

（4）非边界智能体：指处在聚类内部的智能体。

1）智能体行为定义

模型中智能体根据适应度函数来衡量某个空间位置是否值得占据。适应度函数由两部分构成：土地利用适宜性 v 和空间效益 c，如下式所示：

$$f = w_v v + w_c c \tag{7.42}$$

其中，w_v 和 w_c 为权重，并满足 $w_v + w_c = 1$。

土地适宜性数据可通过 GIS 来获取。空间效益变量 c 促使智能体在空间上相互聚集，具体由下式来确定：

$$c = \frac{\sum_{i \in \Omega} x_i \exp(-d_i/\gamma)}{\sum_{i \in \Omega} \exp(-d_i/\gamma)} \tag{7.43}$$

其中，x_i 为一个二分变量，当一个位置为智能体占据时为 1，反之为 0；Ω 为中心智能体的邻域；d_i 为邻域内的智能体 i 到中心智能体的欧氏距离；γ 为一个取值范围为［1，10］的补偿系数。

上述对空间效益变量 c 的设置具有三方面的作用。首先，它加速智能体相互聚集形成聚类；其次，由于考虑了空间距离，由矩形邻域造成的模拟偏差也被消除；同时，连通性的要求也得到满足。

智能体在决定驻留原地还是移动到新位置之前，必须收集相关必要的位置信息。这些位置信息包括局部信息和全局信息两部分。局部信息指智能体在当前位置的邻域中其他位置的信息。智能体根据适应度函数值来确定邻域中的最佳位置。但这并不足以使智能体得出一个恰当的决策，尤其是在整个区域内不止一个数值高峰的情形下。因此，必须为智能体提供一定的全局信息。根据 Tobler 第一定律，距离越近的地理实体相关性越强（Tobler，1970）。基于这种思想，可通过如下方式为智能体提供数量合适的全局信息而不失有效性：随机选择一个边界智能体，并找出这个边界智能体的邻域中适应度最高并且空闲的位置。由于被选中的智能体当前所处的位置是上一次迭代时根据所获得的信息做出的最佳决策，再根据 Tobler 定律，其周围的位置也很有可能是适应度函数值较高的位置。而之所以是选出一个边界智能体而非任意一个智能体，在于假如选中的是非边界智能体，则其邻域已无空闲位置。因此，基于效率上的考虑，每次只在边界智能体中进行随机选择。所得出的结果称为全局候选位置，与之相对的根据局部信息得出的结果为局部候选位置。对两者的适应度进行比较，较高的作为最终的目标位置。最后，若目标位置的适应度高于当前位置，则智能体移动到目标位置的概率由下式得到：

$$P = \exp(\Delta)/\exp(1) \tag{7.44}$$

其中，Δ 为目标位置和当前位置的适应度差值。利用一个取值范围为［0，1］的随机数 r 作为指针，若 r 大于 P，则智能体移动到目标位置；反之则驻留在原地［式（7.45）］。

$$\begin{cases} r > P, & \text{移动} \\ r \leqslant P, & \text{停留} \end{cases} \tag{7.45}$$

权重 w_v 和 w_c 对于模型运行的结果十分敏感。当 w_v 为 0 时，智能体只考虑空间效益，整体格局将由初始阶段的随机分散演化成单一的、紧凑的聚类。由于土地利用适宜性没有起到任何作用，最终聚类的空间位置是完全不确定的。相反，若 w_v 为 1，即智能体只考虑土地利用适宜性，则最终区域中土地利用适宜性最高的位置都将被智能体占据。而一旦土地利用适宜性图层给定，则区域中适宜性最高的位置也将随之确定，无论模型运行多少次，最终的格局都是一样的，即没有任何不确定性。因此，当 w_v 的数值趋近于 1 的时候，模型运行结果的随机性也随之降低；相反，当 w_v 的数值趋近于 0 时，模型运行结果的随机性随之增加。

w_v 数值改变带来的另外一个作用则比较直观。在实际情况中，通常很难确定一个既能覆盖最适宜的位置又同时保持形态上的紧凑的格局。随着权重数值的变化，模拟结果的空间特性将呈现明显的不同。当 w_v 数值非常低时，最终格局将十分紧凑，但忽略了土地利用适宜性目标；相反，当 w_v 数值非常高时，尽管选中了全部最适宜的位置，但在格局上却十分凌乱、分散。显然，最优的格局一定是在这两种极端情况之间合理权衡的结果。

2）模拟结果的评价

在每次迭代结束之后产生的格局，将通过 F 函数来评价。F 函数综合了两类目标的实现程度，即总的土地利用适宜性和格局总体的空间效益。

$$F = \mathrm{SV} - \mathrm{SL} \tag{7.46}$$

$$\mathrm{SV} = \sum_{i=1}^{n} v_i / V_{\mathrm{MaxSum}} \tag{7.47}$$

$$\mathrm{SL} = \frac{L_{\mathrm{Sum}} - L_{\mathrm{MinSum}}}{L_{\mathrm{MaxSum}} - L_{\mathrm{MinSum}}} \tag{7.48}$$

其中，n 为智能体个数；V_{MaxSum}为最适宜位置的适宜性总和；$\sum_{i=1}^{n} v_i$ 为模拟结果的适宜性总和；SV 为 $\sum_{i=1}^{n} v_{\mathrm{i}}$ 和 V_{MaxSum}的相对值，作为土地利用适宜性目标实现程度的衡量；SL 则为对模拟结果空间效益的评价。在面积给定的情况下，圆形是最紧凑、周长最短的形态。因此，根据规划的用地量，可计算出当整体格局最紧凑时的周长 L_{MinSum}；相反，当另外一种极端情况发生时，即每个智能体都作为孤立智能体存在，整体格局的周长最长，用 L_{MaxSum}来标识。L_{Sum}为实际模拟结果的周长。简而言之，模拟结果的优越性随着 SV 的增加和 SL 的减小而上升。

2. 模型应用和结果

1）模型有效性测试

在实际应用本模型之前，先利用两组试验数据对模型进行测试，以确保模型的有效性。在测试中，智能体个数均设为 800，局部搜索范围为 7×7。土地利用适宜性图层均为 200×200 的栅格数据（图 7.54）。测试数据 1 是一个单中心的适宜性图层，由一个指数衰减函数生成，在其中心附近的区域适宜性值最高

$$S_t = 100 \times \mathrm{Exp}(-d_{\mathrm{c}}) \tag{7.49}$$

其中，S_t 为测试数据 1 中的土地利用适宜性值；d_{c} 是标准化后距中心的距离。

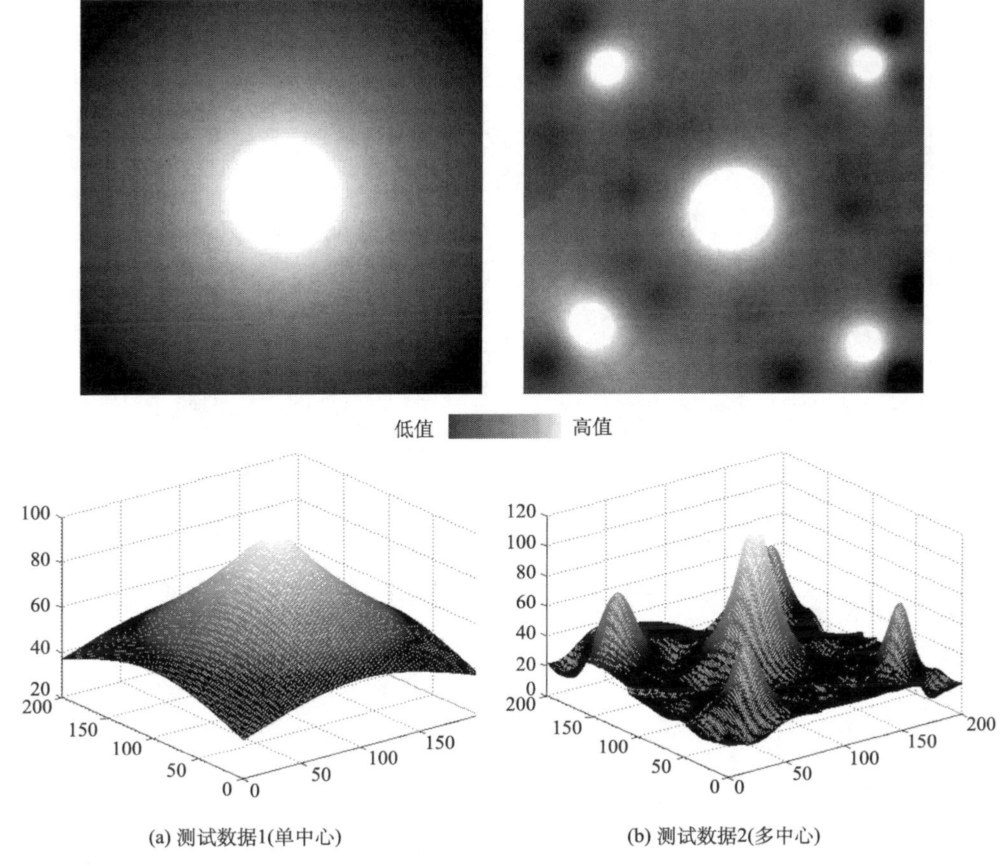

(a) 测试数据1(单中心)　　(b) 测试数据2(多中心)

图 7.54　测试数据

测试数据 2 是一个多中心的适宜性图层。中心附近有一个面积较大的适宜性高值区，区域的角落附近分布着四个面积很小的高值区。两组数据的中心高值区都足够容纳设定的智能体数量，因此，可以根据模型能否生成一个位置在区域中心附近的聚类来判断模型是否有效。

图 7.55 是测试结果。测试数据 1 中，经历了仅 50 次迭代左右，智能体就迅速地聚集成一个聚类［图 7.56 (a)］。尽管聚类的位置并未如预期的接近区域中心，但再经过数百次迭代之后，已经和最优结果十分接近。在测试数据 2 中，多中心分布有利于检验模型是否具有足够的健壮性。在初始的几次迭代中，部分智能体在四个较小的适宜性高值区形成聚类，但这些聚类很快分解，并涌向中心高值区。最终，在 50 次迭代之后，整体格局趋向稳定［图 7.56 (b)］。两组测试结果的 F 函数值都十分接近 1，表明模拟结果已经非常接近最优结果（表 7.12）。进一步将测试结果与最优结果在空间上进行叠加来检查两者的一致性。如图 7.57 所示，两组试验结果都有 96％左右的区域与最优结果重合。因此，上述模拟结果证明了本模型能够有效的生成一个连续的、优化的土地利用分配方案。

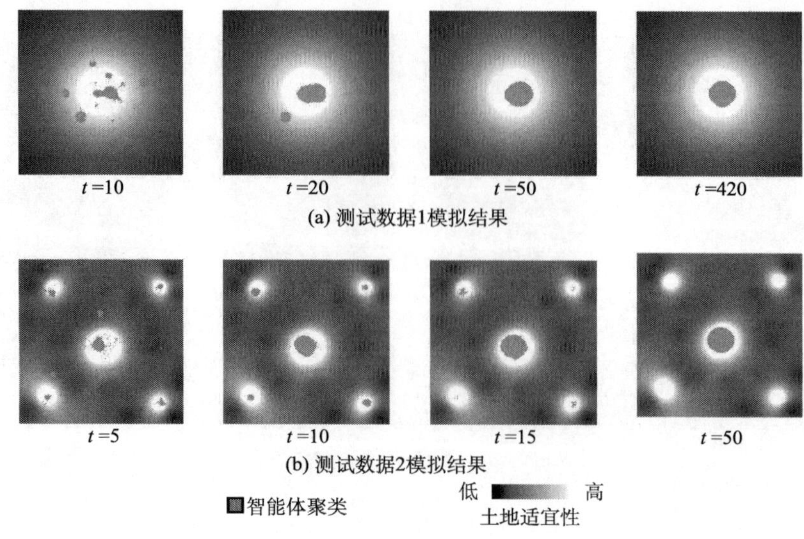

图 7.55　测试数据模拟结果

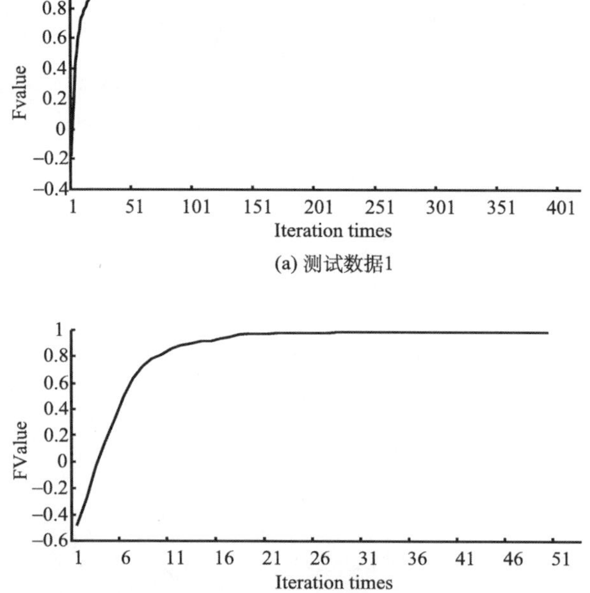

图 7.56　F 函数值变化曲线

表 7.12　测试结果 *F* 函数值

测试数据 1		测试数据 2	
$t=10$	0.7346	$t=5$	0.3194
$t=20$	0.9243	$t=10$	0.8114
$t=50$	0.9823	$t=15$	0.9187
$t=420$	0.9891	$t=50$	0.9889

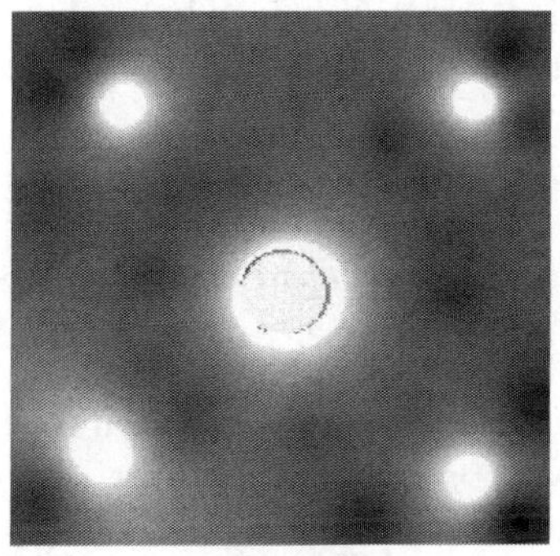

(a) 测试数据1　　　　(b) 测试数据2

重合比例：95.9%　　　　重合比例：96.7%

■ 仅在模拟结果出现的位置 ■ 仅在最优格局中出现的位置 □ 重合位置

图 7.57　测试结果与最优格局的对比

2）实际应用

将本模型应用到广州市番禺区（图 7.58）。许多研究表明珠江三角洲的快速土地利用变化已经导致了一系列问题（Yeh and Li，1997；Li and Yeh，2000）。根据 Seto 等（2002）的研究，1988～1996 年，珠江三角洲的城市用地增长超过 300％，大致 25％的新增城市用地来自于自然植被和水体，地区政府已经意识到这种趋势将会对未来发展造成威胁。番禺的发展趋势与之相似，大量的自然植被转化为城市用地，亟待建立自然植保护区来维持环境质量和未来发展的资源供给。利用本模型生成保护区规划方案，主要分为两步：①利用 GIS 和多准则来生成土地利用适宜性数据；②利用多智能体模型生成多种方案并加以比较，以找出最合适的方案。

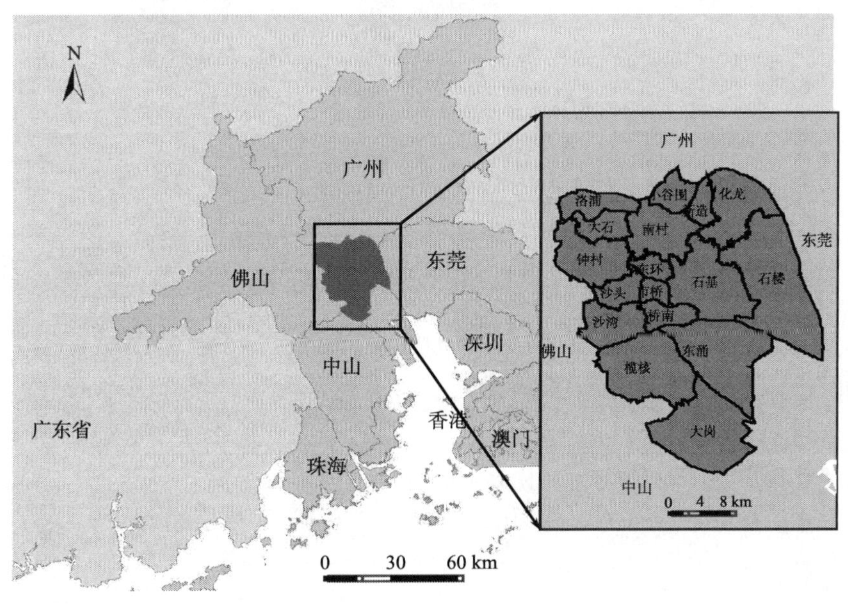

图 7.58　番禺区地理位置

土地利用适宜性图层所需的数据均为栅格数据（图 7.59），包括 NDVI 指数、距城镇中心距离、距高速公路距离、距一般道路距离、坡度和局部城市用地密度，分辨率均为 100m，数值范围均归一化为［0，1］。其中，归一化后的 NDVI 指数作为植被质量指标 $S_{vegetatio}$。任何保护环境的行动都不能以牺牲地区未来发展为代价，因此，适宜性计算也必须考虑城市未来发展潜力 S_{dev}，通过下式计算得到：

$$S_{dev} = w_h(1-d_h) + w_r(1-d_r) + w_t(1-d_t) + w_l l + w_\rho \rho \tag{7.50}$$

其中，d_h、d_r、和 d_t 分别为归一化后的距高速公路距离、距一般道路距离和距城镇中心距离；l 为坡度；ρ 为 7×7 窗口的城市用地密度；w_h，w_r，w_t，w_l 和 w_ρ 均为权重，并满足 $w_h+w_r+w_t+w_l+w_\rho=1$。最后，一个栅格作为保护区的适宜性 S 由下式计算得到：

$$S = S_{vegetation} - S_{dev} \tag{7.51}$$

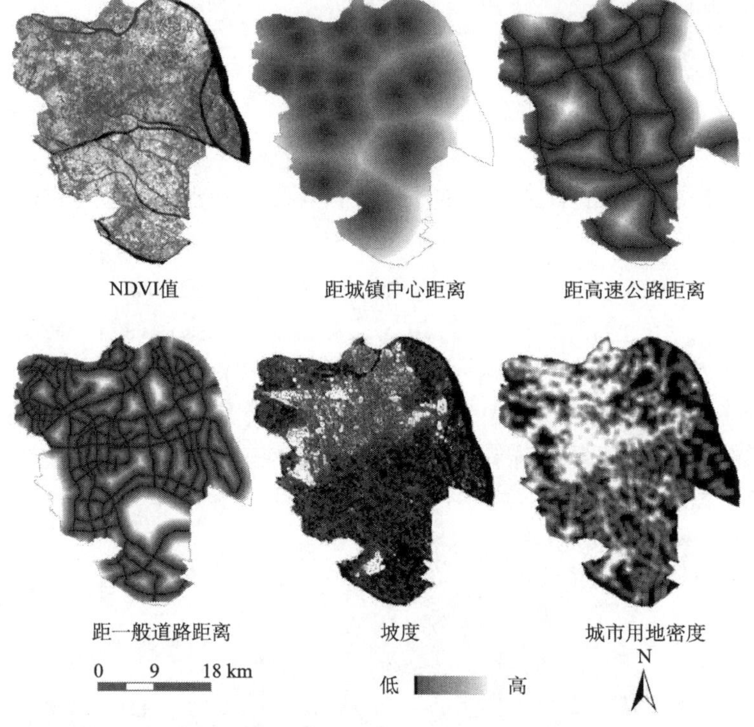

图 7.59 生成土地利用适宜性的数据

图 7.60 为智能体个数为 2000 个，w_v 取值从 0～1 时的模拟结果。当 w_v 的数值小于 0.3 时，均生成了一个具有高度紧凑性的聚类。此后，随着 w_v 数值的增大，适宜性变量的作用越来越大。当 w_v 在 0.4～0.8 时，尽管紧凑度下降了，但与此同时所获得的适宜性总和大大增加。而当 w_v 非常接近 1.0 时，起决定性作用的是适宜性变量，因此整体格局呈现出越来越破碎的变化趋势。利用式（7.45）评价所有模拟结果，以找出一个较为合适的参数取值范围。如图 7.61 所示，当 w_v 的数值在 0.5～0.8 时模拟结果的 F 函数值最高。

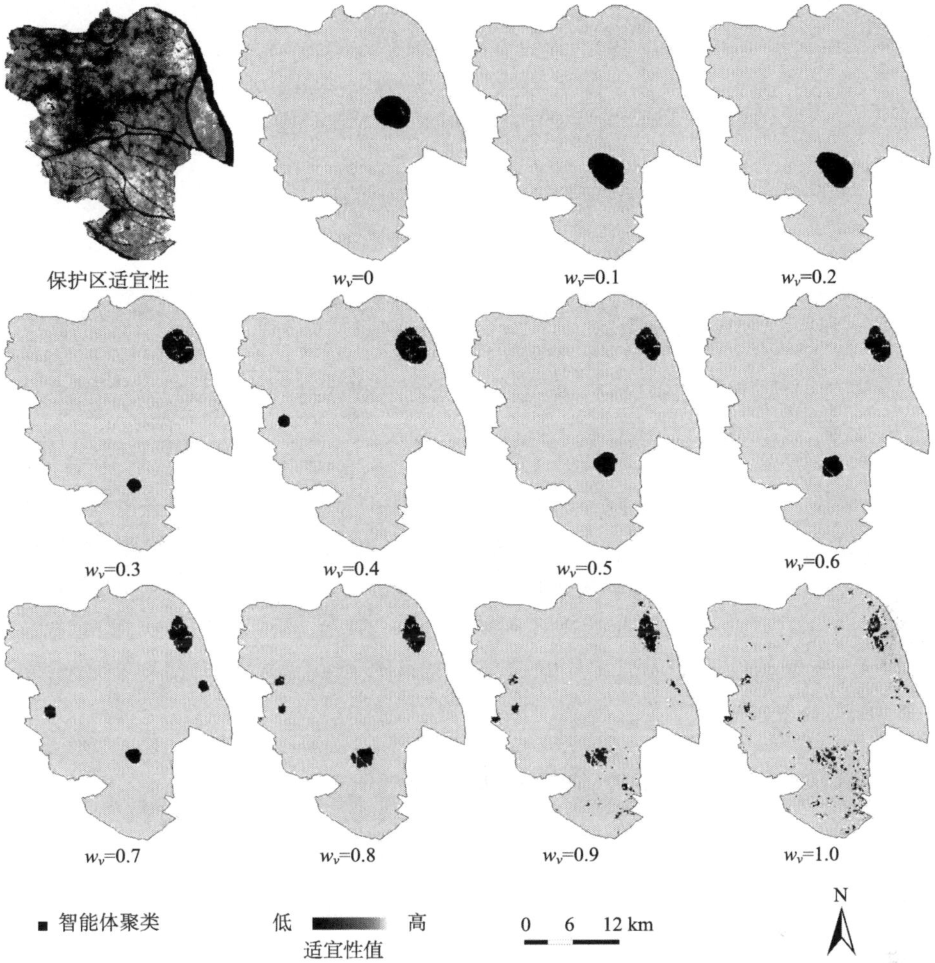

保护区适宜性　w_v=0　w_v=0.1　w_v=0.2

w_v=0.3　w_v=0.4　w_v=0.5　w_v=0.6

w_v=0.7　w_v=0.8　w_v=0.9　w_v=1.0

■ 智能体聚类　低　高　适宜性值　0　6　12 km　N

图 7.60　不同模型参数下的模拟结果

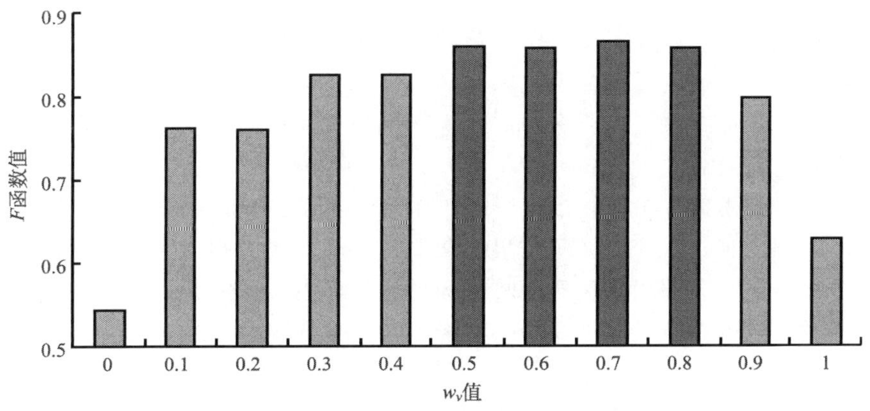

图 7.61　F 函数值直方图

为检查模拟结果的一致性，又进行了另外一组智能体个数为 2000 的模拟：w_v=0.0，w_v=0.7 和 w_v=1.0，分别进行 5 次模拟（共 15 次）。将模拟结果分别进行叠加，得到彩图 9 和表 7.13。模拟结果的一致性随参数调整的变化趋势十分明显：当 w_v 为 0 时，几乎没有一致性；而当 w_v 为 1 时，几乎完全一致；而当 w_v 为 0.7 时，空间上的不确定性主要集中在区域南部，而区域的东北部则出现了一个具有较高稳定性的聚类。

表 7.13　叠加结果统计

w_v	重合次数为 n 的智能体个数				
	n=1	n=2	n=3	n=4	n=5
0	8044	978	0	0	0
0.7	824	648	538	194	1098
1.0	47	44	43	104	1864

除了上述模拟外，又模拟了智能体个数为 8000、15 000 和 23 000 时的格局，大致占番禺总面积的 10%、20%和 30%。图彩图 10（a）为模拟结果，表 7.14 为相应的 F 函数值。同时，又利用 Eastman 等（1995）提出的 IR 算法来生成对应的格局，并利用式（7.46）进行评价。通过两者的对比可以发现，IR 算法虽然可以找出区域中最适宜的位置并保证连通性［彩图 10（b）］，但由于空间效益约束的缺失使得整体格局不够紧凑，导致其 F 函数值低于智能体模型生成的格局。

表 7.14　彩图 10 中模拟结果的 F 函数值

项目	智能体个数			
	2000	8000	15 000	23 000
多智能体优化模型	0.8653	0.8798	0.9036	0.9112
IR 算法	0.7505	0.8022	0.8354	0.8697

3. 结论

本研究利用多智能体来解决复杂优化问题，所提出的智能体模型通过个体决策来寻找一个连续的、优化的区域作为植被保护区。规划目标以适应度函数的形式嵌入智能体的行为，最终的优化结果是由所有个体的空间决策过程得到的。同时也定义了一个评价函数来衡量最终格局的优劣。

利用所提出的模型首先进行单中心和多中心两组试验数据的测试。当适宜性数值在空间上为单中心分布时，智能体所产生的格局很快演化成为圆形；当适宜性数值为多中心时，部分智能体在局部高值区形成较小的聚类，但很快分解并最终在区域中心附近形成单一的聚类。对试验结果进行评价，两者的 F 函数值都十分接近 1.0，表明模型具有较强的有效性。

进而将该模型应用于广州市番禺区生成植被保护区规划方案。模拟结果表明，当权重 w_v 的数值在 0.5～0.8 所获得的格局是最好的。此外，又分别进行了智能体个数为 8000、15 000、23 000 的三组模拟，大致分别占番禺区总面积的 10%、20%和 30%。

将模拟结果与IR算法得到的格局进行比较，IR算法由于没有空间效益约束，使得产生的格局缺乏必要的紧凑性，F函数值明显低于智能体模型模拟结果。因此，所提出的多智能体模型非常适合解决此类土地利用规划问题。

7.4 基于耦合的地理模拟优化系统

本节从系统平台建立出发，拟将模拟与优化耦合在一起，提出了地理模拟优化系统GeoSOS的概念与实现方法。建立了初步的GeoSOS1.1地理模拟优化平台，以作为GIS的重要补充工具。本系统包含了三个重要部分：地理元胞自动机、多智能体系统、生物智能（SI）。其核心内容就是根据微观个体的相互作用，达到模拟和优化的目的。根据Tobler地理学的第一定律，提出了GeoSOS统一的相互作用规则。本系统另一特色是具备了将模拟和优化耦合的能力。对比试验显示，由此能大大改善模拟优化的结果，为复杂的资源环境模拟和优化提供了强有力的过程分析工具。

7.4.1 引　　言

尽管GIS具有强大的空间数据管理和处理能力，但其在模型方面功能较弱，不能满足地理学家对过程等分析方面的需求（Gahegan，1999）。许多地理现象的时空动态发展过程往往比其最终形成的空间格局更为重要，如城市扩展、疾病扩散、火灾蔓延、人口迁移、经济发展、沙漠化、洪水淹没等。只有清楚地了解了地理事物的发展过程，才能够对其演化机制进行深层次的剖析，从而获取地理现象变化的规律。因此，时空动态模型对研究地理系统的复杂性具有非常重要的作用。

近年来，国际上主要利用元胞自动机来对这些复杂的地理过程进行模拟分析。例如，Clarke等（1997）提出SLEUTH模型来模拟美国的城市增长；Wu和Webster（1998）提出了多准则判断的模型来模拟广州的城市发展；我们提出了引入数据挖掘的方法来自动提取城市CA的转换规则（Li and Yeh，2004）。为了反映人文因素及政府等不同角色对地理过程的影响，采用多智能体系统方面的研究也引起了人们的重视。例如，Benenson等（2002）根据居民的经济状况、房产价格变动以及文化认同性等，模拟了城市空间演化的自组织现象、城镇的居民种族隔离和居住分异现象；Ligtenberg等（2001）提出了一种基于多智能体和元胞自动机相结合的土地利用规划模型，该模型引入了政府的主导规划因素。

与此同时，在资源环境的管理、规划和利用中，经常需要面对如何在空间上优化配置资源，以产生最大的效益的问题（Bong and Wang，2004）。从上至下穷尽方法是无法解决许多复杂的空间优化问题的，特别是当把GIS空间数据引入到空间优化决策模型中时，涉及的数据量非常大。基于生物智能（Swarm Intelligence）的方法可以被有效地应用于解决空间优化问题中。

上述研究都是比较分散进行的，没有形成统一的理论和技术框架体系。为了推进GIS的进一步发展，有必要寻求一种新的理论和技术来开展地理空间系统的复杂性及其演化过程研究。更重要的是，目前模拟与优化是割离的，这在应用中存在较大的弊端。

例如，城市的演变与基础设施的优化配置必须放在统一的框架进行考虑，即城市的演变受到基础设施配置的影响，而基础设施的优化配置又必须考虑城市未来的变化趋势。本节提出了地理模拟优化系统的框架体系，把地理元胞自动机、多智能体系统和生物智能整合在统一的平台 GeoSOS 中，为模拟和优化问题的解决提供了一种尝试的工具，以弥补 GIS 对过程分析功能的严重不足。

7.4.2 地理模拟优化系统

1. 地理模拟优化系统概念

现有的 GIS 普遍缺乏模拟与优化的工具。本节通过综合元胞自动机、多智能体系统以及生物智能，提出一个新的概念—地理模拟优化系统（Geographical Simulation and Optimization System，GeoSOS)，用来模拟、预测、优化并显示地理格局和过程。与 GIS 不同的是，GeoSOS 采用了自下而上的策略来模拟非线性的复杂动态系统。目的是提供强大的模拟与优化功能，有效地弥补了现有 GIS 的不足。通过引入微观个体来反映在环境演化过程中，自然、生态以及社会系统间的相互作用。这个系统中包含着很多能够直接反映地理对象的离散实体，如树木、河流、学校、机场等。在系统中，包含着两类实体：静止元胞与可移动智能体。可移动智能体可进一步细分为社会智能体和动物智能体。前一类智能体可以用来表示人群或机构，而后一类则可以表示一些人工动物，如人工蚂蚁或鸟群之类，这类智能体可以为系统提供人工智能，用于解决空间优化问题。

在所提出的 GeoSOS 中，CA、MAS 和 SI 被整合在统一的平台中，以模拟微观实体之间的相互作用。GeoSOS 的一般表达形式定义如下：

$$(S_i^{t+1}, L_i^{t+1}, E^{t+1}) = F(S_i^t, L_i^t, E^t) \tag{7.52}$$

其中，S_i^t 和 L_i^t 为实体 i 的状态和位置，如一个固定的元胞、一个社会智能体或动物智能体；E^t 和 F 分别用来表征环境和相互作用规则集。

通过定义三类相互作用规则来实现模拟和优化。传统 CA 的转换规则不能完全满足 MAS 和 SI 的要求，需要一个更加普遍的相互作用规则 F 来满足现实世界中模拟优化的广泛应用。GeoSOS 的核心即为这些相互作用规则集，它们包括三个子集。

$$F \sim (F_{\mathrm{CA}}, F_{\mathrm{SocialAgent}}, F_{\mathrm{AnimalAgent}}) \tag{7.53}$$

其中，F_{CA}为 CA 的互作用规则（转换规则），主要是对自然因子的综合考虑；$F_{\mathrm{SocialAgent}}$为社会智能体（人群或机构）和他们所处的环境之间的互作用规则；可以借助城市和经济学理论来定义这类智能体的行为；$F_{\mathrm{AnimalAgent}}$为人工动物与其环境之间的相互作用规则。通过简单的人工智能，解决复杂的空间优化问题。

GeoSOS 的实现包括如下五个步骤（图 7.62）：①从训练数据挖掘和定义相互作用规则；②获取初始条件，如状态和环境；③通过应用相互作用规则来进行模拟和优化；④通过迭代来更新状态、位置和环境；⑤将模拟与优化进行耦合。

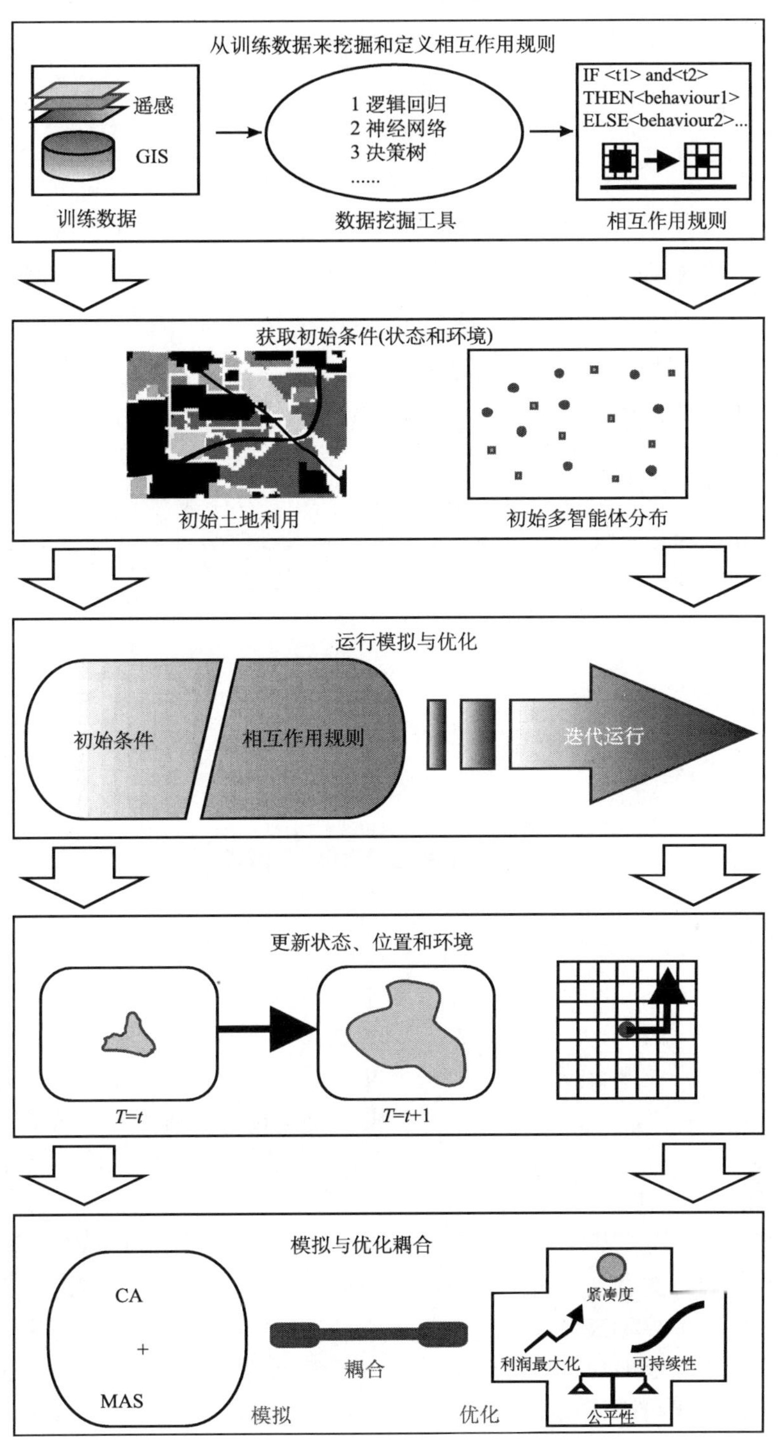

图 7.62　GeoSOS 的实现流程图

上述模拟优化过程通过下述公式来实现：

$$M:D \rightarrow (F_{CA}, F_{SocialAgent}, F_{AnimalAgent}) \tag{7.54}$$

$$D \rightarrow (S_i^0, E_i^0) \tag{7.55}$$

$$(S_i^{t+1}, E^{t+1}) = F_{CA}(S_i^t, L_i^t, E^t) \tag{7.56}$$

$$(S_i^{t+1}, L_i^{t+1}, E_{simulated}^{t+1}) = F_{SocialAgent}(S_i^t, L_i^t, E_{simulated}^t) \tag{7.57}$$

$$(S_i^{t+1}, L_i^{t+1}, E_{optimized}^{t+1}) = F_{AnimalAgent}(S_i^t, L_i^t, E_{optimized}^t) \tag{7.58}$$

当需要将模拟和优化进行耦合时，式（7.57）和式（7.58）可以进一步修改为

$$(S_i^{t+1}, L_i^{t+1}, E_{simulated}^{t+1}) = F_{SocialAgent}(S_i^t, L_i^t, E_{optimized}^t) \tag{7.59}$$

$$(S_i^{t+1}, L_i^{t+1}, E_{optimized}^{t+1}) = F_{AnimalAgent}(S_i^t, L_i^t, E_{simulated}^t) \tag{7.60}$$

定义相互作用规则是 GeoSOS 运行的关键。可以利用一些数据挖掘工具（M）来从训练数据（D）中获取这些规则（F_{CA}，$F_{SocialAgent}$，$F_{AnimalAgent}$）。数据挖掘工具包括逻辑回归、神经网络和机器学习等。可以通过 GIS 和遥感方法来获取这些训练数据。一般通过逐点对比方法来计算模拟格局和实际格局的吻合度。在很多情形下，也可以通过一系列景观指数来验证模拟的有效性（Sui et al.，2001）。下面介绍 GeoSOS 每部分实现的具体方法。

2. 挖掘和定义 GeoSOS 的相互作用规则

1）CA 的相互作用规则

CA 通过转换规则来决定元胞的状态变化。$t+1$ 时刻某元胞的状态由其 t 时刻的状态和其邻域状态所决定。下列公式可以表征其动态变化过程：

$$S_{t+1} = f(S_t, N) \tag{7.61}$$

其中，S 为 CA 中所有可能状态的集合；N 为某元胞的邻域；f 为转换规则。

在模拟真实的地理现象时，需要定义更加具体的转换规则。在过去的二十多年内，为了满足不同的应用需求，学者们建立了各种 CA 模型。事实上，CA 的转换规则（F_{CA}）往往是根据专业知识或专家经验来启发式地定义，如 SLEUTH 模型依靠 5 个系数来控制（Clarke et al.，1997），其他一些用来定义转换规则的方式包括多准则评估法（MCE）（Wu and Webster，1998）、逻辑回归法（Wu，2002）、神经网络法（Li and Yeh，2002）和数据挖掘法（Li and Yeh，2004）。

尽管不同的 CA 模型其构建方式不尽相同，但定义转换规则时基本需要用到相似的空间变量。这些空间变量一般包括土地利用类型、位置约束和各类距离变量，其中各个空间变量所对应的参数（权重）决定了其在动态变化中所起的作用，这些参数决定了模拟结果。在进行真实地理现象模拟时，需要对这些参数进行校正（Calibration），所采用的方法包括逻辑回归法（Wu，2002）、神经网络法（Li and Yeh，2002）和数据挖掘法（Li and Yeh，2004）等。

2）MAS 的相互作用规则

在许多情形下，经济学和城市理论可以作为启发式定义多智能体行为的指导思想。

例如，城市的动态变化模拟是基于各类型智能体（如城市居民、政府和开发商）的相互作用进行的。这种相互作用规则可以通过开发概率来表达。根据发展概率的估算，智能体可以综合判别一个地点是否适于城市发展。

对于逻辑回归、神经网络、机器学习和基因算法支撑下的CA模型来说，相对而言更易于校正。但目前缺乏对智能体行为进行表达的核心架构模型，缺乏对MAS进行模型校正的研究。有个别学者开始尝试建立更加有效的定义MAS行为规则的方法。例如，Li和Liu（2007）提出基于多准则技术的智能体校正模型，可以判定其中的一些参数，从GIS中获取的经验数据可以用来定义智能体的属性。该模型的一个重要部分在于通过Saaty的两两对比技术来判断多组智能体的权重。居民智能体使用效用函数来评估潜在选址地点。函数由各种自然因素线性加权得到，其中权重和智能体的社会经济现状有关。

$$U(k,ij) = w_{\text{price}} \cdot B_{\text{price}} + w_{\text{env}} \cdot B_{\text{env}} + w_{\text{access}} \cdot B_{\text{access}} + w_{\text{facil}} \cdot B_{\text{facil}} + w_{\text{edu}} \cdot B_{\text{edu}} + \varepsilon_{tij} \tag{7.62}$$

其中，$w_{\text{price}} + w_{\text{env}} + w_{\text{access}} + w_{\text{facil}} + w_{\text{edu}} = 1$；$B_{\text{price}}$、$B_{\text{env}}$、$B_{\text{access}}$、$B_{\text{facil}}$和$B_{\text{edu}}$为地价因子、周边环境因子、可达性因子、公共设施供给因子和周边教育福利因子；w_{price}、w_{env}、w_{access}和w_{edu}为居民智能体k对于每一个因子的权重；ε_{tij}为一个随机值。

通过人口资料可以得到不同智能体类型的真实比例，权重集可以用来表征一组居民智能体的唯一位置选择结果。例如，高收入者通常关注居住质量（周边环境因子），低收入者则更侧重于房价（地价因子），家庭成员较多的（有孩子）会更加注重周边教育水平，这些居民倾向都会反映在效用函数的权重上。

3）群体智能优化算法的相互作用规则

GeoSOS1.1的另一个独特之处在于其对生物智能的集成。生物智能算法可以模拟如蚁群、鸟群以及细菌等生物的行为，以解决一系列复杂优化问题。优化基于简单的人工智能来进行，包括利用个体之间以及个体和环境之间的相互作用。这些智能体遵循简单规则，它们之间的局部相互作用导致了全局格局的出现。

GeoSOS1.1主要集成了蚁群智能来获得复杂空间优化的能力。蚁群智能优化是一种解决组合优化问题的计算机算法（Dorigo et al.，1997a）。ACO是通过模拟寻找蚁类巢穴和食物之间的最佳路径来达到优化的目的的。在模拟时，人工蚁群一边探索其周边环境，一边彼此交换信息素。这个算法基于人工蚁群的正反馈，蚁群之间的协调性基于Stigmergic通信机制来达到。

GeoSOS1.1将ACO方法集成进来，通过蚁群挖掘算法来解决点和线的复杂优化问题。在N点优化问题中，优化地点可以通过人工蚁群的信息素浓度和能见度（距离）来启发式的寻找到。元胞（x）能够在t时刻被第k个蚂蚁造访的可能性被定义如下：

$$p_x^k(t) = \begin{cases} \dfrac{[\tau_x(t)]^{\alpha} \cdot [\eta_x(t)]^{\beta}}{\sum\limits_{x \in \text{allowed}_k} [\tau_x(t)]^{\alpha} \cdot [\eta_x(t)]^{\beta}}, & \text{if} x \in \text{allowed}_k \\ 0, & \text{otherwise} \end{cases} \tag{7.63}$$

最优空间搜索通过迭代来完成。同时，利用启发函数使算法更好地收敛。这里假定备选地点附近有高的人口密度，以缩小总运输成本。因此，启发函数 η_x （t） 被定义如下：

$$\eta_x(t) = p_{\text{den}}(x) \tag{7.64}$$

其中，p_{den} （x） 是元胞 x 的种群密度。

具有简单群智能的人工蚂蚁也能够用于确定地铁和高速公路等的最优布线。在大多数情况下，最佳线路选择需要涉及多目标，如最小总交通成本和最大人口覆盖等，传统的 Dijkstra 等算法无法求解这种复杂的组合优化问题。

在我们提出的 ACO 线路优化算法中，定义 8 个方向栅格 （ν_i） 作为中心元胞 （C） 的邻域。ν_1，ν_2，ν_3，ν_4，ν_5，ν_6，ν_7 和 ν_8 用于表示其 8 邻域中 8 个可能的行进方向。在起点和终点之间，通过不同的组合，可以得到无穷个人工蚂蚁行走线路方案。为了达到更好的收敛效果，将传统的启发式函数用方向函数 （ξ （θ_{cv_i}）） 所取代。转移概率使用下式进行修正：

$$p_{cv_i}^k(t) = \begin{cases} \dfrac{[\tau_{cv_i}(t)]^\alpha \cdot [\xi(\theta_{cv_i}(t))]^\beta}{\sum\limits_{v_i \in S^k} [\tau_{cv_i}(t)]^\alpha \cdot [\xi(\theta_{cv_i}(t))]^\beta}, & \text{if} \quad \nu_i \in S^k \\ 0, & \text{otherwise} \end{cases} \tag{7.65}$$

其中，C 为中心元胞（即蚂蚁 k 的当前位置）；ν_i 为 t 时刻的某个邻域元胞（移动方向）；S^k 为元胞下一时刻访问的地点（不重复访问）。

3．CA、MAS 和 SI 的集成方法

1）CA 和 MAS 的集成

CA 和 MAS 的集成包括两个步骤：①分别根据 CA 和 MAS 计算各自的转换概率；②综合这两种概率来计算转换总概率。可以用住宅用地发展的模拟来阐述这个集成过程。首先，通过逻辑-CA 模型来估计与自然因素相关的发展概率：

$$P_{\text{ca}}^t(ij) = \frac{1}{1 + \exp[-(d + \sum\limits_h D_h \cdot x_h)]} \cdot \text{con}^t(ij) \cdot \Omega^t(ij) \tag{7.66}$$

其中，P_{ca}^t （ij） 为发展概率；（ij） 为元胞位置；d 是逻辑回归模型中的常量；x_h 为第 h 个空间变量；D_h 为第 h 个空间变量的权重；con （ij） 为综合自然约束条件；Ω （ij） 为邻域发展元胞的百分比。

根据式（7.62）的效用函数来估算基于 MAS 的转换概率。对居民 k 来讲，位置 （ij） 被选中的概率等于效用概率，即效用值比其他地点的效用值大或者相等的概率（Li et al.，2007）：

$$P_{\text{resident}}^t(k,ij) = P(U(k,ij) \geqslant U(k,i'j')) = \frac{\exp(U(k,ij))}{\sum\limits_k \exp(U(k,ij))} \tag{7.67}$$

其中，P_{resident}^t （k,ij） 为居民智能体 k 在 t 时刻，（ij） 处的发展概率。

最后，由政府智能体、居民智能体和开发商智能体相互之间及其与他们的环境之间的作用来确定转换概率。一个元胞处的住宅发展概率由 CA 和 MAS 的结果综合得出：

$$P_{ij}^{t} = A \cdot P_{\text{resident}}^{t}(k,ij) \cdot P_{\text{developer}}^{t}(k,ij) \cdot P_{\text{gov}}^{t}(ij) \cdot P_{\text{ca}}^{t}(ij) \tag{7.68}$$

其中，A 为调整系数。

2）优化与模拟的耦合

GeoSOS1.1 系统提供了模拟与优化耦合的统一平台，即模拟的结果可以作为优化的输入，或者优化的结果可以作为模拟的输入。有两种耦合方式：松散耦合和紧密耦合。松散耦合意味着两个模块之间的交互通过一个稳定的接口来完成，不需要考虑其他模块的内在实现方式。这样的耦合方式是相当方便的，因为当一个模块发生改变时，不需要另一个模块的实现作相应的改动。然而对于紧密耦合来说，一个模块发生变化会导致其他模块的连锁反应，而且由于模块之间是紧密连接的，很难重复使用和测试各自的模块。

因此，本系统是基于信息交换的松耦合系统。耦合通过三步来实现：①执行模拟模块，其模拟结果作为优化模块的输入；②执行优化模块，将其结果作为模拟模块的输入；③交替执行上述的步骤（图 7.63）。

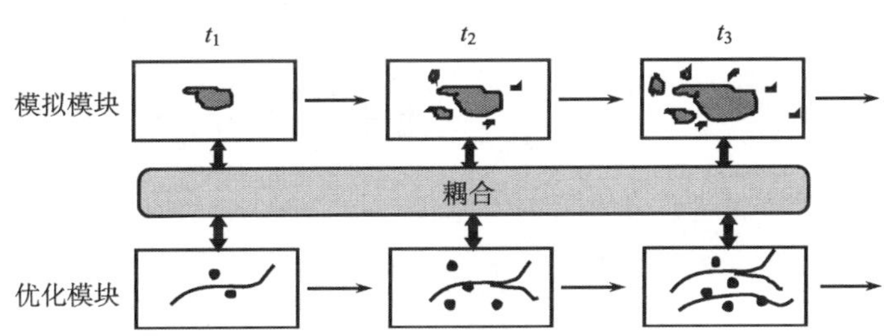

图 7.63 基于信息交换的松耦合系统

4. GeoSOS1.1 的界面及应用

GeoSOS1.1 系统由元胞自动机、多智能模型和生物优化算法这三个模块集成在一起（图 7.64）。由于使用了统一框架，可方便地将这些组件整合在一起并将模拟和优化进行耦合和结果的可视化。GeoSOS1.1 采用基于面向对象的方法来设计。其中，CA 组件提供了一些常见的 CA 模型，包括逻辑回归法（Wu，2002）、神经网络法（Li and Yeh，2002）和数据挖掘法（Li et al.，2004）等。

由于自然现象的复杂性，模拟和优化通常是割裂开来执行的。GeoSOS1.1 提供将这两种模型方便地整合在一起的技术平台。例如，可以将不同城市模拟的结果作为输入，利用 ACO 方法来获得达到最大人口覆盖和交通最短的选线结果。这些不同的优化选线结果分别是根据模拟的 2001 年、2004 年、2007 年、2010 年和 2013 年土地利用分布来获得的。图 7.65 分别是每种选线结果在这规划期间（2001～2013 年）总的累积效用值。可以看到，根据当时（2001 年）的土地利用分布达到的优化结果，在规划期间内并不能产生最大的效益。事实上，图 7.65 表明了根据模拟的 2007 年的土地利用来进行道路的优化，能产生最佳的效益。

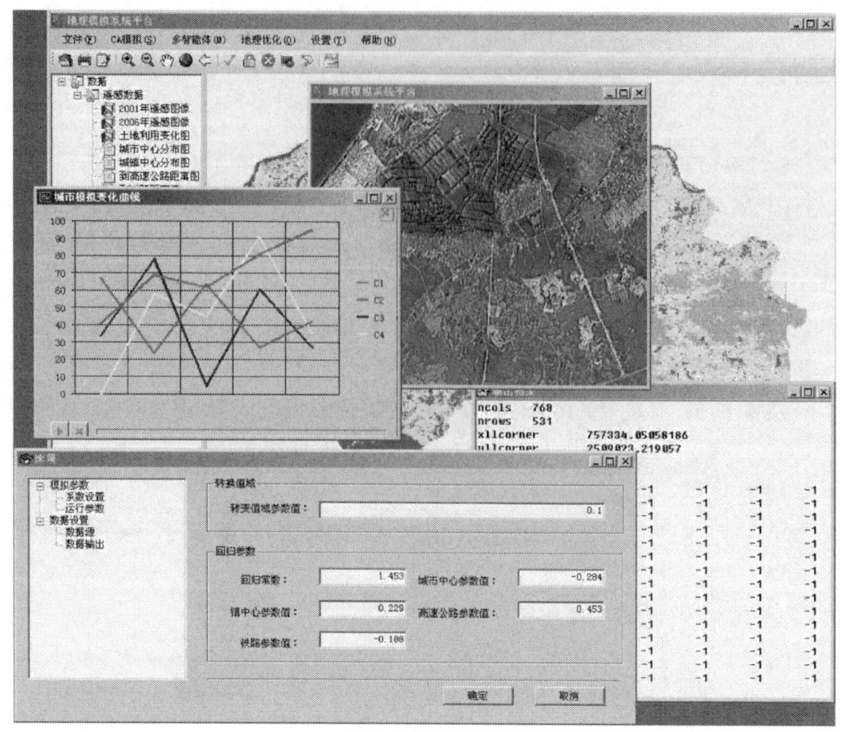

图 7.64 地理模拟优化系统（GeoSOS1.1）界面

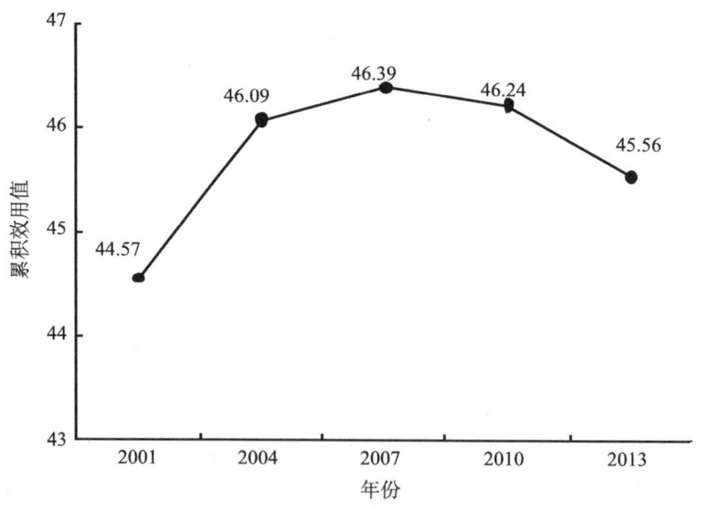

图 7.65 规划期间（2001～2013 年）总的累积效用值

7.4.3 结　论

近年来，元胞自动机、多智能体和生物智能得到了普遍关注，并迅猛发展。尽管上述技术可以解决不少模拟和优化的问题，但当它们分割被应用于解决地理过程分析时，都会有一定局限性。目前，尚缺乏将CA、MSA和SI整合在一起并形成有效的空间分析的系统。本节探讨了将上述三种工具有效整合在一起的地理模拟优化系统的有关概念和实现方法，建立了GeoSOS1.1系统（下载地址为：http：//www.geosimulation.cn）。该系统整合了元胞自动机、多智能体和生物智能相关功能，提供了模拟和优化复杂自然系统的有用工具。例如，其CA组件集成了很多常见的CA模型，有MCE-CA、逻辑-CA、ANN-CA和数据挖掘-CA。

在大多数空间模型中，模拟和优化都是分开进行的，这种方法不适合快速增长的地区。本研究证明，将模拟和优化耦合在一起，能产生更好的分析效果。例如，将设施优化与城市模拟耦合在一起，可以产生更加合理的规划方案。由于城市的快速变化，常规方法获取的优化方案会存在很快不合时宜的问题，有必要在城市规划普遍遇到的选点和选线的优化问题中，采用本章提出的耦合方法。例如，将道路优化与城市模拟耦合在一起，以得到效用值最大的模拟场景。GeoSOS1.1从模拟优化的角度出发，对现有GIS的功能起到了很好的补充作用。目前，GIS尚缺少这样的过程分析手段，有必要发展处理复杂模拟优化问题时的耦合工具。

参考文献

段海滨.2004. 蚁群算法理论及应用研究进展. 控制与决策，19（12）：1321～1326

贾华，祝国瑞.1998. 土地利用变化研究中的CA与灰色局势决策. 武汉测绘科技大学学报，（6）：165～169

蒋忠中，汪定伟.2005. B2C电子商务中配送中心选址优化的模型与算法. 控制与决策，（10）：1125～1128

黎夏，叶嘉安.2001. 主成分分析与Cellular Automata在空间决策与城市模拟中的应用. 中国科学D辑，31（8）：683～690

黎夏，叶嘉安.2002. 基于神经网络的单元自动机CA及真实和优化的城市模拟. 地理学报，57（2）：159～166

黎夏，叶嘉安.2004a. 遗传算法和GIS结合进行空间优化决策. 地理学报，59（5）：745～753

黎夏，叶嘉安.2004b. 知识发现及地理元胞自动机. 中国科学D辑，34（9）：865～872

李敏强，寇纪淞，林丹.2002. 遗传算法的基本理论与应用. 北京：科学出版社

刘铸，汪定伟.2004. 社会考试考场选择的多目标优化模型. 东北大学学报（自然科学版），（8）：758～760

深圳市城市管理所.2004. 关于我市垃圾转运站建设问题的情况汇报

汤君友，杨桂山.2003. 试论元胞自动机模型与LUCC时空模拟. 土壤，35（6）：456～460

王爱民，刘加林，尹向东.2005. 深圳市土地供给与经济增长关系研究. 热带地理，25（1）：19～22

王芳，黎夏，Xun Shi. 2006. 农作物生物质能的遥感估算——以广东省为例. 自然资源学报，21（6）：870～878

杨青生，黎夏.2007. 基于遗传算法自动获取CA模型的参数——以东莞市城市发展模拟为例. 地理研究，26（2）：229～237

张潜，高立群，胡祥培.2004. 集成化物流中的定位—配给问题的启发式算法. 东北大学学报（自然科学版），（7）：637～640

Aden A，Ruth M，Ibsen K. 2002. Biomass to ethanol process design and economics utilizing co-current dilute acid prehydrolysis and enzymatic hydrolysis for corn stover. Technical Report of National Renewable Energy Laboratory 2002，NREL/TP-510-32438

Aerts C J H，Heuvelink G B M. 2002. Using simulated annealing for resource allocation. International Journal of Geographical Information Science，16（6）：571～587

Alan T M. 1997. Capacitated service and regional constraints in location-allocation modeling. Location Science，5（2）：103～118

Amor V M I，Kiyoshi H，Ashim D G. 2006. Combining remote sensing-simulation modeling and genetic algorithm optimization to explore water management options in irrigated agriculture. Agricultural Water Management，83

(3)：221～232

Arentze T A，Borgers A W J，Timmermans H J P. 1996. An efficient search strategy for site-selection decisions in an expert system. Geographical Analysis，28：126～146

Baerwald T J. 1981. The site selection process of suburban residential builders. Urban Geography，22：339～357

Benenson I，Omer I，Hatna E. 2002. entity-based modeling of urban residential dynamics：the case of Yaffo，Tel Aviv. Environment and Planning B，29：491～512

Bettinger P，Boston K. 1999. Intensifying a heuristic forest harvest scheduling search procedure with 2-opt decision choices. Canadian Journal of Forest Research，29：1784～1792

Bettinger P，Sessions J，Boston K. 1997. Using tabu search to schedule timber harvests subject to spatial wildlife goals for big game. Ecological Modelling，94（2～3）：111～123

Boffey B，Narula S C. 1998. Models for multi-path covering-routing problems. Annals of Operations Research，82：331～342

Bong C W，Wang Y C. 2004. An intelligent GIS-based spatial zoning system with multiobjective hybrid metaheuristic method. Lecture Notes in Computer Science，3029：769～778

Brookes C J. 1997. A parameterized region-growing programme for site allocation on raster suitability maps. International Journal of Geographical Information Science，11：375～396

Brookes C J. 2001. A genetic algorithm for designing optimal patch configurations in GIS. International Journal of Geographical Information Science，15（6）：539～559

Brumelle S，Granot D，Halme M et al. 1998. A tabu search algorithm for finding good forest harvest schedules satisfying green-up constraints. European Journal of Operational Research，106：408～424

Carver S J. 1991. Integrating multi-criteria evaluation with geographical information systems. International Journal of Geographical Information Systems，5（3）：321～339

Church R. 1990. The regionally constrained p-median problem. Geographical Analysis，22：22～32

Church R L. 1999. Location modeling and GIS. *In*：Longley P A，Goodchild M F，Maguire D J et al. Geographical information systems. 1. New York：John Wiley &Sons. 293～303

Church R L. 2002. Geographical information systems and location science. Computers & Operations Research，29：541～562

Clarke K C，Hoppen S，Gaydos L. 1997. A self-modifying cellular automaton model of historical urbanization in the San Francisco Bay area. Environment and Planning B：Planning and Design，24：247～261

Coello C A，Lechuga M S. 2002. A proposal for multiple objective particle swarm optimization. IEEE Congress on Evolutionary Computation，2：1051～1056

Cooper L. 1963. Location-allocation problems. Operations Research，（11）：331～343

Cooper L. 1967. Solutions of generalized location equilibrium problems. Journal of Research Science，（7）：1～18

Cova T J，Church R L. 2000. Exploratory spatial optimization in site search：a neighborhood operator approach. Computers & Operations Research，24：401～419

Cova T J，Church R L. 2002. Contiguity constraints for single-region site search problems. Geographical Analysis，32：306～329

Crowe K，Nelson J D，Boyland M. 2003. Solving the area-restricted harvest-4scheduling model using the branch and bound algorithm. Canadian Journal of Forest Research，33：1804～1814

Current J，Min H，Schilling D. 1990. Multiobjective analysis of facility location decisions. European Journal of Operational Research，49：295～307

Doong S H，Lai C C，Wu C H. 2007. Genetic subgradient method for solving location-allocation problems. Applied Soft Computing，（7）：373～386

Dorigo M，Gambardella L M. 1997a. Ant colony system：a cooperative learning approach to the traveling salesman problem. IEEE Transaction on Evolutionary Computation，1（1）：53～56

Dorigo M，Gambardella L M. 1997b. Ant colonies for the traveling salesman problem. BioSystems，43（2）：73～81

Dorigo M, Maniezzo V, Colorni A. 1991. Positive feedback as a search strategy. Technical Report: 91～106

Dorigo M, Maniezzo V, Colorni A. 1996. Ant system: optimization by a colony of cooperating agents. IEEE Transactions on Systems, 26 (1): 29～41

Eastman J R, Jin W, Kyem P A K, et al. 1995. Raster procedures for multi-criteria/multi-objective decisions. Photogrammetric Engineering and Remote Sensing, 61: 539～547

ESRI. 2001. ARC/INFO Help. What is Location-Allocation?

Evans J R, Minieka E. 1992. Optimization Algorithms for Networks and Graphs. 2nd. New York: Marcel Dekker

Feng C M, Lin J J. 1999. Using a genetic algorithm to generate alternative sketch maps for urban planning. Computers, Environment and Urban Systems, 23 (2): 91～108

Gahegan M. 1999. What is geocomputation? Transactions in GIS, 3 (3): 203～206

Gilbert K C, Holmes D D, Rosenthal R E. 1985. A multiobjective discrete optimization model for land allocation. Management Science, 31: 1509～1522

Goldberg D E. 1989. Genetic Algorithms in Search, Optimisation and Machine Learning. MA: Addison-Wesley

Gong D J, Mistsuo G. 1997. Hybrid evolutionary method for capacitated location-allocation problem. Computer & Industrial Engineering, 33: 577～580

Hakimi S L. 1965. Optimum distributions of switching centers in a communication network and some related graph theoretic problems. Operations Research, 13: 462～475

Hansen P, Mladenovic N. 1997. Variable neighborhood search for the p-median. Location Science, 5: 207～226

He C, Okadac N, Zhang Q et al. 2008. Modelling dynamic urban expansion processes incorporating a potential model with cellular automata. Landscape and Urban Planning, 86: 79～81

Holland J. 1992. Adaptation in Natural and Artificial Systems: an Introductory Analysis with Applications to Biology, Control, and Artificial Intelligence. Cambridge: MIT Press

Hsieh K H, Tien F C. 2004. Self-organizing feature maps for solving location-allocation problems with rectilinear distances. Computers & Operations Research, (31): 1017～1031

Hu X, Eberhart R C. 2002. Multiobjective optimization using dynamic neighborhood particle swarm optimization. IEEE Congress on Evolutionary Computation. Honolulu. Hawaii. USA

Janssen R. 1991. Multiobjective Decision Support for Environmental Problems. Free University: Amsterdam

Jaramillo J H, Bhadury J, Batta R. 2002. On the use of genetic algorithms to solve location problems. Computers & Operations Research, 29 (6): 761～779

Jin Y Q, Wang Y. 2001. A genetic algorithm to simultaneously retrieve land surface roughness and soil wetness. International Journal of Remote Sensing, 22 (16): 3093～3099

Kariv O, Hakimi S L. 1979. An algorithmic approach to network location problems. Part 1. The p-centers. SIAM Journal Applied Mathematics, 37 (3): 513～538

Kennedy J, Eberhart R C. 1995. Particle swarm optimization. Neural Networks, Proceedings of IEEE International Conference, 4: 1942～1948

Khumawala B M. 1973. An efficient algorithm for the p-median problem with maximum distance constraints. Geographical Analysis, 5: 309～321

Konstantinos P F, Theodore A T. 2007. Adaptive design optimization of wireless sensor networks using genetic algorithms. Computer Networks, 51 (4): 1031～1051

Kruusmaa M, Willemson J. 2003. Covering the path space: a casebase analysis for mobile robot path planning. Knowledge-Based Systems, 16: 235～242

Laarhoven Van P J M. 1987. Theoretical and computational aspects of simulated annealing. Ph D Thesis, Erasmus University Rotterdam

Lane W, McDonald R. 1983. Land suitability analysis, landfill sitting. Journal of Urban Planning and Development, 109: 50～61

Li X, He J Q, Liu X P. 2009. Ant intelligence for solving optimal path-covering problems with multi-objectives.

International Journal of Geographical Information Science, 23 (7): 839～857

Li X, Liu X P. 2007. Defining agents' behaviors to simulate complex residential development using multicriteria evaluation. Journal of Environmental Management, 85: 1063～1075

Li X, Liu X P. 2008. Embedding sustainable development strategies in agent-based models for use as a planning tool. International Journal of Geographical Information Science, 22: 21～45

Li X, Yeh A G O. 2000. Modelling sustainable urban development by the integration of constrained cellular automata and GIS. International Journal of Geographical Information Science, 14: 131～152

Li X, Yeh A G O. 2002. Neural-network-based cellular automata for simulating multiple land use changes using GIS. International Journal of Geographical Information Science, 16 (4): 323～343

Li X, Yeh A G O. 2004. Data mining of cellular automata's transition rules. International Journal of Geographical Information Science, 18 (8): 723～744

Li X, Yeh A G O. 2005. Integration of genetic algorithms and GIS for optimal location search. International Journal of Geographical Information Science, 19 (5): 581～601

Ligtenberg A, Bregt A K, Lammeren R V. 2001. Multi-actor-based land use modeling: spatial planning using agents, Landscape and Urban Planning, 56: 21～33

Lockwood C, Moore T. 1993. Harvest scheduling with spatial constraints: a simulated annealing approach. Can J For Res, 23: 468～478

Lozano S, Guerrero F, Onieva L et al. 1998. Kononen maps for solving a class of location-allocation problems. European Journal of Operational Research, 108: 106～117

Malczewski J. 1992. Site selection problem and a quasi-satisfying decision rule. Geographical Analysis, 24: 299～316

Marianov V, Serra D. 2001. Hierarchical location-allocation models for congested systems. European Journal of Operational Research, 135: 195～208

Mesa J A, Boffey T B. 1996. A review of extensive facility location in networks. European Journal of Operational Research, 95 (3): 592～603

Minor S D, Jacobs T L. 1994. Optimal land allocation for solid and hazardous waste landfill sitting. Journal of Environmental Engineering, 120: 1095～1108

MOA/DOE Project Expert Team. 1998. Assessment of Biomass Resource Availability in China. Beijing: China Environmental Science Press

Nijkamp P, Rietveld P, Voogd H. 1990. Multi Criteria Evaluation in Physical Planning. Amsterdam: North Holland Publishers

Nikolakaki P. 2004. A GIS site-selection process for habitat creation: estimating connectivity of habitat patches. Landscape and Urban Planning, 68 (1): 77～94

Openshaw S, Openshaw C. 1997. Artificial Intelligence in Geography. Chichester: John Wiley & Sons

Openshaw S, Steadman P. 1982. On the geography of a worst case nuclear attack on population of Britain. Political Geography Quarterly, 1: 263～278

Pareto V, Cours D. 1896. Economic Politique. Vol. I and II. F Rouge: Lausanne

Parsopoulos K E, Vrahatis M N. 2002. Particle swarm optimization method in multiobjective problems. *In*: Proc of the ACM Symp on Applied Computing 2002. New York: ACM. 603～607

Purshouse R C, Fleming P J. 2002. Elitism, sharing and ranking choices in evolutionary multi-criterion optimization. Sheffield, UK: Department of Automatic Control and Systems Engineering, University of Sheffield

Ragauskas A J, Williams C K, Davison B H et al. 2006. The path forward for biofuels and biomaterials, Science, 311: 484～489

Raquel C R, Naval P C. 2005. An effective use of crowding distance in multiobjective particle swarm optimization. Genetic And Evolutionary Computation Conference Proceedings of the 2005 conference on Genetic and evolutionary computation Washington DC, USA

ReVelle, C S. Swain R W. 1970. Central facilities location. Geographic Analysis, 2: 30～42

Saaty T L. 1990. The Analytic Hierarchy Process: Planning, Priority Setting, Resource Allocation. Pittsburgh: University of Pittsburgh

Salhi S, Gamal M D H. 2003. A genetic algorithm based approach for the uncapacitated continuous location-allocation problem. Annals of Operations Research, 123: 203～222

Seto K C, Woodcock C E, Song C et al. 2002. Monitoring land-use change in the Pearl River Delta using Landsat TM. International Journal of Remote Sensing, 23: 1985～2004

Simha R, Cai W D, Spitkovsky V. 2001. Simulated N-body: new particle physics-based heuristics for a Euclidean location-allocation problem. Journal of Heuristics, 7 (1): 23～36

Stewart T J, Janssen R, van Herwijnen M. 2004. A genetic algorithm approach to multiobjective land use planning. Computers & Operations Research, 31: 2293～2313

Sui D Z, Hui Z. 2001. Modeling the dynamics of landscape structure in Asia's emerging desakota regions: a case study in Shenzhen. Landscape and Urban Planning, 53: 37～52

Tobler W. 1970. A computer movie simulating urban growth in the Detroit region. Economic Geography, 46: 234～240

Toregas C, Swain R, ReVelle C. 1971. The location of emergency service facilities. Operations Research, 19: 1363～1373

Ward D P, Murray A T, Phinn S R. 2003. Integrating spatial optimization and cellular automata for evaluating urban change. The Annals of Regional Science, 37: 131～148

Wu F L. 2002. Calibration of stochastic cellular automata: the application to rural-urban land conversions. International Journal of Geographical Information Science, 16 (8): 795～818

Wu F L, Webster C J. 1998. Simulation of land development through the integration of cellular automata and multicriteria evaluation. Environment and Planning B: Planning and Design, 25: 103～126

Xiao N C, Bennett D A, Armstrong M P. 2002. Using evolutionary algorithms to generate alternatives for multiobjective site-search problems. Environment and Planning, 34: 639～656

Yeh A G O, Li X. 1997. An integrated remote sensing and GIS approach in the monitoring and evaluation of rapid urban growth for sustainable development in the Pearl Rive Delta, China. International Planning Studies, 2: 193～210

Zhang H G, Lee Z P, Shi P et al. 2003. Retrieval of water optical properties for optically deep waters using genetic algorithms. IEEE Transactions on Geoscience and Remote Sensing, 41 (5): 1123～1128

彩　　图

彩图 1　番禺 TM 影像合成图 (5，4，3)

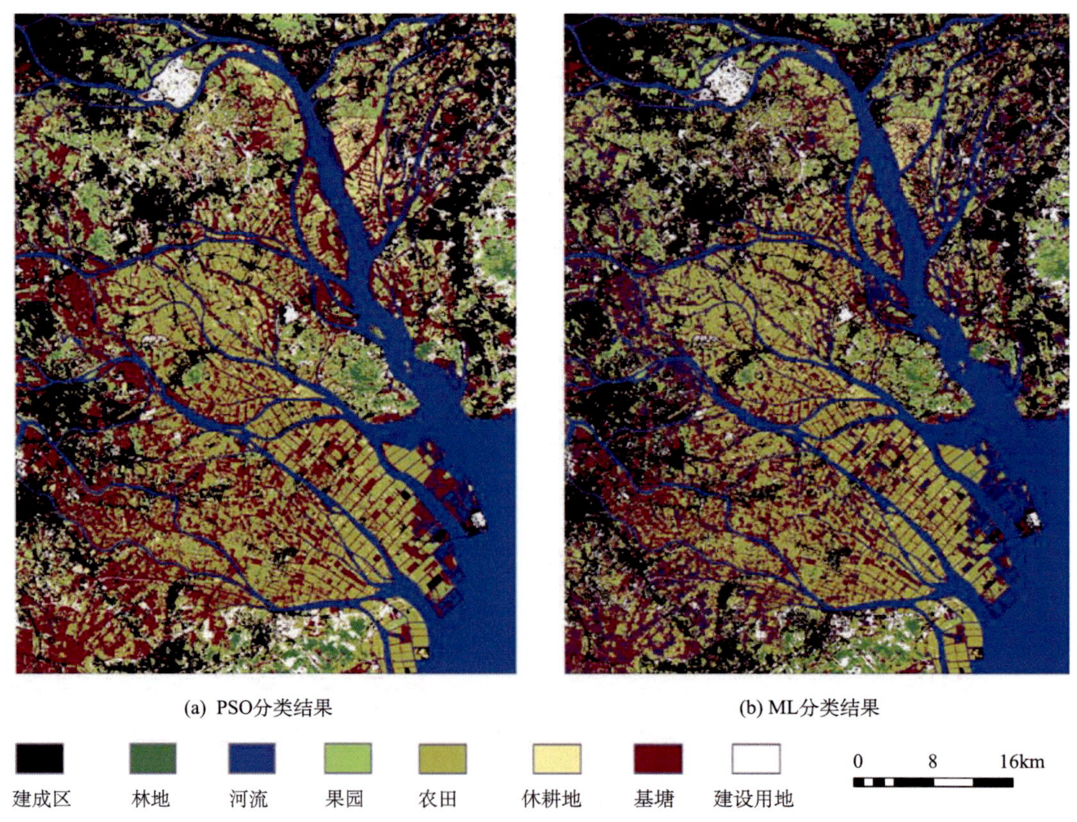

(a) PSO分类结果　　(b) ML分类结果

彩图 2　番禺实验区土地利用分类结果

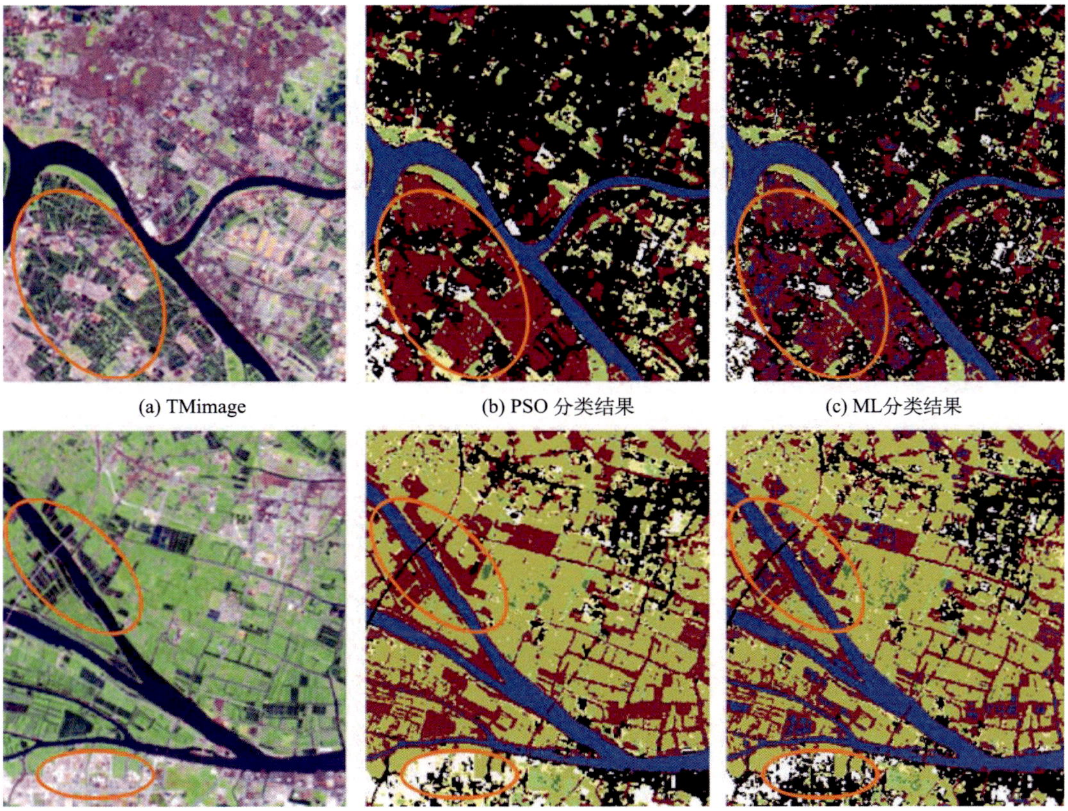

(a) TMimage　　(b) PSO 分类结果　　(c) ML分类结果

(d) TMimage　　(e) PSO分类结果　　(f) ML分类结果

彩图 3　局部放大地区的土地利用分类结果

彩图 4　广州市 TM 影像合成图 (5，4，3)

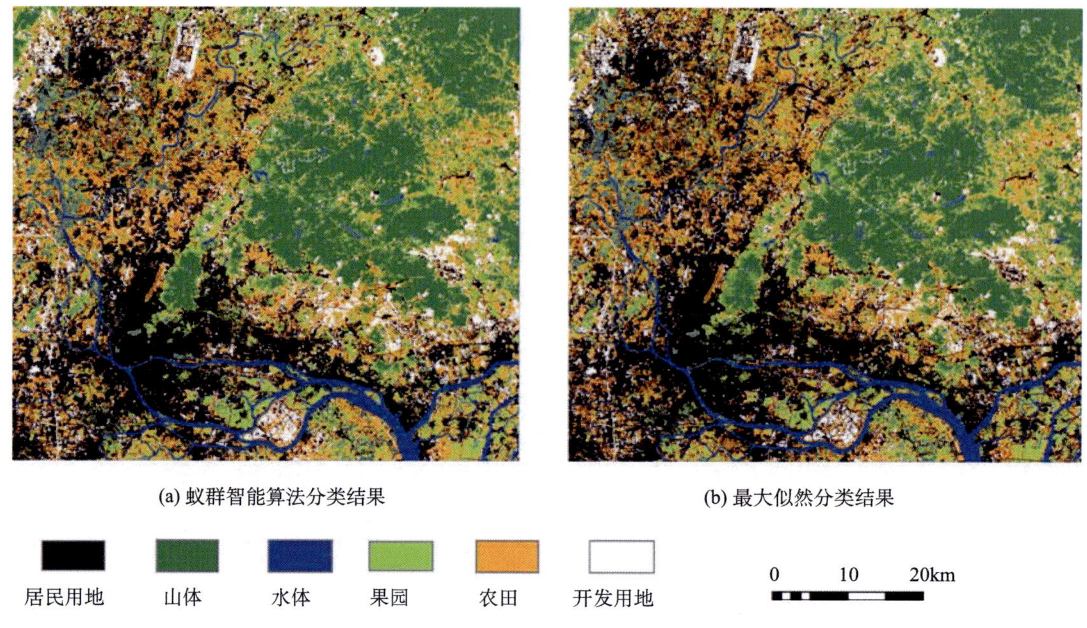

彩图 5　广州市实验区土地利用分类结果

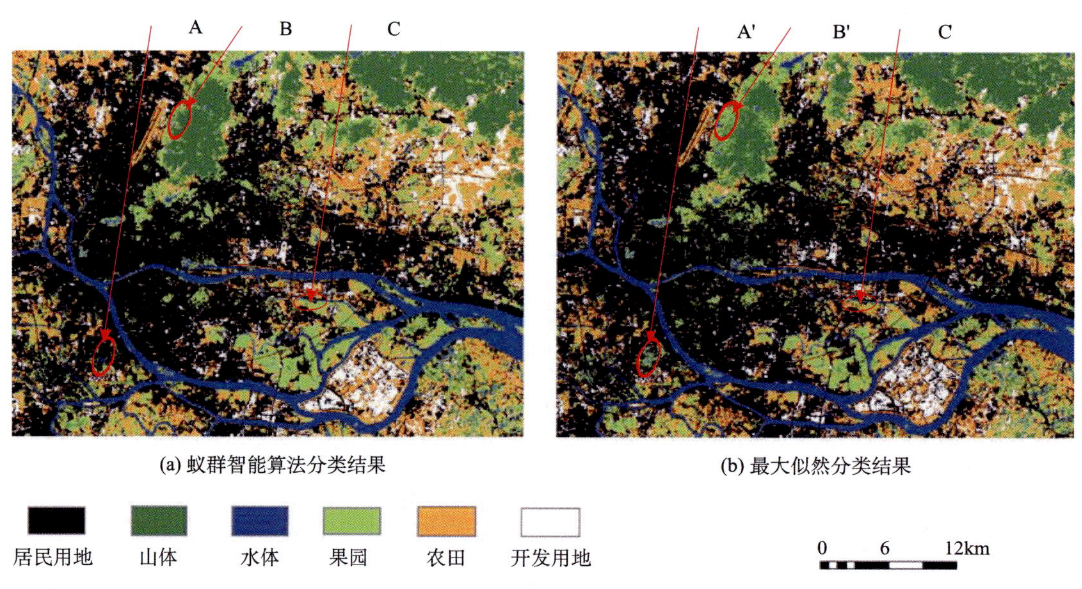

彩图 6　广州市局部放大地区的土地利用分类结果

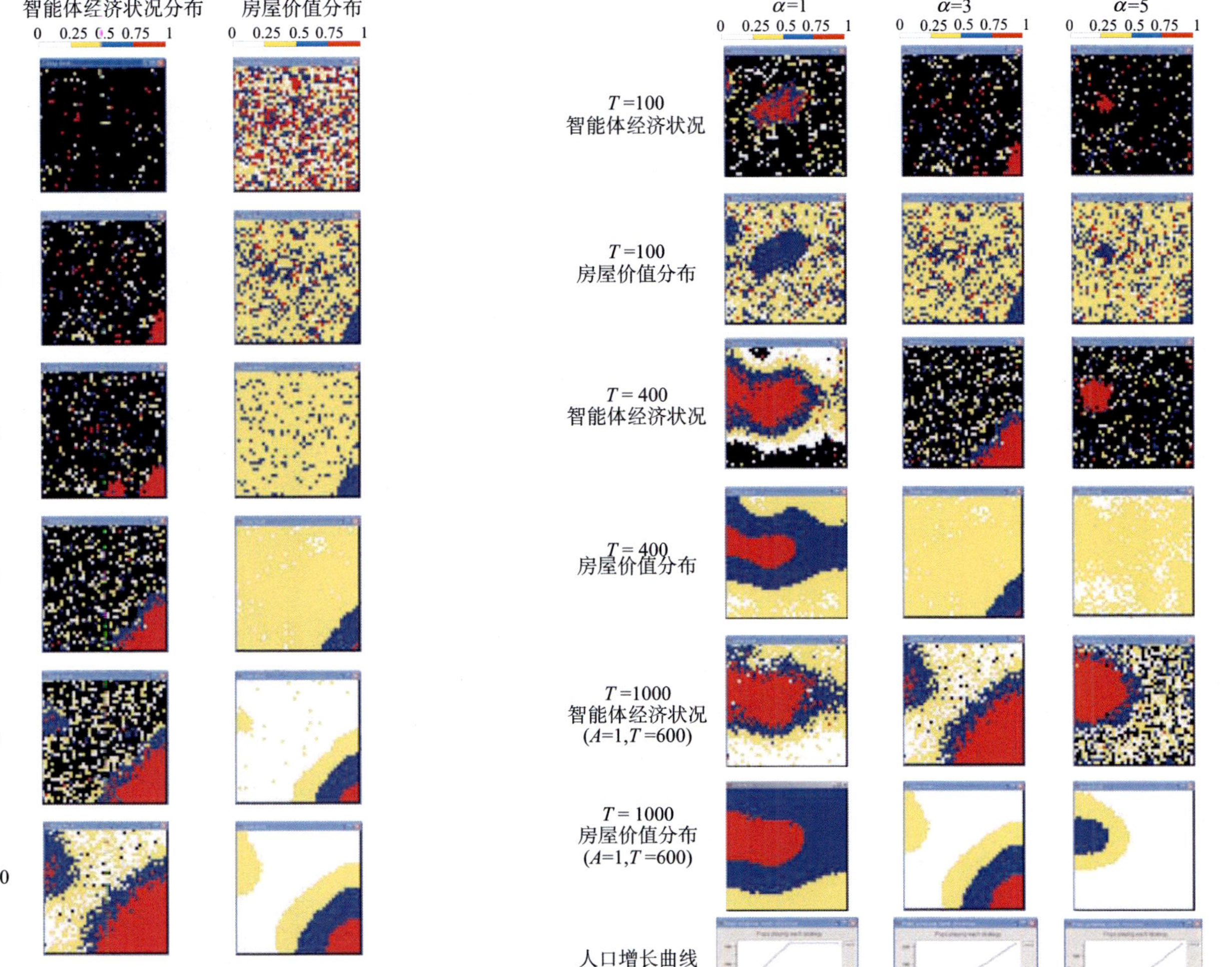

彩图 7 智能体经济状况和房屋价值的分布图快照

彩图 8 不同差异系数的模拟结果比较

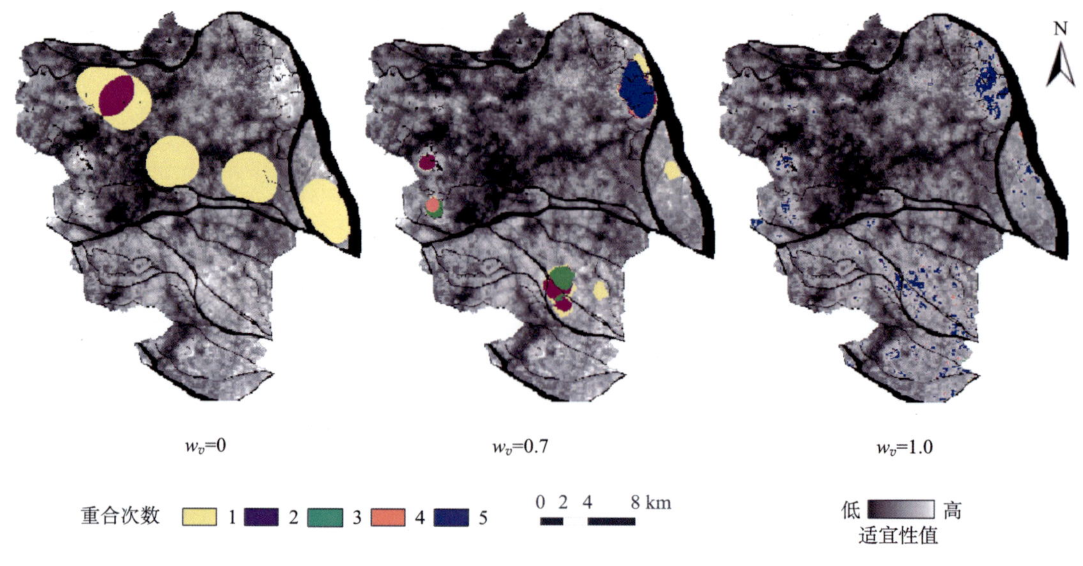

彩图 9　模拟结果一致性检验

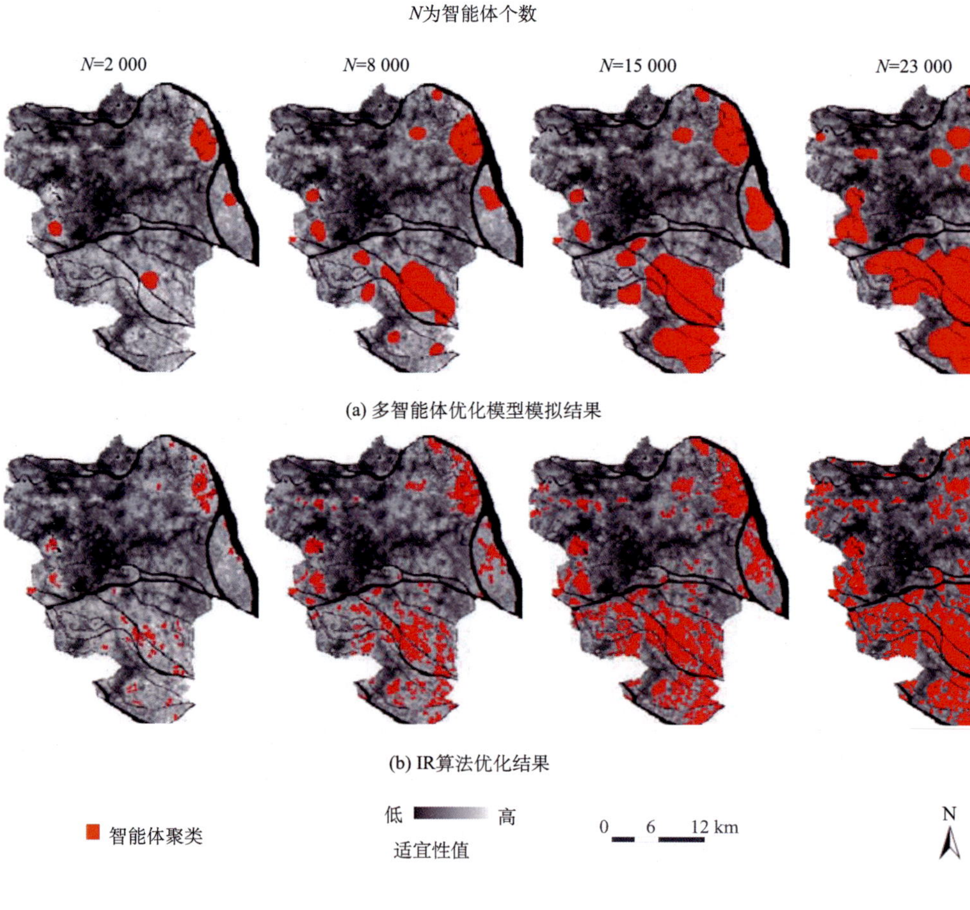

*N*为智能体个数

N=2 000　*N*=8 000　*N*=15 000　*N*=23 000

(a) 多智能体优化模型模拟结果

(b) IR算法优化结果

智能体聚类　低 高 适宜性值　0 6 12 km　N

彩图 10　多智能体优化模型与 IR 算法比较